WAS SAGEN DIE KOLLEGEN?

...ich bin seit 23 Jahren an einer Grundschule tätig und unterrichte seit ungefähr vier Jahren mit diesen nonverbalen Techniken. Ich hatte im letzten Jahr eine sehr schwierige Klasse und war sogar nahe daran, das Handtuch zu werfen. Mit Hilfe dieser Werkzeuge konnte ich so mit der Klasse arbeiten, wie ich es mir vorgestellt habe. Unglaublich, wie das alles wirkt!

Lisi R., Volksschule, Augsburg

...ich möchte mich bei Ihnen ganz herzlich für die zwei tollen Seminartage danken. Es war ein kurzweiliges, sinnvolles, lustiges und sehr informatives Seminar. Ich bin mit einem richtigen Hochgefühl am Samstag nach Hause gefahren, weil ich mich in meiner Lehrertätigkeit so oft bestätigt gefühlt habe. So viele neue und altbewährte Anregungen tun einfach gut und motivieren mich, wieder neuen Schwung ins Klassenzimmer zu bringen.

Brigitte F., Berufsbildende Schule, Oberösterreich

...die Erkenntnisse haben mir sehr viel gebracht. Ich kann meine Stimme schonen, und mein Unterricht ist viel weniger Kräfte raubend. Die Schüler selbst sind die Agierenden, stören daher auch nicht, weil sie beschäftigt sind. Ich bin mir sicher, dass die Zufriedenheit und die Sicherheit, die ich bei den Seminaren stärken konnte, wesentlich dazu beitragen, dass ich meinen Beruf so liebe und wieder gerne ausführe.

Andreas S., Gymnasium, Oberösterreich

...ich kann mich noch gut an meine erste Begegnung mit Pearl erinnern. Das Thema ‚Nonverbale Klassenkommunikation' hat mich interessiert, ich war mir aber nicht sicher, ob ich diese Seminarreihe machen wollte. Da gab es die Möglichkeit, einen Schnuppernachmittag zu belegen. Ich meldete mich an. An diesem Nachmittag waren viele Lehrkräfte, Direktoren und auch die Bezirksschulinspektorin dabei. Herein kam eine Frau, die gleich mit einer Geschichte begann, sich dabei auf den Tisch setzte, nebenbei die Schuhe abstreifte und mich mit ihrem positiven Gesichtsausdruck und gewinnenden Lächeln in ihren Bann zog. Diese Unbekümmertheit, ihre Fröhlichkeit und ihre Fähigkeit, eine gute Gruppendynamik herzustellen, faszinieren mich sehr.

Bevor ich mit dem Schreiben dieses Briefes begann, habe ich wieder in Pearls Büchern gelesen. Ich bin ganz berührt von dem Respekt und der Liebe, mit denen sie die Schüler beschreibt. Es wird mir ganz warm ums Herz, die Beschreibungen der verschiedenen Typen zu lesen, und ich freue mich, dass ich Lehrerin bin und mit Hilfe ihrer Bücher und ihrem Wissen immer wieder Werkzeuge in die Hand bekomme, damit ich meine Schüler besser verstehe und mit ihnen besser arbeiten kann.

Gerhild V., Neue Mittelschule, Steiermark

INHALTSVERZEICHNIS

EINFÜHRUNG
Vielleicht kennen Sie mich schon? 08
Wir können die Welt verändern! 11
Das Rezept: Das selbstdisziplinierende Klassenzimmer 16

DER TEPPICH
Kapitel 1: Der leichte Weg zu den Gipfeln des Lehrerberges 21
Kapitel 2: Die positive, natürliche Autorität der Lehrkraft 27

TISCHBEIN Nr. 1: Gehirnfreundliche Lerntechniken
Kapitel 3: Was ist gehirnfreundliches Lernen? 37
Kapitel 4: Die positive Lernumgebung und die Lernatmosphäre 47
Kapitel 5: Die Einstimmung: Ankommen und Zentrierung 61
Kapitel 6: „We've got rhythm!" Die Rhythmisierung des Unterrichtes 71
Kapitel 7: Die Macht der Musik 79

TISCHBEIN Nr. 2: Die 10 Gebote der Gruppendynamik
Das 1. Gebot: Stellen Sie Rapport her! 88
Das 2. Gebot: Beziehungen sind alles! 92
Das 3. Gebot: Schaffen Sie eine Atmosphäre des Vertrauens! 106
Das 4. Gebot: Betonen Sie sowohl die Einzigartigkeit als auch die 113
 Gemeinsamkeiten Ihrer Schüler!
Das 5. Gebot: Fördern Sie die Teambildung durch gemeinsame Ziele 118
 und das Ausschalten der Konkurrenz!
Das 6. Gebot: Lassen Sie die Schüler simultan etwas tun! 127
Das 7. Gebot: Erzählen Sie metaphorische Geschichten! 129
Das 8. Gebot: Holen Sie sie ab: **PHYSISCH** und auch **MENTAL**! 132
Das 9. Gebot: Involvieren Sie die Schüler! 134
Das 10. Gebot: Integrieren Sie die Außenseiter! 141

TISCHBEIN Nr. 3: Struktur! Struktur! Struktur!

Kapitel 8:	Was ist ein strukturiertes Klassenzimmer?	151
Kapitel 9:	Und nun beginnen wir!	163
Kapitel 10:	Was? Die Stunde ist schon aus?	173
Kapitel 11:	Anweisungen geben	179
Kapitel 12:	Elegante Übergänge	185
Kapitel 13:	Aufmerksamkeit gewinnen...und behalten!	191
Kapitel 14:	Die Hausübung ist...	197
Kapitel 15:	Der Sitzkreis und die Gesprächsregel	200
Kapitel 16:	Aufzeigen und nicht ausrufen!	203
Kapitel 17:	Am Gang, während der Pause und unterwegs mit der Klasse	208
Kapitel 18:	Zweierreihe aufstellen und leise durch den Gang!	211
Kapitel 19:	Organisatorisches und Ordnung halten	215
Kapitel 20:	Grüßen macht Freu(N)de!	222
Kapitel 21:	Das respektvolle Klassenzimmer	230
Kapitel 22:	Der Disziplinierungsanker	237
Kapitel 23:	Das Beratungsgespräch	247

TISCHBEIN Nr. 4: Grenzen setzen – Halt geben!

Kapitel 24:	Die Macht des Einflusses	251
Kapitel 25:	Grenzen setzen – Halt geben!	262

TISCHPLATTE: Das „Win-Win"Klassenzimmer ... 270

DAS WICHTIGE NACHWORT ... 274

Kontaktinformation ... 276

Pearl Nitsche

unter Mitarbeit von Derrick Nitsche

DAS SELBSTDISZIPLINIERENDE KLASSENZIMMER

Win-Win-Strategien aus der Praxis

Illustrationen von
Andrew Wright

Impressum

J. Auflage 1. Juni 2017
Neu bearbeitet Februar 2022

Cover nach einer Idee von Heidi Breuer

© Pearl Nitsche

Softcover   978-3-9504384-0-6
Hardcover   978-3-9504384-1-3
E-Book   978-3-9504384-2-0

Alle Rechte vorbehalten. Ein Nachdruck oder eine andere Verwertung ist nur mit ausdrücklicher schriftlicher Genehmigung des Verlags Pearls of Learning Press gestattet.

Pearl Nitsche
Florianigasse 55/15
1080 Wien
Österreich

pearl.nitsche@chello.at
www.pearls-of-learning.com

„Er" und „Sie"

Aus Gründen der besseren Lesbarkeit habe ich auf die doppelgeschlechtliche Anrede – LehrerInnen, SchülerInnen, TrainerInnen usw. – verzichtet. Die Form variiert, und ich habe mich bemüht die weiblichen und männlichen Formen gleichmäßig zu verteilen. Wenn also von der Lehrerin die Rede ist, ist auch der Lehrer gemeint; wenn vom Schüler gesprochen wird, betrifft die Aussage auch die Schülerin. Das heißt, die alternative Form ist immer jeweils mit eingeschlossen.

Österreichisches Deutsch

Ich nahm einmal vor vielen Jahren an einem Seminar in Berlin teil. Dort sagte mir ein Teilnehmer lachend: *„Weißt du, Pearl, ich habe schon Leute gehört, die Deutsch mit einem amerikanischen Akzent sprechen. Und natürlich auch viele, die einen österreichischen Akzent haben. Aber du bist die erste Person, die ich kennengelernt habe, die BEIDE Akzente gleichzeitig hat!"* Ich bin Amerikanerin und auch Österreicherin. Der Großteil der Erfahrungen, die ich in diesem Buch beschreibe, stammt von österreichischen Lehrkräften. Deshalb kommen gelegentlich Worte vor, die meinen lieben Leserinnen und Lesern aus dem sonstigen deutschsprachigen Raum nicht immer geläufig sind. Dort, wo ich glaube, dass eine ‚Übersetzung' notwendig ist, habe ich sie eingefügt, und falls es eine Frage gibt, freue ich mich sehr über eine E-Mail.

Ich bin Euch dankbar!

Ich habe mein Bestes getan, Anerkennung für die Ideen, die ich im Laufe der letzten drei Jahrzehnte sammelte, an den entsprechenden Stellen dieses Buchs anzugeben. Vor allem meine zwei wichtigsten Mentoren, Dr. Charles Schmid (Suggestopädie) und Michael Grinder (NLP für Lehrer), haben mir eine ungeheure Menge an Wissen geschenkt, und ich möchte ihnen an dieser Stelle ein herzliches Dankeschön für ihre Unterstützung und den Reichtum, den sie mir gegeben haben, aussprechen.

Ich möchte mich bei meinem Sohn und lieben Kollegen, Derrick Nitsche, für seine Unterstützung bei dem Schreiben dieses Buches und auch für die viele schöne Stunden, die wir gemeinsam in den Seminaren verbracht haben, bedanken. Ohne Dich, Derrick, wäre es nur halb so viel Spaß!

Und ein RIESIGES Danke an alle Lehrerinnen und Lehrer, die an den Kursen teilnahmen und ihre Erfahrungen in dieses Buch einfließen ließen. Ich bin Euch dankbar und auch sehr, sehr stolz auf Euch. Ihr seid exzellente Lehrkräfte, die genauso wie ich auf der Suche nach noch besseren Wegen sind. Ihr seid die Träger dieser positiven Botschaften, die unsere Kinder inspirieren und unsere Zukunft verändern werden.

Die Autorin

Pearl Nitsche, eine gebürtige Amerikanerin, die seit mehr als 40 Jahren in Wien lebt, ist eine begeisterte Lehrerin, Lehrerausbilderin, Fremdsprach- und Kommunikationscoach sowie Vortragende. Sie gründete 1984 das SLL /Pearls of Learning Institut, das sich auf Kommunikation und Lernen mit ganzheitlichen Lehrmethoden wie Superlearning, Suggestopedia, NLP (Neurolinguistisches Programmieren) für Lehrer und andere verwandte Lerntechniken spezialisiert hat. Sie hat Tausende von Lehrern und Trainern in ganz Österreich sowie in Europa, Nord- und Südamerika und Asien ausgebildet. Sie hat Unterrichtserfahrung mit allen Altersgruppen vom Kindergarten bis zur Universität und ist seit über 30 Jahren in der Erwachsenenbildung tätig.

Sie liebt ihre Arbeit!

Einführung

Oder Sie kennen unsere Bücherserie, „Unterrichten mit Logik & Liebe":

    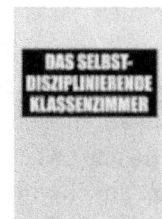

Wird demnächst erscheinen

Falls wir uns schon kennen, freue ich mich, Sie hier wieder begrüßen zu dürfen. Und wenn Sie ein neuer Leser sind, freue ich mich, dass wir uns nun (endlich! J) kennenlernen dürfen.

Ganz kurz zu meiner Person:
Ich bin gebürtige Amerikanerin, die seit fast vier Jahrzehnten in Wien lebt. Ich bin Lehrerin, Lehrerfortbildnerin, Sprach- und Kommunikationstrainerin und internationale Konferenzsprecherin. 1984 gründete ich das SLL Institut, das auf die Kommunikation und das Lernen mit ganzheitlichen Unterrichtsmethoden wie Superlearning, Suggestopädie, Neurolinguistischer Programmierung (NLP) für Lehrer spezialisiert ist. Ich habe mit Lernenden aller Altersgruppen, von Kindergartenkindern bis zu Universitätsvortragenden gearbeitet, war elf Jahre Lehrerin an einer Mittelschule, einem Gymnasium und einer Handelsakademie in Wien und habe in den letzten 25 Jahren tausende Lehrkräfte in Österreich und weltweit ausgebildet.

Ich liebe meine Arbeit

Ich freue mich, Sie durch die Inhalte dieses Buches mit ein bisschen Theorie und einer großen Menge an Praxisbeispielen, Tipps, Techniken, Aktivitäten und Werkzeugen zu begleiten, die Sie gleich morgen eins zu eins in Ihrem Klassenzimmer einsetzen können.

Manche von Ihnen werden einige Geschichten und Beispiele aus unseren Büchern oder Seminaren kennen. Sie präsentieren die grundlegenden Konzepte für die neuen Leser, die erst mit diesem Buch in die Welt des nonverbalen Klassenzimmermanagement eintauchen. Wie wir Pädagogen wissen, wirkt sich ein bisschen Wiederholung gut aus. Ich habe mich bemüht, Wiederholungen möglichst knapp zu halten, und ich möchte an dieser Stelle allen neuen Lesern, die tiefer in dieses Thema eintauchen wollen, das Lesen der anderen Bücher wärmstens empfehlen. Dort werden die Techniken, die hier präsentiert werden, im Detail beschrieben. Und natürlich, je mehr Sie über das Thema wissen, desto besser wird es in Ihrem Klassenzimmer funktionieren.

Mein Vorgehen beim Schreiben der Bücher ist gleich geblieben: Ich schreibe alles auf, was ich in den Seminaren sage – und noch Vieles dazu! Dadurch wirkt das Schreiben dieser Bücher für mich sehr befreiend. Manchmal habe ich am Ende eines Seminars gemischte Gefühle: Ich freue mich über die Lehrer, die enthusiastisch die Lerninhalte aufnehmen; andererseits gäbe es noch so viel, das ich gerne in unsere Seminare einbauen möchte. Die Zeit ist immer zu kurz. Diese Bücherreihe, „Unterrichten mit Logik & Liebe", bietet die Möglichkeit, sich intensiver mit den Themen auseinanderzusetzen.

Es ist mir auch wichtig, dass Sie die Erfahrungen von Lehrkräften, die diese Techniken täglich in ihrem Unterricht einsetzen, erfahren können. Ich freue mich über jede E-Mail, die Sie mir schicken. Danke für Ihre Beiträge! Ihr erfolgreicher Einsatz der Techniken ist für mich das allerschönste Feedback.

Dieses Buch bietet mir auch die Möglichkeit, meine Botschaft zu vermitteln. Ich benutze mit Absicht das Wort „Botschaft", weil die Inhalte dieses Buches auch meine Lebensphilosophie beinhalten: Sie bieten unseren Schülern die Möglichkeit, mit Freude zu lernen, und so unterrichten wir mit Freude. Die Techniken sind human, effizient und gehirngerecht. Sie ermöglichen ein erfolgreiches Lernen und einen respektvollen Umgang zwischen Lehrer und Schüler. Sie schonen die Nerven und Stimmen der Lehrkräfte und schaffen eine harmonische Atmosphäre im Klassenzimmer. Wir Lehrer bilden die Erdenbürger der Zukunft aus, und ich bin überzeugt davon, dass die Atmosphäre, die in unseren Klassenzimmern heute herrscht, die Welt von morgen bestimmen wird. Die Verantwortung, die wir tragen, ist groß – und der Beitrag, den wir leisten, wird die Welt verändern.

Ein Büffet, das jedem die entsprechenden Köstlichkeiten bietet

Der Fokus dieses Buches wird auf die Prozessebene und die Dynamik im Klassenzimmer gelegt, mit anderen Worten: auf das Fundament und das Gerüst, auf denen Lernen stattfindet. Hier geht es nicht darum, WAS Sie unterrichten, sondern WIE Sie unterrichten. Die Inhalte dieses Buchs sind für jedes Fach, jede Schulstufe und Altersgruppe geeignet.

Es war mir wichtig, eine große Auswahl an Tipps, Techniken und Werkzeugen anzubieten. Verschiedene Situationen, verschiedene Klassen, verschiedene Altersgruppen und Schulstufen verlangen unterschiedliche Techniken. Manche werden für Ihre momentane Situation passend sein, andere nicht. Daher möchte ich alle Leserinnen und Leser herzlich zu einem „Klassenzimmermanagement-Büffet" einladen. Bedienen Sie sich, und füllen Sie Ihren Teller voll mit den Köstlichkeiten, die Sie in diesem Moment brauchen. Genießen Sie sie, und setzen Sie sie für einen effektiveren, genussvolleren Unterricht ein! Ich möchte auch vorschlagen, dass Sie die Büffetreste, die Sie momentan nicht brauchen, gut einpacken. Vielleicht brauchen Sie sie später einmal, und so sind sie für einen anderen Tag und eine andere Situation gut aufbewahrt!

WIR KÖNNEN DIE WELT VERÄNDERN!

Darf ich Ihnen eine Geschichte erzählen?

Wenn Sie mich schon kennen, wissen Sie, dass ich Geschichten liebe. Geschichten sind mächtig. Mit Geschichten können wir unsere Zuhörer leichter erreichen. Im Klassenzimmer können sie als Transportmittel für Ideen und Vorschläge dienen, die wir indirekt vermitteln wollen. Mit einer Geschichte können wir Widerstand umgehen. Sie zeigen uns Lösungen, die uns sonst verborgen blieben. Sie wecken unsere Träume und machen sie möglich. Sie sind ein Geschenk, das von Herzen kommt – und genau deshalb möchte ich nun mit einer Geschichte beginnen:

Der Mann, der die Welt veränderte

Es war einmal ein Mann, der die Welt verändern wollte.
Innerhalb kürzester Zeit entdeckte er aber, dass die Welt viel zu groß war,
um von einer einzigen Person verändert zu werden.

Daher entschied er sich, sein Land zu verändern.
Unehrliche Politiker und Lobby-Gruppen verhinderten aber leider seine Bemühungen.

Daher entschied er sich, seine Nachbarschaft zu verändern.
Aber die Nachbarn sperrten einfach ihre Türen zu und schlossen ihre Fenster.

Daher entschied er sich, seine Familie zu verändern.
Statt sich zu verändern, rebellierten seine Kinder, und seine Ehefrau drohte mit Scheidung.
Die Lage verschlechterte sich nur.

Schließlich entschied sich der Mann dafür, sich selbst zu verändern.
Und als er das tat, veränderten sich alle um ihn herum und dadurch auch die Welt.

Auch wir können die Welt verändern. Das Erfreuliche ist, dass alles, was Sie dazu brauchen, schon in Ihnen steckt. Dieses Buch soll als Wegweiser dienen. Es soll Ihnen helfen, die Fähigkeiten, die Ressourcen und Stärken, die Sie schon inne haben, zu erkennen und einzusetzen. Es soll auch eine Anerkennung Ihres persönlichen Engagements und der Hingabe an unseren noblen Beruf darstellen. Ein Beruf, der bestimmt, wie die Welt morgen ausschauen wird. Es ist mein Wunsch und Ziel, dass diese Seiten Ihre schon vorhandene Größe und Hingabe zusätzlich bereichern, dass sich Ihre Freude am Beruf steigert, und dass Sie Ihr inneres Potenzial noch leichter und effizienter ausschöpfen können. Damit wir zusammen einen Beitrag zu einer besseren Welt von morgen leisten können.

Um das zu erreichen, möchte ich Ihnen in diesem Abschnitt ein paar Tipps geben, wie Sie die Inhalte dieses Buchs mit Erfolg lesen und umsetzen können.

- Probieren Sie etwas Neues!
- Handeln Sie!
- Handeln Sie bewusst!
- Denken Sie lösungsorientiert!
- Denken Sie daran: Die Klasse ist Ihr Spiegel!

Probieren Sie etwas Neues!

Vor einigen Jahren, als ich noch Lehrerin in einer Wiener Mittelschule war, bin ich während der Weihnachtsferien zu meiner Familie nach Amerika geflogen.

Eines Abends sagte mein Bruder zu mir: „Stell dir vor, wen ich heute auf der Straße getroffen habe: deinen ehemaligen Mathe-Professor! Zuerst fragte er mich, wie es dir in Österreich geht und dann fragte er, ob du schon gelernt hast, in welcher Richtung man auf einem Stuhl sitzt!" Er erklärte meinem Bruder weiter: „Weißt du, jedes Mal, wenn ich einem Schüler in meiner Klasse sagen muss: ‚Turn around!', denke ich an deine Schwester."

Darüber haben wir sehr gelacht. Ich war nämlich eine richtige Plaudertasche in der Schule und wurde ständig ermahnt, weil ich mit Schülern hinter mir, rechts und links von mir und gelegentlich sogar auf der anderen Seite des Klassenzimmers ratschte.

Als die Ferien vorbei waren, kehrte ich nach Österreich und in die Mittelschule zurück. Am allerersten Tag in der Schule habe ich mich dabei ertappt, dass ich zu einem Schüler sagte: „Dreh' dich um!" Ich war erstaunt und habe mir selbst die Frage gestellt: „Seit wie vielen Jahrhunderten sagen Lehrer das?" Und das auf der ganzen Welt! Lehrer in Amerika sagen: „Turn around!", im deutschsprachigen Raum sagen wir: „Dreh' dich um!", in Argentinien sagen es die Lehrer auf Spanisch, in Novosibirsk sagen sie es auf Russisch und so weiter!

Und was hat es bis jetzt gebracht?
Anscheinend nichts. Sonst müssten wir es ja nicht sagen!

Die Botschaft dieser Geschichte ist ganz einfach:

**Wenn ich immer wieder das Gleiche tue,
werde ich auch immer wieder die gleichen Ergebnisse bekommen.
Will ich ein neues Ergebnis, muss ich mein Verhalten ändern!**

Handeln Sie!

Das ist das Allerwichtigste. Geben Sie sich nicht mit der Theorie zufrieden! Damit Veränderungen tatsächlich stattfinden, müssen Sie das, was Sie hier lesen, in die Tat umsetzen und in Aktion treten.

Es kommt in meinen Seminaren gelegentlich vor, dass manche Lehrkräfte zwar die Theorie und auch die Vorschläge gerne anhören – sie werden aber dann kopflastig und stellen manchmal die Frage: „Ja, das hört sich gut an. Aber was passiert, wenn es nicht funktioniert? Was soll ich dann tun?"

Meine Antwort darauf ist: „Zuerst probierst du es aus. Verhalte dich dabei, als würdest du erwarten, dass es funktionieren wird. Und meist wird das auch so sein. Falls es aber nicht klappt, schicke mir eine E-Mail und schildere die Situation. Erst dann werden wir gemeinsam den nächsten Schritt überlegen."

Sehr oft im Leben habe ich tage- oder wochenlang Entscheidungen hinausgeschoben, weil ich genauso hin und her überlegt habe und zu keinem Entschluss gekommen bin. Soll ich oder soll ich nicht? Dann habe ich angefangen, eine sehr einfache Technik einzusetzen. Ich habe mir bloß die Frage gestellt: „Was ist die schlimmste Sache, die passieren könnte, wenn ich diesen Schritt tatsächlich unternehme?" Ich war erstaunt. Fast immer war die Antwort auf meine Frage: „Gar nichts!"

Wenn ich es nicht probiere, ändert sich auch nichts – und ich habe auch noch die Chance verpasst festzustellen, ob es funktioniert oder nicht!

Daher: Mutig sein und handeln!

Handeln Sie bewusst!

Sie halten dieses Buch in Ihren Händen, weil Sie neue Wege, Alternativen und Lösungen suchen, die unsere Klassenzimmer zu harmonischen Orten machen; wo Lernen Spaß macht; wo Schüler und Lehrer respektvoll miteinander umgehen. Sie ahnen, dass dieses Buch uns näher an jene Ziele heranbringen wird. Sie haben Recht. Viele von uns haben es schon ausprobiert und können bestätigen, dass es funktioniert. Aber das Allerbeste ist: die Techniken, die hier präsentiert werden, sind auch sehr leicht umzusetzen.

Sie fragen sich sicherlich: *„Wie kann das so einfach sein?"*

Im Grunde genommen sind die hier präsentierten Ideen nichts Neues. Sie gehören zum gesunden Menschenverstand. Viele davon werden Ihnen schon bekannt sein. Sie haben sie vielleicht schon lange in Ihrem Klassenzimmer eingesetzt. Sie machen es intuitiv richtig – auf der Ebene der sogenannten **unbewussten Kompetenz**.

Das Ziel ist: Das unbewusste Handeln soll uns bewusst werden. Dadurch entsteht die **bewusste Kompetenz,** die systematisch und zuverlässig eingesetzt werden kann. Das Intuitive wird zum verlässlichen Werkzeug.

Identifizieren Sie zuerst das Problem!

Die Schule und unsere Schüler sind heute anders zu Zeiten, als viele von uns mit dem Unterrichten begannen bzw. selbst in die Schule gegangen sind. Heutzutage werden Kinder und Jugendliche ungeheuer vielen – teilweise sehr negativen – Einflüssen von außen ausgesetzt. Die Medien präsentieren überall und pausenlos Eindrücke und Nachrichten, die alles anderes als einfühlsam sind. Kinder und Jugendliche erleben routinemäßig Brutalität, Schimpfwörter und Respektlosigkeit im Fernsehen, in Zeitungen, im Internet, im Kino und – gelegentlich – traurigerweise auch im Umgang mit ihren Eltern und ihren Familien. Unsere bisherigen sozialen Werte verändern sich, und im Leben unserer Schüler fehlen oft die einfachsten Rituale. Die Strukturen, die früher Halt gegeben haben, sind nicht mehr vorhanden.

Ein leichter Ausweg für uns wäre, mit den Schultern zu zucken und zu meinen: Die Eltern kümmern sich überhaupt nicht um ihre Kinder und überlassen uns die Erziehungsarbeit; das System macht alles kaputt; die Medien stehen uns Lehrkräften vorwurfsvoll gegenüber und erschweren uns die Arbeit mit Eltern und Kindern; die Schüler verhalten sich respektlos untereinander und auch uns gegenüber; das Schulsystem untermauert unsere Bemühungen usw. Die Liste der Schuldigen könnte endlos weitergeführt werden.

Das Traurige daran ist: Viele dieser Feststellungen stimmen.

Aber es gibt auch eine positive Seite. Mit unseren Feststellungen haben wir den ersten wichtigen Schritt getan: Wir haben die Problemquellen identifiziert. Wenn wir aber unseren Alltag positiv verändern wollen, dürfen wir hier nicht stehen bleiben. Die Probleme sind Realität. Sie bestehen. Wenn wir Veränderung erreichen wollen, müssen wir diese Realität erkennen, einschätzen, und dann aktiv Lösungen dafür suchen.

Die Themen Selbstdisziplin und Selbstverantwortung werden in den folgenden Kapiteln oft vorkommen. Dies sind die Qualitäten, die unsere Schüler dringend brauchen, damit ihre Leben erfüllt und glücklich werden. Sie sind auch die Qualitäten, die ein selbstdisziplinierendes Klassenzimmer – das Thema dieses Buches – ermöglichen. Und um diese Ziele zu erreichen, müssen wir bei uns selbst beginnen!

Denken Sie lösungsorientiert!

Ich habe zwei Staatsbürgerschaften: Ich bin Österreicherin und Amerikanerin. Das bereichert mein Leben in vielerlei Hinsicht – unter anderem, weil mir dadurch unterschiedliche Betrachtungsweisen und Perspektiven von Alltagssituationen zur Verfügung stehen.

Kurz nach ihrer Rückkehr vom Urlaub in den Vereinigten Staaten sagte mir eine österreichische Freundin, die auch Psychologin ist:

> *„Mir ist ein Unterschied zwischen europäischen und amerikanischen Denkmustern stark aufgefallen. Hier in Europa schauen wir auf eine lange Geschichte und eine reiche Kultur zurück. Ich glaube, das überträgt sich auf unseren Umgang mit Problemen im Alltag. Wir suchen die Ursprünge von Problemen und haben die Tendenz, dort in der Vergangenheit zu verweilen. Wir beschäftigen uns intensiv mit dem Problem selbst.*
>
> *Amerika ist ein junges Land und die Amerikaner haben keine lange Geschichte. Sie bleiben nicht so lange wie wir mit ihren Gedanken in der Vergangenheit. Sie identifizieren ein Problem, und dann schauen sie vorwärts und suchen Lösungen für die Zukunft."*

Wenn wir diese zwei Denkweisen kombinieren, sind wir stark.

Ich muss als Erstes der Realität ins Gesicht schauen. Ich kann nur dann sinnvoll handeln, wenn ich das Problem verstehe. Verständnis macht mich stark. Um Veränderungen herbeizuführen, muss ich handeln. Dadurch verschwindet das Gefühl der Ohnmacht, weil ich bewusst und zielgerecht auf Lösungen hinsteuern kann.

Die Klasse ist Ihr Spiegel!

Mahatma Gandhi sagte: *„Du musst selbst die Veränderung sein, die du in der Welt sehen möchtest!"* und erzählte folgende Geschichte:

Gandhi war mit den Vorbereitungen für eine große politische Versammlung beschäftigt. Da kam ein Bauer zu ihm und sagte: „Mahatma, ich bin ein einfacher Mann, und es gibt viele Sachen, die ich nicht verstehe. Ich weiß, dass du ein großer Mann bist und die Wahrheit sprichst, aber könntest du mir bitte, in ganz einfacher Sprache, damit ich es verstehe, sagen: Was ist deine Botschaft?"

Gandhi schaute ihn an, überlegte einige Sekunden und sagte dann: „Das ist ganz einfach. Ich bin meine Botschaft."

So ist es – für Gandhi und auch für uns. Wir sind unsere Botschaft, und unsere Klasse wird die Botschaft, die wir schicken, spiegeln.

DAS REZEPT:
Das selbstdisziplinierende Klassenzimmer

Das Erfolgsrezept: Unterrichten mit Logik & Liebe.

Ein Klassenzimmer, das sich selbst diszipliniert? Kann das wirklich wahr sein?

In dem Titel dieser Bücherserie, „Unterrichten mit Logik & Liebe", liegt der Schlüssel zum selbstdisziplinierenden Klassenzimmer.

Jeder Mensch möchte als die Person, die er ist, akzeptiert werden. Unsere Schüler wollen – auch wenn sie es nicht immer zeigen – gemocht werden. Wenn Ihre Schüler spüren, dass Sie sie mögen, können Sie sie da abholen, wo sie sich gerade befinden und dann soweit führen, dass gutes Lernen und eine vertraute Atmosphäre im Klassenzimmer möglich sind.

Das Ziel ist, gleichzeitig die Akzeptanz und die Struktur, wonach sich unsere Kinder und Jugendlichen auch sehnen, zu befriedigen. Wenn wir unser Konzept vom positiven Klassenzimmermanagement systematisch, verlässlich und fair durchführen und unsere Schüler gleichzeitig spüren können, dass wir sie mögen und bemüht sind, respektvolle Beziehungen innerhalb des Klassenzimmers zu pflegen, haben alle gewonnen – und wir können endlich das tun, wozu wir Lehrer geworden sind – wir können unterrichten!

Es gibt Rezepte

Ich habe oft von Lehrerinnen gehört, dass Nachfragen während des Studiums zum Thema „Lösungen zu Verhaltensproblemen in der Schule" meist nur eine Standardantwort, nämlich: *„Da gibt es keine Rezepte!"*, ergaben. Bei allem Respekt für Ihre ehemaligen Professoren sage ich: *„Das stimmt nicht."* Es gibt sehr wohl Rezepte, und das Rezept für das selbstdisziplinierende Klassenzimmer schauen wir uns in diesem Buch an.

Es gibt allerdings kein einziges Rezept, das für jede Situation passt. Die Rezepte müssen, wie im täglichen Leben an die jeweilige Situation angepasst werden. Wenn Sie gerne kochen, werden Sie auch verschiedene Rezeptbücher mit einer Vielfalt an Rezepten zu Hause haben. Sie suchen dann genau das richtige Rezept je nach Anlass und dem persönlichen Geschmack Ihrer Gäste aus. Zu Weihnachten kommt vielleicht der gefüllte Truthahn auf den Tisch und zum Geburtstag die Lieblingstorte des Geburtstagskindes. Da schlage ich nach und suche sorgfältig das passende Rezept für die Gelegenheit aus. Vielleicht ändere ich das Rezept ein wenig ab. Das Rezept gibt mir die Richtlinien. Wie ich sie dann einsetze, bleibt mir selbst überlassen. Und im Klassenzimmer ist es genauso.

Die Zutaten eines selbstdisziplinierenden Klassenzimmers

Jedes Rezept beginnt mit einer Liste von Zutaten, aus denen – richtig zusammengefügt – ein köstliches Gericht hervorgezaubert werden kann.

Die Grundzutaten für einen perfekten Kuchen sind Lebensmittel. Die Grundzutaten für das selbstdisziplinierende Klassenzimmer sind Konzepte. Auf den folgenden Seiten schauen wir uns folgende Konzepte an:

- Meine Realität ist nicht deine Realität
- Jeder ist einzigartig und hat das Recht auf Erfolg
- Motivation ist die Grundlage

In den folgenden Kapiteln werde ich die weiteren Ingredienzen des selbstdisziplinierenden Klassenzimmers vorstellen:

- Gehirnfreundliche und fesselnde Lerntechniken
- Positive, vertrauenserweckende und respektvolle Gruppendynamik
- Kooperation statt Konkurrenz
- Struktur! Struktur! Struktur!
- Grenzen setzen – Halt geben!

Wenn diese Ingredienzen vorhanden sind, fällt das Disziplinieren weg. Die Atmosphäre im Klassenzimmer ist harmonisch, lernzentriert und produktiv. Die Gruppe arbeitet erfolgreich als Team auf gemeinsame Ziele hin. Das Lernen und auch das Lehren machen Freude. Und die Notwendigkeit zu Disziplinieren fällt weg.

Schauen wir uns nun die ersten drei Konzepte einmal näher an.

Meine Realität ist nicht deine Realität

Wir alle haben unterschiedliche Bedürfnisse, Talente und Vorlieben. Unsere Realitäten unterscheiden sich. Genauso, wie wir einen differenzierten Unterricht anstreben, der sich nach Lernbedürfnissen und Potenzial des einzelnen Schülers richtet, soll das auch unser Ziel in anderen Bereichen im Klassenzimmer sein. Denn wenn wir unsere Schüler auch in ihrem Verhaltens- und Kommunikationsstil abholen, können wir sie viel leichter erreichen. Nachdem wir sie erreicht haben, können wir sie dorthin führen, wo gutes Lernen und eine Anpassung an die Gruppe als Team möglich ist.

Aber wenn wir uns an die Bedürfnisse einzelner Schüler anpassen, sagen die anderen Schüler oft: *„Wieso darf er das machen/haben und ich nicht?", „Das ist unfair!", „Das gleiche Recht soll für alle gelten."*

Nein, so ist es nicht. Natürlich haben wir Regeln und Grenzen, die für alle gelten. Gleichzeitig gibt es aber Situationen im Klassenzimmer, wo nicht alle gleich behandelt werden können. Daher schlage ich vor, dass Sie diese Einwände gleich am Anfang des Schuljahres, möglichst in der ersten Schulwoche, konsequent aus dem Vokabular Ihrer Schüler löschen. Der Leitsatz, der hier eingesetzt wird, ist:

„Jede/r ist einzigartig und hat ein Recht auf Erfolg!"

Laminieren Sie ein Schild mit diesem Satz. Besprechen Sie ihn, und hängen Sie das Schild im Klassenzimmer auf. Wenn eine Situation aufkommt, wo der Satz passt, zeigen Sie wortlos auf das Schild. Führen Sie Übungen, Aktivitäten und Rollenspiele durch, die diese Konzepte illustrieren. Einige solche Aktivitäten finden Sie im Kapitel „Die 10 Gebote der Gruppendynamik", aber gerne schildere ich Ihnen hier schon eine sehr effektive Aktivität, die mir vor kurzem von einer Lehrerin beschrieben wurde:

> In der ersten Schulwoche sitzen wir im Sesselkreis. Jeder Schüler soll sich eine Verletzung ausdenken, z. B. ein Finger, der verletzt wurde, ein gebrochenes Bein, Nasenbluten usw. Ich frage jeden Schüler einzeln wie und wo er imaginär verletzt ist, und ich klebe ihm oder ihr ein Pflaster auf den linken Oberarm. Dann frage ich die nächste Person. Auch sie – egal, wo sie verletzt ist – bekommt ein Pflaster auf den linken Oberarm usw.
>
> Wenn ein Schüler fragt, warum ich das Pflaster auf den Oberarm klebe, wenn er doch am Fuß verletzt ist, schaue ich überrascht und sage: „Ja, aber ich möchte fair sein. Deswegen bekommt jeder von euch das Pflaster an der gleichen Stelle." Wenn sie nochmals sagen, sie wollen das Pflaster dort, wo sie verletzt sind, frage ich erstaunt: „Also, du meinst, du willst das Pflaster haben, wo DU es brauchst?" Und dann bestehe ich weiter darauf, dass es so unfair wäre. Alle bekommen das Pflaster an der gleichen Stelle.
>
> Nachdem jeder ein Pflaster bekommen hat, schauen wir dieses Bild an

Gleichheit ist nicht Gerechtigkeit!

und besprechen was „fair" eigentlich bedeutet. „Fair" heißt nicht, dass jeder das Gleiche bekommt. Jeder von uns ist einzigartig und braucht manchmal etwas anders als die anderen. Wir alle wollen in der Schule erfolgreich sein, und wenn einer etwas anderes braucht, damit es ihm gelingt, werden wir ihm das nach Möglichkeit geben. Das ist fair.

Wenn jemand im Laufe des Schuljahres den Satz: „Das ist nicht fair!" sagt, zeige ich auf den oberen linken Arm, wo das Pflaster in der ersten Schulwoche klebte, lächle den Schüler an – und die Sache ist erledigt.

Susanne B., Mittelschule, Wien

Motivation ist die Grundlage

Das Akronym WIIFM besteht aus den Anfangsbuchstaben der Worte: „**W**hat's **i**n **i**t **f**or **m**e?" oder auf Deutsch: „*Was bringt mir das?*". Dieses Kürzel ist ein zentrales Prinzip in der Werbung und stellt auch die Grundlage der Motivation in jedem Bereich des Lebens dar. Jede Werbeeinschaltung, jede Anzeige hat als Ziel, den Zuschauer oder Leser darauf aufmerksam zu machen, welche Vorteile dieses Produkt ihm bringen wird, damit er zum Kauf des Produktes motiviert wird.

In der Schule ist es auch so.
Wenn unsere Schüler empfinden, dass die Schule/Ihr Fach/eine Aufgabe usw. ihnen persönlich etwas bringt, werden sie ohne Widerstand mitmachen. Beim Stoff ist es die Frage von Relevanz. Wie kann ich dieses angebotene Wissen in meinem Leben anwenden? Und beim Verhalten – unserem Thema – geht es um die Erfüllung von Bedürfnissen.

Unsere Gesellschaft ändert sich ständig. Die Technik schreitet schneller voran, als wir mithalten können. Angeblich wird jeder Schüler, der heutzutage in die Schule geht, mindestens dreimal im Leben den Beruf wechseln. Die wachsende Beschleunigung des Alltags lässt die Anforderungen an die Zukunft immer schwieriger vorhersagen. Das gilt genauso für den Lehrstoff.

Beim Verhalten ist es leichter. Wir teilen alle die gleichen Bedürfnisse, und wenn wir diese Bedürfnisse bei unseren Schülern ansprechen und erfüllen, können wir sie erreichen und motivieren.

Unterrichten wir mit Logik und Liebe.

Erfüllen wir diese zwei Grundbedürfnisse unserer Schüler. Holen wir sie dort ab, wo sie sind. Lassen wir sie spüren, dass wir sie mögen und geben ihnen gleichzeitig die Struktur im Klassenzimmer, nach der sie sich sehnen. Wenn wir den Schülern Strukturen geben, wenn wir ihnen vernünftige und durchdachte Grenzen setzen, und wenn wir vor allem respektvoll und fair mit ihnen und auch anderen umgehen, freuen sie sich und machen mit. Für Klassenzimmer, Schüler und Lehrer ergibt sich dadurch eine „Win-Win"-Situation. Die Vorteile sind vielfältig – für die Schüler, für Sie und für unsere Gesellschaft.

DER TEPPICH

Damit unser Klassenzimmermanagement-Tisch ganz stabil steht, liegt unter dem Tisch ein **TEPPICH**. Dieser Teppich stellt das Fundament dar, das uns einen festen Halt im Klassenzimmer bietet.

Der Teppich besteht aus zwei Teilen:

- Teil 1: fachliche Kompetenz und
- Teil 2: Ausstrahlung der positiven, natürlichen Autorität

Wenn diese zwei Inhaltsstoffe vorhanden sind, sind alle Voraussetzungen für einen Erfolg im Klassenzimmer gegeben. Die fachliche Kompetenz haben wir alle während des Studiums erworben. Sie lässt sich leicht umsetzen. Die zweite Qualität, die Ausstrahlung der positiven, natürlichen Autorität, ist – falls sie fehlt – ebenfalls leicht erlernbar. Dies ist Thema dieses Buches.

Hier werden wir verschiedene Aspekte, die zu dieser Ausstrahlung der Autorität im Klassenzimmer führt, in folgenden Kapiteln näher anschauen:

- Kapitel 1: Der leichte Weg zu den Gipfeln des Lehrerberges
- Kapitel 2: Die positive, natürliche Ausstrahlung der Lehrkraft

DER LEICHTE WEG ZU DEN GIPFELN DES LEHRERBERGES

Erste Schritte

Ich habe in Amerika die Lehramtsprüfung gemacht.

An meinen ersten Schultag als Lehrerin kann ich mich genau erinnern. Ich hatte so viel Angst. Ich stand mit trockenem Mund und rasendem Herzen vor der Tür des Klassenzimmers. Dann nahm ich all meinen Mut zusammen und betrat tapfer das Klassenzimmer.

Es war ein wunderschönes Jugendstilgebäude und die Klassenzimmer waren riesig! Das war, bei mindestens 43 Buben pro Klasse, auch dringend notwendig. Das erste was ich vorne im Raum sah, war ein hohes, bühnenartiges Podium, wie es damals in Österreich üblich war. Und weil es in Amerika solche Podien im Klassenzimmer nicht gibt, hatte ich keine Ahnung, was das überhaupt war!

Trotz meiner Nervosität hatte sich mein Hirn eingeschaltet und sagte mir: *„Wahrscheinlich gehöre ich da drauf!"* Also erklomm ich das Podium und, kaum war ich oben, standen alle Schüler auf! Meine Verwirrung war groß. In Amerika stehen die Schüler am Anfang der Stunde, nicht auf. Ich dachte, ICH hätte etwas falsch gemacht und meine Schüler würden jetzt nach Hause gehen. Zum Glück blieben aber alle vor ihren Tischen stehen und starrten mich an. Irgendwie schaffte ich es, *„Guten Morgen. Bitte setzt euch!"* zu stammeln.

Sie werden ahnen, meine Schüler kamen im Nu darauf, dass ich mich nicht auskannte.

An dem Tag ging ich meine ersten Schritte hinauf, auf den Weg zu den Gipfeln des Lehrerberges. Und – wie bei vielen von uns – war der Anstieg sehr anstrengend!

Wir Lehrer befinden uns alle auf diesem Weg. Manche sind weiter vorangeschritten als andere. Es gibt Zeiten, wo wir zügig weiterkommen, aber es sind auch Tage dabei, wo wir ausrutschen oder einige Schritte zurückfallen. Um zum Ziel zu kommen, brauchen wir gelegentlich Wegweiser. Und daher möchte ich auf diesen Seiten gerne in die Rolle Ihres Wegweisers schlüpfen und gemeinsam mit Ihnen, Schritt für Schritt, die verschiedenen Ebenen des Lehrerberges anschauen.

Erste Etappe: Die Inhaltsebene

Als Junglehrer im ersten Dienstjahr sind wir oft überfordert. Vom ersten Schultag an sind wir gleich mit zwei Ebenen des Berges – der Inhalts- UND der Prozessebene – konfrontiert.

Die Inhaltsebene beweist unsere fachliche Kompetenz. Das Erfreuliche ist, dass wir alle, zum Glück, durch unsere Lehramtsstudien stofflich kompetent sind. Trotzdem ist es am Anfang eine Herausforderung, gleich zu erkennen, welcher Stoff denn nun genau gebracht werden soll. Je mehr Erfahrung wir haben, desto schneller schütteln wir uns den Inhalt aus dem Ärmel.

Zweite Etappe: Die Prozessebene

Hier wird die Luft schon viel dünner; die Herausforderungen größer. Auf dieser Ebene geht es nicht darum, WAS, sondern WIE ich es unterrichte; dazu gehört auch das Management der Klasse. Ausstrahlung der positiven, natürlichen Autorität der Lehrkraft ist die Grundausstattung für einen sicheren Stand auf dieser Ebene. Manche Lehrer haben diese Ausstrahlung von Natur aus. Die, die sie nicht haben, sollten sie sich schleunigst zulegen – denn sie ist lernbar!

Ich gehörte zu Beginn meiner Karriere eindeutig zur zweiten Sorte Lehrer. Ich war ratlos und suchte nach Hilfe. Die kam auch prompt in Form eines kollegialen Tipps: *„Gib strikte Regeln vor und lächle nicht mehr bis Weihnachten!"* Da ich sehr gerne lächle und lache, habe ich das natürlich nicht geschafft!

Einerseits verstehe ich, was die Kollegen damit gemeint haben. Wenn wir am Anfang des Schuljahres zu locker sind, kann es schwierig sein, später die Zügel enger zu ziehen. Andererseits ist der erste Eindruck sehr wichtig, und eine Lehrkraft, die freundlich und mit selbstbewusstem Lächeln die Klasse begrüßt, hat die Klasse durch ihre positive Ausstrahlung viel leichter für sich gewonnen.

Lächelnd oder nicht lächelnd – das erste Dienstjahr war das schwerste für mich, und bald musste ich entscheiden, ob ich um eine Verlängerung meines Vertrages ansuchen wollte. Ich dachte: *„Okay. Es kann kaum schlimmer werden. Wenn ich ein Jahr überlebt habe, werde ich ein zweites wohl auch überstehen! Und wenn nicht, dann suche ich mir eben einen neuen Job!"*

Dritte Etappe: Die Intuitionsebene

Und siehe da, es wurde tatsächlich immer besser. Intuitiv machte ich (immer öfter) das Richtige. Ich hatte keine Ahnung warum, aber das „Warum" war mir auch nicht so wichtig. Was zählte war: ‚*Es*' *hat funktioniert!*

Sogar so gut, dass ich während meiner 6jährigen Zeit an der Handelsakademie immer die besonders verhaltensauffälligen Klassen zugewiesen bekam. *„Die Klasse geben wir Frau Nitsche, die wird das schon schaffen!"*

Und ich habe es auch geschafft. Aber wenn jemand mich gefragt hätte, WAS GENAU ICH TAT, um es zu schaffen – ich hätte es nicht erklären können. Ich handelte intuitiv und war glücklich, dass es mir immer besser gelang!

Wenn wir intuitiv handeln, handeln wir aus dem Bauch heraus. Oft klappt es, aber es kann auch vorkommen, dass es nicht funktioniert. Der Erfolg wird dem Zufall überlassen. Dieses intuitive Handeln nennt man auch ‚die unbewusste Kompetenz'. Ich bin kompetent, ich mache es richtig – aber ich kann nicht genau sagen, warum es mir gelingt.

Die meisten von Ihnen, liebe Leser, werden gerade auf dieser Ebene sein. Sie sind schon weit gekommen, nun kommt der nächste Schritt. Falls Sie zusätzlich zur Intuition auch die Steuerung selbst übernehmen wollen, dann begleiten Sie mich bitte auf die nächste, die Erkenntnisebene.

Vierte Etappe: Die Erkenntnisebene

1984 verlies ich den Schuldienst und eröffnete eine Sprachschule, das SLL Institut. Unser Fokus lag auf gehirnfreundlichen Lerntechniken wie der modernen Suggestopädie und dem Superlearning. Die Kurse waren sehr beliebt. Ich bildete meine eigenen Lehrer in Methodik aus; das war auch der Anfang meiner Karriere als Lehrerfortbildnerin.

Um erfolgreich diese Unterrichtstechniken und Methoden zu vermitteln, musste ich die Intuitionsebene verlassen und den Blick auf die Erkenntnisebene lenken. Plötzlich habe ich verstanden, was hier passierte. Diese Erkenntnisebene bildet den Inhalt dieses Buches.

Ein Beispiel, dass wir alle kennen:
Die Unterrichtsstunde ist gut geplant. Ich glaube, genau zu wissen, wie die Schüler in der Stunde reagieren werden. Und überraschenderweise reagieren sie ganz anders als erwartet!

Ob positiv oder negativ, wichtig für den Schritt auf die Erkenntnisebene ist es, einen Schritt zurück zu treten und sich zu fragen: *„Warum haben die Schüler anders reagiert, als ich es erwartet hatte?"*

Erst wenn wir verstehen, WARUM etwas funktioniert – d.h., wenn die ‚unbewusste Kompetenz' zur ‚bewussten Kompetenz' wird – haben wir ein Werkzeug zur Verfügung, das wir systematisch, erfolgreich und verlässlich im Klassenzimmer einsetzen können.

Dieses Werkzeug heißt „Dissoziierung". Dissoziieren ist die Fähigkeit, die Situation gedanklich als Außenstehender zu betrachten. Wir gewinnen dadurch mehr Distanz und eine andere Perspektive. Diese hilft uns, die Schüler und die Situation objektiv zu beobachten und zu analysieren. Wir erkennen Lösungen, die uns, wenn wir selber emotional in der Situation steckenbleiben, verborgen bleiben. Das Unbewusste wird bewusst, und der intuitive Zufall wird zum Werkzeug.

Der erste Gipfel: Die Systematisierung unseres nonverbalen Verhaltens

Nun nähern wir uns unseren Zielen, den Gipfeln des Berges. Um ein gutes Klassenzimmermanagement zu erzielen, ist ein systematisches Verhalten bzw. Handeln im Klassenzimmer unentbehrlich. Durch diese Systematisierung verändert sich automatisch, meist ohne Worte anwenden zu müssen, der innere Zustand beim Schüler oder bei der Lehrkraft selbst, und das Klassenzimmermanagement läuft ohne Anstrengung und Aufregung wie am Schnürchen.

Der Einsatz von Ankern im Unterricht ist eine sehr wichtige Technik der Systematisierung (die ausführlich im Teil „Struktur! Struktur! Struktur!" behandelt wird). Kurz erklärt: Ein Anker ist ein Stimulus – sei es ein visuelles oder auditives Signal, ein Ritual, ein wiederkehrendes Verhalten – das immer wieder die gleiche Reaktion hervorruft.

Wenn ich zum Beispiel immer am gleichen Platz disziplinere, wenn ich immer die gleiche Musik am Anfang der Deutschstunde spiele, wenn es täglich den gleichen Ablauf zum Einsammeln der Hausübungen gibt usw., wissen unsere Schüler – meist unbewusst – was als nächstes passiert.

Der zweite Gipfel: Die Veränderung des inneren Zustandes

Dieses systematische Handeln führt zur Veränderung des inneren Zustandes der Schüler – respektvoll, ohne Worte und ohne Emotionen. Das Resultat: es entsteht eine Atmosphäre des Vertrauens, der Harmonie und der Zusammengehörigkeit. Und wir können reibungslos das tun, wozu wir Lehrer geworden sind: Unterrichten!

Aber wie schaut das bei der Lehrkraft aus?
Wie können wir unseren eigenen inneren Zustand stärken, damit es uns gut geht?

„If Mama ain't happy, ain't nobody happy!"

Ein Magnet mit diesem Spruch hing an der Kühlschranktür unserer Küche während der Jugendjahre meiner Kinder.

Der Spruch ist wahr!
Er gilt nicht nur für Mütter von Kleinkindern, sondern auch für uns Lehrer. Wenn es uns gut geht, geht es unseren Schülern auch gut. Daher ist es ganz wichtig, dass wir auf uns und unseren eigenen inneren Zustand schauen. Es ist so ähnlich wie im Flugzeug. Falls die Sauerstoffmasken benötigt werden, sollen die Erwachsenen sie zuerst aufsetzen und dann erst den Kindern helfen. Im Klassenzimmer ist es genauso.

Der innere Zustand

Es gibt Tage, wo ich in der Früh mit einem Lächeln auf dem Gesicht munter werde! Ich hüpfe aus dem Bett, ziehe mich an und freue mich auf den bevorstehenden Tag. Ich gehe den Geschehnissen des Tages freudig entgegen. Es gibt keine Probleme. Ich freue mich über jede Aufgabe. Und mir gelingt alles, was ich beginne!

Dann gibt es andere Tage.
Der Wecker läutet. Ich mache ein Auge auf, schalte den Wecker ab und mache das Auge schnell wieder zu! Ich will nicht aufstehen. Ich bin noch müde. Heute muss ich lauter Sachen machen, die mir keine Freude bereiten. Mir ist nicht danach. Ich will im Bett bleiben! Aber es bleibt mir nichts anders übrig. Ich muss aufstehen. Ich schleppe mich aus dem Bett und ziehe mich an. An diesem Tag gibt es nur Probleme. Berge von Problemen!

Jeder von uns kennt beide Situationen.
Die Frage ist: Was ist der Faktor, der den Unterschied ausmacht?

Ich bin an beiden Tagen der gleiche Mensch. Ich besitze die gleichen Fähigkeiten und Ressourcen. Die Ereignisse an dem ‚guten' Tag unterscheiden sich nicht von denen am „schlechten" Tag. Was ist also anders?

Das Ausschlaggebende ist mein innerer Zustand. Wenn ich mich in einem guten inneren Zustand befinde, fallen mir alle Herausforderungen leicht. Wenn mein innerer Zustand nicht in Ordnung ist, wird, was sonst eine Herausforderung ist, zu einem riesigen und mühsamen Problem.

Die gute Nachricht: Sie können Ihren inneren Zustand selbst bestimmen.
Sie können Verschiedenes tun, damit es Ihnen besser geht. Es beginnt mit sehr einfachen – und sehr wirksamen – Vorgängen.

Im nächsten Kapitel finden Sie eine Vielzahl von Arten, wie Sie bewusst Ihren eigenen inneren Zustand verändern können und dadurch Ihre Ausstrahlung einer positiven, natürlichen Autorität verstärken können.

DIE POSITIVE, NATÜRLICHE AUTORITÄT DER LEHRKRAFT

Was ist Autorität?

Die Ausstrahlung der positiven, natürlichen Autorität ist das A und O im guten Klassenzimmermanagement. ALLES, was wir im Klassenzimmer tun, soll diesen Eindruck unterstützen! Und gerade in den ersten Sekunden – oder höchstens Minuten – der ersten Schulstunde ist die Ausstrahlung der Lehrperson entscheidend.

 Stellen Sie sich vor ...

Ich trete zum ersten Mal vor meine neue Klasse. Ich komme zögernd durch die Tür. Meine Körperhaltung ist gebückt, und ich meide jeden Augenkontakt mit der Klasse. Ich stehe vor der Klasse und schaue auf meine Hände, die ich nervös ringe. Meine Stimme ist leise und kaum hörbar:

„Guten Morgen...mein Name ist Frau Nitsche...und ich bin...als eure Lehrerin eingeteilt worden. Ich weiß zwar nicht genau, was wir dieses Jahr machen werden..."

Der Zug ist schon abgefahren!
Die – nonverbale – Ausstrahlung war dafür ausschlaggebend.

Wie anders diese Vorstellung – wie auch das gesamte Schuljahr! – verlaufen würde, wenn ich andere nonverbale Signale von mir gegeben hätte! Schon bald werden wir diesen Film noch einmal zurückspulen und uns die Szene nochmals anschauen, aber vorher noch eine kleine Geschichte:

Die persönliche Einstellung zur Autorität

Als ich einmal im Ausland ein Seminar abhielt, holte mich das Lehrerehepaar, das dieses Seminar organisierte, vom Bahnhof ab. Im Auto unterwegs zum Hotel haben wir über alles Mögliche gesprochen. In einem ganz anderen Zusammenhang als Schule sagte die Frau plötzlich: „Ich hasse alles, was mit Autorität zu tun hat!"

Plötzlich ist mir ein Licht aufgegangen!

Die Quelle vieler Probleme, die Lehrer mit dem Disziplinieren haben, ist meiner Meinung nach auf ihre Einstellung zur Autorität zurückzuführen. Jeder von uns – manche stärker, manche weniger stark – macht in der Pubertät eine Phase durch, in der wir gegen Autorität rebellieren. Bis wir erwachsen sind, haben die meisten diese Phase überwunden. Wir haben eine gesunde Einstellung zur Autorität und können zwischen positiver Autorität und einem aufgesetzten autoritären Verhalten gut unterscheiden.

Manche Lehrer bleiben jedoch in dieser Phase. Da sie nach wie vor starken Widerstand gegen Autorität empfinden, wollen sie selbst nicht in diese „Lehrerrolle" schlüpfen, die den Schülern Regeln vorgibt, die jene dann befolgen müssen. Diese Einstellung führt zu vielen Problemen im Klassenzimmer.

Es geht nur so. Wenn wir im Klassenzimmer stehen, sind wir die Chefs! Schüler brauchen und wollen Grenzen, und es ist unsere Pflicht sie zu setzen. Ohne Regeln fordern die Schüler diese Grenzen ein – durch schlechtes Verhalten: *„Wie weit kann ich gehen, bis ich die Grenze überschreite?"*. Wir müssen bereit sein, in die Autoritätsrolle zu schlüpfen, sonst herrscht das Chaos.

Was wir anstreben, ist nicht das Autoritäre, sondern eben die besagte Ausstrahlung der natürlichen positiven Autorität! Um zu verdeutlichen, was ich damit meine, schauen wir uns die Szene im Klassenzimmer noch einmal an, diesmal sende ich jedoch andere Botschaften als beim ersten Mal.

Stellen Sie sich diesmal vor, ich trete lächelnd in den Raum. Meine Körperhaltung ist aufrecht und offen. Ich stehe vor der Klasse und nehme mit der gesamten Klasse Augenkontakt auf. Ich behalte diese offene Körperhaltung bei, und während ich lächelnd in einer klaren und warmen Stimme rede, zeige ich auch gelegentlich meine Handflächen:

„Guten Morgen!"

Sprechpause, damit die Klasse mich auch begrüßen kann.

„Mein Name ist Frau Nitsche, und ich bin eure Englischlehrerin. Es freut mich, hier bei euch zu sein. Wir werden in diesem Jahr viel lernen! Bis das Jahr vorbei ist, werdet ihr sehr gut Englisch sprechen können. Und es wird uns auch noch Spaß machen..."

Ein Unterschied wie Tag und Nacht. Und die Basis ist gelegt.

Selbstbewusstsein fällt auf!

Eine selbstbewusste Person wird als ein Mensch beschrieben, der einfach annimmt, dass alles, was er unternimmt, positiv verlaufen wird. Meiner Meinung nach gehört aber noch mehr dazu: viel wichtiger ist, dass der selbstbewusste Mensch weiß, dass er, wenn etwas schief gehen sollte, flexibel genug sein wird, um mit der Situation zurecht zu kommen. Dieses sichere Auftreten und das angstfreie Verhalten nennt man Selbstsicherheit oder Selbstbewusstsein.

Erkennen Sie Ihre Stärken

Unsere Selbstsicherheit steht auch in einem direkten Verhältnis zu unserem Zugang zu den eigenen Stärken und Ressourcen. Zuerst müssen wir unsere vorhandenen Ressourcen erkennen, damit wir in einer Stresssituation in der Lage sind, sie abrufen zu können. Das ist auch eine Art der „bewussten Kompetenz". Dafür müssen Sie in der Lage sein, die Perspektive verändern zu können, d.h., sich einen Schritt zurückzunehmen und sich selbst – bzw. die Situation – zu beobachten. Dann suchen Sie die Stärken und Techniken in Ihrem Repertoire, die Sie in diesem Moment brauchen können, und setzen sie dann bewusst ein.

Es folgen einige Ideen, wie Sie Ihre eigenen Stärken erkennen und analysieren können.

Führen Sie ein Journal

Nehmen Sie sich die Zeit, eine Liste Ihrer Stärken – auf Papier oder am Computer – aufzuschreiben. Es ist wichtig, dass Sie die Liste tatsächlich aufschreiben. Fangen Sie klein an. Eine Stärke muss nichts Erdbewegendes sein! Wenn Sie ein schönes Lächeln haben, schreiben Sie es auf. Wenn Sie gut Schnitzel machen können, schreiben Sie es auf. Können Sie gut zuhören? Und so weiter. Das ist Ihre private Liste – Sie brauchen sie niemandem zu zeigen. Das tut gut. Ich garantiere Ihnen, je mehr Sie schreiben, desto besser werden Sie sich fühlen! Und wenn es einen Tag gibt, an dem Sie sich nicht besonders selbstbewusst fühlen, lesen Sie sich einmal die Liste durch. Vielleicht haben Sie dann einige Ideen, wie Sie Ihre vorhandenen Stärken einsetzen können.

Beginnen und enden Sie den Tag positiv

Wenn Sie in der Früh munter werden, denken Sie kurz darüber nach, worüber Sie heute dankbar sein können. Welche Situationen stehen Ihnen bevor, in denen Sie Ihre bewusst gemachten Ressourcen einsetzen können?

Am Ende des Tages schreiben Sie drei Situationen auf, mit denen Sie heute zufrieden waren und jeweils drei Qualitäten oder Ressourcen, die Sie eingesetzt haben, damit die Situationen so positiv verlaufen sind.

Sprechen Sie weniger beim Klassenzimmermanagement!

Unser Ziel ist es, mit mehr Energie nach Hause zu gehen, als wir am Anfang des Schultages hatten. Wenn ich diesen Satz im Lehrerseminar ausspreche, gibt es immer einige Lehrkräfte, die lachen und sagen: *„Das ist doch nicht möglich!"* Ich kann – zum Glück! – widersprechen und sagen, dass meine eigenen Erfahrungen und die mehrerer Teilnehmerinnen die Aussage bestätigen.

Überlegen Sie einmal:
Welche Tage sind für Sie besonders anstrengend?
Was passiert an den Tagen, an denen Sie erschöpft nach Hause gehen?

Ich wage zu behaupten, dass dies an den Schultagen passiert, an denen Sie sehr viel reden. Vielleicht regen Sie sich auf oder schimpfen mit Schülern, die sich unmöglich verhalten. Sehr oft vermittelt dieses Verhalten unseren Schülern das Gefühl, dass wir ihnen gegenüber Macht ausüben wollen. Aber ist eine Lehrerin, die pausenlos redet, sich beklagt, schimpft und gelegentlich wie ein Rumpelstilzchen vor der Klasse auf und ab springt, wirklich mächtig? Können ihre Schüler zu ihr hinaufschauen? Fördert dieses Verhalten den Respekt unserer Schüler?

Nein. Ich behaupte, wenn wir uns so verhalten (und welche Lehrkraft hat die Beherrschung nicht gelegentlich verloren!), tun wir das aus Ohnmacht. Wir würden uns gerne anders verhalten, wissen aber einfach nicht, wie wir die Schüler sonst dazu bringen, das zu tun, was wir von ihnen wollen. Aus lauter Frust handeln wir so – und das kostet uns viel Kraft.

Sprechen Sie ganz bewusst weniger. Setzen Sie die nonverbalen Techniken, die Sie hier und in den anderen Büchern gelernt haben, ein. Nehmen Sie sich einen Schritt zurück und beobachten Sie sich selbst und auch die Situation – möglichst emotionslos.

Wenn Sie weniger sprechen und nonverbale Techniken einsetzen, tun Sie etwas Konkretes. Sie handeln; Sie suchen aktiv Lösungen – aber emotional sind Sie weniger stark involviert. Sie haben die Situation besser unter Kontrolle und können sachlicher handeln. Die Tendenz zum Überreagieren wird geringer. Sie wahren dadurch Ihre Ausstrahlung der positiven Autorität der Klasse gegenüber, und gleichzeitig legen Sie Ihr Gefühl der Ohnmacht ab.

Achten Sie auf Ihren Inneren Dialog

Reden Sie mit sich selbst?
Falls Sie „*Ja*" sagen, sind Sie nicht alleine. Die statistische Norm liegt bei etwa siebzig Prozent der Bevölkerung, die innere Gespräche oder Dialoge mit sich selbst führen.

Und nun noch eine – viel wichtigere – Frage:
Sind Sie immer lieb zu sich selbst? Oder stehen Sie sich selbst kritisch gegenüber? Sagen Sie Sätze wie: Schon wieder habe ich das falsch gemacht!, Nur ich konnte so etwas Dummes machen!, Bin ich blöd?!?!, Na, typisch! usw.?

Einschränkende Glaubenssätze:
„Eigenlob stinkt!"
„Das kann ich nicht!"
„Du wirst das NIE lernen!"
„Es war doch immer so ..."

Wenn ja, dann wäre es an der Zeit, schnellstens damit aufzuhören!

Wir suchen oft Ausreden und Sündenböcke, wenn etwas in unserem Leben schief geht. *„Ich kann nicht gut Englisch reden, weil ich eine schlechte Lehrerin hatte!"*, *„Es waren meine Eltern!"*, *„Meine Mutter ist daran schuld!"*, *„Die Gesellschaft..."* usw., usw.

Aber jetzt kommt die allerwichtigste Frage:
„Mit wem verbringen Sie tagtäglich am meisten Zeit?"

Mit sich selbst. Tagein – tagaus, Jahr für Jahr. Und wenn Sie sich selbst pausenlos einreden, dass Sie etwas nicht schaffen werden, dass alle anderen besser sind, usw., wird das auch der Fall werden. Es sind selbsterfüllende Prophezeiungen! Daher bitte ich Sie: Seien Sie nett zu sich selbst. Bauen Sie sich selbst auf. Loben Sie sich selbst (wenn auch nur innerlich), wenn Sie etwas gut geschafft haben. Und verstecken Sie Ihre Talente nicht! Mit anderen Worten: trauen Sie sich, auf sich selbst stolz zu sein – auch wenn Sie oft in Ihrer Jugend Aussagen wie *„Eigenlob stinkt!"* oder *„Bescheidenheit ist eine Zier!"* gehört haben. Solche Sprüche sind mit einem gesunden Selbstbewusstsein nicht kompatibel.

Und – ganz wichtig – legen Sie Ihre Aufmerksamkeit beim inneren Gespräch auf positive Erwartungen. Was Sie erwarten, werden Sie auch erleben. Suchen Sie das Positive. Denn wenn Sie in Ihren Gedanken oder in Ihren Worten den Schwerpunkt auf alles, was im Klassenzimmer schief gehen könnte, konzentrieren, wird Ihnen nur das Negative und nicht das Positive auffallen.

Selbstbewusstsein ist ein Verhalten und kein Gefühl

Genau so ist es: Um eine selbstbewusste Ausstrahlung zu haben und ihre positive Wirkung zu spüren, müssen Sie zuerst etwas TUN. Dazu gibt es viele verschiedene Techniken. Die drei einfachsten und wirkungsvollsten, um Ihre Stimmung und Energieniveau binnen kürzester Zeit zu heben, sind:

- Nehmen Sie **eine aufrechte und offene Körperhaltung** ein
- Machen Sie **Überkreuzbewegungen** wie beim Gehen oder Aerobic
- Und setzen Sie das allermächtigste nonverbale Mittel ein: **Musik**

Die Kombination dieser drei Zutaten verändert automatisch Ihren inneren Zustand, und die Wirkung grenzt an Zauberei.

Bis vor einigen Jahren habe ich in Wien in einem Gospelchor gesungen. Das war der „Stimmungsmacher" pur! Die Chorproben fanden immer Montagabend um 20.30 Uhr statt. Oft war ich am Abend von der Arbeit so vereinnahmt, dass die Versuchung groß war, zu Hause zu bleiben. Da habe ich mich aber immer zusammengerissen und bin trotz meiner Lethargie zum Singen gefahren. Zum Glück! Da waren alle drei Zutaten für die Anhebung meiner Stimmung vorhanden: aufrechte Körperhaltung, Überkreuzbewegungen durch die Choreographie und eine lebhafte Musik! Nach zweieinhalb Stunden Singen habe ich Energie für eine Woche getankt!

Ihre Stimmung und Ihre Physiologie – wie Sie sitzen oder stehen – sind miteinander verbunden. Sie brauchen nur die eine oder die andere zu verändern, und die zweite verändert sich gleich mit. Das heißt, Sie haben es selbst in der Hand, Ihre Stimmung und dadurch Ihre Ausstrahlung nur durch die Veränderung der Physiologie zu lenken.

Zuerst analysieren, und dann so tun als ob

NLP wird manchmal auch als „A Model of Excellence" bezeichnet. Das heißt, wenn wir etwas Neues lernen wollen, brauchen wir nicht immer wieder das Rad zu erfinden. Finden wir stattdessen lieber jemanden, der diese Fähigkeit schon exzellent beherrscht, und machen wir es ihm genauestens nach. Oder suchen Sie eine Situation, in der Sie selbst die Qualität, die Sie in einer gewissen herausfordernden Situation brauchen, sonst haben. Und dann überlegen Sie, wie Sie diese Fähigkeit dorthin transportieren können, wo Sie sie brauchen.

Eine Lehrerin erzählte mir einmal, dass ihr die selbstbewusste Ausstrahlung in der Klasse fehlte. Ich fragte sie: *„Kannst du mir eine andere Situation sagen, in der du dich selbstbewusst fühlst?"* Sie erzählte, dass sie in ihrer Freizeit als Amateurschauspielerin in Musicals mitspielt. Das macht ihr viel Spaß, und sie glaubt, dass sie dafür Talent hat.

Da fragte ich: *„ Interessant. Du trittst auf der Bühne vor Fremden auf. Du tanzt und singst und trägst phantasievolle Kostüme. Erzähle mir bitte, wie du das machst!"*

Sie überlegte und sagte dann: *„Ich probe. Und ich habe ein Skript. Das gibt mir Sicherheit, und ich fühle mich dadurch sattelfest. Ich spüre, wie das Publikum darauf reagiert, und das gibt mir Kraft."*

„*Gut,*" sagte ich, „*das sind sicher Ressourcen, die du in der Schule gut gebrauchen könntest. Wenn du es auf der Bühne kannst, dann kannst du es im Klassenzimmer auch. Du musst sie nur von der Bühne bis ins Klassenzimmer transportieren.*"

Die Ressourcen, die jeder von uns braucht, stecken schon in uns. Wir müssen sie nur erkennen, damit sie uns bewusst sind, und dann lernen: wie kann ich diese Ressource von Situation A nach Situation B transportieren, damit ich auch mit dieser Situation gut zurechtkomme?

Wie sieht „Selbstbewusstsein" aus?

Nun gehen wir auf die Suche nach nonverbalen Ressourcen. Machen Sie es wie die Amateurschauspielerin. Überlegen Sie: Wie verhalten Sie sich, wenn Sie sich selbstbewusst fühlen? Wie schauen Sie aus? Wie hören Sie sich an? Wie fühlen Sie sich?

- Wie bewegen Sie sich?
- Wie betreten Sie einen Raum?
- Wie ist Ihre Körperhaltung?
- Wo stehen oder sitzen Sie?
- Wie ist Ihr Augenkontakt mit der Klasse?
- Lächeln Sie?
- Atmen Sie flach oder tief?
- Sprechen Sie? Und wenn ja, was sagen Sie?

 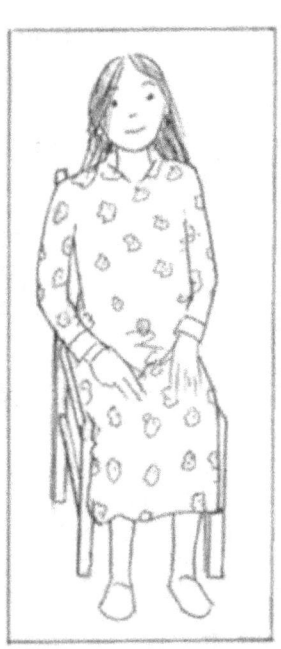

Neue Perspektiven durch Dissoziierung

Schauen Sie sich diese optische Täuschung an:

Was sehen Sie hier?
Sehen Sie auf den ersten Blick das Wort „optical"?
Oder schauen Sie „zwischen die Buchstaben" und sehen das Wort „illusions"?

Nun schauen Sie die optische Täuschung nochmals an, damit Sie das sehen, was Sie beim ersten Mal nicht wahrgenommen haben. Wie haben Sie anders sehen müssen, damit Sie das zweite Bild gesehen haben?

Ja, genau! Sie haben die Perspektive verändert. Sie haben einen anderen Blickwinkel einnehmen müssen, damit Sie beim zweiten Mal etwas ganz anders gesehen haben als beim ersten Mal.

Anders gesagt: Sie müssen dissoziieren. **Dissoziierung** ist der Schlüssel zum effektiven Umgang mit heiklen Situationen in der Klasse. Es ist die Fähigkeit, bewusst einen Schritt zurück zu treten und die Situation, uns selbst und andere nüchtern und objektiv – mit Logik, Abstand und Fairness – zu betrachten. Sie bekommen dadurch eine andere Perspektive. Es ist so, als würden Sie ein Foto von sich selbst und Ihrer Umgebung betrachten. Sie nehmen alles rundherum wahr, aber Sie stehen über den Dingen.

Dissoziierung
Ich schaue mich selbst und die Situation objektiv und neutral an.

Mit den Emotionen haushalten

Mein Sohn und Kollege in der Lehrerfortbildung, Derrick, hat Schauspiel gelernt. Er erzählt oft, wie wichtig es ist, dass ein Schauspieler in den Emotionen, die er spielt, nicht verloren geht. Wenn ein Schauspieler zum Beispiel Romeo spielt und pro Vorstellung zweimal auf der Bühne emotionsgeladen stirbt, und das sechs Abende in der Woche plus ein Samstagsmatinee, ist er vierzehnmal in der Woche leidenschaftlich gestorben. Wenn da tatsächlich die Emotionen im Spiel wären, wäre er nicht lange Schauspieler!

Das Gleiche gilt für Ärzte. Sie können nicht mit jedem Patienten, der leidet oder stirbt, mitleiden, weil sie sonst binnen kürzester Zeit ein emotionales Wrack wären!

Und wie schaut das bei uns Lehrern aus?
Dissoziierung ist auch für uns eine Fertigkeit, die wir dringend lernen müssen.
Es ist vor allem wichtig für uns, dass wir unterscheiden können: Wann soll ich mitfühlen? Und wann nicht?

Manchmal ist es besser, sich nicht gefühlsmäßig zu engagieren. Wenn Sie z. B. einen Schüler disziplinieren, ist es wichtig, dass Sie objektiv bleiben. Sie sollen souverän sein und die Situation eher aus der Perspektive eines Außenstehenden betrachten. Nur so können Sie dem Schüler gegenüber fair bleiben. Und Sie tun sich selbst auch etwas Gutes, wenn Sie die Ruhe bewahren.
Genau so sollten wir in heiklen Situationen im Klassenzimmer reagieren. Ich kann nicht immer alles kontrollieren, was auf mich zukommt. Ich kann aber sehr wohl selbst entscheiden, wie ich darauf reagiere. Jede heikle Situation im Klassenzimmer bietet uns die Möglichkeit, entweder automatisch zu reagieren oder bewusst zu handeln. Wenn ich automatisch reagiere, ist die Sache gelaufen. Je bewusster und ruhiger ich aber in der Situation bin, desto mehr Handlungsmöglichkeiten stehen mir zur Verfügung. Das Gefühl der Ohnmacht verschwindet. Ich habe Auswahlmöglichkeiten und kann die beste Lösung wählen. Mein Selbstbewusstsein steigt, neue Lösungen bieten sich an – ich habe die Situation im Griff.

Bedrohung oder Herausforderung?

Wenn etwas passiert und Sie handeln müssen, sollten Sie sich als Erstes fragen: *„Ist diese Situation eine Bedrohung für mich, oder ist sie eine Herausforderung?"* Wie Sie handeln, wird durch Ihre Antwort auf diese Frage bestimmt.

Wenn eine Situation für Sie bedrohlich ist, wird Ihr Gehirn in die sogenannte „Fight-or-Flight" Reaktion (Kampf oder Flucht) umschalten. Da kontern Sie Ihren „Gegner" mit voller Kraft, oder Sie laufen davon.

Eine Herausforderung ruft eine andere Reaktion in Ihnen hervor. Bei einer Herausforderung holen wir all unsere Stärken hervor und gehen mit Kraft und Begeisterung an die Tat.

Bedrohung oder Herausforderung? Es ist eine Frage der Perspektive.
Wie Sie die Situation einschätzen, beeinflusst das Ergebnis.

Wem gehört das Problem?

Lehrer ist ein Sozialberuf. Der Großteil von uns hat die Schüler, die in unseren Klassen sitzen, gerne. Wir wollen das Beste für sie. Wir wollen, dass sie ihr Potenzial ausschöpfen. Das ist auch unsere Aufgabe. Wenn sie verletzt werden oder, wie es so oft der Fall ist, zu Hause missachtet oder misshandelt werden, blutet uns das Herz. Anders ausgedrückt: Wir sind emotional beteiligt. Wir empfinden. Empathie ist bis zu einem gewissen Grad gut – aber manchmal fühlen wir zu viel! Dann gehen wir am Ende des Schultages nach Hause und sind erschöpft – körperlich und seelisch. Wir nehmen es zu persönlich.

Wie viele Lehrer gibt es zum Beispiel, die sich extrem aufregen, weil ein Schüler keine Hausaufgaben bringt: *„Jetzt hat er schon wieder keine Hausaufgabe gebracht! Ich weiß – er macht das mit Absicht, um mich zu ärgern!"*

Nein. Er macht es nicht, um Sie zu ärgern. Vielleicht will er nicht. Vielleicht hat er es vergessen. Oder es gibt einen anderen Grund. Aber er verhält sich sicherlich nicht so, um Sie zu provozieren. Wenn Sie das persönlich nehmen, ist das verschwendete Energie. Eine Energie, die auch Emotionen hervorruft, die die Sachlage verkomplizieren.

Stellen Sie sich in so einer Situation – bzw. in JEDER Situation, sei sie schulisch oder privat – in der Sie sich aufregen, die Frage: *„Wem gehört eigentlich das Problem?"* Ich wette mit Ihnen, dass zum Großteil dieses Problem gar nicht Ihnen, sondern dem Schüler oder höchstens seinen Eltern gehört. Sie tragen die Verantwortung für z. B. fehlende Hausübungen nicht. Und Sie tragen meist auch nicht die Verantwortung für den Großteil der Situationen, über die Sie sich vielleicht aufregen. Diese Erkenntnis ist befreiend. Sie als Lehrer sind entlastet. Es ist nicht Ihre Schuld. Sie können dem Schüler den Weg zeigen, aber gehen muss er ihn alleine.

Die Wirkung ist erstaunlich. In dem Moment, in dem Sie feststellen, bei wem die Verantwortung tatsächlich liegt, entsteht für Sie ein Gefühl der Erleichterung. Die Last auf Ihren Schultern verschwindet. Sie haben wieder Kraft. Und der Bonus: Da Sie ein bisschen an emotionaler Distanz gewonnen haben, werden Sie die Energie haben, dem Schüler tatsächlich besser helfen zu können! Wieder einmal eine „Win-Win"-Situation, in der Schüler und Lehrer Vorteile haben!

Wir können wählen

Diese Verhaltenstipps sind mächtige Werkzeuge. Damit sind Sie nicht dem Schicksal ausgeliefert. Sie können selbst bestimmen, ob es Ihnen gut geht oder nicht. Damit sind Sie Frau oder Herr Ihrer eigenen Stimmung. Natürlich können Sie sich, wenn Sie wollen, in Ihren negativen Gefühlen suhlen. Oder Sie können Kraft schöpfen und sich den Tag und das Leben erleichtern. Falls Sie sich für die positiven Gefühle entscheiden, werden die Herausforderungen, die der Schultag mit sich bringt, wesentlich leichter zu bewältigen sein. Sie werden mächtig statt ohnmächtig. Wenn es Ihnen innerlich gut geht, strahlen Sie das auch nach außen aus, und Ihre Aura der positiven, natürlichen Autorität, und der Erfolg im Klassenzimmer ist damit gegeben.

TISCHBEIN NUMMER 1:
Gehirnfreundliche Lerntechniken

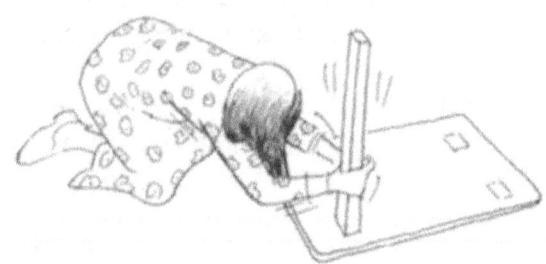

Das erste Tischbein heißt „Gehirnfreundliche Lerntechniken". Zu diesem Thema werden wir einen kurzen theoretischen Überblick über verschiedene ganzheitliche Ansätze wie z. B. die „Moderne Suggestopädie", „Superlearning" oder Howard Gardners „Theorie der multiplen Intelligenzen" schaffen. Dies geschieht im:

- Kapitel 3: Was ist gehirnfreundliches Lernen?

Gehirnfreundliches Lernen wird auch Suggestopädie, Superlearning oder, im englischsprachigen Raum, Accelerated Learning genannt. Es besteht aus vier Wirkfaktoren oder Säulen, die zur Effizienz dieser Methode beitragen. Drei dieser vier Faktoren, nämlich die Rhythmisierung des Unterrichtes, die Rolle der Suggestion in Form einer positiven Lernatmosphäre im Klassenzimmer und der Einsatz von Musik werden in folgenden Kapiteln behandelt:

- Kapitel 4: Die Lernumgebung und die Lernatmosphäre
- Kapitel 5: Die Einstimmung: Ankommen im Unterricht
- Kapitel 6: We've got rhythm!
- Kapitel 7: Die Macht der Musik

Der vierte Faktor, die Gruppendynamik, ist Thema des nächsten Teils.

Diese vier Wirkfaktoren sind die Mittel, mit denen die Lehrkraft die Klasse aus dem Hintergrund unauffällig und effektiv lenken kann, sie ermöglichen ein schülerstatt lehrerzentriertes Lernen.

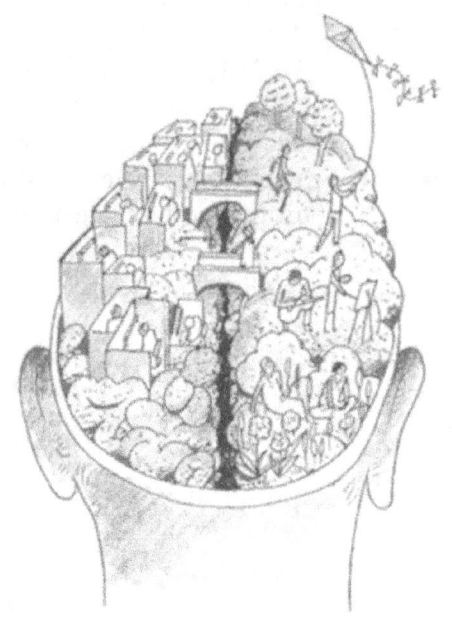

Links UND rechts

WAS IST GEHIRNFREUNDLICHES LERNEN?

Was ist gehirnfreundliches Lernen?

Als ich mich an den Computer setzte und mir diese Frage stellte, sind die Ideen wie ein Feuerwerk in meinem Kopf hin- und hergeschossen. Gehirnfreundliches Lernen, auch Suggestopädie und Superlearning genannt, ist Lernen...

- ...mit allen Sinnen
- ...das alle Sinneswahrnehmungen berücksichtigt
- ...mit beiden Gehirnhemisphären, d.h. sowohl logisch und analytisch als auch kreativ, ganzheitlich und mit den Emotionen
- ...durch den Einsatz von spielerischen, kreativen Lerntechniken, Musik, Fantasiereisen und Mnemotechniken
- ...mit Freude, Gelächter, Neugierde
- ...das ins Langzeitgedächtnis geht
- ...das nachhaltig, beschleunigt, effektiv, kreativ und kurzweilig ist
- ...Learning by doing!

Learning by doing!

Die beste Art und Weise, gehirnfreundliches Lernen zu vermitteln, ist MIT gehirnfreundlichen Lerntechniken. Und das werden wir hier tun.

Auf den nächsten Seiten gebe ich Ihnen einige Hintergrundinformationen. Anschließend möchte ich einen suggestopädischen Text, den ich seit vielen Jahren in der Lehrerfortbildung verwende, mit Ihnen teilen. Alle wesentlichen Informationen sind in diesem Dialog beinhaltet. Sie haben somit die Theorie in der Praxis – die sogenannte Präsentationsphase – erlebt. Der zweite Bestandteil der Suggestopädie, die Aktivierungsphase, die aus interaktiven, kommunikativen und spielerischen Aktivitäten, Ratschlägen, Tipps, Techniken und Werkzeugen besteht, werden Sie in den kommenden Kapiteln erleben.

Was ist Suggestopädie?

Suggestopädie ist eine ganzheitliche Lehr- und Lernmethode, mit der Menschen leichter lernen. Und vor allem lernen sie mit mehr Freude. Sie wurde von einem bulgarischen Arzt, Dr. Georgi Lozanov, in den 1960er Jahren an der Universität von Sofia in Bulgarien entwickelt. Heutzutage gibt es viele gehirnfreundliche Lernansätze, aber Suggestopädie war damals die allererste ganzheitliche Lern- und Lehrmethode. Im Laufe der Jahre hat sie sich weiterentwickelt, und heute ist sie unter verschiedenen Namen – Moderne Suggestopädie, Gehirnfreundliches Lernen, Superlearning bzw. „Accelerated Learning" – bekannt.

Die **Moderne Suggestopädie** versteht sich als eine Methodenvielfalt mit dem Ziel, Lernprozesse zu optimieren und unser riesiges Potenzial an ungenutzten mentalen Reserven auszuschöpfen. Lozanovs Methode gilt als Kern der Modernen Suggestopädie. Hinzu kommen die neuesten Erkenntnisse aus Lernbiologie, Stressforschung, Gehirnforschung, humanistischen Psychologierichtungen wie z. B. NLP, Kinesiologie und verschiedenen anderen Bereichen. Dieser Ansatz kann erfolgreich für jedes Fach und für alle Altersgruppen eingesetzt werden und wirkt sehr motivierend.

Was bringt die Suggestopädie?

Das Lernen findet schneller, erfolgreicher und effizienter statt. Die Kreativität, das Sozialverhalten und das körperliche Wohlbefinden werden erhöht. Das Lernen macht Spaß, und dadurch steigt die Motivation sowohl beim Lernenden als auch bei der Lehrkraft.

Die Suggestopädie ist auch dafür bekannt, dass z. B. neuer Stoff in Form kurzer Theaterstücke bzw. Fantasiereisen, untermalt mit klassischer oder barocker Musik, präsentiert wird. Bei dieser Präsentation wird der Stoff drei- bis fünfmal schneller als bei herkömmlichen Lernmethoden gelernt. Dieser Lehrstoff ist jedoch nur passiv gespeichert. Damit er ins aktive Langzeitgedächtnis geht, wird der passiv erlernte Stoff mit kreativen, spielerischen Lerntechniken aktiviert.

In diesem Buch habe ich einige suggestopädische Texte einfließen lassen. Der Vorteil ist für Sie als Leser doppelt: Sie beschäftigen sich mit dem Thema dieses Buchs – „Das selbstdisziplinierende Klassenzimmer", und gleichzeitig können Sie sich mit dem suggestopädischen Prozess Bekanntschaft machen.

Was ist ein suggestopädischer Text?

Einer der Grundpfeiler des suggestopädischen Unterrichtes sind Texte in Dialog- oder Theaterform, die den zu vermittelnden Stoff unterhaltsam beinhalten. Wie Sie auf den nächsten Seiten entnehmen können, befindet sich der Dialog auf der linken Seite des Blatts und auf der rechten Seite werden nochmals die wichtigsten Fakten, Tabellen, Illustrationen und andere wichtige Informationen angeführt.

Der Text wird langsam und dramatisch zu klassischer oder barocker Musik von der Lehrkraft vorgelesen und vorgespielt. Das Spielen mehrerer Rollen ist zwar eine Herausforderung für die Lehrkraft. Die Schüler hingegen kommen gut mit und lieben diese Präsentationen (und später bei der Aktivierung dürfen sie auch mitspielen).

Der Text unten – wie auch die weitere suggestopädische Texte in diesem Buch – sind Beispiele, die ein Kennenlernen dieser Präsentationsform ermöglichen. Auf meiner Website (www.pearls-oflearning.com → Materialien → suggestopädische Texte) sind etwa zweihundert solcher Texte, die von Lehrern aller Schulstufen und aller Fächer in meinen Suggestopädie-Ausbildungslehrgängen geschrieben worden sind. Die Texte werden Ihnen als Word-Dateien gratis zum Herunterladen zur Verfügung gestellt. So können Sie leicht Änderungen machen und z. B. Texte durch das Hinzufügen von einigen Zeilen an eine höhere Schulstufe anpassen. Sie können auf der Website auch nachschauen, wie eine suggestopädische Einheit in der Schule ausschaut (www.pearls-of-learning.com → Gehirnfreundliches Lernen in der Schule), und wenn Sie Fragen haben, können Sie natürlich mir gerne schreiben: pearl.nitsche@chello.at.

Setzen Sie die Dialoge im Unterricht ein. Natürlich werden Sie, wenn Sie in Suggestopädie ausgebildet sind, viel mehr damit erreichen. Aber auch ohne die Ausbildung sind diese Texte ganz tolle Unterrichtshilfen, die Sie zum Beispiel als Rollenspiele im Unterricht einsetzen können.

Bevor wir unseren Text über das gehirnfreundliche Lernen anschauen (leider kann ich ihn Ihnen hier nicht mit Musik und Drama vortragen), stelle ich Ihnen hier einige E-Mails vor, die ich von Lehrern, die Suggestopädie in ihren Klassenzimmern einsetzen, erhalten habe:

Pythagoräischer Lehrsatz
Letzte Woche führte ich den Pythagoräischen Lehrsatz gehirngerecht und suggestopädisch mit einem Text von deiner Website ein. Meine Teamkollegin war begeistert. Die Kinder freuten sich und merkten dabei gar nicht, wie viel sie in dieser Stunde arbeiteten. Sie waren von der „Theateraufführung" so überrascht und verfolgten mit weit geöffneten Augen das Vorlesen des Textes zur Musik. Diese Blicke und diese Mitarbeit waren filmreif. Unser Inspektor war auch dabei. Er war ziemlich beeindruckt und ebenfalls überrascht, mit wie viel Elan und Freude die Kinder bei der Sache sind.

Ich hoffe, es werden sich viel mehr LehrerInnen in der Suggestopädie ausbilden lassen. Die Schüler werden es dir unbekannterweise danken.
Burgi S., Hauptschullehrerin, Tirol

Die Malreihen – mal anders!
Ich habe heute den suggestopädischen Text mit den Malreihen mit einer sehr schwachen Klasse durchgemacht. Die Stimmung war hitzebedingt sehr aufgeladen und unruhig. Auch die Lehrer waren sehr gereizt. Ich mache sonst in dieser Klasse nur Einzelbetreuung, bot aber an, diese Stunde mit der gesamten Klasse zu machen. Die Klassenlehrer waren über eine „Pause" erfreut und ließen mich tun, während sie hinten im Raum zuhörten.

Am Ende der Malreihen-Geschichte, die ich zur klassischen Musik vorlas und spielte, waren alle wie ausgewechselt! Die Stimmung war trotz Hitze toll. Selbst die Lehrer waren wieder „ausgeruht" und geduldig. Die Kinder arbeiteten konzentriert an der Geschichte.

Es war ein tolles Erlebnis und hat meine Überzeugung von gehirngerechten und suggestopädischen Lerntechniken nochmals bestätigt!
Sylvia O., Sonderschullehrerin, Wien

Was ist dir in Erinnerung geblieben?

...am meisten hat mich die Wirkung überrascht, die man mit suggestopädischen Texten erzielt. Heute besuchen meine Kinder die 3. Klasse. In der 2. Klasse haben wir das 1 x 1 erlernt. Die Malreihe 6 habe ich mit suggestopädischen Techniken und einer kleinen Geschichte, die ich aus dem Stegreif erzählte, erarbeitet. In der 3. Klasse fragte ich nach, welche der Malreihen sie sich am besten gemerkt hatten. Einstimmig kam die Malreihe 6. Ich hatte mein kleines Experiment schon ganz vergessen und konnte mir das nicht erklären. Erst als meine Schüler Teile der Geschichte wiedergaben, fiel mir unsere Suggestopädiestunde ein. Zwischen dieser Lerneinheit und meiner Frage im Herbst sind Monate vergangen, aber die Kinder hatten noch ein klares Bild von dieser Unterrichtsstunde.

Rotraud L., Volksschule, Steiermark

Und nun zu unserer suggestopädischen Geschichte über die Suggestopädie:

RADIO EU BERICHTET:

Ein lehrreiches Abenteuer im Lande des Gehirnfreundlichen Lernens
von Judith Hazdra und Pearl Nitsche

Heute wurde Jaber von der EU-Kommission
für Bildung und Lernen zum Ritter geschlagen.
Er bekam auch den begehrten „EU-Lehrer-des-Jahres-Orden".

Warum?
Jaber kehrte kürzlich vom Lande des „Gehirnfreundlichen Lernens"
zurück, in dem er in einer aufregenden Verfolgungsjagd quasi in
allerletzter Sekunde ein Menschenleben rettete.

Und wen hat er gerettet?
Seine Schülerin. Eine richtige Prinzessin, Apple White.
Eines Tages mitten im Unterricht fiel Apple in ein tiefes Koma.

(Das kommt leider in den Palastklassenzimmern sehr häufig vor.)

Aber wie hat er sie gerettet?
Er nahm den Kampf mit dem allseits gefürchteten
„Demotivations-Monster", das unsere Schulen seit Jahrhunderten
regelmäßig heimsucht, erfolgreich auf.

Und wie geschah das?
Lauschen wir, was die Medien darüber berichten:

....

Vor dem Ministerium herrscht ein großes Gedränge.
Viele Reporter aus dem In- und Ausland halten Jaber
Mikrofone hin. Selbstverständlich ist Radio EU vor Ort.
Mit einer ausführlichen Sondersendung berichtet der Reporter über die
spannenden Ereignisse der letzten Tage.

Die Gesellschaft für suggestopädisches
Lehren und Lernen
Website: www.dgsl.de

Reporter: *Jaber! Jaber!*
Ist es richtig, dass Sie nun
Ihren Namen geändert haben?

Internationale Organisation,
die durch regelmäßige Konferenzen,
Newsletter und den Aufbau von
Netzwerken diese Unterrichts- und
Lernmethoden aktiv unterstützen.

Jaber: *Ja, das stimmt.*
Früher nannten mich alle „Jaber",
da ich fast jeden Satz mit den Worten,
„Ja, aber..." begann!

Seitdem ich die böse Hexe der Negativität
auf meiner Abenteuerreise besiegt habe,
nenne ich mich „Positives Denken".
So lässt es sich nämlich viel leichter leben!
Von „Ja, aber" zum positiven Denken!

Reporter: Das hat sicherlich auch für
unsere Schüler positive Auswirkungen!

Können Sie unseren Zuhörern erzählen,
wie das alles begann?

Positives Denken: Ich kann mich sehr gut an den Tag erinnern...
ich unterrichtete damals
genau wie vor 50 Jahren...
plötzlich fiel die Prinzessin ins Koma.
Ihre Eltern, der König und die Königin,
waren sehr besorgt und gaben mir
den Auftrag, sie zu erlösen.

Anfangs war ich ratlos.
Aber wie durch eine Wunder erschien
plötzlich ein Hase als Retter.
Er führte mich in das

Land des

GEHIRNFREUNDLICHEN LERNE

Dort zeigte er mir ein Zauberschwert.
Um die Prinzessin zu retten, müsste ich
das Schwert aus einem Felsen ziehen.
Doch ich konnte es keinen Millimeter bewegen!

Reporter: Haben Sie Hilfe hinzugezogen?

Positives Denken: Der Hase erzählte mir, dass nur
ein Auserkorener Apple White
aus ihrem Koma erwecken könnte.
Der müsste alles über

GEHIRNFREUNDLICHES LERNEN

wissen. Dadurch erhöht man nämlich die

MOTIVATION

der Schüler. Sie lernen ganzheitlich mit den

LINKEN & RECHTEN GEHIRNHEMISPHÄREN

und merken sich den Stoff leichter und schneller als auf
herkömmliche Art und Weise.

Vom ihm hörte ich auch zum ersten Mal,
dass Lernen Spaß machen kann!

Was ist gehirnfreundliches Lernen?

Positives Denken: *Das war für mich ein richtiger Durchbruch!*
Wenn das Lernen Spaß macht,
sind die Schüler motiviert.
Wenn die Schüler motiviert sind,
sind die Lehrer es nämlich auch.
Nun macht das Ganze auch MIR Spaß!

Reporter: *Unglaublich!*
Rechts UND links?
Ist das eigentlich vom Ministerium erlaubt?

Positives Denken: *(lachend)*
Das hat mit der Politik nichts zu tun!

Die rechte und die linke Gehirnhemisphäre
wollen doch harmonisch zusammenarbeiten.
Und durch die Anwendung von

ENTSPANNUNGSTECHNIKEN,
MUSIK
und
SPIELERISCHEN, INTERAKTIVEN
und
KOMMUNIKATIVEN AKTIVITÄTEN

ist das leicht möglich.

Die linke Hemisphäre ist
logisch und analytisch.
Diese Seite wird traditionell
in der Schule eingesetzt.

Die rechte Hemisphäre ist anders.
Sie ist global.
Bunt, musikalisch, kreativ, gemütlich.
Und sie kann sich ganz VIEL,
sehr l...a...n...g   merken

Wenn die linke und rechte Seite zusammenarbeiten,
sind sie einfach unschlagbar.

Reporter: *Interessant.*
Was geschah dann?

Positives Denken: *Ich musste noch durch die Provinz der*

LERNSTILE.

SUGGESTOPÄDIE:
Dr. Georgi Lozanov,
Sophia University, Bulgarien
Die erste ganzheitliche Lernmethode

SUPERLEARNING oder
MODERNE SUGGESTOPÄDIE
= Suggestopädie als Schwerpunkt,
verbunden mit anderen
gehirnfreundlichen Lernmethoden

Learning barrier wall

Roger Sperry
Nobelpreis für seine Arbeit
über die linke und rechte
Gehirnhemisphäre
(Mittlerweile wissen wir, dass
seine Theorie nur teilweise stimmt.
Nichtsdestoweniger sind die zwei
Gehirnhemisphären eine gute
Metapher, um Lernvorgänge zu
erklären.)

http://de.wikipedia.org/
wiki/Roger_Sperry

Positives Denken: Dort würde mir zum ersten Mal so richtig bewusst, dass jeder mit einer anderen

LANDKARTE DER REALITÄT

unterwegs ist.

Meine Realität ist nicht die Ihre:
Ich filtriere meine Umgebung nach meiner

BEVORZUGTEN SINNESWAHRNEHMUNG oder MODALITÄT:
visuell, auditiv, kinästhetisch,
olfaktorisch oder gustatorisch

=

VAKOG

und auch nach meiner eigenen Vorstellung der „Realität", die ich mir im Laufe der Jahre gebildet habe.

Dann lernte ich mit einer Technik aus dem NLP, wie ich mit anderen

RAPPORT

herstellen kann. Das bedeutet, sich auf die gleiche Wellenlänge zu begeben, um besser kommunizieren zu können.

Reporter: Alle Achtung!
Das haben Sie ganz alleine geschafft?

Positives Denken: Nicht ganz alleine. Die neun

MULTIPLE INTELLIGENZEN

Zwerge haben mich begleitet.
Jeder Zwerg steht
für eine besondere Intelligenz:

- Zwerg **INTERPERSONAL**
  ist sehr teamfähig und bringt hohe Leistungen innerhalb Gruppen
- **INTRAPERSONAL**
  ist der Philosoph unter den Zwergen. Seine Einfälle kommen, wenn er in sich hineinschaut
- Zwerg **SPIRITUELL**
  denkt viel über den Sinn des Lebens nach

http://de.wikipedia.org/wiki/
Neurolinguistisches_Programmieren
www.nlpaed.de – NLP für Pädagogen
Bild 7a – NLPaed Logo

John Grinder   **Richard Bandler**

NLP
NEURO-LINGUISTISCHES
PROGRAMMIEREN

VAKOG

RAPPORT,
wenn die Chemie stimmt!

http://de.wikipedia.org/wiki/Theorie_
der_multiplen_Intelligenzen

Positives Denken:
- **MUSIKALISCH-RHYTHMISCH**
  hat seine Stärken im musikalischen Bereich
- Zwerg **LOGISCH-MATHEMATISCH**
  bringt alles auf den Punkt
- Zwerg **VERBAL-LINGUISTISCH**
  ist der Dichter und Literat
- Zwerg **VISUELL-RÄUMLICH**
  ist der Architekt unter ihnen
- Zwerg **KÖRPERLICH-KINÄSTHETISCH**
  ist ständig in Bewegung und sehr oft im Mittelpunkt
- und Zwerg **NATURALISTISCH**
  ist der Gärtner im Haus

*Sie haben mir die verschiedene Zugänge
zu meinen Schülern gezeigt.*

Wie man auf Englisch sagt:

REACH THEM TO TEACH THEM!

Howard Gardner
Harvard University

THEORIE DER
MULTIPLEN INTELLIGENZEN

Reporter: Und wie schaut es mit den Emotionen aus?
Bleibt nicht das Erlernte länger im Gedächtnis, wenn es mit einer oder mehreren Emotionen in Verbindung gebracht wird?

Positives Denken: Genau! Das ist eine sehr gute Frage!
Aus diesem Grund habe ich mich auch
mit der

EMOTIONALEN INTELLIGENZ

meiner Schüler auseinandergesetzt.

http://de.wikipedia.org/wiki/Daniel_Goleman

Reporter: Und dann?

Positives Denken: Am Ende meiner Reise, nachdem
ich alle diese Techniken beherrschte,
stand ich plötzlich wieder
vor dem Zauberschwert.
Diesmal konnte ich
es leicht herausziehen.
So weckte ich die Prinzessin
aus dem Koma.

DANIEL GOLEMANN
Harvard University

THEORIE DER
EMOTIONALEN INTELLIGENZ

Reporter: Das war eine reife Leistung!
Und wie sieht Ihr Unterricht heute aus?

Positives Denken: Ich bin motiviert.
Und meine Schüler haben auch eine hohe

MOTIVATION.

Positives Denken: Ich kenne meinen eigenen

LERN& KOMMUNIKATIONSSTIL

und kann auch die Lernstile
meiner Schüler leichter erkennen.

Ich achte auf die

VIELFÄLTIGKEIT DES UNTERRICHTS,

spreche möglichst viele

SINNESWAHRNEHMUNGEN

und auch die

EMOTIONEN

an.

Bei meinem Unterricht ist

für jeden etwas dabei!
So erreiche ich **ALLE** Schüler.
Und das Gelernte geht ins Langzeitgedächtnis!

Reporter: Es hört sich an, als würde

GEHIRNFREUNDLICHES LERNEN

an den ganzen Menschen
mit all seinen Bedürfnissen denken.
Stimmt das, Positives Denken?

Positves Denken: Ja, das stimmt.
Gehirnfreundliches Lernen ist

LERNERZENTRIERT,

und das bedeutet

LERNEN MIT KÖRPER, HERZ und HIRN!

Reporter: Herr Positives Denken, wir gratulieren
und bedanken uns für das informative Gespräch!

© Pearl Nitsche & Judith Hazdra,
E-Mail: pearl.nitsche@chello.at;
Website: www.pearls-of-learning.com

DIE POSITIVE LERNUMGEBUNG UND DIE LERNATMOSPHÄRE

Wo würden Sie lieber lernen?

In der Wartehalle am Bahnhof oder in einem schön hergerichteten Klassenraum?

 Stellen Sie sich vor...

...heute ist Martins erster Schultag in einer neuen Schule. Beim Betreten des Schulgebäudes ist er ganz aufgeregt. Er hat gemischte Gefühle. Einerseits freut er sich auf das bevorstehende Abenteuer – aber gleichzeitig hat er Angst. Wie wird es ihm in dieser neuen Schule und mit den neuen Lehrern gehen?

Sobald Martin ins Klassenzimmer tritt, bekommt er die Antwort auf seine Frage.

Ohne Sie überhaupt gesehen zu haben, sieht er im Klassenzimmer, wie Sie und Ihre Einstellungen zum Lernen und zur Schule sind. Das Klassenzimmer ist voller Hinweise, und unsere Schüler nehmen diese Hinweise – bewusst oder unbewusst – wahr. Sie wirken sich auf der unbewussten Ebene auf ihre Erwartungen, ihr Schulerlebnis und ihre Einstellung zum Lernen aus. Die Lernatmosphäre, die mein Klassenzimmer und ich in den ersten Minuten, Stunden und Tagen ausstrahlen, werden von den Schülern widergespiegelt.

Daher ist es wesentlich, dass ich mich selbst frage, was ich mit meinem Klassenzimmer und mit meinem ersten Auftritt vermitteln möchte. Das ist meine Botschaft:

„Hier ist ein Ort, wo ich mich wohl fühle und gut lernen kann. Er wirkt auf mich einladend, und ich habe das Gefühl, ich kann hier gut zuhören, teilnehmen und wachsen. Meine Emotionen werden hier respektiert."

Das Klassenzimmer soll ein Ort sein, wo Schüler Vertrauen entwickeln können, wo sie Verantwortungen selbst übernehmen, Selbstdisziplin ausüben und in dem grenzenloses Lernen stattfinden kann.

Die Raumgestaltung

Wenn ich am Nachmittag eine Schule für eine Fortbildungsveranstaltung betrete, strömen mir meist die gerade entlassenen Schüler entgegen. Da bekomme ich meinen ersten Hinweis über die Atmosphäre in dieser Schule. Die Erfahrung hat mir gezeigt, dass die lächelnden Gesichter von Schülern das verlässlichste Zeichen für eine Schule mit schöner Lernatmosphäre ist.

Das zweite Zeichen ist die Lernumgebung, die Gestaltung der Gänge und der Klassenzimmer. In der letzten Zeit sind die Feuerschutzbestimmungen stark verschärft worden. Viele Lehrer haben sich beklagt, dass es nun schwierig sei, die Räumlichkeiten schön zu gestalten, da keine brennbaren Gegenstände wie Zeichnungen auf Papier aufgehängt werden dürfen und auch nichts am Gang stehen sollte, was die Fluchtwege blockieren könnte. Wenn aber der Sinn für Ästhetik und vor allem der Wunsch danach vorhanden sind, finden Schulen Wege. Ich habe schon viele Schulgänge erlebt, die von den Schülern gefertigte Fliesen oder handgemalte Wandgestaltungen enthielten, welche aussahen, als würden sie von Hundertwasser stammen. Ich habe auch viele Klassenzimmer gesehen, die wunderschön von Eltern, Kindern und Lehrern gestaltet wurden. Farben, Kerzen, Pflanzen und Blumen, ein gut gelüftetes und temperiertes Zimmer, Duftlampen, schöne Dinge wie Sandbilder, frisches Trinkwasser und feuerfeste Vorhänge tragen zur Wohlfühlatmosphäre bei. Themenecken zum Lesen, Malen und Basteln, English Corner und Bewegungsecken oder Gänge bieten die Möglichkeit, sich gelegentlich zurückzuziehen und sich selbstständig zu beschäftigen. Beziehen Sie auch die Schüler bei der Klassengestaltung ein, und fördern Sie weiterhin deren Sinn für Selbstverantwortung und Gruppenzugehörigkeit.

Gemütlich – aber nicht ablenkend

Schüler, vor allem im Pflichtschulbereich und auch Schüler mit ADHS, können leicht vom Unterricht abgelenkt werden. Daher ist eine schöne und bunte Lernatmosphäre, die aber nicht vom Unterricht ablenkt, wichtig. Folgende Tipps habe ich in einem Newsletter von Angela Watson entnommen (falls Sie sich auch dafür anmelden wollen, hier der Link: http://thecornerstoneforteachers.com/).

Ablenkungen lassen sich mit diesen Regeln auf ein Minimum reduzieren:

- Keine zusätzlichen Lernmaterialien, Poster, Bilder usw. vorne im Klassenzimmer. Diese Lernhilfen sollen möglichst an den Seitenwänden oder an der Rückwand hängen
- Auch bunte, gemusterte Teppiche oder Vorhänge können ADHS-Kinder ablenken
- Die Tische von leicht ablenkbaren Schülern sollten nicht zum Fenster, zur Tür oder Richtung PC-Bildschirm schauen
- Falls Sie einen Arbeitsbereich haben, wo Sie einzeln oder in Kleingruppen mit Schülern arbeiten, sollte dieser Bereich im hinteren Teil des Klassenzimmers sein
- Drehen Sie die Tische um, damit die Bankfachöffnung auf der äußeren Seite des Tisches ist. So verschwindet die Versuchung, mit dem Inhalt des Bankfaches zu spielen
- Auf dem Tisch selbst sollen möglichst wenig Schulmaterialien sein. Utensilien wie Scheren, Uhu, Lineale, Geodreiecke usw. in Schachteln oder sonstigen Behältern auf Regalen oder in Läden im Klassenzimmer aufbewahren. Bei Bedarf sollen die Schüler sie holen und dann wieder dort verstauen

Aufmerksamkeitsschwache Schüler brauchen zur besseren Konzentration öfters etwas zum „In-der-Hand-halten". Wir Erwachsene machen meistens nur eine Sache auf einmal. Die motorisch lebhaften Kinder in unseren Klassen lernen aber ganz anders als wir. Um sich gut konzentrieren zu können, haben sie oft das Bedürfnis, zwei Sachen gleichzeitig zu machen. Sie können nicht einfach sitzen und zuhören. Sie brauchen daneben noch eine zweite Tätigkeit oder Bewegung.

Das dürfen sie – solange diese Tätigkeit oder Bewegung den Unterricht nicht stört. Wir können ihnen zum Beispiel einen Knautschball in die Hand drücken. Der Ball darf auf keinen Fall auf den Boden fallen oder durch das Zimmer fliegen. Sonst ist er weg. Oder wir geben ihnen ein kleines Stück Plastilin (Es ist wichtig, dass es kein großes Stück ist – sonst fängt die Schlangenproduktion über drei Tische an!). Oder wir verteilen Mandalas, die beim Zuhören bemalt werden können.

„Ja, aber werden dann nicht alle so etwas haben wollen?"
Diese Frage höre ich oft. Meine Antwort darauf: *„Wahrscheinlich nicht. Aber wenn es so sein sollte, gibt es eine ganz einfache Lösung: Wenn die Schüler es wollen, dann brauchen sie es. Da müssen wir eben mehr Bälle zur Verfügung stellen."*

„Ja, aber stören sie die anderen Schüler nicht dadurch?"
Und hier ist die Antwort: *„Die anderen dürfen auf keinen Fall dadurch gestört werden, sonst ist der Ball weg."* Aber ist es nicht besser, er hält einen Knautschball in der Hand, als dass er von den anderen alles angreift, oder im Allgemeinen stößt und stört? Ich denke, dies ist eine Lösung, die ihm und auch den anderen gut tut."

Einige Ideen aus der Praxis:

Ein Wohlfühl-Klassenzimmer
Ich sorge in den Bildnerischen-Erziehung-Stunden dafür, dass wir immer in einer nett geschmückten Klasse sitzen, in der man sich wohl fühlt. In der ersten Klasse feiern wir die Geburtstage der Kinder, indem sie eine Kleinigkeit von den Klassenvorständen bekommen. In den weiteren Klassen bringen dann die Schüler selbst Naschereien oder eine Torte mit, um ihren Geburtstag mit den Mitschülern zu feiern.

Es gibt von Zeit zu Zeit ein gemeinsames Frühstück, zu dem jeder Schüler etwas mitbringt. Ein- bis zweimal pro Jahr gibt es Klassen- bzw. Schulstufenfeste, wo Schüler Speisen aus ihren Ländern mitbringen. Und wir feiern Feste wie Fasching, Halloween oder die Adventzeit mit einem Adventskalender, gefüllt mit Kleinigkeiten vom Klassenvorstand.

In der Klasse steht ein Glas. Sind die Schüler besonders brav, hilfsbereit, oder schlichten sie Streit lege ich Belohnungssteine in das Glas. Ist dieses voll, dürfen sich die Schüler einen Ausflug oder eine Veranstaltung wünschen.

In unserer Klasse hängt ein übergroßes Thermometer, an das die Kinder je nach Tagesverfassung ihre Namen hängen. In unserer Schule gibt es Klassenvorstand-Stunden, wo man unterrichtsunabhängig mit der Klasse arbeiten kann. Soziale Spiele werden gespielt. Themen, die die Schüler/Lehrer bewegen, werden -teilweise in Zusammenarbeit mit Beratungslehrerin und Sozialarbeiterin- besprochen. In den großen Pausen haben Mädchen und Burschen die Möglichkeit, sich in eigene Ruheräume zurückzuziehen.

Mit den einzelnen Wohlfühlaktionen und dem Einbinden eines jeden Schülers in das Klassenteam versuchen wir, Ausgrenzung zu vermeiden bzw. zu verringern. Dazu gehört auch die Betonung des Positiven und der Stärken jedes Einzelnen.
Schüler unserer Klassen haben auch Mediationstechniken gelernt. Sie können Unstimmigkeiten oder Probleme miteinander besprechen. Sie haben die Möglichkeit, sich in einen Raum zurückzuziehen und miteinander zu reden, was auch gut genutzt wird.

Margit W., Mittelschule, Wien

„Sucht ihr einen gemütlichen Sitzplatz aus"
Wenn Schüler in meinen Sprachstunden lesen oder Dialogarbeit machen, Rollen lernen oder Aussprachübungen durchführen, dann dürfen sie sich einen für sich selbst gemütlichen Platz im Klassenzimmer suchen. Sie „müssen" sogar ihren Sitzplatz verlassen und sich einen anderen „Ort" zum Lernen suchen. Die Schüler lieben es, auf dem Sofa zu sitzen, am Boden zu liegen, vor dem Kasten bei offener Kastentüre oder unter dem Waschbecken zu sitzen!

Elfie K., Mittelschule, Steiermark

Ihre Einstellung setzt den Ton!

Stellen Sie sich vor, ...

Sie wollen Französisch lernen. Sie haben sich zu einem Französischkurs angemeldet, und heute findet die erste Unterrichtsstunde statt. Ich bin Ihre Lehrerin. Sie und die anderen Teilnehmer sitzen im Halbkreis im Klassenzimmer, und ich komme herein.

„Bonjour!" sage ich. Und dann zähle ich den Teilnehmern begeistert auf, was sie in diesem Kurs alles erwartet: und so weiter...

Dann schaue ich den Halbkreis durch und sage dem ersten Schüler, der dort sitzt: „Ja, Susi, du wirst ganz viel Erfolg beim Französisch haben. Das sehe ich einfach, wenn ich dich anschaue! Und ihr zwei! Martina und Roxy! Ihr werdet super sein – ihr schaut sogar französisch aus!" Dann schaue ich weiter. Und plötzlich verschwindet das Lächeln auf meinem Gesicht, und mein Enthusiasmus ebbt ab: „Naja, du, Peter...da weiß ich nicht. Naja, irgendwie wirst du es schon schaffen...wir werden dich halt mittragen...".

Stellen Sie sich vor, Sie sind Peter. Wie würden Sie sich in diesem Moment fühlen? Garantiert schlecht.

Und Ihre Erfolgschancen, Französisch zu beherrschen, sind mit meinen Worten auf ein Minimum gestürzt. Meine persönliche Einstellung über die Erfolgschance meiner Schüler für ihre Erfolge bzw. ihre Misserfolge sind einfach ausschlaggebend.

„We get what we expect"

Wenn ich an meine Schüler glaube, werden sie erfolgreich!
Deswegen ist es sehr wichtig zu verstehen, dass die eigene Einstellung einen ungeheuren Einfluss auf das Verhalten und den Erfolg unserer Schüler hat. Sie ist eindeutig eine selbsterfüllende Prophezeiung.

Daher mein Rat:
Erwarten Sie viel von Ihren Schülern. Setzen Sie die Latte hoch an. Drücken Sie diese Erwartungen aus und lassen Sie sich Ihre Überzeugung anmerken, und auch, dass sie Ihre Erwartungen mit Leichtigkeit erreichen können. Setzen Sie kurzfristige und langfristige Ziele und besprechen Sie miteinander, wie diese Ziele Schritt für Schritt erreicht werden können.

Lassen Sie Ihre Schüler sehen, hören und spüren, dass Sie selbst vom Lernen und von der Schule begeistert sind. Oft sagen Lehrerinnen lachend zu mir: *„Aber wenn ich diese Techniken morgen im Unterricht einsetze, werden meine Schüler mir sagen: „Aber Frau Lehrerin, waren Sie jetzt wieder einmal auf Seminar?!"* Meine Antwort auf diesen Einwand ist: *„Super!"* Wir erwarten von den Schülern, dass sie lernen. Da brauchen wir uns nicht genieren, wenn sie merken, dass wir auch lerngierig sind! Wenn die Schüler spüren, dass Sie selbst Freude haben und mit Begeisterung lernen, wirkt das ansteckend.

Fast alle meiner Kollegen an der Mittelschule waren sehr motiviert und übten den Lehrberuf gerne aus. Das hat man in der Schule und in ihren Klassen förmlich spüren können. Es war eine wahre Freude mit ihnen zusammenzuarbeiten. Es gibt aber in fast jedem Lehrkörper einige Lehrkräfte, die eine negative Ausstrahlung haben. Zum Glück waren das weniger, als man an einer Hand abzählen kann! Aber trotzdem waren sie da, und ihre Ausstrahlung war bei Gemeinschaftsunterricht eindeutig zu spüren.

Ich habe einmal gemeinsam mit einer Lehrerin in einer ersten Hauptschulklasse unterrichtet. Eines Tages hatten wir Besuch von einem Supervisor, der einen Teil der Stunde übernahm und eine lustige Einheit mit den Schülern machte. Am Ende der Stunde fragte er die Klasse: *„Wer von euch geht gerne in die Schule?"* Die ganze Klasse rief laut: *„Ich!!"* Nur meine Kollegin sagte laut und zynisch: *„Na, ich nicht!"* Einige Sekunden herrschte Stille, während die Schüler verdauten, was ihre Lehrerin und Klassenvorstand mit diesen Worten über ihre Einstellung zur Schule ausdrückte. Vier Jahre später, als diese Klasse ihre Schulzeit mit uns abschloss, waren die Schüler genauso wenig motiviert wie ihre Lehrerin. Die Einstellung der Lehrkraft überträgt sich auf die Klasse – positiv und negativ.

Seid ihr alle da?

Ankommen und Einstimmung

Sehr oft sind unsere Schüler zwar physisch im Klassenzimmer, aber ihre Gedanken sind überall – nur nicht bei uns. Wir vergessen das oft. Wir haben viel Arbeit in die Vorbereitung der Stunde investiert, und manchmal vergessen wir, dass unser Stoff nicht die gleiche Wichtigkeit für unsere Schüler hat wie für uns. Das sind wieder einmal zwei sehr unterschiedliche Realitäten.

Was kann man hier tun? Wenn wir wollen, dass die Schüler reibungslos mitmachen, müssen wir sie zuerst abholen, wo sie im Moment sind, und sie dann dorthin führen, wo sie dann voller Konzentration bei der Sache sind. Richtig ankommen ist sehr wichtig, in Kapitel 8 zeige ich Ihnen Ankommensübungen für Ihre Schüler.

Begrüßungen

Grüßen ist eine wichtige soziale Fertigkeit, die den Kontakt zwischen Personen herstellt und auch eine positive Basis für die Kommunikation darstellt. Wenn ich eine andere Person begrüße, vermittle ich das Gefühl, das sie mir wichtig ist. Aber viele unserer Schüler kennen das nicht mehr. Wenn die Eltern nicht grüßen, wenn die anderen in ihrem Freundes- und Bekanntenkreis es auch nicht tun, wenn die Vorteile des Grüßens den Schülern nicht bekannt sind, oder wenn sie nicht genau wissen, wie das vor sich geht, begreifen sie einfach nicht, wozu das gut sein soll.

von Schülern angefertigten Wandbildern aus Filz Polytechnische Schule in Aigen-Schlägel / Oberösterreich

Seien Sie ein gutes Beispiel und setzen Sie den Ton. Begrüßen Sie Ihre Schüler persönlich – im Klassenzimmer oder auch am Gang und auf der Straße. Wechseln Sie einige Worte mit ihnen. Zeigen Sie persönliches Interesse, und befragen Sie sie nach ihrem Befinden. Nehmen Sie sie persönlich wahr – mit Augenkontakt, offener Körperhaltung und einem Lächeln auf dem Gesicht (siehe Kapitel 20). Dadurch wird sich die Atmosphäre im Klassenzimmer garantiert ändern.

Struktur und Halt geben

Eine neue Situation oder Umgebung erzeugt oft Stress. Schüler haben Angst davor, sich zu blamieren. Sie brauchen Regeln und Strukturen, damit sie sich im Klassenzimmer wohlfühlen. Strukturen geben Sicherheit. Führen Sie Rituale und Richtlinien ein: Der Stundenbeginn läuft immer gleich ab; *„Unsere Ziele für heute sind..."*, *„Wenn ich durstig bin, darf ich die Wasserflasche in der Pause auffüllen."*, Datum und der Tagesplan stehen immer am gleichen Platz an der Tafel. Machen Sie eine Schul- und Klassenzimmerführung mit Ihren Schülern, oder lassen Sie eine „Schullandkarte" zeichnen usw.

Strukturen geben Sicherheit. Ein strukturiertes Klassenzimmer, in dem die Vorgänge vorhersehbar sind und automatisch ablaufen, ergibt eine harmonische und ruhige Atmosphäre. Mehr dazu im „Tischbein Nr.3: Struktur! Struktur! Struktur!".

Reflektionszeit

Lebhafte und ruhigere Unterrichtsphasen sollen sich im Tagesablauf abwechseln. Die ruhigeren Teile des Unterrichtes sollen Zeit zur Reflektion bieten. Hier einige Ideen dazu:

- Wenn etwas besonders gut oder auch schlecht in der Stunde gelaufen ist, geben Sie den Schülern eine Nachdenkzeit: *„Macht nun kurz die Augen zu, und überlegt euch, warum das jetzt passiert ist? Wie könnten wir es das nächste Mal anders machen?"*.

- Oder lassen Sie die Schüler ihre Gedanken dazu in ihre Journale oder auf Zettel für die „Sorgendose" schreiben.

- Zu einem späteren Zeitpunkt können die Vorkommnisse, Ideen und Vorschläge im Sesselkreis besprochen werden.

Reflektionszeit bedeutet „Reifungszeit" für die Schüler, sie lernen, selbstständig nachzudenken, eigenverantwortliches Handeln und Lösungen für Probleme anzustreben.

Teilen Sie auch sonst Zeiten, Aufgaben und Gelegenheiten ein, bei denen die Schüler zur Ruhe kommen können. In den Pausen sollte es einen Ort geben, an dem Schüler sich auch zurückziehen können. Das kann ein Ruheraum oder eine Ruheecke sein oder zwei Bereiche, wo sich die Mädchen bzw. die Burschen zurückziehen können. Bauen Sie Ruhezeiten im Unterricht ein. In der Ruhezeit müssen die Schüler alleine still arbeiten. Je nachdem, welche Aufgabe Sie aussuchen, können die Schüler zeichnen, schreiben, am Computer arbeiten, sich ausrasten oder mit der Hausaufgabe beginnen.

Ich habe einmal die Vertretung in einer sehr lebhaften und lauten Klasse gemacht. Das war eine berüchtigte Klasse, die ich selbst nicht unterrichtete. Und ich bin für die letzten zwei Stunden vor den Osterferien zum Supplieren dort eingeteilt worden! Zum Glück habe ich das schon vorher erfahren und habe mich gut auf die Vertretung vorbereiten können. Als Vorbereitung dafür kaufte ich einige Puzzles im Spielzeugladen.

Am Tag vor den Osterferien kam ich in die Klasse, gewann die Aufmerksamkeit der Schüler und gab gleich bekannt: *„Da ihr in zwei Jahren zu arbeiten beginnt, werden wir heute ein Spiel spielen, das in Firmen bei Management-Trainings gespielt wird. Es geht um Teamwork."*

Diese Ansage überraschte sie und hat ihnen, zumindest kurz, den Wind aus den Segeln genommen.

Ich habe dann schnell Teams gebildet und jedes Team jeweils um einen Tisch sitzen lassen. Dann erklärte ich, ich werde jedem Team ein Puzzle – ohne Vorlage – geben. Es sei ihre Aufgabe als Team, das Puzzle so schnell wie möglich zusammenzusetzen.

Die wichtigste Regel dabei: Sie dürfen nicht reden.

Wenn jemand reden sollte (es ist zweimal im Laufe der zwei Stunden vorgekommen), bekommt dieser Schüler eine Stoppuhr in die Hand gedrückt. Er muss sich fünf Minuten aus der Gruppe entfernen und zuschauen. Dieser Schüler und auch das Team sollen sich dann überlegen, welche Auswirkung das Fehlen auf die Aufgabe und die Teamarbeit hat.

Wir haben verschiedene Versionen gespielt – alle nonverbal. Die letzte war, dass die gesamte Klasse versucht hatte, ein größeres Puzzle zusammenzustellen. Anschließend habe ich sie fünf Sätze zum Thema *„Was habe ich bei diesem Spiel über Teamarbeit gelernt?"* schreiben lassen (einer schrieb: *„Ich habe gelernt, dass man sich nicht schlagen soll, wenn man im Team arbeitet."* Immerhin eine sehr wertvolle Lektion!).

Zum Schluss habe ich mich bei ihnen bedankt und gesagt, wie nett es mit ihnen war. Dieses Bedanken ist ganz wichtig. So gewinnt man die ganze Klasse für sich! Vor allem, wenn es eine Klasse ist, mit der sonst viel geschimpft wird. Ich bin zwar auf ihren Vorschlag, ich möge den Herrn Direktor fragen, ob ich nicht öfters zu ihnen als Vertretung kommen darf, nicht eingegangen. Sie waren aber bis am Ende ihrer Schulzeit meine „besten Freunde" und haben mir am Gang ein Jahr lang freundlich zugewinkt, bis ich wieder einmal bei ihnen eine Lehrkraft vertrat. Und beim zweiten Mal war es viel leichter.

In dieser Klasse waren die Mädchen die schwierigeren Schüler. Ich war ganz erstaunt, wie die „Rudelführerin" nach der Stunde zu mir am Gang gekommen ist und sich für die schöne und ruhige Stunde bedankte.

Einige Ideen aus der Praxis:

Die eigene Arbeit beurteilen
Wenn die Schüler in Teams ein Projekt oder sonstige Arbeit erledigen, können sie anschließend gemeinsam die Qualität ihrer Zusammenarbeit beurteilen. Was hat geklappt? Was nicht? Warum hat das nicht so gut funktioniert usw.

Ernst S., Gymnasiallehrer, Wien

Hilfeanker
...ich habe in der Klasse eine schöne Schachtel mit einem Schlitz im Deckel (wie eine Sparbüchse), die einmal wöchentlich von mir ausgeleert wird. In diese Schachtel dürfen die Schüler alle ihre Sorgen, Probleme und Fragen anonym oder mit dem Namen versehen, einwerfen.

In meiner jetzigen Klasse wissen die Schüler auch, dass sie zu mir kommen können, um vor die Klassentür zu gehen und unter vier Augen mit mir zu sprechen. Die Schüler kommen während einer Pause oder auch manchmal während der Stillarbeit zu mir. Durch diesen „Hilfeanker" können wir viele Probleme frühzeitig aus der Welt schaffen!

Daniela G., Hauptschule und Sonderschule, Steiermark

Klassenrat
Einmal in der Woche sitzen die Schüler im Sitzkreis. Klare Regeln werden befolgt: es spricht nur einer, und jeder Schüler darf zu Wort kommen, tolerantes Verhalten wird eingefordert. Im Klassenrat wird möglichst mit einer positiven Runde begonnen, um eine angenehme Arbeitsatmosphäre zu schaffen. Jeder spricht über positive Eindrücke der vergangenen Woche. Wenn Konflikte auf der Tagesordnung stehen, äußern sich zuerst die Beteiligten und danach können andere ihre Meinung sagen. Es sollen am Ende immer Lösungsvorschläge erarbeitet werden. Diese werden ins Protokoll aufgenommen und im nächsten Klassenrat auf ihre Umsetzung überprüft.

Ich selbst hielt den Klassenrat im letzten Schuljahr jeden Freitag in der letzten Stunde ab. Anfangs wussten die Schüler nicht so recht, was sie sagen sollten, was war positiv? Mittlerweile haben sie sich an diese Art von Gefühlsmitteilung gewöhnt. Sie sind sehr offen geworden.

Andrea W., Mittelschule, Tirol

Trainieren Sie kleine und große Streitschlichter

Mediation ist ein „Win-Win"-Verfahren zur Konfliktregelung und erzeugt ein Gefühl der Harmonie im Klassenzimmer. Die Konfliktparteien erarbeiten mit Unterstützung einer neutralen Mediatorin oder eines Mediatorenteams eine faire, zukunftsorientierte und verbindliche Lösung ihrer Probleme. Das Ziel ist eine sogenannte „Win-Win"-Lösung, d.h. eine kreative Lösung, die für alle akzeptabel und daher haltbar ist. Bei der Mediation schaffen die Mediatoren eine konstruktive Atmosphäre und sind für den Verlauf des Gespräches zuständig. Die Konfliktparteien sind für den Inhalt des Gespräches zuständig. Sie bearbeiten den Streitstoff und finden die Lösung zum Problem. Dahinter steht der Gedanke, dass die Konfliktbeteiligten selbst am besten wissen, wie dieser Konflikt zu lösen ist. Das Resultat ist nicht nur die Konfliktlösung. Diese Techniken tragen auch dazu bei, dass eine angstfreie, sichere und harmonische Atmosphäre im Klassenzimmer herrscht.

Lehrkräfte, die eine Mediatorenausbildung absolviert haben, bilden Schüler zu Konflikt-Helfern, den sogenannten Peer-Mediatoren, aus. Die Lehrkräfte sind die Coaches und bringen den Schülern Hilfe zur Selbsthilfe bei. Wenn ein Problem aufkommt, werden mit den Streitenden zwei Mediatoren ausgesucht, sie gehen in den Mediationsraum, und meist ist kurze Zeit später eine Lösung gefunden. Das funktioniert bei jeder Altersgruppe – vom Kindergartenkind bis zum Erwachsenen. Die Resultate sind erstaunlich. Früher gab es viele scheinbar unlösbare Konflikte im Klassenzimmer, heutzutage gehen die Schüler freiwillig zu den Streitschlichtern und lösen so das Problem. Wenn es kein offizielles Mediationsprogramm an der Schule gibt, kann die Klassenlehrerin oder der Klassenvorstand die Prinzipien der Streitbearbeitung mit der Klasse durcharbeiten.

Für weitere Informationen bzw. Ausbildungsmöglichkeiten zu diesem Thema kann ich die Organisation KOKOS (Konfliktmanagement, Kommunikation und Seminare, www.schulmediation.wordpress.com) wärmstens empfehlen. Sie wird von Christina Kreysler-Kleeman und Renate Schertler, Mediatorinnen und Pädagoginnen, geleitet. Renate (E-Mail: mediationsteam@gmx.at) hat im Rahmen der Suggestopädieausbildung folgenden Text als eine Einführung in die Schulmediation für Schüler geschrieben. Ich lade Sie ein, diesen Text entweder, falls Sie die Suggestopädie schon erlebt haben, suggestopädisch (mehr Information dazu im Kapitel 4), oder auch als Rollenspiel mit Ihren Schülern zu probieren und Mediationstechniken in der Schulklasse einzusetzen. Ihre Schüler werden Ihnen dankbar sein.

Streita, Zorno und die Mediation
von Renate Schertler, Mediatorin und Mediatorenausbildnerin

Streita und Zorno besuchen die 3. Klasse der Mittelschule in einer großen Stadt. Schon in der Volksschule konnten sie sich nicht leiden und stritten oft miteinander. Bis heute hat sich nichts daran geändert! Während der Turnstunde kommt es wieder einmal zu einer Auseinandersetzung.

Zorno: Na, wo kämen wir denn dahin, wenn wir
Mädchen in unsere Mannschaft ließen?

Streita: Was heißt ließen?
Du hast ja wohl als Letzter zu entscheiden,
wer mitspielen darf!

Zorno: Da sieht man wieder, dass du keine Ahnung hast!
Ich bin schließlich der Kapitän unserer Mannschaft
und wähle daher auch die Spieler!
Hier noch einmal zum Mitschreiben:
S – P – I – E – L – E – R aus!

Streita: Ach so? Ich glaub, ich hör nicht richtig?!
Seit wann gibt es denn nur EINE Mannschaft?
Na, da ist ja klar, wer hier keine Ahnung hat!

Zorno: Dumme Ziege!
Wir wollen für das Turnier üben und
nicht die Zeit mit unnötigen Diskussionen verschwenden.

Streita: Du eingebildeter Affe!
Jetzt hör mir einmal zu:
Ohne uns Mädchen habt ihr sowieso keine Chance!

Zorno: Blöde Emanze!
Du siehst das völlig falsch!

Streita: Wirklich? Na, dann erzähl mir mal,
wer von uns beiden schon seit vier Jahren
in einem Verein spielt?

Zorno: Bist du wirklich so blind?
Du spielst doch in einer Mädchen-Mannschaft!

Da nähert sich aus dem benachbarten Turnsaal die neue Lehrerin der Parallelklasse, Frau Schlichta.

Fr.Schlichta: Na, jetzt reicht es aber!
Es ist weder zu übersehen noch zu überhören,
dass ihr ganz unterschiedliche Standpunkte habt.
So werdet ihr nie zu einer guten Mannschaft kommen!

Die positive Lernumgebung und die Lernatmosphäre | **4**

Fr.Schlichta:	*Aber ich mache euch einen Vorschlag,* *wie ihr euer Problem gemeinsam lösen könnt:*	**MEDIATION** = *Konstruktive Konfliktlösung*
	Versucht es mit	

MEDIATION

Streita *& Zorno:*	*Medi…was?*
Fr.Schlichta:	*Das ist eine Methode, Konflikte* *gemeinsam so zu lösen, dass* *alle Beteiligten mit der Lösung zufrieden sind.* *Das ist eine sogenannte:*

WIN-WIN-LÖSUNG!

Streita:	*Das hab ich noch nie gehört.* *Und das kann wirklich funktionieren?*
Zorno:	*Ich kann mir das auch nicht vorstellen.* *Wie soll das gehen?*
Fr.Schlichta:	*Ich habe in meiner vorigen Klasse* *Schülerinnen und Schüler zu*

KONFLIKTLOTSEN

ausgebildet.

Media und Tion waren dabei besonders gut.
Geht einmal zu ihnen – ihr werdet
schnell feststellen, ob das auch etwas
für euch ist.

Streita:	*Na, einen Versuch ist's wert.*
Zorno:	*Von mir aus.* *Hauptsache, wir gewinnen das Turnier.*

So begeben sich die beiden am nächsten Nachmittag zu den Konflikt-Lotsen. Media und Tion gehen mit ihnen in ein Zimmer der Schule, das nur für Besprechungen zur Verfügung steht.

Media:	*Willkommen bei uns.* *Setzt euch doch bitte.* *Das ist Tion und ich bin Media.* *Wir sind Konflikt-Lotsen, also* *ausgebildete Streit-Schlichter!*	**I. Phase:** *Die Einleitung:* *a. Die Vorstellung*

Das selbstdisziplinierende Klassenzimmer

Zorna:	Und wir sind Zorna und Streita.	
	Frau Schlichta hat uns zu euch geschickt.	
Tion:	Ja, das haben wir gehört. Seid ihr **freiwillig** hier, und wollt ihr auch wirklich **gemeinsam eine Lösung finden**?	b. Die Voraussetzungen
Streita:	Ich möchte das unbedingt, nur weiß ich noch nicht, wie.	
Media:	Genau das ist unsere Aufgabe. Wir sind **allparteilich**.	c. allparteilich
	Wir helfen also nicht nur einem von euch, sondern allen und werden euch Wege zeigen, euer Problem zu lösen.	
Zorna:	Nur, wenn meine Freunde nichts erfahren!	
Media:	Das ist gut, dass du das ansprichst. Von uns erfährt niemand, was hier besprochen wird. Wir ersuchen auch euch um Vertraulichkeit.	d. Vertraulichkeit
Tion:	Wir wollen auch noch einige Regeln vereinbaren.	
Zorno:	Na gut.	
Streita:	Jetzt höre doch erst einmal zu!	

Tion steht auf und geht zu einem Plakat, auf dem die Regeln einer Mediation stehen. Während er auf die einzelnen Sätze zeigt, liest er sie laut vor: e. Regeln erklären

Tion:	*Regel Nummer 1:* Wir hören einander zu.	**DIE REGELN:** + ZUHÖREN
	Regel Nummer 2: Wir lassen einander ausreden.	+ AUSREDEN LASSEN
	Regel Nummer 3: Jeder spricht für sich selbst und	+ FÜR SICH SELBST SPRECHEN
	Regel Nummer 4: Wir bemühen uns, eine Lösung zu finden.	+ EINE LÖSUNG SUCHEN
Media:	Seid ihr damit beide einverstanden?	

Streita und Zorno nicken zustimmend.

Die positive Lernumgebung und die Lernatmosphäre | 4

Media: Dann erkläre ich euch jetzt,
was weiters geschehen soll.
Wenn ihr alles verstanden habt und
damit auch einverstanden seid,
schließen wir einen

MEDIATIONS-VERTRAG

ab.

Streita: Machen wir das schriftlich?

Media: Ja. Da steht dann alles,
was wir jetzt besprochen haben.

Zorno: Das ist gut.
Da kannst du später nicht behaupten,
das wäre anders gewesen.

Tion: Nun, Media, erklärst du jetzt den weiteren Ablauf?

Media: Gut. In der 2. Phase trägst du, Streita,
euer Problem aus deiner Sicht vor.
Ich werde wiederholen, was ich verstanden habe.
Wir schreiben alle Themen, die ihr uns nennt,
auf unser Flip-Chart und einigen uns auf eine
Reihenfolge.
    2. Phase: *Sichtweise der Konfliktparteien*

Tion: In der 3. Phase werden wir die Punkte
der Reihe nach klären und versuchen,
eure Motive und Gefühle herauszufinden.
    3. Phase: Konflikterhellung

Media: In der 4. Phase werden wir dann
verschiedene Lösungen erarbeiten,
diskutieren und nach der Variante suchen,
mit der ihr **beide** zufrieden seid.
    4. Phase: Konfliktlösung

Tion: Ja, und die 5. und auch letzte Phase
ist dann unsere schriftliche Vereinbarung.
    5. Phase: Vereinbarung

Da schreiben wir wieder alles auf,
was ihr miteinander ausgemacht habt und
unterschreiben alle.

Zorno: Wie lange werden wir denn bis dahin brauchen?

Media: Das hängt natürlich auch davon ab,
wie engagiert ihr an diesem Prozess mitarbeitet.
Ich denke, dass etwa vier bis fünf Sitzungen
notwendig sein werden.

Tion: Was meint ihr nun dazu?

Das selbstdisziplinierende Klassenzimmer

Streita: Also, ich bin einverstanden und möchte es auf jeden Fall versuchen.

Zorna: Ja, ich auch.

Media: Sehr schön, dass ihr euch für die Mediation entschließt.

Tion: Dann setzen wir jetzt den Mediations-Vertrag auf.

Nachdem sich alle auf den Vertragsinhalt geeinigt haben, unterschreibt jeder von ihnen. Dann vereinbaren sie noch einen Termin für ihre nächste Zusammenkunft. Media und Tion bringen Streita und Zorno zur Tür und verabschieden sich. Gemeinsam verlassen die beiden das Haus.

Streita: Komisch – obwohl wir eigentlich noch gar nicht genau über unser Problem gesprochen haben, bin ich jetzt viel zuversichtlicher, dass wir eine Lösung finden!

Zorno: Na ja, irgendwie freue ich mich auch schon auf das nächste Mal.

Zum ersten Mal seit langer, langer Zeit gehen die beiden gemeinsam zur Bushaltestelle, ohne sich zu streiten.

5 DIE EINSTIMMUNG: ANKOMMEN UND ZENTRIERUNG

Beginnen wir wieder mit einer Geschichte:

> *Angehörige mancher Indianerstämme in Amerika sind für den Hochbau von Wolkenkratzern sehr begehrt, da sie schwindelfrei sind. In den Dreißigerjahren bauten sie am Empire State Building mit, in den Siebzigern am World Trade Center.*
>
> *Eine Baufirma ließ mehrere Indianer zu diesem Zweck nach New York einfliegen. Kurz nach ihrer Ankunft auf der Baustelle entdeckte ein Polier die Indianer, sie saßen mit geschlossenen Augen meditierend im Kreis am Boden. Er fragte sie, was sie dort machten. Es hatte viel Geld gekostet, sie nach New York zu bringen, und sie sollten arbeiten und nicht meditieren.*
>
> *Sie antworteten: „Unsere Körper sind schon mit dem Flugzeug angekommen. Wir warten aber noch, bis die Seelen auch hier sind."*

Sie haben es sicherlich auch schon bemerkt: Sehr oft sind unsere Schüler zwar physisch im Klassenzimmer, aber ihre Gedanken sind überall, nur nicht bei uns. Wenn Sie das Gefühl haben, dass die Schüler an einem Tag innerlich sehr unruhig oder mit den Gedanken anderswo sind, können Sie sie, nachdem Sie Ihre Aufmerksamkeit gewonnen haben, gleich am Anfang der Stunde oder des Tages abholen.

Hier gilt das Rapport-Prinzip:

**Holen Sie die Schüler dort ab,
wo sie momentan sind.**

**Führen Sie sie dann zu einem inneren Zustand,
in dem gutes Lernen stattfinden kann.**

Wenn sie lebhaft sind, holen Sie sie kurz mit lebhaften Aktivitäten ab, und wenn sie ganz verschlafen sind, wie es oft Montag in der Früh der Fall ist, dann mit weniger intensiven Aktivitäten. Mit einiger Übung dauert es nur wenige Sekunden, bis Ihre Schüler auch geistig und konzentriert bei Ihnen im Klassenzimmer sind. Und dann führen Sie sie dorthin, wo sie besser aufpassen können.

Die Herstellung von Gruppenrapport

Eine der wichtigsten Voraussetzungen für ein selbstdisziplinierendes Klassenzimmer ist die Herstellung von Gruppenrapport. Es gibt viele Techniken, die, wie wir im nächsten Teil über die Gruppendynamik näher besprechen werden, zu diesem Gefühl der Zusammengehörigkeit und Harmonie innerhalb der Gruppe führen. Eine der wirksamsten Techniken ist es, mehrere Dinge gleichzeitig zu tun, z. B. das Singen, das Sprechen im Chor, Bewegungen und – am allerwirksamsten – die gemeinsame Atmung. Viele der folgenden Ankommens- und Konzentrationsaktivitäten, die Sie sofort 1 : 1 in der Klasse ausprobieren können, beinhalten solche Elemente, dadurch ist der Gewinn zweifach: Sie holen die Schüler damit ab, und gleichzeitig stellen Sie das Gefühl des Gruppenrapports her.

Aufstehen lassen oder nicht?

Als ich damals in Wien zu unterrichten begann, habe ich die Bräuche, Rituale und Traditionen des österreichischen Schulwesens nicht gekannt. Anfänglich ist mir das Aufstehen am Beginn der Stunde ein bisschen autoritär vorgekommen. Inzwischen finde ich es eine der besten Erfindungen seit der Einführung der Schulglocke! Wenn die Schüler aufstehen, kommen sie bewusst zur Ruhe. Sie konzentrieren sich. Das Aufstehen am Anfang der Stunde ist ein klarer Anker, der den Übergang von der Pause zur Unterrichtsstunde signalisiert.

Es ist mir bewusst, dass nicht jeder dieses Ritual mag. Falls es jedoch für Sie passt, nützen Sie das Aufstehen am Anfang der Stunde voll aus, um Ihre Klasse zur Ruhe zu bringen. Sie können gleich am Anfang des Schuljahres mit den Schülern „energievolles Stehen" üben, was sicherstellt, dass sie geerdet sind. Um die Energie fließen zu lassen, können sie z. B. wie ein Baum stehen. Die Füße stehen parallel nebeneinander und schulterbreit fest am Boden. Sie können sich vorstellen, dass sie Wurzeln haben, die tief in die Erde hinein reichen. Die Knie sind leicht gebeugt, und alle atmen bewusst in den Bauch hinein.

AKTIVE UND BEWEGTE ÜBUNGEN
Kinesiologische Übungen - Brain Gym
Brain Gym, eine von Dr. Paul Dennison in den Siebzigerjahren entwickelte Methode, ist Gymnastik oder Denksport für das Gehirn. Überkreuzbewegungen, wie sie bei Brain Gym und Kinesiologie üblich sind, aktivieren beide Gehirnhälften. Blockierte Energie kommt wieder in Fluss. Die Lern-, Konzentrations- und Gehirnleistungen werden aktiviert und verbessert. Es unterstützt nicht nur das schulische Lernen, sondern auch die Gesundheit und das emotionale Gleichgewicht. Wir fühlen uns wohl. Und wir werden für neue Lösungen zu (alten) Problemen zugänglicher.

Fit in den Tag!
Morgenaerobic, Turnen am Platz, Yoga für Kinder usw.

Die Einstimmung: Ankommen und Zentrierung | 5

Körperkanon
Alle Schüler sitzen im Kreis. Der Lehrer macht rhythmische Bewegungen und Laute vor. Die Schüler machen sie nach:
4 x mit den Füßen stampfen 4 x in die Hände klatschen
4 x auf die Oberschenkel schlagen
4 x mit Daumen und Zeigefinger schnipsen
    aufstehen, drehen und dabei laut bis 4 zählen
4 x laut „Ha-ha-ha-ha" rufen usw.

Wenn der Ablauf eingeprägt und eingeübt wurde, wird die Klasse in zwei Gruppen eingeteilt und der Ablauf nacheinander in Form eines Kanons durchgeführt. Das heißt: Nach dem Stampfen der ersten Gruppe setzt die zweite Gruppe mit dem Stampfen ein. Anschließend können auch drei oder vier Gruppen gebildet werden.

MEDITATIV – ZEIT ZUM REFLEKTIEREN

Schülerjournale
Ein weiteres Mittel, um Reflektion wie auch das Ankommen zu fördern, ist es, Schülerjournale zu führen. Die Schüler bekommen zu Beginn der Stunde fünf Minuten Zeit, um in ihre Journale zu schreiben. Sie können alles aufschreiben, was ihnen in den Kopf kommt. Die Journale sind ihr Privateigentum und werden von niemandem sonst angeschaut. Diese Übung eignet sich besonders für den Montag, da die Schüler oft noch in Gedanken bei ihrem Wochenende sind, und das Schreiben ihnen hilft, in der Schule „anzukommen". Diese Übung kann aber auch zum täglichen Anker gemacht werden oder auch dann eingesetzt werden, wenn Sie das Gefühl haben, Ihre Schüler brauchen Zentrierung.

Der Sitzkreis
In der Volksschule ist der Sitzkreis ein übliches und sehr mächtiges Ritual. Es spricht viel dafür, dieses Ritual zumindest einmal wöchentlich auch in der Sekundarstufe fortzusetzen. Der Montag, wieder ein Neubeginn, eignet sich besonders gut dafür. Und, wenn möglich, auch am Freitag, um die Geschehnisse der Woche zusammenzufassen.

So werden die Schüler abgeholt, und alle „befinden" sich wieder in der Schule. Anschließend kann die Lehrerin den Schülern Informationen über die Wochenaktivitäten und die Verantwortlichkeiten dieser Woche mitteilen. Der Kreis wird wieder mit Gong beendet.

Geführte Fantasiereisen und Visualisierungen:
„Mache kurz die Augen zu und stell dir vor, du bist ein Baum. Spüre, wie deine Wurzeln tief in die Erde wachsen. Und empfinde die Kraft, die dir die Erde schenkt. Sie fließt durch deinen ganzen Körper..." usw.

An einem Tag sind die Schüler ein Baum, an einem anderen ein Rosenbusch, ein Blumensamen, der langsam zu wachsen beginnt, ein Lagerfeuer usw.

Fantasiereise – Ich empfinde
„Ich mache es mir auf meinem Sessel bequem.
Ich halte meinen Rücken locker und aufrecht.
Ich setze beide Füße auf den Boden.
Und ich schließe die Augen.

Ich spüre den Kontakt meiner Füße auf dem Boden und gebe Gewicht ab.

Dann wandere ich mit der Aufmerksamkeit die Beine entlang und spüre den Kontakt meines Gesäßes auf dem Sessel. Ich gebe Gewicht ab und merke, wie sich mein Körper entspannt.

Ich wandere weiter in meine Wirbelsäule und stelle mir vor, dass sie sich nach unten hin verlängert – bis tief in die Erde hinein, und wie ich auch hier Gewicht abgebe und mich entspanne. Ich werde getragen und unterstützt.

Nun richte ich die Aufmerksamkeit auf meinen Bauch – ich spüre, wie er sich mit dem Atem hebt und senkt. Ich dehne mich über den Atem aus und entspanne mich.

Ich wandere weiter in meinen Brustkorb – ich spüre, wie er sich hebt und senkt. Ich dehne mich über den Atem aus und nehme Raum ein.

Ich spüre meine Schultern und stelle mir vor, dass alle Anspannung und Verantwortung...von der Arbeitswoche, von zu Hause...von der Schräge meiner Schultern hinunterrutscht. Meine Schultern werden leichter und leichter und entspannen sich.

Nun richte ich die Aufmerksamkeit auf meinen Kopf und stelle mir vor, dass ich hier in meinem Kopf ein kleines Fenster öffnen kann, durch das frische Gedanken und Ideen hereinströmen und Altes hinauspurzelt. Ich öffne mich für Neues, was sich mir jetzt im Augenblick erschließt!

> Ich bin verbunden – mit allem, was ich bin:
> - mit meinen Gefühlen
> - mit meiner Körperwahrnehmung
> - mit meinem Verstand und meiner inneren Weisheit"

Gebete
Beispielsweise eine **Gebetstasche**, die mehrere Gebete auf Kärtchen beinhaltet, zur Hand haben. Ein Kind zieht ein Gebet. Alle stehen, das Kind liest vor, und alle beten mit.

„Ab ins stille Haus"
d. h. den Kopf in die Arme legen und einige Minuten lang eine entspannende Musik spielen. Hier erzähle ich jüngeren Schülern: „Ich bin der Zauberer. Ich habe euch alle verzaubert. Ihr ruht euch jetzt kurz aus. Wenn ihr meinen Zauberstab (ein Stab gefüllt mit Glitzersternchen) fühlt, setzt ihr euch wieder auf und öffnet die Augen."

Auch größere Schüler schätzen es, die Augen kurz zuzumachen und sich Kraft zu holen.

Bewusst atmen
Die Schüler setzen sich bequem hin. Die Lehrerin leitet den Atemrhythmus ein:

„Wir machen die Augen zu und atmen ruhig und entspannt durch die Nase ein. Wir atmen in den Bauch hinein und spüren, wie er immer dicker wird. Nun halten wir die Luft ein wenig an. Und jetzt atmen wir ganz ruhig und lang durch den Mund aus."

Mehrmals wiederholen.

„Fünf Sekunden einatmen. Anhalten. Acht Sekunden ausatmen..."

MASSAGE

Die Schüler stehen im Kreis. Jeder massiert den Rücken der Person, die vor ihm steht. Es kann dann auch eine zweite „Massage-Runde" geben, in der sich alle umdrehen und so einen neuen Partner vor sich stehen haben. Das Thema der Massage kann mit ein bisschen Fantasie an das Thema der Stunde angepasst werden!

Gemälde-Massage
für die Kunst oder Bildnerische Erziehungsstunde
1. Papier oder Leinwand imaginär auf den Rücken des Massagepartners legen
2. Leinwand fest spannen und fest decken.
3. Farben anrühren/abmischen
4. Ein Landschaftsmotiv aussuchen. Es ist besser große Motive wie Berge, Fluss, Feld, Wiese, Wolken, Sonne, etc. zu wählen
5. In einem breiten Rahmen fassen
6. Rahmen verzieren

Gartenarbeit-Massage
1. Umstecken.
2. Unkraut auszupfen.
3. (Mist) Dünger einarbeiten.
4. Gleichrechen.
5. Beete anlegen.
6. Rillen ziehen.
7. Gießen.
8. Erbsen einlegen.
9. Mit Erde zudecken.
10. Mit Folie abdecken.
11. Sonnenstrahlen kommen lassen.
12. Regen kommt oder gießen.
13. Erste Triebe sprießen.
14. Folie entfernen.
15. Erbsenreiser stecken.
16. Pflanze wächst weiter.
17. Schoten abzupfen.
18. Erbsen auslesen ➔ essen.
19. ...oder man geht zum Supermarkt und wühlt in der Gefriertruhe!

Wettermassage
1. Sonnenstrahlen brechen durch den Nebel. Sie berühren uns ganz leicht.
2. Handflächen streichen sanft über den Rücken (nach außen), Sonnenstrahlen (Fingerkuppen) berühren sanft den Rücken.
3. Wolken schieben sich zusammen.
4. Handflächen bilden Wolken, schieben sich zusammen.
5. Wind kommt auf. Blätter fliegen herum. Baumwipfel biegen sich nach links und nach rechts.
6. Tropfen beginnen vereinzelt zu fallen. Immer stärker. Blitze zucken. Hagelkörner prasseln nieder.
7. Plötzlich absolute Stille.
8. Wolken ziehen ab.
9. Sonnenstrahlen kommen durch und wärmen (Hände reiben und auflegen).

Wir backen Kekse-Massage
1. Brett auflegen.
2. Mehl aufhäufeln.
3. Salz, Zucker, Vanillezucker, Backpulver hineinstreuen.
4. Butterstücke auf dem Mehl verteilen, mit dem Messer zerkleinern und dann mit den Fingern abbröseln.
5. Häufchen formen, Mulde aufdrücken.
6. Ei behutsam aufschlagen und hineinstreichen.
7. Teig kneten, Kugel formen, Rasten lassen (Hände auflegen).
8. Teig ausrollen.
9. Keks ausstecken und aufs Blech legen.
10. Mit Ei bestreichen.
11. Nüsse aufdrücken.
12. Ins Backrohr schieben.

Oder wie wäre es mit einer **„Pizza-Massage"** am Anfang im Italienischunterricht oder eine **„Baguette-Massage"** im Französischunterricht?

Die innere uhr oder Wie lang ist eine Minute?
„Können wir spüren, wie lange eine Minute ist? Stehen wir alle auf und machen die Augen zu. Ich werde euch die ersten Sekunden vorzählen, und dann zählt ihr innerlich weiter. Wenn 60 Sekunden für dich vorbei sind, dann mache die Augen auf und setze dich ganz leise hin."

Ich zähle laut bis acht und schaue weiter auf die Uhr. Wenn 60 Sekunden vorbei sind, schreibe ich ganz leise (oder halte ein Schild hoch) „1 Minute".

Machen Sie diese Übung öfter und schauen Sie, ob die Schüler ein Gefühl für die Zeit entwickeln.

WIE GEHT ES DIR?
Dieses Fragen nach der Stimmung kann eine sehr kurze Übung – mit einer sehr großen Wirkung – sein. Damit zeigen wir, dass uns das Befinden unserer Schüler wichtig ist. Sie wissen das zu schätzen.

Stimmungsbarometer
Dazu schreibe ich eine Stimmungsskala von 10 bis 1 an die Tafel. Dann bitte ich die Schüler, in sich zu gehen und festzustellen, wo sie sich momentan auf der Skala befinden. Das Feedback kann auf verschiedene Art und Weise ablaufen:

„Wer steht zwischen 1 und 3?,
wer ist zwischen 4 und 6?"
usw.

oder
„Drehe dich zum Nachbarn. Frage ihn, wo er auf der Skala steht, und wie es ihm geht."

Wenn ich nur mit einer Kleingruppe arbeite, reden wir (natürlich auf freiwilliger Basis) darüber.

Punkte an ein Plakat platzieren
Jeder Schüler bekommt einen Klebepunkt und klebt ihn dort auf die Skala, wo er oder sie sich momentan befindet. So kann ich die Stimmung im Allgemeinen feststellen, und die Anonymität bleibt (mehr oder weniger) aufrecht.

Daumen zeigen
Es gibt viele Arten von Stimmungsbarometern, die man einsetzen kann. Eine der einfachste ist „Daumen zeigen".

„Wenn es dir gut geht, zeige mit dem Daumen hinauf zur Decke. Wenn es dir mittelmäßig geht, ist der Daumen parallel zum Boden. Und wenn es dir schlecht geht, zeige mit dem Daumen auf den Boden."
Oder das entsprechende Smiley zeigen bzw. darauf hinzeigen.

☺ – ☹

Oder eine grüne, rote oder gelbe Karte hochhalten.

Einen internen Wetterbericht schreiben

Stimmungsbarometer
Oben ein glückliches Smiley. Unten ein trauriges. Mit einer Wäscheklammer die Befindung anzeigen.

Stimmungsbarometer

Gefühle-Würfel
Es gibt große Würfel aus Schaumstoff, auf denen die Seiten des Würfels unterschiedlich beschriftet werden können. Jede Seite steht für eine andere Befindung. Auf den Tisch aufstellen. Die verschiedenen Seiten bzw. die Emotionen, die darauf stehen, besprechen. Wo befindest du dich heute?

Das Buch „Ein Dino zeigt Gefühle" von Heike Löffel und Christa Manske
In diesem Bilderbuch geht es um einen kleinen Dinosaurier. Jede Doppelseite befasst sich mit einem Gefühl. Links wird das Gefühl durch verbale Gedanken formuliert. Das sind die Gedanken, die dem Dino möglicherweise durch den Kopf gehen. Auf der rechten Seite ist der Dino mit der entsprechenden Körpersprache abgebildet. Es gibt ein didaktisches Begleitheft mit Spielvorschlägen und Kopiervorlagen für den Dino.

Handzeichen zur Befindlichkeit
Sonne = gespreizte Finger, Wolke = Faust auf und ab bewegen usw. Wenn die Lehrerin nach der Befindlichkeit fragt, zeigen die Schüler die entsprechenden Handzeichen.

Der Befindlichkeits-Berg
Schüler markieren die Stelle am Berg, an der sie sich jetzt befinden. Oben ist es super, sonnig, lustig. In der Mitte = es geht so. Unten ist es kalt und düster.

Was habt ihr am Wochenende gemacht?
- Wer zu Hause war ➔ stellt sich in die Mitte der Klasse
- Wer aufs Land gefahren ist ➔ zur Tür
- Wer im Kino war ➔ zum Fenster usw.

Diese Übung machen wir nach dem Montagmorgen-Sitzkreis, weil in der Regel ein bis zwei Schüler nichts sagen (und wir genau wissen, welche Fragen wir stellen müssen). Das Ziel ist es, Gemeinsamkeiten zu finden und hervorzuheben. Außenseiter werden auf diese Art und Weise in die Gruppe geholt.

Martin R., Volksschule, Wien

Handpuppen sprechen lassen:
Verteile Handpuppen oder lege einige in die Mitte des Raumes/Kreises. Was ist mir heute wichtig? Wer reden will, nimmt eine Handpuppe und lässt die Puppe für ihn reden.

Wenn ich ein Apfel wäre
Ankommen und Übung für das Training des Selbstbewusstseins: Einen Korb an die Tafel oder auf ein Packpapier zeichnen.

Verschiedene Sorten und Arten von Äpfeln besprechen – gelb/grün/rot/ verschrumpelt/ knackig/ klein/groß usw.

Wenn du ein Apfel wärst, wie würdest du aussehen?

Lassen Sie die Kinder den eigenen Apfel zeichnen. Sie legen den Apfel in den Korb und erzählen, warum er an dieser bestimmten Stelle liegt.

Maria D., Graz, Neue Mittelschule

Suche dir eine Karte aus
Legen Sie Bilder oder Postkarten als Mandala am Boden aus. Die Bilder können zu einem gewissen Thema gehören. In einem Lehrerseminar zum Thema „Zielsetzung" lege ich z. B. Postkarten, die verschiedene Wege zeigen (Straßen, Pfade, Flüsse, Waldwege usw.) aus. Wenn es um Kommunikation zur Konfliktbewältigung geht, lege ich Bilder von verschiedenen Brücken aus. Jede Schülerin soll eine Karte aussuchen, die darstellt, wie sie sich in diesem Moment fühlt bzw. ihre Einstellung zu diesem Thema, und der Gruppe erklären, warum sie diese Karte aussuchte.

Stimmungsbilder
Hängen Sie verschiedene Stimmungsbilder im Raum verteilt auf. Die Schüler stellen sich zu dem Stimmungsbild, das am ehesten ihrer momentanen Stimmung entspricht. Sie reden mit den anderen, die auch bei diesem Bild stehen, oder wenn ein Schüler alleine dort steht, nimmt er sein Gefühl mit und schließt sich an eine andere Gruppe und Diskussion an.

Klagemauer und Lustgarten
An einer Wand im Klassenraum befindet sich eine Fläche, die sogenannte „Klagemauer". An einer anderen Stelle ist der so genannte Lustgarten. Die Schüler können beim Betreten des Raumes oder auch zwischendurch auf beiden Flächen ihre momentane Gefühlslage notieren. Sie können auch Bilder und Symbole malen oder aufkleben. Die Äußerungen sind anonym und werden auch nicht diskutiert. Die Klagemauer und der Lustgarten bleiben eine Schulwoche hängen und können am letzten Tag der Woche reflektiert werden.

MIT DEM STOFF ABHOLEN
Spielerisch abfragen
Alle Schüler stehen. Stellen Sie der Reihe nach Aufgaben, wie z. B. eine Kopfrechnung oder unregelmäßige Zeitwörter. Oder die Schüler nummerieren sich durch und jeder, der z. B. eine Primzahl sagt, darf sich hinsetzen.

Italienische Sätze bilden
Ich beginne jede Stunde mit einer Aktivität, die Bewegung beinhaltet. Ich verteile z. B. wortlos und – falls notwendig – mit einem Finger auf den Lippen, damit die Schüler wissen, dass nicht geredet werden soll, einen oder zwei Zettel mit jeweils einem italienischen Wort darauf. Die Schüler bilden ohne zu sprechen Sätze, in dem sie sich in der richtigen Reihenfolge aufstellen.

Peter F., Hauptschule, Niederösterreich

Wie ich beginne, hängt von der Stimmung ab
Ich passe meinen Stundeneinstieg den Schülern an.
Sind sie aufgeregt, beginne ich mit kinesiologischen Übungen (Baum, überkreuzende Übungen – Elefant, Denkmütze, Schreibübungen mit der Nase, einfach nur tief ein- und ausatmen). Dafür habe ich mir einige Übungen aus Büchern und Seminaren zusammengeschrieben und diese in einem kleinen Heft immer dabei.

In Englisch beginne ich gerne mit Wiederholungen, wenn die Schüler noch stehen. Diese entweder der Reihe nach, oder ich werfe einen Ball oder kleine Stofftiere, die beim Aufprall Geräusche von sich geben. Am Stundenanfang dürfen sie sich nach richtiger Antwort setzen, während der Stunde lasse ich sie auf dem Sessel oder auf dem Tisch stehen und ermittle so die Gewinner.

In einer ersten Stunde kann ich keine rege Mitarbeit oder Diskussionen erwarten, da sich einige noch im Tiefschlaf befinden. Da beginne ich mit ruhigen Aktivitäten und steigere sie gegen Mitte der Stunde.

Gut funktionieren auch die Ruhephasen, wo ich eine Sanduhr auf den Tisch stelle und damit die Ruhezeit festlege.

Margit W., Neue Mittelschule, Wien

Mit dem Rucksack unterwegs

Bei uns an der Hauptschule ist es nicht üblich, dass die Schüler zu Beginn der Stunde aufstehen. Etwas, was ich eigentlich schade finde. Denn dadurch kehrt ja schon am Beginn der Stunde automatisch Ruhe ein. Es ist auch ein Zeichen dafür, dass etwas Neues beginnt. Ich wollte allerdings nicht die einzige Lehrerin sein, die auf so etwas besteht. Ich hatte Angst, zu autoritär rüber zu kommen.

Wenn ich eine erste Stunde hatte, habe ich das so gelöst, dass wir miteinander gebetet oder eine meditative Übung im Stehen gemacht haben. Nun setze ich deine Fantasiereisen zur Förderung der Aufmerksamkeit ein. Da stehen sie dann alle ganz automatisch und ohne Zwang. Sie zentrieren sich, und der ruhige Stundenbeginn ist gesichert.

Als ich das eingeführt habe, habe ich den Schülern erzählt, sie sollen sich vorstellen, wir würden wandern gehen. Jeder hat einen kleinen Rucksack mit einer Wurstsemmel und einer Limo dabei. Unterwegs findet man schöne Steine, Wurzeln, Blumen – und alles kommt in den Rucksack. Noch ehe man zur ersten Steigung kommt, ist der Rucksack schwer, man selbst ist müde, und man mag und kann nicht mehr. Was können wir da machen?

Die Antwort meiner Schüler war: alles, was man nicht braucht, ausräumen. Genau das wollte ich von ihnen auch hören. Ich habe ihnen dann gesagt, genauso ergehe es auch ihnen, wenn sie dann in meine Stunde kommen. Den ganzen Vormittag haben sie ihren Rucksack gefüllt, viel ist passiert: schöne und weniger angenehme Erlebnisse in anderen Stunden, vielleicht auch am Morgen daheim. Und um richtig neu durchstarten zu können, ist es notwendig, sich von allem zu befreien, was einen belastet, ärgert oder einfach positiv oder negativ beschäftigt.

Seitdem machen sie mit Begeisterung meine Übungen:
Wir stehen alle, schütteln unsere Arme und Beine und streifen mit den Händen alles ab, was wir nicht haben wollen, dabei ist es absolut leise. Ich habe ihnen dann erzählt, dass es aber auch nicht gut sei, wenn der Rucksack ganz leer sei, da wir, um etwas leisten zu können, ja Kraft brauchen, also eine Kleinigkeit zum Essen und Trinken muss drin bleiben. Und diese Kleinigkeit, diese notwendige Energie holen wir uns, indem wir den liegenden Achter zeichnen oder mit geschlossenen Handspitzen einige Male ruhig atmen. Danach setzen wir uns ruhig nieder und beginnen mit der Stunde. Es klappt so gut, dass meine Schüler sogar schon andere Lehrer gefragt haben, ob sie das in deren Stunden nicht auch so machen könnten.
Claudia M., Hauptschule, Tirol

Ankommen ist wichtig!

Immer wieder höre ich von Lehrern: *„Ich habe keine Zeit, solche Übungen am Anfang der Stunde zu machen. Wir haben doch nur 50 Minuten zu arbeiten, und es muss noch so viel Stoff durchgemacht werden!"*

Glauben Sie mir, diese wenigen Minuten, die man braucht, um die Schüler abzuholen, sind Gold wert! Wenn die Schüler konzentriert und „da" sind, können sie in den restlichen 47 Minuten ein Vielfaches von dem sonst Üblichen erledigen.

Machen Sie es wie die Indianer.
Lassen Sie die Seelen und die Geister Ihrer Schüler ankommen!

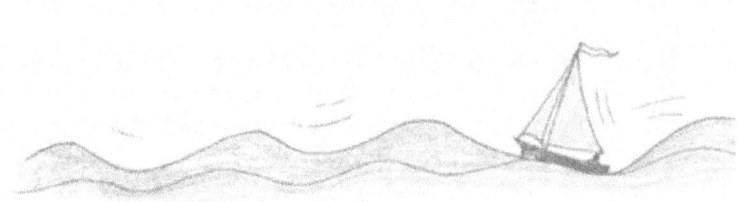

„Um anmutig und schön zu lehren, fließe mit der Energie deiner Schüler"
James Asher

„WE'VE GOT RHYTHM!" DIE RHYTHMISIERUNG DES UNTERRICHTES

Rhythmus ist überall, und alles im Leben hat Rhythmus.

Die Jahreszeiten, das Wetter, Ebbe und Flut, die Körperfunktionen, Tag und Nacht, Spannung und Entspannung, Aktivsein und Ruhen usw. Obwohl es uns teilweise gar nicht bewusst ist – wie auch meist unser rhythmischer Herzschlag oder das Heben und Senken des Brustkorbes beim Ein- und Ausatmen – gibt es auch wellenartige Rhythmen im Klassenzimmer. Der Lärmpegel bei Gruppenarbeit ist zum Beispiel nicht gleichmäßig, sondern geht immer in einer Welle auf und ab. Auch das Tratschen oder Unruhe in der Klasse breiten sich wellenartig aus. Aktivitäten und Spiele und auch die Stimmungen der Schüler und der Lehrkraft haben Rhythmen.

Wenn wir uns dieser Rhythmen bewusst sind, können wir sie nutzen. Wir können uns viel Kraft und Ärgernis ersparen, wenn wir mit dem Rhythmus und der Energie im Klassenzimmer mitfließen. Wir können dann neue Rhythmen, die den Unterricht fesselnder und effektiver gestalten, hinzufügen. Wenn aktive und reflektive Unterrichtsphasen, Stimmungen, Sozialformen wie Paar-, Kleingruppen-, Großgruppen- und Einzelarbeit, gelenktes und freies Arbeiten bewusst von der Lehrkraft abgewechselt werden, können Schüler viel länger konzentriert arbeiten. Sie sind interessiert, voll dabei, und der zusätzliche Vorteil ist, dass die Lehrkraft durch die Abwechslung des Energieniveaus die Gruppe gut lenken kann. Überreaktionen werden vermieden, und die Stunde kommt in Fluss.

Der Rhythmus einer Aktivität

Eine sehr gute Frage, die ich öfters höre, ist: Wann soll eine Aktivität beendet werden?

Gutes Timing ist sehr wichtig, wenn Sie nämlich zum richtigen Zeitpunkt eine Aktivität beenden, wirkt das sehr motivierend für die Gruppe.

Jede Aktivität, jedes Spiel ist auch wie eine Welle. Die Welle kann natürlich mehrere Wogen haben, aber um die Erklärung an dieser Stelle zu vereinfachen, nehmen wir eine Aktivität, die nur einen Wellenkamm hat.

Zum Beispiel möchte ich, dass die Schüler **Unterschriftenbingo** spielen.

> Bei diesem Spiel bekommt jeder Schüler ein Blatt Papier mit neun Feldern und einer Frage auf jedem Feld. Die Schüler gehen durch den Raum und stellen ihren Mitschülern die Fragen, z. B. „Isst du gerne Pizza?", „Wer hat das gestrige Fußballspiel gewonnen?", „Die Hauptstadt von Tirol ist...", „9 x 8 ist gleich..." usw. Wenn ein Mitschüler die gestellte Frage beantworten kann, schreibt er seinen Namen in das Feld. Nun darf der zweite Schüler dem ersten auch eine Frage stellen und, falls er die Antwort weiß, kommt sein Name in das entsprechende Feld. Dann verabschieden sie sich und suchen einen neuen Partner, dem die nächste Frage gestellt wird. Die erste Person, die in allen neun Feldern eine Unterschrift hat, ruft „Bingo!" und setzt sich hin. Die Schüler, die noch stehen, suchen weitere Unterschriften, bis ich dann sage: „Fertig!"

Wenn ich den Rhythmus dieser Aktivität skizziere, würde es vielleicht wie unten dargestellt ausschauen. Während der Erklärung sind die Schüler still und hören mir konzentriert zu – daher gibt es eine flache Linie, die zur Welle hinführt. Die Aktivität beginnt noch relativ ruhig und wird zunehmend lebhafter. Irgendwann wird die Welle den Höhepunkt erlangen. Alle sind aufgeregt, suchen neue Unterschriften und werden ganz automatisch lauter. Kurz danach ist der Höhepunkt überschritten, und die Gruppe wird immer ruhiger.

Nun ist die Frage, wann soll ich diese Aktivität beenden?

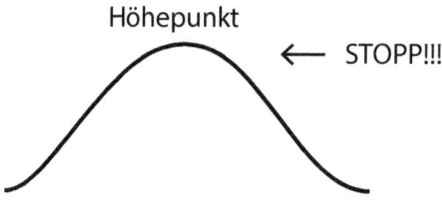

GUTES TIMING ERGIBT HOHE MOTIVATION !!

Wenn ich warte, bis die Welle wieder in das Tal hinunter fährt, werden die Schüler lethargisch. Das Spiel, das am Anfang viel Spaß gemacht hatte, wird ihnen langweilig, und sie werden mich bitten, das Spiel zu beenden, oder sie werden anfangen Blödsinn zu treiben.

Eine weitere Alternative wäre, das Spiel vor dem Höhepunkt zu beenden. Das wäre aber, meiner Meinung nach, unfair, weil die Schüler den angedeuteten Spaß nicht auskosten können.

Gutes Timing wäre es, die Aktivität kurz nach dem Höhepunkt zu beenden. Da sind die Schüler noch voll dabei, und sie würden gerne weitermachen. Sie stöhnen, wenn sie hören, dass sie nun aufhören müssen und freuen sich, wenn Sie sagen, sie werden bald wieder die Möglichkeit haben, ähnliche Aktivitäten zu genießen.

Das Ziel ist, dass Ihre Schüler am Ende der Stunde zur Tür hinausgehen und einander oder sich selbst sagen: *„Heute hat der Unterricht wirklich Spaß gemacht. Ich freue mich schon auf die nächste Stunde!"* Wenn Ihnen das gelingt – Bingo! Dann haben Sie und auch Ihre Schüler gewonnen!!

Die Zutaten für diesen Erfolg sind ein guter Sinn für das Timing bzw. die Rhythmisierung der Stunde und auch die Auswahl von Aktivitäten, die den Modalitäten Ihrer Schüler entsprechen. Finden Sie etwas, das Ihrer Klasse wirklich Spaß macht, und machen Sie das während der letzten Minuten der Stunde oder des Schultages. Wenn Sie fesselnde, gehirnfreundliche Lerntechniken einsetzen, kommen die Schüler gar nicht auf die Idee, den Unterricht zu stören.

> **Ein Beispiel: Als ich in der Hauptschule unterrichtete, hat es mich gestört, dass die Schüler so stockend und ohne Melodie in der Stimme laut gelesen haben. Da habe ich Ihnen gesagt:** *„Ich habe eine Idee. Heute werden wir den Text so lesen, wie die Schauspieler im Wiener Burgtheater einen Text üben. Ich werde euch einen Satz oder eine Phrase dramatisch vorlesen, und ihr liest die Worte im Chor genauso, wie ich es euch vorgelesen habe. Das heißt, die Betonung, die Emotion, die Lautstärke usw. soll genau gleich sein."* **Dann habe ich den ersten Satz flüsternd und dramatisch vorgelesen. Auch die Gestik und Mimik habe ich vorgegeben. Sie haben es im Chor nachgemacht. Den nächsten Satz habe ich laut und traurig gelesen, den folgenden wütend usw. Ganz wichtig ist, dass die Schüler Ihre Lautstärke genau nachmachen – sonst wird die Übung außer Kontrolle geraten.**

Meine Schüler haben diese Übungen mit Begeisterung gemacht. Sie haben immer wieder gefragt, ob wir das wieder machen können, und sie haben in der Tat gelernt, viel flüssiger zu lesen. Es ist sogar öfters passiert, dass sie beim Pausenläuten gemeint hatten, sie wollten heute keine Pause machen und würden lieber weiterlesen!

Der Rhythmus des Lärmpegels

Das nächste Mal, wenn Ihre Klasse eine Gruppenarbeit macht, nehmen Sie sich bewusst einen Schritt zurück, dissoziieren Sie und hören Sie sich den Lärmpegel ganz genau an. Sie werden merken, dass die Geräusche im Klassenzimmer nicht gleichmäßig mit dem gleichem Pegel verlaufen, sondern wellenförmig. Sie gehen ständig auf und ab, werden lauter und leiser. Wenn wir mit der Stimme einsetzen, während die Geräuschwelle ansteigt, um die Schüler zur Ruhe zu bringen, schwimmen wir gegen den Strom. Da müssen wir selbstverständlich noch lauter als die Gruppe werden, und die Gefahr ist groß, dass wir durch noch lauter werden die Gruppe dadurch auch zu einer noch höheren Lautstärke hinführen.

Der Trick ist es, die Gruppe beim Abklingen der Lautstärke mit der Stimme zu erwischen. Es handelt sich nur um Sekunden – und unsere Erfolgschancen sind dadurch wesentlich höher! Es bedarf jedoch eines feinen Gehörs, vieler Übung und eines Sinns für das Timing.

In meinem Buch „Nonverbales Klassenzimmermanagement" werden einige Techniken, um die Aufmerksamkeit der Gruppe am Anfang der Stunde oder auch zwischendurch zu bekommen, ausführlich erläutert. Hier finden Sie eine kurze Zusammenfassung:

Falls die Schüler Sie sehen, wenn Sie den Raum betreten oder die Aufmerksamkeit gewinnen möchten, sollten Sie gar nichts sagen. Nehmen Sie eine erstarrte Körperhaltung ein und Augenkontakt mit den Schülern auf. Sagen Sie NICHTS! Sie führen die Schüler zum Stillsein, indem auch Sie still sind. Viele Lehrer sagen: *„Naja, da werde ich unter Umständen die ganze Stunde dort stehen, und sie werden nicht leise."* So wird es nicht sein, obwohl es die ersten paar Male schon länger dauern kann, bis sie zur Ruhe kommen. In so einer Situation kommt einer Lehrerin eine Minute wie eine halbe Stunde vor! Aber halten Sie durch. Es wird sich lohnen.

Wichtig ist auch, dass Sie, nachdem die Klasse ruhig geworden ist, nicht schimpfen. Das ist ein Fehler, den ich oft am Anfang meiner Lehrlaufbahn an der Handelsakademie gemacht habe. Erst später, als ich das in einem Fortbildungskurs erzählt habe, fragte mich ein Lehrer: *„Aber Pearl, warum hast du mit ihnen geschimpft? Sie waren ja schon ruhig. Da hättest du sie eher loben sollen!"* Diese Aussage war ein großer Wendepunkt in meiner Professionalisierung. Wie Recht er hatte! Und wie oft beklagen wir uns oder schimpfen über ein negatives Verhalten, das beendet und durch ein positives schon ersetzt wurde!

Als ich wieder in Wien in der Schule war, habe ich das probiert. Ich kam in die Klasse, die Schüler waren ganz aufgeregt. Sie hatten die Stunden davor eine Klassenarbeit gehabt, in der Pause gab es Streit, und sie waren entsprechend laut. Ich kam in die Klasse, sie standen auf und waren aber noch unruhig. Ich setzte einen Anker ein, den ich oft verwende: *„One, two, three – FREEZE!"* Sie erstarrten wie Statuen am Platz, und dann sagte ich fast im Flüsterton. *„Sehr schön. Und jetzt setzt ihr euch ganz leise hin."* Als sie dann schließlich alle ruhig saßen, habe ich sie gelobt und sagte: *„Super. Ihr seid so schnell ruhig geworden! Ich habe selten eine Klasse gehabt, die so schnell ruhig werden konnte wie ihr."* Die Ausdrücke auf ihren Gesichtern waren köstlich. Sie haben sich über das Lob (das wahr war und auch unbedingt ehrlich gemeint sein muss) gefreut – sie sind förmlich um einige Zentimeter gewachsen. Und als ich das nächste Mal in die Klasse kam, sind sie ganz schnell zur Ruhe gekommen.

Falls die Schüler aber nicht merken, dass Sie den Raum betreten haben oder ihre Aufmerksamkeit möchten, müssen Sie mit der Stimme zunächst kurz lauter werden als die Klasse. Dann legen Sie eine kurze Sprechpause von einigen Sekunden ein, bevor Sie weiter im Flüsterton sprechen. Werden Sie dann allmählich lauter, bis Sie wieder Ihre normale Lautstärke erreicht haben.

Diese Technik funktioniert auch sehr gut mit Musik, die Sie zur Lärmpegelregulierung anstelle der Stimme einsetzen können. Mehr darüber im Kapitel 7: Die Macht der Musik.

Die Rhythmisierung des Unterrichtes

Auch der Unterricht sollte im Idealfall wellenförmig verlaufen. Beim Entwurf Ihres Stundenbildes ist es wichtig, auf den rhythmischen Ablauf der Aktivitäten zu achten. Die Struktur der Stunde soll wie eine unendliche Welle aufgebaut sein, d. h. an dem höchsten Punkt der Welle setzt man aktive Spiele und im Wellental Energie spendende, reflektierende Aktivitäten an. So kann die Konzentrations- und Energieebene über längere Zeit auf dem Höchststand gehalten werden, UND Sie haben die Gruppe immer im Griff. Sie können das Energieniveau so lenken, dass die Schüler aufmerksam und aktiv sind, aber niemals zu lebhaft oder überdreht werden. Und wenn es einmal daneben geht, haben Sie mit den nonverbalen Werkzeugen alle Mittel, sie wieder mühelos zur Ruhe zu bringen.

Die Wellensequenzen

Die Daumenregel ist: Je älter die Gruppe, desto länger sind die Sequenzen. Bei einer Gruppe Jugendlicher oder Erwachsener kann man meist zwanzig Minuten konzentriert arbeiten. Dann lässt die Konzentration nach, und wenn ich die Art der Aktivität nicht ändere, werden meine Schüler gelangweilt, frustriert oder gestresst. Daher ist die phasenweise Rhythmisierung des Unterrichts unbedingt erforderlich.

Aber wie mache ich das mit einer Klasse, die aufgeregt oder unkonzentriert ist?

Als Allererstes muss ich wahrnehmen, wo die Gruppe im Moment ist. Viele unserer Schüler sitzen zwar körperlich im Klassenzimmer, im Geiste sind sie aber ganz wo anders. Wie im letzten Kapitel besprochen, können Sie sich und Ihren Schülern viel Zeit und Energie im Unterricht ersparen, wenn Sie nicht einfach Ihren Unterrichtsplan über die Schüler stülpen.

Holen Sie sie dort ab, wo sie momentan sind, und dann führen Sie sie dorthin, wo Lernen gut stattfinden kann. Das heißt, wenn sie aufgeregt und unkonzentriert sind, beginne ich mit kurzen Sequenzen, und dann führe ich ganz allmählich längere Sequenzen ein.

Wenn sie unruhig sind, NICHT so:

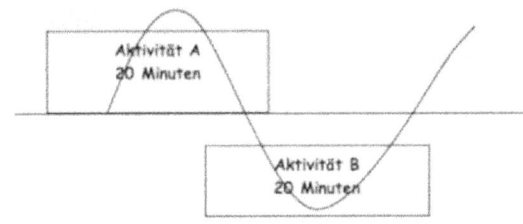

SONDERN SO:

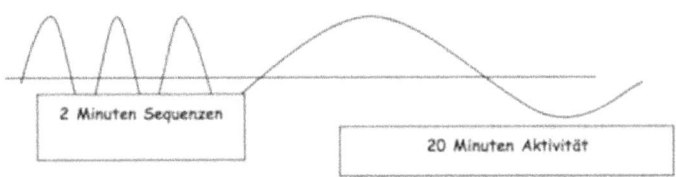

Oder holen Sie sie in diesem lebhaften Zustand, in dem sie sich momentan befinden, ab und führen Sie sie schrittweise herunter.

Ein Beispiel:
Ich komme in die Klasse. Die Schüler sind ganz aufgeregt und unkonzentriert. Ich lasse sie aufstehen, sage: „*1 – 2 – 3 – FREEZE!*", damit sie still werden und zuhören. Dann lasse ich sie Tätigkeiten machen, die sie mimisch an ihrem Platz durchführen. Die Tätigkeiten beginnen lebhaft und werden immer ruhiger, z.B.:

Stelle dir vor,
- du läufst (am Platz) im Marathon,
- du wirst immer schneller... und schneller...Du möchtest gewinnen!
- Aber jetzt wirst du müde. Du wirst etwas langsamer...und noch langsamer...
- der Marathon ist nun aus, und du spazierst gemütlich auf einer Einkaufsstraße nach Hause...
- du bleibst gelegentlich an einem Schaufenster stehen und schaust hinein...
- und nun kommst du bei dir zu Hause an...
- du gehst ganz erschöpft ins Wohnzimmer und setzt dich hin...
- es ist Besuch bei dir zu Hause. Die Besucher haben ein Baby. Das Baby schläft und du hältst es in deinen Armen. Du schaukelst das Baby ganz sanft hin und her.
- Du wirst immer müder und gibst das Baby vorsichtig seiner Mutter zurück.
- Du legst deinen Kopf auf deine Arme und machst die Augen nun eine Minute zu.
- Du atmest tief ein und aus und genießt diese Minute.
- Und nun machst du die Augen wieder auf. Du fühlst dich ganz konzentriert und wach und freust dich auf die Unterrichtsstunde.

„Work with the learners, not against them!"
Jim Wingate

Setzen Sie die Energie der Klasse ein – und nicht Ihre eigene!

Ich möchte nicht meine eigene Energie einsetzen, sondern die der Klasse nützen. Natürlich muss ich als erstes erkennen, wo genau die Klasse im Moment ist, um ihren natürlichen Rhythmus zu übernehmen. Deswegen ist auch hier die Fähigkeit zu dissoziieren so wichtig. Wenn ich im übertragenen Sinn (oder, falls es hilfreich ist, auch tatsächlich) einen Schritt zurücktrete, kann ich sehen, hören und einschätzen, wo die Klasse in diesem Moment ist. Dann ist es ein Kinderspiel, den Rhythmus dort aufzufangen, wo er ist und dann so zu lenken, dass ich die Geschehnisse im Klassenzimmer im Griff habe. Es kommt keine Langeweile und auch kein Chaos auf. Der Clou: Da SIE die Aktivitäten selbst aussuchen, bestimmen auch SIE den Energiefluss in der Klasse.

Vor kurzem schrieb mir eine Lehrerin:

> *„Es ist genial. Nun verstehe ich, warum ich früher manchmal am Ende des Schultages so erschöpft war. Wenn das Energieniveau in der Klasse niedrig war, habe ich versucht, es mit meiner eigenen Energie zu heben. Und wenn die Schüler zu lebhaft waren, wollte ich mit aller Kraft ihr Energieniveau niederdrücken. Heute mache ich das anders. Ich stelle zuerst fest, wo die Klasse ist, und dann lenke ich die Energie der Klasse, statt meine eigene zu vergeuden."*

Das ideale Stundenbild ist wie eine Welle. Aktivitäten mit niedrigem Energiefluss, wie z. B. Geschichten erzählen, Visualisierung und Fantasiereisen, malen, lesen, schreiben, zeichnen und meditatives Tanzen folgen Aktivitäten mit hohem Energiefluss, z. B. Paar- und Gruppenarbeit, Ballspiele, Drama und Rollenspiel, Bewegungsübungen usw. So erreichen Sie ein hohes Konzentrationsniveau, und da Sie das Energieniveau abwechseln, können Sie den Energiepegel der Klasse mit Leichtigkeit selbst lenken.

Die Stimmung oder den „Inner State" verändern

Wenn Sie merken, dass die Schüler lethargisch oder im umgekehrten Fall unruhig werden, können Sie diese Stimmung, oder – wie es auf Englisch genannt wird – den „Inner State" verändern, indem Sie bewusst das Energieniveau durch eine andere Tätigkeit heben oder senken.

Wenn Sie die Klasse von **lebhaft ➔ ruhig** führen wollen:

- Die Schüler werden automatisch ruhig – äußerlich und innerlich –, sobald sie zu schreiben oder lesen beginnen oder eine visuelle Tätigkeit wie Lesen oder Zeichnen konzentriert durchführen
- Fantasiereisen und Visualisierungen

Oder machen Sie eine kurze **Konzentrationsübung** wie z. B.:

- Fehlersuchbilder, Labyrinthe, Sudoku oder Puzzles verteilen.
- Die Augen zumachen und eine bis zwei Minuten still bleiben.
- Augen zumachen. Fenster aufmachen. Fünf Geräusche von außen erkennen und dann aufschreiben.
- Yoga-Übungen, Kinesiologie/Brain Gym.
- Gemeinsam und synchron atmen – entweder die gesamte Klasse oder mit dem Nachbarn.

- Die Schüler machen die Augen zu und bekommen jeweils zehn Büroklammern. Das Ziel ist es, bei geschlossenen Augen die Klammern zu einer Kette zusammenzustecken. Reden ist verboten.
- Recken, strecken und kollektives Gähnen.
- Eine Schale aus Holz mit einer Glasmurmel darin wird im Kreis weitergegeben. Dabei muss die Murmel immer in kreisender Bewegung bleiben. Es darf dabei nicht gesprochen werden! Bis zu drei Murmeln steigern!
- Eine Schüssel mit Wasser, in der eine brennende Kerze schwimmt, wird still weiter gegeben.
- Das Zaubertuch. Die Schüler stehen hinter ihren Sesseln. Die Lehrkraft steht vor der Klasse mit einem Tuch in der Hand und auch hinter einem Sessel. Sie hält das Tuch an einer Ecke und führt es um den Sessel herum, auf den Sessel, hinter den Sessel, neben den Sessel. Dabei werden Richtung und Geschwindigkeit gewechselt. Die Kinder sollen genau nachmachen, was das Zaubertuch tut.
- Auf dem Rücken eines anderen Kindes schreiben oder zeichnen. Das andere muss raten, was geschrieben oder gezeichnet worden ist.
- Legen eines Mandalas (stille Übung nach M. Montessori). Man braucht dazu ein rundes, farbiges Tischtuch, verschiedene Gegenstände - eventuell der Jahreszeit entsprechend, mit denen man ein Mandala legen kann und ruhige Musik. Eventuell kann eine brennende Kerze in der Mitte des Tuches das Zentrum sein. Die Lehrkraft beginnt, indem sie einen Gegenstand in der Mitte anlegt. Die Schüler folgen der Reihe nach – immer ganz still! Gemeinsam entsteht ein schönes Bild. Diese Übung bedarf einer großen Konzentration und fördert das Gruppengefühl. Die Schüler lieben es!
- Ein Korb mit verschiedenen Steinen darin wird im Kreis weitergegeben. Jeder Schüler nimmt sich einen Stein, befühlt und betrachtet ihn. Der Stein wird danach dem rechten Partner weitergegeben – bis jeder Schüler seinen ursprünglichen Stein wieder erhält.
- Ein Gong wird von der Lehrerin angeschlagen. Die Schüler sollen die Augen geschlossen halten und zuhören, solange sie den Ton hören.
- Ein Tuch mit verschiedenen Glocken, die im Kreis angeordnet sind, steht in der Mitte des Schülerkreises. Jedes Kind darf eine Glocke nach Wahl anläuten.
- Das Bauen einer Steinburg. Material: Korb mit verschiedenen Steinen (es funktioniert auch mit Bauklötzen – Steine sind aber natürlicher und schöner). Musik im Hintergrund. Jeder Schüler nimmt einen Stein, den er sich gut merken soll, und nach der Reihe soll eine Burg gebaut werden. Die Steine dürfen nicht bewegt werden!!! Eventuell eine zweite Runde. Danach nimmt jeder Schüler wieder seinen Stein weg, ohne die anderen umzuwerfen.

Eine Vorschulklasse legt ein Mandala

Gabriele S., Volksschule, Wien

Wenn Sie und die Klasse viel Kopfarbeit geleistet haben, bringen Sie ein bisschen **Leben und Bewegung** in das Klassenzimmergeschehen mit folgenden Aktivitäten, die an den Lernstoff angepasst werden:

- Hände schütteln
- Zungenbrecher sagen
- Ballspiele
- Ratespiele, Puzzle und Quizfragen
- Mimik und Rollenspiele, Pantomime
- Brett- und Kartenspiele
- Gliedern, Kategorisieren und Paarfindung
- interaktiver Informationsaustausch durch Paar- und Gruppenarbeit
- Bewegungslieder und Tänze, rhythmische Übungen
- Staffelläufe und andere Mannschaftsspiele
- offenes Lernen und Stationenbetrieb

7 DIE MACHT DER MUSIK

Musik wirkt auf unsere Emotionen. Sie macht uns glücklich oder nachdenklich. Sie bringt uns in Bewegung und erfüllt uns mit Energie. Sie kann uns in einen entspannten Zustand führen und die Konzentration erhöhen. Sie ruft mächtige Erinnerungen und Assoziationen hervor. Musik kann heilen. Babys, die während der Schwangerschaft im Bauch der Mutter klassische Musik mithörten, lassen sich nach der Geburt sofort mit der gleichen Musik beruhigen. Bei Alzheimer-Patienten werden die Aggressionen durch Musik abgebaut. In den Molkereien wird Mozart gespielt, damit die Kühe mehr Milch geben. Musik und das gemeinsame Singen oder Spielen von Instrumenten bindet Gruppen.

Musik spielt seit Beginn der Geschichte eine zentrale Rolle für Menschen aller Kulturen und in allen Teilen der Welt. Aber wenn man zur Arbeit geht oder sich einem Thema „ernsthaft" widmet, wird die Musik ausgeschaltet! Warum?

In diesem Kapitel möchte ich Ihnen wertvolle Richtlinien und Vorschläge präsentieren, die durch den gezielten Einsatz von Musik sowohl

das selbstdisziplinierende Klassenzimmer
als auch **die Freude am Lernen**

für alle Altersgruppen und Schultypen erfolgreich unterstützen.

„Musik ist einer der mächtigsten Suggestionsträger, die wir im Klassenzimmer einsetzen können!"
Dr. Charles Schmid

Beim Einsatz von Musik im Klassenzimmer sind Sie der Dirigent. Ihre Klasse ist das Orchester. Sie führen, und gemeinsam mit der Klasse können Sie tolle Leistungen und Erfolge erzielen. Im Klassenzimmer soll für das Gelingen nicht der Dirigent, sondern das Orchester im Mittelpunkt stehen. Gehirnfreundliches Lernen ist lernerzentriert. Die Schüler übernehmen Verantwortung. Die Lehrkraft steht abseits. Manchmal scheint sie sogar zu „verschwinden". Gleichzeitig hat sie alles im Griff und dirigiert unauffällig im Hintergrund.

Beim Einsatz von Musik im gehirnfreundlichen Unterricht geht das ganz einfach, weil SIE – ohne dass es auffällt – den Ton setzen. Sie suchen die Musik aus, die eingesetzt wird. Die Musik setzt den Ton und bestimmt die Stimmung im Klassenzimmer. Das Resultat, das wir auf den folgenden Seiten besprechen werden: Eine Atmosphäre der Resonanz, Energie, Harmonie und Entspannung. Es entsteht eine Gruppendynamik, die das Lernen und die Zusammenarbeit fördert.

Musik kann sowohl für den Inhalt und die Stoffvermittlung als auch als Instrument des Klassenzimmermanagements verwendet werden.

STOFFVERMITTLUNG MIT MUSIK

Im gehirnfreundlichen Klassenzimmer ist der Einsatz von Musik nicht wegzudenken. Es können einzelne musikalische Elemente eingesetzt werden, und es gibt Lehransätze wie die Suggestopädie, wo Musik ein wesentlicher Bestandteil ist.

Die Theorie der multiplen Intelligenzen

1983 präsentierte Howard Gardner, Psychologieprofessor an der Harvard Universität, nach langjähriger Forschung seine Theorie der multiplen Intelligenzen. Er meint, dass unsere Messung der Intelligenz durch IQ-Tests, die ausschließlich verbal-linguistische und logisch-mathematische Fähigkeiten berücksichtigen, zu eng gefasst ist. Seine Theorie resultierte in einer Lernrevolution. Er unterteilt Intelligenz in acht Kategorien: verbal-linguistisch, logisch-mathematisch, räumlich, körperlich-kinästhetisch, naturalistisch, interpersonal, intrapersonal und musikalisch-rhythmisch. Gardner meint, das Lernen im Klassenzimmer sollte mehrere Intelligenzen ansprechen. Dadurch finden wir leichter Zugang zu unseren Schülern, und es besteht die Möglichkeit, auch die anderen Intelligenzen zu verstärken und zu erweitern.

Gerade in den Altersgruppen, die in unseren Klassen vertreten sind, ist die musikalisch-rhythmische Intelligenz besonders ausgeprägt. Wie oft sind Eltern zu mir in die Sprechstunde gekommen und haben gesagt: *„Wir verstehen das nicht. Unser Sohn steht in Englisch fast auf einem Fünfer und bringt Ihnen keine Hausübungen. Aber dafür sitzt er jeden Nachmittag zu Hause und schreibt englische Schlagertexte ab."* Solche Aussagen haben mir die Augen geöffnet. Wenn ich englische Songtexte im Unterricht durchnahm, wenn wir ausgesuchte englische Musikvideos in der Stunde bearbeitet haben, wenn ich Referate über Musikgruppen aufgegeben habe, habe ich die Schüler erreicht – und der Rest war ein Kinderspiel. Setzen Sie Musik im Unterricht ein – Reach them to teach them!

Der Einsatz von Musik in Suggestopädie/Superlearning

Dr. Georgi Lozanov und Dr. Evelyna Gateva, die die gehirnfreundliche Lernmethode Suggestopädie entwickelten, setzten einen Schwerpunkt ihrer Forschung auf die Verstärkung des Gedächtnisses durch den Einsatz von Musik beim Lernen. Die Suggestopädie setzt klassische Largos und Adagios als Hintergrundmusik ein, um in einer Atmosphäre von geistiger Wachheit und entspanntem Lernklima den umfangreichen Stoff zu präsentieren. Der Stoffumfang ist wesentlich größer, und das neue Material wird drei- bis fünfmal schneller als beim herkömmlichen Lernen aufgenommen. Dieser Stoff ist jedoch nur passiv aufgenommen und muss anschließend durch das kommunikative, interaktive Lernen aktiviert werden.

Ich bin Suggestopädie-Trainerin und habe auch gemeinsam mit meinen Kolleginnen von der Mittelschule mit Techniken aus der modernen Suggestopädie und dem Superlearning unterrichtet. Die Schüler haben große Lernerfolge erzielt, und vor allem hat diese Art des Lernens sehr motivierend auf sie gewirkt. Ich setzte Musik gleich in den ersten Stunden ein – teilweise für suggestopädische „Konzerte", bei denen die Schüler im entspannten Zustand den Stoff vorgetragen bekommen.

Die Macht der Musik 7

Ich erzähle den Schülern ganz am Anfang, dass dies eine spezielle Musik für unsere Körperfunktionen sei – das Herz, die Atmung usw. werden durch die Musik verlangsamt, und nachdem wir sie zu Ende gehört haben, fühlen wir uns ruhig, frisch und erholt. Die Musik schaltet auch unser Gehirn ein, damit wir besser und leichter lernen können.

Ich werde oft gefragt, ob die Kinder nicht rebellieren und sagen, sie wollen eine modernere Musik hören. Bis jetzt war das kein einziges Mal der Fall. Sie haben Musik gerne, und da ich ihnen von den Vorteilen der Musik erzählt habe, fragen sie oft danach: *„Können wir bitte diese Musik, die uns beim Lernen hilft, hören?"*

Kreative Aktivierung des Lernstoffes mit Musik

Es gibt unzählige Arten, wie man Musik zur Aktivierung des Lehrstoffes einsetzen kann. Hier nur einige davon:

- Musik kann als eine **Einstimmung** auf den Stoff verwendet werden. Wenn wir im Geschichtsunterricht die Barockzeit als Thema haben, kann ich am Anfang der Stunde Barockmusik spielen. Wenn in der Geographiestunde das Thema Afrika ist, kann ich Trommelmusik zu einer Aufwärmübung spielen oder bei einem Lehrerseminar zum Thema Elterngespräche spiele ich Reinhard Meys „Elternabend".
- **Lieder, Gedichte** und **Raps** helfen Schülern, sich Fakten und Details besser zu merken. Es gibt solche Unterrichtsmaterialien zu kaufen, z. B. „Junge Dichter und Denker", das ist eine Kindergruppe, die rhythmisch und musikalisch Themen wie das Einmaleins, klassische Gedichte wie Zauberlehrling und Erlkönig und auch moderne Gedichte behandelt. (Siehe auch: http://www.youtube.com/watch?v=FJw2LsXHrzY)
- Eine Gruppe, „History for Music Lovers", hat ca. 60 Musikvideos über Themen wie z.B. den trojanischen Krieg, die französische Revolution und Mummifizierung für den Geschichtsunterricht produziert. Sie sind in You Tube zu finden.
- Eine andere Art für das Erlernen von Fremdsprachen wird von „The Grooves" verbreitet. Englisch, Französisch, Türkisch, Wienerisch usw. Eine spezielle Kombination aus Musik und Sprache sorgt dafür, dass der reichhaltige Wortschatz „swingend" im Gedächtnis abgespeichert wird. Die zum Kulturraum passende Musik vermittelt eine authentische Atmosphäre, und Sie werden hier den ersten Sprachkurs, bei dem Sie mittanzen wollen, erleben. Sehr zu empfehlen! (Siehe auch: http://www.thegrooves.de/site/about.html)
- Eine kreative Herausforderung an die Lernenden ist es, wenn es darum geht, Gelerntes zur Vertiefung in ein Lied zu packen. Ein allen bekanntes Lied bekommt einen neuen Text, wobei die Melodie erhalten bleibt.
- Fantasiereisen und Visualisierungen des Stoffes mit entspannender Musik im Hintergrund.

MUSIK ALS KLASSENZIMMERMANAGEMENT-WERKZEUG

Sie sind der Dirigent. Sie suchen die Musik aus, und durch die Auswahl, das Timing und die Regulierung der Lautstärke setzen Sie den Ton im Klassenzimmer.

Musik als Stimmungsmacher

Die Einstimmung

Welchen Einflüssen sind Ihre Schüler in der Pause oder in den Stunden zuvor ausgesetzt? Schularbeiten, Streit in der Pause, sonstige Aufregungen, vielleicht Probleme zu Hause. Es war oft der Fall, dass eine hektische, teilweise aggressive Stimmung in der Luft lag, wenn ich in die Klasse kam.

75

Da habe ich sie abgeholt, wo sie waren, indem ich Verständnis zeigte und sagte: *„Ich weiß, dass ihr jetzt angespannt seid. Es war viel los heute. Was haltet ihr von der Idee, dass ihr einfach zwei Minuten lang die Köpfe auf die Arme legt, die Augen zumacht, und ich werde für euch eine schöne Musik spielen."* Sie fühlten sich verstanden, und die kurze Ruhepause war ihnen sehr willkommen. Ich schaltete eine ruhig fließende Musik ein. Manchmal sagte ich am Ende der zwei Minuten: *„Wenn ihr möchtet, könnt ihr weiterhin einfach der Musik zuhören, während ich euch die kurze Geschichte über Pedro in Chile aus unserem Geographiebuch vorlese."* Als ich mit dem Vorlesen fertig war, war eine völlig andere Stimmung im Raum, und wir haben dann produktiv die Stunde verbringen können.

In meinem Sprachinstitut sind hauptsächlich Erwachsene die Kursteilnehmer. Viele, die Abendkurse bei uns belegen, kommen erschöpft nach der Arbeit zu uns. Wenn die Leute ankommen und sich in den Kursraum setzen, spielt meistens Musik im Hintergrund. Diese Musik suchen wir sehr sorgfältig aus! Wenn wir langsame, meditative Musik spielten, würden die Kursteilnehmer einschlafen! Aber wenn wir eine lebhaftere Musik auflegen, werden die Leute auch lebhaft, und wir können besser miteinander arbeiten und lernen.

Mit anderen Worten: Wir können Musik einsetzen, um die Energie der Schüler zu regeln. Müde Gruppen können durch Bewegung und Rhythmik erfrischt werden. Durch den Einsatz von Musik können wir Gruppen, die überdreht und sehr lebhaft sind, abkühlen lassen. Ohne zu reden. Ohne Ermahnungen. Und ohne Schimpfen.

Verabschiedung

Neben der Einstimmung können Sie Musik einsetzen, um die Stunden, den Schultag abzurunden. So wie Sie die Schüler zu Beginn der Stunde mit Musik begrüßt haben, können Sie sie auch mit lebendiger und schneller Musik verabschieden. Sie wissen: Der erste und der letzte Eindruck sind am nachhaltigsten! Daher möglichst „Ohrwürmer" für diese Phasen aussuchen, damit die Stunde und Ihr Fach in positiver Erinnerung bleiben!

Pausen

Es hängt von Ihrer Schulsituation ab, ob Sie in den Pausen Musik einsetzen können. Manche Schulen, mit denen ich gearbeitet habe, haben einen Ruheraum mit meditativer Musik für die Pausen und diejenigen, die ihn in Anspruch nehmen wollen. Eine Lehrerin, die eine Klasse schwersterziehbarer Jugendlicher unterrichtet, kann über ein an das Klassenzimmer angrenzende Pausenzimmer verfügen. Sie signalisiert das Ende der Pause immer mit dem gleichen Musikstück. Das funktioniert einmalig. Die Schüler hören die Musik, stehen mitten im Satz auf und gehen wortlos an ihre Plätze.

Musik als Anker

Die Definition eines Ankers ist: Ein Stimulus, der immer wieder die gleiche Reaktion hervorruft. Wenn eine Lehrerin immer wieder und systematisch ein nonverbales Signal in Verbindung mit einem Ereignis, einem Konzept oder einer Idee im Klassenzimmer einsetzt, werden das Signal und das Konzept miteinander verankert – Worte werden dadurch überflüssig (mehr über Anker im Kapitel „Tischbein Nr. 3: Struktur! Struktur! Struktur!").

Denken Sie z. B. an die Kennmelodien im Radio und Fernsehen. Die Kennmelodien für die Nachrichten, das Wetter oder „Das Traumschiff" erkennen wir alle. Dieses Erkenntnis können wir ganz bewusst im Klassenzimmer einsetzen. Wenn Sie zum Beispiel immer die gleiche Musik am Anfang der Mathestunde spielen, wissen die Schüler automatisch, dass die Stunde beginnt.

Ein Mittelschullehrer erzählte, dass er am Ende einer Gruppenarbeit immer einige Zeilen von Freddy Quinns „Vergangen, vergessen, vorbei!" als Signal abspielt – die Schüler schweben tanzend auf ihre Plätze! Oder wie wäre es mit James Browns „I feel good!" als Begrüßungslied in der Früh? Jeder Schüler begrüßt drei andere Schüler, bevor die Musik ausgeblendet wird. Oder Madonnas „We are living in a material world" als Kennmelodie für die Chemie-Stunde. Positive Gruppenleistungen werden mit Queens „We are the champions!" oder „We will rock you!" gefeiert.

Musik als Geräuschkulisse

Wir als Lehrer können unseren Schülern das Lernen in vielerlei Hinsicht erleichtern. Eine von vielen Möglichkeiten, die Angst vor Fehlern abzubauen, ist der Einsatz von Musik als Geräuschkulisse.

Als langjährige Fremdsprachenlehrerin weiß ich, dass das größte Hindernis beim Erlernen einer Fremdsprache die Sprachhemmungen sind. Nehmen wir an, ich stelle einer Gruppe eine Frage zur Diskussion in der Fremdsprache. Ich gehe kurz aus dem Raum und plötzlich merke ich, dass im Klassenraum Stille herrscht. Ich schaue hinein und sehe, dass die Gruppe zwar die Aufgabe brav macht, aber statt in einer normalen Lautstärke zu reden, flüstern sie miteinander.

Sofort ist mir die Ursache klar – Sprachhemmungen!
Sprachhemmungen sind der Lernfeind Nummer 1 im Sprachunterricht! Erst wenn sie beseitigt sind, geht das Lernen richtig los.

Es ist uns allen peinlich – egal, ob im Sprachunterricht oder sonst – Fehler zu machen. Und wenn wir uns in einer neuen, ungewohnten Situation befinden, wo wir niemanden kennen und uns unsicher fühlen – wie zum Beispiel am Anfang eines Sprachkurses – dann haben wir auch die Tendenz leiser zu sprechen. Es ist ganz selbstverständlich. Und gleichzeitig ein riesiges Hindernis.

In Lernsituationen ist das Machen von Fehlern unausweichlich. Sonst findet kein Lernen statt. Lernen, genauso wie Veränderung und Wachstum, heißt Risken eingehen. Wenn ich nichts riskiere, fühle ich mich zwar wohl und bequem in meiner gewohnten und vertrauten Umgebung, aber alles bleibt genauso wie es ist – bis ich bereit bin, Fehler zu riskieren!

Wenn ich sehe, dass eine Gruppe aus irgendeinem Grund nicht aus sich herausgeht, kann ich Musik wie einen schützenden „Vorhang" benützen. Ich spiele Musik im Hintergrund während der Gruppenarbeit. Und langsam drehe ich sie lauter. Weil die Musik lauter wird, reden die Schüler auch lauter und die Hemmungen verschwinden.

Musik als Lautstärkeregler

Wie in dem Kapitel „We've got rhythm!" erwähnt, passt sich die Lautstärke einer Gruppe automatisch an die Lautstärke der Musik an.

Es gibt nur einige wenige Ausnahmen von dieser Regel, wenn z. B. die Mitglieder einer Gruppe eine sehr interaktive – und daher laute – Aktivität durchführen, bemerken sie die Musik auch unbewusst nicht mehr. Aber zum Großteil kann man die Lautstärke der Gruppe mit der Lautstärke der Musik lenken.

Die Geräusche im Klassenzimmer sind nicht geradlinig, sondern wellenförmig. Sie gehen ständig auf und ab, werden lauter und leiser. Wenn wir mit unserer Stimme einsetzen, während sich die Geräuschewelle im Lauterwerden befindet, schwimmen wir gegen den Strom. Da müssen wir selbstverständlich noch lauter werden, und die Gefahr ist groß, dass wir die Gruppe dadurch auch zu einer noch höheren Lautstärke hinführen.

Der Trick ist, die Gruppe mit der Stimme beim Abklingen der Lautstärke zu erwischen. Es handelt sich nur um Sekunden – und unsere Erfolgschancen sind dadurch wesentlich höher! Dies bedarf jedoch eines feinen Gehörs und vieler Übung. Sie können das allein mit Ihrer Stimme erreichen – aber mit Musik geht das viel einfacher.

Bei der Gruppenarbeit zum Beispiel lasse ich leise eine Musik im Hintergrund spielen. Die Gruppe passt sich ganz unbewusst der Lautstärke der Musik an. Das heißt, wenn ich die Musik lauter drehe, wird die Gruppe lauter, und umgekehrt kann ich beim Ausblenden der Musik auch die Gruppe leiser werden lassen. Daher stelle ich mich neben den CD-Spieler, wenn ich die Gruppenarbeit beenden möchte und drehe ganz langsam die Musik lauter. Die Gruppe passt sich unbewusst an und wird zunehmend lauter, da ich mit der Lautstärke der Musik eine künstliche Welle schaffe. Dann drehe ich die Musik immer leiser – und die Gruppe wird auch leiser. Ich setze dann ganz einfach mit meiner normalen Stimmlautstärke ein – ein bisschen lauter als die Musik und die Gruppe – und fahre mühelos mit dem Unterricht fort.

Gruppendynamik

Musik ist ein tolles Mittel, um eine schöne gruppendynamische Atmosphäre zu schaffen. Musik trägt dazu bei, dass sich eine Gruppe zusammengehörig fühlt; Musik bindet verschiedene Kulturen und Menschen; Klassenrituale wie Begrüßungen oder Verabschiedungen, die mit Musik im Hintergrund ausgeführt werden, helfen Schülern, sich mit der Klasse oder mit der Schule zu identifizieren.

Einige Ideen aus der Praxis:

Arbeitstempo festlegen

Ich habe ein Lerntechnik-Seminar gehalten, in dem zwei sehr schwierige Burschen waren. Ich wusste, dass die beiden in Kombination eine störende Dynamik entwickeln könnten. Obwohl sich die beiden eine Zeit lang sehr „gut benommen" haben, wurde der Drang nach Bewegung und Lautstärke zunehmend mehr und sprengte bald den Rahmen.

Bevor die Situation jedoch eskalierte, erinnerte ich mich an deinen Tipp, eine Gruppe durch langsame/leise bzw. schnellere/laute Musik zu steuern. Es funktionierte optimal, die Gruppe mit langsamer Musik zur Ruhe und mit lauter und schneller Musik zum Arbeiten zu bringen!

Aus dieser Erfahrung heraus setze ich Musik jetzt viel bewusster in der Klasse und auch im Nachhilfeunterricht ein! Die Resultate sind toll!

Ruth L., Volksschule & Mittelschule, Niederösterreich

Die Musik setzt den Ton

Der erste Weg in die Klasse führt am Morgen über die „Herzlich Willkommen"-Türmatte steigend zum CD-Player bzw. zum Computer, um Musik einzuschalten. Es werden verschiedene Lieder verwendet, um gewünschte Stimmungen zu evozieren.

Die Ziele und Stimmungen der Schüler, welche durch die Wahl der Lieder beeinflusst werden sollen, sind variabel. So werden an einem Morgen Lieder gewählt, welche die Schüler neugierig auf den Unterricht machen und thematisch den zu erarbeitenden Aspekt aufgreifen: bei der Erarbeitung einer Malreihe wird beispielsweise das dazu passende Lied gewählt; bei einem Freundschaftsprojekt ertönen Melodien, welche die Thematik Freundschaft erfahrbar machen. An einem anderen Tag erfolgt die Musikwahl nach dem Aspekt der Stärkung der Gruppendynamik: dafür wird eine bestimmte CD mit Liedern verwendet, die Abenteuer von unserem Klassenmaskottchen musikalisch vermitteln oder selbst aufgenommene Lieder, welche von den Kindern hergestellt und gesungen wurden. An einem anderen Tag wird Musik gespielt, welche die Schüler beruhigen und langsam in den Unterrichtsalltag führen soll, oder es werden lebendige, auffordernde Lieder gewählt, wenn am Morgen eine aktive Einheit geplant ist. Das allgemeine Ziel dieser eingesetzten Stimmungsmusik ist es, die Schüler abzuholen und sie auf den Unterrichtstag einzustimmen. Die Lautstärke der Willkommensmusik soll eher leise sein, da sie in dieser Situation unbewusst wahrgenommen wird und so einen wirkungsvolleren Einfluss auf das Verhalten nimmt.

Um mit dem Unterricht zu beginnen, verwenden wir sowohl Platz- als auch verstärkend einen auditiven Anker. Ohne ein Wort gesagt haben zu müssen, sitzen die Schüler auf ihren Plätzen und sind bereit zuzuhören.

Das geht so: Die „Angekommen-sein-Musik" wird ausgeschaltet und durch jenes Lied ersetzt, welches nur für den Stundenbeginn verwendet wird. Anders als bei der Willkommensmusik, handelt es sich bei dieser Anfangsmusik um einen Anker. Die Wahl der Lautstärke erfolgt nach dem Aspekt, dass alle Kinder die eher langsame und beruhigende Musik aktiv hören und daher darauf reagieren können. Dafür wird stets dasselbe Lied verwendet.

Tanja P., Sandra P. & Sandra S., Volksschule, Wien

Welche Stimmung will ich heute?
Es war Malstunde, die Kinder haben je ein A3-Zeichenblatt bekommen und haben die Malfarben hergerichtet. Ich habe den Kindern insgesamt sechs verschiedene Musikstücke vorgespielt. Zuerst ein beruhigendes. Ich habe sie eingeladen, etwas zur Musik zu malen. Ich habe das Stück zweimal gespielt, etwa sechs Minuten. Den Kindern ist es zuerst schwer gefallen, etwas dazu zu malen. Dann habe ich alle Blätter eingesammelt, neue weiße Blätter ausgeteilt, und das nächste Musikstück gespielt. Das war etwas Schnelles. Und das insgesamt sechsmal (es war eine langsame Musik, traurige, poppige, ein Marsch, ein Liebeslied usw.). Es war schön zu sehen, wie sehr sich die Kinder mit der Musik verändert haben und auch ihre Bilder sich veränderten. Es war sehr schwierig, die Kinder nach einem sehr poppigen und schnellen Musikstück wieder herunterzubringen. Da habe ich genau gesehen, wie sehr ich die Kinder mit Musik beeinflussen kann.

Harald S., Mittelschule, Kärnten

Musik ist mächtig

Sie bringt unsere Herzen zum Weinen und zum Lachen. Die Musik bestimmt den Ton. Und da Sie die Musik aussuchen, bestimmen Sie ihn! Sie haben es dadurch vollkommen in der Hand, welche Stimmung in Ihrem Klassenzimmer herrscht. Suchen Sie die Musik nach der Stimmung, die Sie erzeugen wollen, aus – mal lebhaft, mal ruhig, mal spannend usw. Die Wirkung ist wie Zauberei!

TISCHBEIN NUMMER 2:
Die 10 Gebote der Gruppendynamik

Wenn wir glauben, dass unsere Schüler nur zum Lernen in die Schule kommen, irren wir uns! Der echte Grund, warum Schüler in die Schule gehen, sind Beziehungen und Freundschaften. Beziehungen zueinander und auch die Beziehung zu ihren Lehrkräften sind ihnen wichtig (auch wenn es uns manchmal bei den älteren Schülern gar nicht so vorkommt). Wenn Ihre Schüler spüren, dass Sie sie mögen, und wenn auch die Beziehung zwischen den einzelnen Schülern stimmig ist, verschwinden Disziplinprobleme.

In diesem Teil werden wir die 10 Gebote der Gruppendynamik behandeln, damit Ihre Schüler motiviert sind und gerne in die Schule kommen. Wir schauen uns die Theorie und vor allem die Praxis an. Wie haben andere Lehrerinnen das gemacht? Und welche Spiele und Aktivitäten können Sie gleich morgen in der Klasse 1 : 1 umsetzen, damit Sie eine Gruppe bilden, die als gut funktionierendes Team arbeitet.

Die 10 Gebote der Gruppendynamik

Das erste Gebot
Stellen Sie **RAPPORT** her!

Das zweite Gebot
BEZIEHUNGEN sind alles!

Das dritte Gebot
Schaffen Sie eine Atmosphäre des **VERTRAUENS**!

Das vierte Gebot
Betonen Sie sowohl die **EINZIGARTIGKEIT** als auch die **GEMEINSAMKEITEN** Ihrer Schüler!

Das fuenfte Gebot
Fördern Sie die Teambildung durch **GEMEINSAME ZIELE** und das **AUSSCHALTEN DER KONKURRENZ**!

Das sechste Gebot
Lassen Sie die Schüler **SIMULTAN** etwas tun!

Das siebente Gebot
Erzählen Sie **METAPHORISCHE GESCHICHTEN**!

Das achte Gebot
Holen Sie sie ab: **PHYSISCH** und auch **MENTAL**!

Das neunte Gebot
INVOLVIEREN Sie sie!

Das zehnte Gebot:
INTEGRIEREN Sie die **AUSSENSEITER**!

Das erste Gebot

Stellen Sie RAPPORT her, die Voraussetzung für gute Kommunikation!

Gleich am Anfang eine Geschichte:
Es war einmal ein Mann, der gestorben ist. Er stand vor dem Tor zum Himmel und wartete geduldig, während Petrus in seinem Buch nachschlug.

„Also" sagte Petrus. „Ich sehe, Sie waren sehr brav auf der Erde. Daher überlasse ich Ihnen die Wahl: Wollen Sie in den Himmel, oder wollen Sie lieber in die Hölle?"

Der Mann überlegte kurz und fragte dann: „Ich kann mich schwer entscheiden, da ich noch nie im Himmel und auch noch nie in der Hölle war. Darf ich bitte die zwei Orte anschauen, bevor ich mich entscheide?"

Petrus sagte zu, und sie gingen gleich auf den Weg in die Hölle.

Sie gingen einen langen Gang entlang und kamen in ein großes helles Zimmer am Ende des Ganges. In dem Zimmer saß eine Gruppe von Leuten im Kreis. Vor jeder Person lag ein Löffel mit einem langen Stiel, und in der Mitte des Kreises brutzelte ein großer Topf voll duftendem und lecker aussehendem Gulasch. Die Leute sahen alle traurig aus.

Der Mann fragte Petrus, weshalb die Leute so traurig seien. Petrus antwortete: „Sie sind traurig, weil sie hungrig sind. Sie können das Gulasch nämlich nicht essen, weil der Stiel des Löffels so lang ist, dass sie den Löffel nicht in den Mund führen können."

Der Mann erwiderte, dass er eigentlich nicht für alle Ewigkeit hungrig sein möchte. Ob er vielleicht den Himmel anschauen dürfte?

Da gingen sie wieder einen langen Gang entlang und kamen in ein großes helles Zimmer, ähnlich dem ersten Zimmer. In diesem Zimmer saß auch eine Gruppe von Leuten im Kreis. Vor jeder Person lag ein Löffel mit einem langen Stiel, und in der Mitte des Kreises brutzelte ein großer Topf voll duftendem und lecker ausschauendem Gulasch. Der einzige Unterschied: Diese Leute sahen glücklich aus.

Da fragte der Mann Petrus: „Das verstehe ich nicht. Hier ist alles genauso wie im anderen Zimmer. Aber diese Leute sind glücklich und satt. Was ist hier anders?"

Petrus antwortete: „Das ist ganz einfach. Diese Leute haben gelernt, einander mit dem Löffel zu füttern!"

Diese metaphorische Geschichte stellt unser Ziel im selbstdisziplinierenden Klassenzimmer dar: Wir erzielen eine Klasse, die als Team zusammenarbeitet, eine Gruppe, die gemeinsame Ziele anstrebt, eine Gemeinschaft, in der die Mitglieder miteinander kooperieren statt gegeneinander zu konkurrieren, eine Klasse, wo Außenseiter als wertvolle Mitglieder in die Gruppe integriert werden. Wenn wir das schaffen, funktioniert die Klasse als eine selbstregulierende und menschenschätzende Gemeinschaft, in der Disziplinieren überflüssig wird.

Rapport: Der Schlüssel zur guten Kommunikation

Eine der wichtigen Voraussetzungen für das selbstdisziplinierende Klassenzimmer ist Rapport. Davon gibt es zwei verschiedene Arten: der Rapport mit dem Einzelnen und der Gruppenrapport. Beide Arten sind notwendig. Sie unterscheiden sich nur in der Art, wie sie hergestellt werden.

Schauen wir zuerst den Rapport mit dem Einzelnen an.

Rapport

Szene Stellen Sie sich vor...

...Sie sind auf einem Seminar und setzen sich neben einen Seminarteilnehmer, den Sie vorher nicht kannten. In der Pause beginnen Sie miteinander zu plaudern. Sie verstehen sich auf Anhieb und staunen darüber, wie viel Sie gemeinsam haben! Es ist so, als hätten Sie sich ein Leben lang gekannt!

Es hat einfach zwischen Ihnen geklickt...

Folgende Situationen werden Sie aber auch kennen...

...Sie haben eine Tante, die Sie alle zwei bis drei Monate besuchen müssen. Eigentlich ist die Tante eine sehr nette Frau, aber aus irgendeinem Grund gehen Sie nicht gerne zu ihr. Sie verstehen das nicht ganz. Vielleicht haben Sie sogar leichte Schuldgefühle. Es ist alles in Ordnung mit der Tante. Aber jedes Mal, wenn der Pflichtbesuch beendet ist, atmen Sie erleichtert auf.

Hier klickt es nicht. Aber warum? Woran liegt das?

Die Antwort heißt RAPPORT.
Rapport bedeutet, mit anderen auf einer Wellenlänge zu sein. Wir fühlen uns im Einklang, in Rapport, mit Menschen oder auch Gruppen, die uns ähnlich sind. Rapport ist eine wichtige Voraussetzung für gute Kommunikation.

Jeder von uns hat einen eigenen Kommunikationsstil, der durch unsere bevorzugte Hauptmodalität – visuell, auditiv oder kinästhetisch – geprägt wird. Dieser Kommunikationsstil wird – meist auf der unbewussten Ebene – durch unsere Gestik, Mimik, Körperhaltung, Bewegung, Stimme und Wortwahl ausgedrückt. Wenn beide Gesprächspartner die gleiche Hauptmodalität teilen, entsteht automatisch Rapport.

In der ersten Szene waren Sie mit dem Seminarteilnehmer in Rapport, d. h. Sie hatten beide aller Wahrscheinlichkeit nach die gleiche Hauptmodalität – sei sie visuell, auditiv oder kinästhetisch. Durch diese Ähnlichkeit sind Sie beide auf der gleichen Wellenlänge und genießen das Beisammensein.

Mit der Tante besteht kein Rapport. Sie teilen nicht die gleiche Modalität und haben wenig gemeinsam.

Wenn zwei Personen die gleiche Modalität teilen, entsteht Rapport von selbst:

Zwei visuelle Persönlichkeiten schauen einen schönen Sonnenuntergang an. Sie brauchen dabei gar nicht zu reden. Die Tatsache alleine, dass sie diesen wunderschönen Anblick miteinander erleben dürfen, genügt, um ihnen ein schönes Gefühl der Zweisamkeit zu vermitteln. Zwei Kinästheten joggen in den Sonnenuntergang hinein – und sie spüren ein Gefühl der Harmonie und des Rapports. Und zwei Auditive schauen den wunderschönen Sonnenuntergang an – und reden die ganze Nacht durch über jeden Sonnenuntergang, den sie bis jetzt erlebt haben. Sie genießen, und sie sind in Rapport!

In diesen Beispielen entsteht Rapport von selbst, weil die Modalitäten zufällig übereinstimmen. Aber wie schaut das aus, wenn Ihr Gesprächspartner eine andere Modalität als Hauptpräferenz hat? Was kann ich tun, damit auch hier, wo es nicht von selbst klappt, gute Kommunikation stattfindet?

Als erster Schritt muss ich den Kommunikationsstil meines Gegenübers feststellen. Nachdem ich den visuellen, auditiven oder kinästhetischen Kommunikationsstil anhand der verbalen und nonverbalen Botschaften erkannt habe, kann ich kurz in die Realität meines Gesprächspartners steigen, indem ich seinen Kommunikationsstil spiegele. Wir sind dann auf der gleichen Wellenlänge, die Voraussetzung für gute Kommunikation ist dadurch erfüllt.

Nach der Herstellung von Rapport kommt Pacing und Führen

Nachdem Rapport durch das Spiegeln hergestellt wurde, können Sie das „Pacing" einsetzen, d. h. eine Zeitlang mit dem Gesprächspartner im Gleichschritt gehen, bevor Sie dann die Führung übernehmen. Pacen kann verglichen werden mit dem Aufspringen auf einen Bus, der schon in Bewegung ist. Wenn Sie direkt darauf springen, werden Sie sich verletzen. Zuerst läuft man eine Zeitlang neben dem Bus, bis man gleich schnell ist und springt dann erst auf. Wenn eine Lehrerin einen Schüler „paced", ist das ein Prozess, bei dem sie zuhört, um festzustellen, wo er sich gerade befindet; sie gibt ihm dadurch Anerkennung und bemüht sich den Schüler zu verstehen. Sie nimmt seine Realität wahr und steigt vielleicht sogar kurz in diese Realität ein. Sie geht eine Zeitlang mit, bevor sie den nächsten Schritt macht, um ihn dorthin zu führen, wo er tatsächlich leichter und besser lernen kann.

Rapport findet zum Großteil auf einer nonverbalen Ebene statt. Sie müssen nicht mit jemandem gleicher Meinung sein, damit Rapport vorhanden ist. Es ist nicht einmal notwendig, den Gesprächspartner zu mögen. Rapport ist einfach ein respektvoller Umgang beiderseits. Sie und Ihr Gesprächspartner können vollkommen konträrer Meinung und trotzdem in Rapport sein. Nur weil Sie und Ihr Gesprächspartner verschiedener Meinung sind, ist das keine Reflektion über sein Wesen. Ein Mensch ist – zum Glück – mehr als das, was er tut oder glaubt.

Bei dieser ersten Sorte von Rapport, dem Rapport mit dem Individuum, spiegeln Sie Ihren Gesprächspartner, um den Rapport herzustellen.

Gruppenrapport

Wir sind ein Team! = Gruppenrapport

Beim Gruppenrapport ist das anders: Die Gruppe spiegelt Sie!
Das heißt, wenn Sie ruhig sind, ist die Gruppe auch ruhig. Wenn Sie viel reden, reden Ihre Schüler auch viel, usw. Mit anderen Worten: **SIE SETZEN DEN TON**.

Die Klasse spiegelt die Lehrkraft
Ich arbeite mit meiner Freundin in einem Buddyprojekt an unserer Schule. Bei einem unserer Meetings mit den Schülern hatten wir in „lockerer Atmosphäre" verschiedene Spiele geplant.

Meine Freundin hat eine äußerst laute Stimme. Sobald sie begann, etwas anzusagen oder zu erklären, wurde automatisch der Lärmpegel in der Klasse lauter. Ich hingegen redete viel, und wenn ich dann die Führung übernahm, redete die Gruppe plötzlich auch viel.

Dies war für mich wirklich sehr interessant zu beobachten. Meine Freundin und ich sprachen anschließend über dieses Phänomen, und diese Reflektion tat uns beiden gut.
Andrea W., Mittelschule, Tirol

Gruppenrapport ist eine Art „Chemie" zwischen Ihnen und Ihrer Klasse. Es ist wie ein Tanz, bei dem Sie führen, und die anderen folgen. Wenn Sie mit Ihrer Klasse in Rapport sind, können Sie das Geschehen im Klassenzimmer sanft und ohne Einsatz von Macht lenken. Daher ist die Beziehung, die Sie zu Ihren Schülern herstellen, eines deiner wichtigsten Werkzeuge, um eine lernfreundliche Atmosphäre zu schaffen.

Rapport öffnet die Tür zu ihrer Welt. Und wo Rapport herrscht, vermindern sich die Strapazen und die Zeit enorm, die für das Klassenzimmermanagement benötigt wird. Der Ton – auch seitens der Schüler – und die Atmosphäre wird respektvoller und dadurch wesentlich effizienter. Machtkämpfe verschwinden und werden durch produktive Gespräche ersetzt. Durch den Einsatz von Einfluss statt Macht und durch Ihre Ausstrahlung von positiver, natürlicher Autorität entsteht eine harmonische Zusammenarbeit – ausgerichtet auf gemeinsame Ziele. Das „Ich" ist ein „Wir" geworden.

Und wie macht man das?
Die weiteren neun Gebote werden uns das verraten.

Das zweite Gebot

BEZIEHUNGEN sind alles!

Kennen Sie den Film „Dangerous Minds" („Wilde Gedanken") mit Michelle Pfeiffer?

Er schildert die Erlebnisse von Lou Anne Johnson, Ex-Marinesoldatin und Englischlehrerin in der heruntergekommenen Parkmont High School in Kalifornien. Auf dieser Ghetto-High School sollte sie einem Haufen desinteressierter und gewaltbereiter Kids englische Literatur beibringen. Hass, Drogen und Gewalt beherrschen den harten Alltag dieser Schule. Sie kämpft gegen eine Mauer aus Verhaltensauffälligkeit, Schweigen und Ablehnung seitens der Schüler. Doch langsam gewinnt sie mit ihren unkonventionellen Methoden das Vertrauen der Kids – wobei ihren Vorgesetzten und teilweise auch den Eltern ihr eigenwilliger Erziehungsstil missfällt. Sie setzt sich aber durch und verändert Leben.

Inzwischen ist Lou Anne Johnson in der Lehrerfortbildung tätig und ich habe vor kurzem an einem Webinar (ein Webinar ist ein Seminar im Internet) von ihr teilgenommen.

Wie gewann sie diese schwierige und teilweise gefährliche Klasse für sich?
Die Antwort ist einfach: Auf der Beziehungsebene.

Ihr Rat:
Zeigen Sie Ihren Schülern, dass Sie sie mögen.
Mögen Sie sie als Schüler – aber mögen Sie sie noch viel mehr als Menschen.
Sprechen Sie mit ihnen wie mit Erwachsenen.
Gehen Sie mit ihnen respektvoll um.
Und erwarten Sie bzw. verlangen Sie, wenn es notwendig ist, Ihren Respekt.

Wonach sehnt sich jeder Mensch?

Jeder von uns will als der Mensch, der wir sind, akzeptiert werden. Wir wollen nicht, dass jemand an uns „herumbastelt" und uns verändern möchte. Wenn Sie bereit sind, Ihre Mitmenschen, Ihre Schüler, Ihre Kollegen, Ihre Freunde und Familienmitglieder, so wie sie sind, anzunehmen und zu mögen, verschwindet jeglicher Widerstand. Durch die Akzeptanz werden sie offen für Veränderung. Die Schüler leisten weniger Widerstand und sind eher bereit, die Vorschläge, die Ideen, die Impulse, die von außen kommen, zu hören und in Erwägung zu ziehen. Vor allem durch Ihre Akzeptanz haben Sie die Tür aufgemacht, um eine positive Beziehung aufzubauen. Zeigen Sie, dass Sie sie mögen. So erreichen Sie auch die schwierigsten Schüler.

Es geht nicht immer auf Anhieb. Manchmal ist ein Schüler misstrauisch. Sie sind es nicht gewöhnt – so traurig das ist, dass andere sie mögen. Vielleicht glauben sie, dass Sie sie austricksen wollen. Oder, dass sie verletzt werden, wenn sie sich öffnen. Es wird vielleicht manche geben, die Sie gar nicht erreichen. Aber dort wo es klappt, werden Sie eine große Verhaltensänderung erleben.

Es ist ganz wichtig, dass Sie zwischen Person und Verhalten unterscheiden. Wenn eine Schülerin gegen die Klassenregel verstößt, wenn sie etwas macht, das für Sie oder die Klasse nicht akzeptabel ist, heißt das nicht, dass sie ein schlechter Mensch ist. Es heißt nur, dass dieses Verhalten zu diesem Zeitpunkt und an diesem Ort nicht passend war. Sie ist noch immer ein guter Mensch. Sie mögen sie nach wie vor. Für (die meisten) Lehrer ist diese Unterscheidung zwischen Verhalten und Person selbstverständlich. Für die Kinder ist es nicht so.

Die meisten Schüler gehen lieber wegen ihrer Freundschaften als wegen des Lernens in die Schule. Volksschullehrer merken das stärker als Lehrer, die mit älteren Schülern zu tun haben. Die kleinen Kinder lieben ihre Frau oder Herrn Lehrer, und sie wollen auch von der Lehrkraft geliebt werden. Alles ist klar und deutlich. Dann kommen sie in die Pubertät. Sie verändern ihr Verhalten. Die Schüler, die vor einigen Monaten kaum zu bändigen waren, werden leblose Zombies, die nur mehr im Sessel lümmeln. Es kostet sie viel zu viel Kraft, die Hand hochzuhalten.

Es kommt hinzu, dass es in diesem Alter nicht mehr „in" ist, die Lehrkraft zu mögen. Sonst könnten die Mitschüler glauben – Oh, Schreck! -, dass der Schüler ein Schleimer ist. Äußerlich sind die Jugendlichen „cool" – aber innerlich sind sie noch sehr unsicher. Die Bedürfnisse sind gleich geblieben. Auch Teenager wollen, dass Sie sie mögen. Nur zeigen dürfen sie es nicht. Auch diese schwierige Altersgruppe gewinnt man, in dem man klar und deutlich zeigt, dass man sie akzeptiert und mag.

Ich höre manche von Ihnen sagen: *„Ja, aber ich habe einen Schüler in der Klasse, den ich einfach nicht ausstehen kann!"* Dieses Gefühl verstehe ich – ich habe es auch schon erlebt. Aber, ich garantiere Ihnen, wenn wir aktiv suchen, finden wir bei jedem Menschen etwas Positives, das wir hervorheben können. Es muss ja nichts Großes sein. Eine Kleinigkeit genügt, um die gesamte Situation zum Positiven zu verändern.

Ich hatte einen Schüler, der „Happy" hieß (ja, das war tatsächlich sein Name). Er war ein Flüchtlingsteenager aus Afrika und hatte eine harte Geschichte hinter sich. Gleichzeitig – und vielleicht gerade deswegen – war er ein sehr schwieriger Schüler. Er war mindestens drei oder vier Jahre älter als die anderen in der Klasse (wie bei vielen Flüchtlingen war sein tatsächliches Alter nicht bekannt) und hat sich außerhalb der Schule in Kreisen bewegt, die keinen guten Einfluss auf ihn und infolgedessen auf die anderen Kinder der Klasse hatten. Ich habe für seine Lage Verständnis gehabt. Aber ich habe ihn einfach nicht gemocht. Ich denke, das ist okay. Wir müssen – sei es in der Schule oder sonst wo – nicht jeden Menschen mögen. Wenn ich das in der Klasse gezeigt hätte, hätte sich das Problem nur noch verschärft. Deswegen habe ich mich entschieden, meinen eigenen Rat zu befolgen (das ist ja nicht immer so einfach J) und etwas Positives an Happy zu finden. Nach längerer Überlegung ist mir etwas, das ich ehrlich loben konnte, eingefallen, und am nächsten Tag sagte ich ihm unter vier Augen: *„Weißt du, Happy, mir gefällt es so gut, wenn du lächelst. Dein Lächeln passt wirklich gut zu deinem Namen."* Die Wirkung war umwerfend. Er hat gestrahlt. Und ich habe ihn – endlich! – erreicht.

Ich möchte nicht damit sagen, dass alle Probleme damit gelöst waren. Das war nicht der Fall. Aber ich habe einen Zugang zu ihm gefunden. Statt gegen eine Mauer zu stoßen, war es nun möglich, mit ihm zu reden und die Tür zur Veränderung war geöffnet. Mit offen gezeigter Sympathie erreicht man so viel mehr als mit kritisieren, schimpfen, toben, ignorieren, aufregen usw.

Die Fähigkeit, ehrliche Beziehungen mit Problemschülern aufzubauen, ist das wichtigste Werkzeug, das eine Lehrerin in ihrem Werkzeugkoffer besitzen kann. Wenn es Ihnen gelingt, gewinnen Sie den Respekt Ihrer Schüler. Und wenn Ihre Schüler Sie mögen und Vertrauen zu Ihnen haben, werden sie mitarbeiten und sich besser benehmen. Ein Prozess wird in Bewegung gesetzt. Wenn Sie sie mögen, beginnen die Schüler sich selbst zu mögen. Wenn sie sich selbst mögen, werden Lernen und ihre Zukunft wichtig für sie. Und alle haben gewonnen.

Es gibt keine Problemschüler, es gibt nur Schüler mit Problemen

Die verhaltensauffälligen und schwierigen Schüler, die in unseren Klassen sitzen, sind nicht so geboren. Sie haben dieses Verhalten gelernt. Sie sind problematisch, weil sie selbst Probleme haben. Sie führen kein leichtes Leben und kommen oft aus einem Milieu, das sie nicht unterstützt und oft keine Werte und Empathie vermittelt. Aber obwohl sie nicht die gleichen Vorteile, die andere, fügsamere Klassenkameraden, die sich positiv verhalten, genießen, haben sie genau die gleichen Bedürfnisse. Die Lehrer, die diese Bedürfnisse befriedigen können, werden jene Schüler leichter gewinnen.

Wie Rob Plevins, Lehrerfortbildner von der britischen Organisation „Behaviour Management" schreibt:

> „Das sind gerade die Schüler, die wir erreichen müssen: die Verhaltensauffälligen; die Schüler, die schwierig sind und uns herausfordern; die Verletzbaren und Verwirrten; die Wütenden, die Schlimmen und die Traurigen. Das sind die Schüler, die uns Probleme im Unterricht bereiten: die Albernen, die Aufmerksamkeit auf sich ziehen wollen, die Schelmischen, die Streiche spielen und Blödsinn treiben, die Hinterhältigen, die das Leben der anderen vermiesen und die Abwesenden, denen alles egal ist."

Sehr oft ist es so, dass sich das Disziplinproblem von selbst löst, wenn das Bedürfnis erfüllt wird. Schauen wir nun auf die Bedürfnisse, die wir bei unseren Schülern ansprechen wollen, um sie besser erreichen zu können.

DAS BEDÜRFNIS, AUTONOM ZU SEIN

Schüler wollen Auswahlmöglichkeiten haben. Sie brauchen das Gefühl von Anerkennung und Freiheit. Wir können ihnen das geben und erziehen sie gleichzeitig zur Selbstverantwortung und Selbstdisziplin.

Kontrolle loslassen – Verantwortungen übergeben

Der wichtigste Schritt ist, dass wir selbst die Kontrolle abgeben. Sehr oft nehmen wir Lehrer die Probleme unserer Schüler als unsere eigenen Probleme an.

Die wesentliche Frage, die Sie sich in so einem Fall und auch sonst im Leben stellen sollten: *„Wem gehört das Problem?"* In den meisten Fällen werden Sie darauf kommen, dass die Probleme, über die Sie sich aufregen, meistens gar nicht Ihre, sondern die Probleme Ihrer Schüler oder deren Eltern sind. Es ist SEINE Verantwortung und nicht Ihre, die Hausübung zu bringen.

Wir sind nicht für alles verantwortlich. Wir sollen immer unser Bestes tun. Da liegt unsere Verantwortung, und sie ist eine sehr große. Ich bin aber überzeugt, dass Sie das schon tun – sonst würden Sie dieses Buch nicht lesen. Aber der Schüler und seine Eltern tragen auch Verantwortung. Und wenn der Schüler noch nicht gelernt hat, Verantwortung und Selbstdisziplin zu übernehmen, dann tue ich ihm, der Klasse und mir selbst etwas Gutes, wenn ich es ihm beibringe.

Ein weiteres Hindernis sind „Etiketten" oder „Labels" wie z. B. „ADHS" oder „verhaltensauffällig", die unsere Schüler „offiziell" auferlegt bekommen. Wenn Sie einem Schüler ein Label geben, übergibt er Ihnen bzw. der Welt die Verantwortung. *„Ich kann mein Verhalten nicht lenken, weil ich ...... habe."* Und prompt liegt die Verantwortung wieder in Ihrem Schoß!

Ich habe einen tollen Kurzvortrag von Sir Ken Robinson mit dem Titel: „Do schools kill creativity?" (siehe http://www.youtube.com/watch?v=iG9CE55wbtY) im Internet angehört. Er erzählt in diesem Beitrag von Gillian Lynne, einer Frau, die Tänzerin, Theaterdirektorin und Choreographin der Musicals „Cats" und „Phantom of the Opera" war.

> *Als Gillian etwa acht Jahre alt war, haben ihre Lehrer sich darüber beklagt, dass sie unkonzentriert wäre und nicht still sitzen könne. Deswegen ist ihre Mutter mit ihr zum Arzt gegangen. Der Arzt hat sich die gesamte Vorgeschichte angehört und sagte Gillian, er möchte mit ihrer Mutter kurz alleine im anderen Zimmer sprechen. Als der Arzt und die Mutter den Raum verlassen haben, schaltete er im Vorbeigehen das Radio auf seinem Schreibtisch ein. Draußen vor der Tür blieb er mit der Mutter stehen und bat sie, Gillian zuzuschauen. Als Gillian die Musik hörte, ist sie aufgesprungen und fing an spontan zu tanzen. Sie schauten fasziniert zu, und dann sagte der Arzt der Mutter: „Frau Lynn, Gillian ist nicht krank. Sie ist eine Tänzerin. Schreiben Sie sie in eine Tanzschule ein."*

Wenn das heutzutage passiert wäre, hätte wahrscheinlich Gillian die Diagnose ADHS bekommen, und der Welt wäre eine Künstlerin entgangen.

Klassenämter und -aufgaben verteilen

Sehr oft sind die Schüler, die die meisten Probleme verursachen, diejenigen, die am meisten Führungspotenzial besitzen. Bieten Sie Ihnen verantwortungsvolle Aufgaben an. Das zeigt ihnen, dass wir Vertrauen zu ihnen haben, gibt ihnen etwas Sinnvolles zu tun und baut ihr Selbstbewusstsein auf.

Ich hatte einen Schüler im Englischunterricht, Richard, der bei allen Lehrern der Schule als Problemschüler berüchtigt war. Er war auch bei mir kein Engel – bis ich ihn zu meinem „Kassettenfachmann" ernannt habe. Wir hatten CDs als Begleitmaterial im Englischunterricht, aber ich habe immer die altmodischen Kassetten für die Stunden mit Richard mitgenommen. Natürlich war es umständlich, die richtige Stelle für die momentane Übung auf der Kassette zu finden. Aus diesem Grund habe ich Richard, meinen „Kassettenfachmann", immer am Lehrertisch sitzen lassen und leise die Übungen auf der Kassette suchen lassen. Er war voll beschäftigt – vorwärts, rückwärts, vorwärts, und wir hatten Ruhe in der Klasse. Es hat nicht gestört, dass er an meinem Tisch gesessen ist. Ich habe mich ohnehin während der Stunde nicht dorthin gesetzt. Richard hat nebenbei zugehört. Und anschließend habe ich ihn immer gelobt. Es hat Wunder gewirkt. Er war bei mir das bravste Kind.

Einmal ist er in der Pause zu mir gekommen und hat erzählt, dass sein Vater ihn am Wochenende besucht und ihm eine Musikkassette geschenkt hatte. Die hat er mitgebracht, um sie als Hintergrundsmusik in der Englischstunde zu spielen. Ich dachte mir: *„Was für eine Musik wird das wohl sein? Und wie sage ich ihm das, wenn sie nicht passt?"* Es war Chopin, und ich werde nie sein stolzes Gesicht vergessen, als wir seine Kassette für die anderen Schüler in der Klasse gespielt haben.

Es ist unglaublich, wie sehr ein bisschen individuelle Aufmerksamkeit und ein Erfolgsgefühl diese Schüler motivieren können. Richard war der Kassettenfachmann, und es gab eine ganze Reihe anderer Klassenämter, die die Schüler übernommen haben.

Beispielsweise:
- die Turnübungsmeisterin für den Anfang der Stunde und zwischendurch
- der Hausübungsschüler, der am Ende des Schultages die Aufgabe zusammenfasst und der Klasse nochmals bekannt gibt
- der Bücherregalkontrolleur
- die Papierordnerin
- der Tafelordner
- die Tischgruppenleiterin
- der Nachrichtenträger
- die Beleuchtungsdirektorin
- der Lehrmittelkontrolleur
- die Konfliktmanagerin
- Leiter des Helferteams
- Lärmpegelkontrolleur
- Buddy-Helferin

Die Aufgaben können wöchentlich gewechselt werden. Und bitte das Lob nicht vergessen!

Einige Ldeen aus der Praxis:

Der Klassentechniker
Da mein CD-Player auf dem Fensterbrett steht, ich aber genau gegenüber an der Wand sitze, habe ich Niklas, der neben dem Gerät sitzt, gebeten, dieses zu bedienen. Niklas ist unser „Techniker". Er ist auch dafür verantwortlich, den Beamer an den DVD-Player anzuschließen. Das funktioniert tadellos – er reagiert sogar auf Blickkontakt...

Petra F., Volksschule, Wien

Der Hausübungshelfer
Unser 10jähriger Jan ist ein Kinästhet und braucht auch während des Unterrichts seine Bewegung. Da er sehr schnell arbeitet und meist früher als die anderen fertig ist, geht er, sobald seine eigene Arbeit erledigt ist, zu seinen Mitschülern und hilft ihnen bei der Übung. So kommt er zu seiner Bewegung und ist stolz darauf, den anderen helfen zu können.

Hannes L., Volksschule, Kärnten

Facebook-Freunde
Ich unterrichte Religion in einer 5. Klasse. In dieser Klasse befindet sich ein schwieriger Schüler. Ich habe also damit begonnen, ihm besondere Aufgaben zu übergeben (fehlende Schüler ins Klassenbuch einzutragen usw.). Ich habe ihn ständig gelobt, und er benimmt sich „ziemlich" anständig. Natürlich kann er es nicht lassen, gelegentlich wie ein Cowboy durch die Klasse zu schlendern und Stifte der Mitschüler auf den Boden zu werfen. Aber er reagiert auf meine Ermahnungen, und so halten sich diese Ausflüge in Grenzen.

Wir sind über Facebook befreundet, und ich habe ihm nun eine Nachricht geschickt. Ich habe ihn gebeten, einen Schüler, der von den anderen und auch von ihm geärgert wurde – ein wenig zu beschützen.

Tatsächlich hat er diesen Schüler in der letzten Stunde neben sich sitzen lassen, und er wurde auch absolut in Ruhe gelassen. Ich habe ihn nicht vor den anderen Schülern gelobt, aber ich habe ihm stattdessen wieder geschrieben, ihn gelobt und gebeten, er möge auch anderen Kindern beistehen.

Sein Verhalten verändert sich zum Positiven. Er war bis jetzt im ganzen Schulhaus recht verrufen, und es scheint so, dass ihm dieses heimliche „Gutsein" wohl tut.

Christine L., Religionslehrerin, Schweiz

Unsere Klasse ist wie eine „Familie"

Diese Aufgaben tragen zum Verantwortungsbewusstsein bei und auch zur Identifizierung mit der Gruppe. Stärken Sie dieses Gefühl der Zusammengehörigkeit, wo immer es geht. Fragen Sie Ihre Schüler nach ihrer Meinung oder nach guten Ratschlägen. Als ich dabei war, meine Webseite zu entwerfen, habe ich die Schüler zwischen zwei Hintergrundbildern abstimmen lassen. Sie waren stolz darauf, mir helfen zu können und haben noch eine Menge hilfreicher Vorschläge dazu gemacht.

Noch einige Ideen, die zum Gemeinschaftsgefühl beitragen:

- Stellen Sie in der Klasse eine „Ideenschachtel" auf. Hier können die Schüler ihre Vorschläge und auch andere Ideen zur Verbesserung der Klassengemeinschaft einwerfen.
- Jeder zieht einen Zettel mit dem Namen eines Mitschülers aus einem Hut, der mit
- „Gute Taten" beschriftet wurde. Im Laufe der kommenden Woche soll jeder etwas Liebenswürdiges für diese Person tun.
- Lob auf Klebezetteln. Wenn Sie einem anderen Schüler etwas Positives sagen wollen, Z. B. *„Danke, dass du mir bei der Schulübung geholfen hast!"*, oder *„Ich freue mich, dass du eine gute Note für die Schularbeit bekommen hast!"*, sollen die Schüler das auf einen Klebezettel schreiben und wortlos den Zettel auf seinen Tisch kleben.

Fördern Sie die emotionale und die kommunikative Intelligenz

Und, last but not least, stärken Sie die emotionale Intelligenz Ihrer Schüler, indem sie lernen, gut mit ihren Emotionen umzugehen. Richten Sie einen Platz im Klassenzimmer ein, oder, wenn es möglich ist, am Gang vor dem Klassenzimmer, wo sie sich zurückziehen können, um „abzukühlen". Bilden Sie die ganze Klasse zu Streitschlichtern aus, und – falls es in Ihrer Schule möglich ist – führen Sie eine Gruppe von Schüler-Mediatoren ein (siehe Kapitel 4). Bringen Sie Ihren Schülern die Kommunikationsfähigkeiten bei, um beispielsweise Kummer, Ärger und Frustration mit Worten statt mit Gewalt mitzuteilen.

Kleine Streitschlichter
Von der ersten Schulwoche an lernen meine Schüler, dass ich kein Streitschlichter bin, da ich nur einen letzten Moment des Vorfalles sehe. So erspare ich mir dieses ewige „verpetzen". Die Schüler lernen in einem Zweiergespräch über den Vorfall zu sprechen, den eigenen Fehler zuzugeben, sich zu entschuldigen, aber auch eine Entschuldigung anzunehmen. Das ist am Beginn zwar immer sehr mühsam und zeitaufwändig, aber es lohnt sich sehr und trägt in der Klasse zu einer sehr entspannten und angenehmen Atmosphäre bei.

Elfriede H., Volksschule, Wien

Es gibt noch zwei weitere sehr wichtige Bedürfnisse, die erfüllt werden müssen, das sind:

DAS BEDÜRFNIS, INVOLVIERT ZU SEIN

Wenn der Unterricht sie neugierig macht, ihr Interesse erweckt, Spaß macht, Überraschungen und Vielfalt beinhaltet, sind die Schüler voll dabei. Mehr darüber im neunten Gebot der Gruppendynamik.

Und das dritte ist:

DAS BEDÜRFNIS, EIN TEIL DER GRUPPE ZU SEIN

Dieses Zugehörigkeitsgefühl ist extrem wichtig. Sonst werden einzelne Schüler zu Außenseitern und bilden unter Umständen Gruppen oder Gangs. Siehe dazu das zehnte Gebot der Gruppendynamik.

Wie merken die Schüler, dass wir sie gerne haben?

Es ist viel einfacher, als es sich anhört. Unsere Schüler lernen mehr durch das Beispiel, das wir ihnen vorleben, als von den Vorträgen, die wir ihnen halten. Was sollten Sie sehen, hören und spüren in unserem Klassenzimmer?

Schön ist es, wenn die Schüler von uns ...

...sehen:	...hören:	...spüren:
- einen stolzen Blick - ein Lächeln - Erwachsene als Vorbilder - Werte, die gelebt werden - Freude, Lachen und Spaß beim Lernen - Menschen, die einander mögen	- „Du machst das gut." - „Du bemühst dich." - „Du kannst stolz auf dich sein." - „Ich freue mich, dass du in meiner Klasse bist." - „Du bist ein tolles Kind." - „Ich mag dich."	- „Ich bin in Ordnung." - „Ich passe in dieser Gruppe." - „Die anderen mögen mich und sind für mich da." - „Ich bin ein wichtiges Mitglied dieser Gruppe." - „Die anderen hören mir zu."

Der respektvolle Umgang miteinander

Mein Sohn Derrick unterrichtete eine Zeit lang in einer Alternativschule in der Nähe von Wien. Als er am ersten Tag nach der Schule nach Hause kam, rief er mich an und sagte: *„Du kannst dir nicht vorstellen, wie respektlos die Schüler miteinander reden. Aber nicht mehr lange!"*

In Kapitel 21, „Das respektvolle Klassenzimmer", können Sie nachlesen, wie er den Umgang unter den Schülern geändert hat. Am wichtigsten war, dass er sie abholte, wo sie waren. Unsere Schüler wissen oft nicht, was respektlos bzw. respektvoll ist. Wir sagen zwar immer wieder: *„Wir gehen respektvoll miteinander um,"* aber da bei vielen der Umgangston und die Worte, die zu Hause verwendet werden, nicht respektvoll sind, wissen sie eigentlich gar nicht, was wir damit meinen. Der erste Schritt ist es, ihnen die Bedeutung des Wortes beizubringen. Erst wenn sie verstehen, WAS es ist und wir ihnen zeigen, WIE sie das tun können, können wir erwarten, dass sie es tun.

„Meine Mutter sagte mir:
"Wenn du Soldat wirst, wirst du ein General. Wenn du ein Mönch wirst, wirst du Papst."
Stattdessen war ich Maler und ich wurde Picasso."
Pablo Picasso

Setzen Sie Ihre Erwartungen hoch an!

Sie kennen sicherlich das Musical „My Fair Lady". Das Stück ist eine Adaption von George Bernard Shaws Komödie „Pygmalion", die wiederum auf dem antiken griechischen Mythos von Pygmalion basiert. Der ursprüngliche Pygmalion war ein bildhauernder König, der sein Idealbild einer Frau in Stein verewigte. Er verliebte sich in sein Werk und bat dann Aphrodite, die Göttin der Liebe und Schönheit, die Statue zum Leben zu erwecken. Aphrodite erfüllte ihm seinen sehnlichsten Wunsch, und das Bildnis wurde Wirklichkeit. Das gleiche Motiv wird auch wieder in Shaws Pygmalion und in „My Fair Lady" aufgegriffen.

Selbsterfüllende Prophezeiungen: Der Pygmalion-Effekt

Die Metapher von Pygmalion, dem Bildhauer, passt sehr gut zu unserer Rolle in der Schule. Wir sind die Bildhauer, und unsere Werkzeuge sind die Erwartungen, mit denen wir – ob bewusst oder unbewusst – das Bildnis unserer Schüler formen und prägen. Unsere Schüler spiegeln unsere Gedanken, Vorstellungen und Erwartungen – positiv wie negativ. Was Lehrer von ihren Schülern halten, überträgt sich auf die Leistungen, die die Schüler bringen werden.

Der Rosenthal-Jacobson-Experiment

Mitte der 60er Jahre begann der amerikanische Psychologieprofessor, Dr. Robert Rosenthal, seine berühmten Experimente über die Auswirkung unserer Erwartungen auf den Erfolg unserer Schüler. Er begann das Experiment mit Albinoratten. Sie sollten lernen, in einem einfachen Labyrinth den richtigen Weg zur Futterstelle zu suchen. Zwölf Psychologiestudenten wurde erzählt, dass die Hälfte der Ratten aufgrund von Zuchtwahl besonders lernfähig, die andere Hälfte nur „Straßenratten" seien. Die Ratten wurden nach Zufall zugeteilt. Sechs Versuchsleitern erzählte man jedoch, dass ihre Tiere zum Stamm der „gescheiten" Ratten gehörten. Die anderen sechs waren im Glauben, dass sie die „dummen" Ratten erhielten. Die Aufgabe für jeden Versuchsleiter war es, mit seiner Gruppe von fünf Ratten an fünf Tagen je zehn „Trainingsabläufe" im Labyrinth durchzuführen und zu notieren, ob die Tiere den richtigen Ausgang wählten. Zum Ende des Experiments waren die vermeintlich „klugen" Ratten drei- bis viermal schneller als die „dummen" Ratten. Nach Abschluss des Experiments füllten die Studenten einen Fragebogen aus, und Rosenthal stellte fest, dass die Versuchsleiter die „klugen" Ratten entsprechend liebevoller und positiver behandelt hatten, als die anderen „dummen" Ratten behandelt worden sind.

Das Experiment wurde in Zusammenarbeit mit einer zweiten Psychologin, Lenore Jacobson, in zwei kalifornischen Schulen fortgesetzt. Schüler wurden nach dem Zufallsprinzip in verschiedene Klassen aufgeteilt. Manchen Lehrern wurde erzählt, ihre Klasse sei hochbegabt, den anderen wurde gar nichts erzählt. Der „Rosenthal-Effekt", auch „Pygmalion-Effekt" genannt, d. h. die Beeinflussung eines Ergebnisses durch die Erwartung der Lehrerin, war in der Schule noch wesentlich deutlicher als im Tierexperiment.

Rosenthal und Jacobson meinen, dass die Lehrkräfte ihre Erwartungen in subtiler Weise den Schülern übermitteln können, z. B. wie lange die Lehrerin bereit ist, auf eine Antwort des Schülers zu warten, wie häufig und wie stark der Schüler gelobt oder getadelt wird, wie viel Beachtung dem Schüler geschenkt wird, und wie hoch die Leistungserwartungen sind, die an den Schüler gestellt werden.

Was sagt uns das?

Stellen Sie hohe Erwartungen an Ihre Lernenden. Sowohl leistungsmäßig als auch im Verhalten. Lassen Sie die Lernenden wissen, dass Sie an sie glauben und überzeugt sind, dass Ihre Erwartungen erfüllt werden.

Wenn Sie die positiven Ereignisse in der Klasse betonen und Ihrer Klasse erzählen, wie toll sie alle sind, werden sie es auch sein. Und wenn Sie einer Klasse erzählen, dass sie die schlimmste Klasse ist, die Sie je hatten, werden die Schüler sie nicht enttäuschen! Betonen Sie das Positive. Es zahlt sich aus.

Ein Beispiel:

Ich habe sie unterschätzt

Trotz eines ernsthaften Ohrinfektes gehe ich in die Schule – das Personal ist bei uns so knapp, dass es keine Kolleginnen gibt, die mich während eines Krankenstandes vertreten könnten. Dafür ernte ich in diesem „bejammernswerten" Zustand die Früchte meiner Arbeit.

Gestern konnte ich mich zwei Stunden in der Klasse hinten hinlegen, nachdem ich den Kindern erklärte, wie mies ich mich fühle und ihnen den Auftrag gab, die Stunde am Freitag, an dem es Zeugnisse gibt, zu planen. Die Kinder dürfen da ja immer Gäste mitbringen (Eltern, Familie, Horttanten...). Sie haben zwei Stunden lang gearbeitet und diskutiert – ohne mich etwas zu fragen (außer, ob es mir besser geht, oder ob sie die Frau Direktor bitten sollen, einen Arzt zu holen).

Heute – wieder gesünder – habe ich mir ihre Ideen mit einer sehr niedrigen Erwartungshaltung, was das Ergebnis betrifft, angesehen. Die Ergebnisse sind großartig! Ich bin noch immer ganz sprachlos!

Sie haben selbständig das ganze Schuljahr zeitlich durchstrukturiert und dazu Szenen, Gedichte, Lieder, einen Rap, pantomimische Darstellungen für die Eltern zum Erraten, eine gestellte Mediation eines Problems, ein gemeinsames englisches Lied mit vorhergehendem Vokabeltraining für die Eltern, damit sie mitsingen können...erarbeitet. Meine Aufgabe war es heute nur, die Zeit zu messen und den Ablauf zu strukturieren.

Renée T., Volksschule, Wien

Einige Ideen aus der Praxis:

- Zeigen Sie ihnen, dass Sie sie gerne haben: Begrüßen Sie sie mit einem Lächeln an der Tür. Wechseln Sie einige Worte mit einzelnen Schülern am Gang, bevor die Stunde beginnt.
- Bitten Sie Ihre Direktorin, einzelne Schüler einzuladen und sie wegen ihres Fortschritts/ ihres Verhaltens zu loben.
- Schreiben Sie eine positive Mitteilung an die Eltern in das Mitteilungsheft.
- Bleiben Sie auf dem Laufenden, damit Sie wissen, was Ihre Schüler mögen und was sie interessiert. Setzen Sie, wo es passt, diese Vorlieben – Filme, Musik, Websites, Bücher, Zeitschriften – in Ihrem Unterricht ein.
- Reden Sie mit ihnen, und – am allerwichtigsten – hören Sie ihnen zu!
- Bedanken Sie sich am Ende der Stunde für ihre schöne Mitarbeit, die nette Stunde usw.

Legen Sie den Schwerpunkt auf das Positive!

Wir wissen es alle:

Gerade die Schüler, die uns am meisten Schwierigkeiten machen, suchen Anerkennung und Aufmerksamkeit.

Natürlich wäre es ihnen am liebsten, wenn sie positive Aufmerksamkeit bekämen. Wenn das aber nicht geht, geben sie sich mit negativer Aufmerksamkeit zufrieden. Sie verhalten sich nach dem Motto: *„Besser irgendeine Aufmerksamkeit als gar keine!"* Und leider: Je mehr wir uns auf schlechtes Verhalten fokussieren, desto mehr davon werden wir sehen.

Positive Verstärkung kann wahre Wunder wirken! Mit einzelnen Schülern und auch mit der gesamten Klasse. Man sieht förmlich, wie die Schüler sich aufrichten und „wachsen".

Mit wem verbringen Sie lieber Ihre Zeit?

Und nun möchte ich Ihnen eine wichtige Frage stellen: Mit wem verbringen Sie lieber Ihre Zeit? Mit einem Menschen, der Sie mag und der Ihnen diese Sympathie entgegenbringt und manchmal auch sagt? Oder verbringen Sie lieber Ihre Zeit mit jemandem, der Sie ständig kritisiert und beschimpft, bei dem Sie das Gefühl haben, dieser Mensch mag Sie gar nicht?

Die Antwort auf diese Frage ist klar. Sie ist sogar so klar, dass mir die Fragen beim Aufschreiben fast lächerlich vorgekommen sind!

Wir können unsere Schüler mit Akzeptanz abholen.
Das ist der Schlüssel zum Erfolg bei den jüngeren Schülern und auch das Schlupfloch zu den älteren Schülern (und bei uns Erwachsenen ist es genauso!). Wir erreichen mit authentischem Lob viel mehr als mit negativer Kritik. Auf Englisch sagt man: *„You can catch many more flies with honey than with vinegar!"* oder: *„Man fängt viel mehr Fliegen mit Honig als mit Essig!"*

Wenn wir negative Kritik ausüben, verstärken wir dieses negative Verhalten. Natürlich müssen wir unsere Schüler zurechtweisen, wenn sie sich nicht ordentlich verhalten. Wenn wir das Positive betonen, sehen wir förmlich, wie sich die Schüler aufrichten und „wachsen". Wachstum ist Veränderung. Veränderung und Wachstum bedeuten Lernen.

Das ist das Ziel, nicht wahr?

Aber dazu habe ich keine Zeit!

Manchmal höre ich: *„Ja, aber ich unterrichte die Sekundarstufe und habe einige hundert Schüler pro Tag. Ich muss die Zeit zum Unterrichten nutzen. Es geht sich zeitlich nicht aus, dass ich mich um Beziehungen zu den Schülern bemühe."*

Meine Antwort:
„Wenn Sie die Beziehung zu den Schülern, die Sie am meisten herausfordern, NICHT aufbauen, werden Sie wesentlich mehr Zeit beim Umgang mit Verhaltensauffälligkeiten verlieren!"

Mein Vorschlag an Sie:
Nehmen Sie sich Zeit, in den ersten Schulwochen Rapport und Atmosphäre mit der Klasse aufzubauen. Vermitteln Sie die Prinzipien von Teamarbeit, respektvollem Umgang mit anderen und einem Gefühl der Sicherheit im Klassenzimmer gleich am Anfang des Schuljahres. Zeigen Sie den Schülern: Lehrstoff ist wichtig, aber Menschen und das Menschlich-Sein sind noch viel wichtiger. Ich garantiere Ihnen, dass Sie die Zeit, die Sie sich in dieser Woche nehmen, im Laufe des Schuljahrs durch wesentlich weniger Disziplinieren, Ermahnen und Stoffwiederholungen vielfach wiedergewinnen.

Einige Ideen aus der Praxis:

Die freundlichen fünf Minuten

Jeden Freitag gibt es am Ende der letzten Stunde die „freundlichen fünf Minuten", in denen sich die Schüler gegenseitig bedanken, z. B. für das gemeinsame schöne Spiel in der Pause, den geliehenen Bleistift usw. Oft lobe ich Schüler, die selten benannt werden, für etwas, das sie gut gemacht haben.

Außerdem gibt es einen gewählten „Schüler der Woche", dessen Foto gut sichtbar im Klassenraum hängt. Schüler der Woche wird man, weil die Mitschüler mir nach der Pause oder nach dem Unterricht erzählen, was derjenige Nettes gemacht hat, z. B. eine Prügelei verhindert, etwas von seinem Essen abgegeben, etwas Nettes gesagt, anderen die Tür aufgehalten hat usw. Dann bekommt er einen Punkt in der Liste. Auch ich darf Punkte verteilen. Wer am Ende der Woche die meisten Punkte gesammelt hat, ist Schüler der Woche.

Klappt prima und verstärkt positives Verhalten.

Beate F., Hauptschule Duisburg, Deutschland

Schülersegnung

Ich bin Religionslehrerin für schwererziehbare Kinder und unterrichte in Klassen aller Altersstufen. In meiner Jahresplanung befindet sich immer eine Segnungsstunde zu Beginn des Schuljahres.

Segnen heißt, jemandem Gutes zusprechen, ihm Gutes wünschen. In meinem Fall sogar Gottes Begleitung. Gutes zusprechen beinhaltet auch, die Vorzüge, die Qualitäten der Schülerin/des Schülers zu erkennen und zu benennen.

Die Kinder haben die Möglichkeit, sich von mir, wenn sie es wollen, die Hand auf die Schulter legen und sagen zu lassen, was ich an ihnen toll finde, z. B.: „Du kannst gut malen!", „Du hast dich sehr nett um ... gekümmert, als er traurig war!" usw. Weiters wünsche ich ihr/ihm auch etwas für seine Zukunft, z. B.: „Ich wünsche dir, dass du jemanden zum Plaudern hast!"

Bei jüngeren Schülern mache ich das in regelmäßigen Abständen. Es ist auch selbsterfüllend, da mir eine Schülerin vor Kurzem voll Freude mitgeteilt hat, dass sie eine Freundin zum Plaudern fand! Größere Schülerinnen bekommen von mir, wenn sie diese Schule wieder verlassen, einen Segen auf ihren weiteren Weg mit, manche wünschen sich die Hand auf der Schulter, andere nur den direkten Zuspruch. Wenn diese Kinder das bereits öfters erlebt haben, können sie sehr würdevoll damit umgehen.

Der schönste Moment war für mich, als ich mit Hauptschülern den Klassensegen probiert habe. Diese Gruppe hat in den letzten beiden Jahren schon viel miteinander erlebt und ist zusammengewachsen. Ich dachte mir, dass vielleicht auch die anderen den einzelnen Schülern/Schülerinnen etwas Nettes sagen konnten. Der Schüler kam in den Kreis, die anderen standen hinter ihm, dadurch hat er auch nicht gesehen, wer zu ihm spricht, und die anderen haben ihn mit Worten bestärkt, wenn er es wollte, sogar mit Handauflegung! Ich war so gerührt, dass ich Tränen in den Augen hatte, als ich hörte, was sich die Kinder gegenseitig gesagt haben.

Es tut JEDEM Schüler, JEDER Schülerin gut, gute Dinge über sich zu hören. Wir müssen uns nur die Zeit nehmen, behutsam bei ihnen zu beginnen!

Martina S., Religionslehrerin, Wien

Betone das Positive!
Dein Seminar und deine Worte „Betone das Positive" haben mich sehr motiviert. Dadurch habe ich meine damals schwierige Klasse lieben gelernt. Und sie mich. Ich danke dir.

Waltraud M., Volksschullehrerin, Wien

Eine kleine Geste
Ein neuer Schüler, der in seiner alten Schule als schwierig bezeichnet wurde, sollte in meine dritte Klasse wechseln. Schon beim ersten Kennenlernen stufte ich ihn als Kinästhet ein und wechselte einige freundliche Worte mit ihm.

Ein halbes Jahr später erzählte mir seine Mutter, wie beeindruckt er von diesem ersten Kontakt war, weil ich ihm über den Kopf gestrichen hatte. Er sagte seiner Mutter nach diesem Treffen: „Ich glaube, die neue Frau Lehrerin mag mich." Diese scheinbar unbewusste Handbewegung war mir nicht mehr in Erinnerung. Ich kann aber nur feststellen, dass David ein leicht lenkbares, nettes Kind ist!

Was eine kleine Geste bewirken kann, hat mich sehr beeindruckt.

Herta R., Volksschullehrerin, Wien

Das Holzherz
Ich verwende ein Herz aus Holz als Symbol für gutes Verhalten in meiner Klasse. Ich setze es spärlich ein und bestärke die Kinder meist durch verbales und nonverbales Lob in ihrem positiven Verhalten. Wenn sie besonders brav waren, hänge ich das Herz wortlos an die Tafel. Dadurch werden alle Kinder angesprochen und für ihr Verhalten gelobt. Kinder, die besonders brav waren, können das Herz an einem Tag der Schule mit nach Hause nehmen.

Das Herz hat seinen fixen Platz auf einem goldenen Polster in der Klasse und muss am nächsten Tag vom jeweiligen Kind wieder selbstständig dort abgelegt werden.

Christoph M., Volksschule, Oberösterreich

Positive Mitteilungen an die Eltern
Wie Sie bereits in der Fortbildung sagten, macht man vieles automatisch richtig! Deswegen musste ich bei Ihren Ausführungen über die positive Verstärkung dran denken, dass meine Schwester und ich bereits im Referendariat nur positive Mitteilungen im Hausaufgabenheft verteilt haben!

Das war der letzte Schrei! Jedes Kind wollte so einen Zettel haben, damit es ihn den Eltern zu Hause zeigen konnte. Die Kinder durften diese Mitteilungen ins Heft einkleben und die Eltern unterschreiben lassen. Bewertet waren Zuverlässigkeit, Hausaufgaben, Verhalten gegenüber den Lehrern und Hilfsbereitschaft. So hatten alle eine Chance! Und sogar der Faulste hat auf einmal seine Hausaufgaben gebracht, weil er unbedingt eine positive Mitteilung haben wollte!

Silke G., Hauptschule, Augsburg

Lob – Anker am Fenster
Ich lobe bewusst sehr viel in der Stunde. Das soll ja für mich eine Grundhaltung werden, die mich dazu bringt, dass auch ich positiver denke! Ich habe einen „Lob-Anker" in der Nähe vom Fenster „installiert". An diesem Platz lobe ich meine Schüler verbal und nonverbal. Das spornt die Kinder wirklich an. Ich brauche mich nur in die Richtung zu bewegen, und man sieht schon, wie sie sich aufrichten und freuen!

Peter F., Mittelschule, Niederösterreich

Positiv formuliert

Ich habe vor vier Jahren in der 1. Klasse begonnen, meine Sprache zu verändern. Ich versuche, das Wort „NICHT" zu vermeiden, und sagte den Kindern immer, was ich von ihnen erwartete, z. B. ersetzte ich „Lauf nicht!" durch „Geh langsam!" oder zur Verstärkung „Laufen ist verboten!", „Bleib stehen!" usw. Diese Formulierungen sind mir inzwischen in Fleisch und Blut übergegangen und kommen ganz automatisch.

Ergebnis in der Klasse:
Die Kinder wissen die Regeln viel besser und halten sie auch viel genauer ein. Sie verwenden die Wendung „Hör auf...mich zu ärgern, mich zu stoßen...usw." Sie übernehmen auch die Sprechweise und sagen, was sie wollen, anstatt zu sagen, was sie nicht wollen.

Herta R. Volksschule, Wien

„Danke, dass ihr so leise seid!"

Objektiv betrachtet waren meine Schüler letzten Mittwoch wieder ganz brav, sie hatten zwei Stunden Freiarbeit, und jeder von ihnen war mit seinem Thema beschäftigt. Außerdem flüsterten sie die ganze Zeit leise. Da ich aber am Vortag wenig geschlafen hatte, war natürlich mein subjektives Empfinden anders. Also schrieb ich auf die Tafel: „Danke, dass ihr so leise seid und so brav arbeitet, Tanja".

Auf einmal wurde es noch leiser. Pearl, du hättest wirklich eine Stecknadel fallen hören können. Als meine Kollegin zur dritten Stunde kam, dachte sie, dass heute schulfrei oder irgendwas passiert sei, weil es sooo leise war.

Tanja K., Mittelschule, Steiermark

Abschiedsbriefe

In meiner letzten Klasse habe ich jedem meiner Schüler zum Abschluss individuell einen Brief geschrieben und seine besonderen Stärken hervorgehoben. Ich hatte z. B. ein Mädchen, das in allen drei Hauptfächern in der dritten Leistungsgruppe war und sehr viel zu tun hatte, damit sie positiv abschließen konnte. Sie war auffallend sozial. Ich habe ihr im Brief geschrieben, dass ich sehr stolz auf sie und ihre soziale Kompetenz war und habe einige Beispiele angegeben. Ihre Mutter erzählte mir, dass sie zu Hause darüber voller Stolz berichtet hatte und beide vor Freude geweint hatten.

Eine andere Mutter erzählte, dass ihr Sohn (14 Jahre) sich seinen Brief über das Bett gehängt hatte und sich ebenfalls sehr darüber freute.

Andrea W., Mittelschule, Tirol

Schwierige Klassen zähmen

Im heurigen Schuljahr sollte ich eine 4. Klasse, die ich bis dato nur als äußerst schwierige und unmotivierte Klasse beschrieben bekam, in Biologie unterrichten. Ich hatte die Schüler zwei Wochen im Unterricht, erklärte ihnen meine Vorstellungen und versprach ihnen, möglichst viele Versuche einzubauen, wenn sie aktiv mitarbeiten würden. Wichtiger jedoch war, dass ich ihnen zu Beginn meines Unterrichts mitteilte, dass ich mich freute, mit ihnen zusammenarbeiten zu dürfen.

Leider wurde mir diese Klasse nach zwei Wochen aufgrund einer Stundenplanänderung wieder genommen. Bis Weihnachten stellte sich heraus, dass die Kollegin, die die Klasse übernommen hatte, nicht mehr unterrichten konnte, da die Schüler sie boykottierten. Also bekam ich die Klasse nach Weihnachten in Biologie wieder.

Gleich am Anfang sagte ich ihnen, dass ich mich freute, mit ihnen den Rest des Jahres arbeiten zu dürfen. Einigen „Störenfrieden" habe ich ein ehrliches Lob gleich von Anfang an bei den Stundenwiederholungen gemacht und hatte sie somit auf meiner Seite.

Während dieser Zeit sollte ich eine Facharbeit für eine Coaching-Ausbildung schreiben. Ich stellte einen Schülerfragebogen zusammen und bat genau diese Klasse um ihre Unterstützung. Der Klassenanführer sagte mir: „Ja, klar, Frau Lehrer, für Sie tun wir das doch gerne!" Das hat mir Freude gemacht.

Meine positive Einstellung der Klasse gegenüber war ehrlich (die Schüler würden es sowieso merken, wenn das Verhalten nur gespielt wäre), und so sagte ich auch dem Klassenvorstand, dass sie, meiner Meinung nach eine besonders liebenswerte Klasse hatte. Sie war total erstaunt und freute sich, denn offensichtlich spricht jeder nur negativ über ihre Schüler.

Ich bin davon überzeugt, dass ein großer Teil der guten Zusammenarbeit mit meinen Schülern daraufhin zurückzuführen ist, dass ich die Schüler nach ihren individuellen Möglichkeiten lobe. Jeder Mensch braucht und verdient Anerkennung und Respekt. Das schafft eine positive Atmosphäre im Klassenzimmer, und in einem positiven Umfeld macht Lernen und Arbeiten Spaß.

Andrea W., Mittelschule, Tirol

Ken Blanchard, Autor von Büchern zum Thema Management, hat in seinem Buch, „Whale done! – Von Walen lernen. So motivieren Sie jedes Team zu Spitzenleistungen" folgende wahre Geschichte erzählt:

Wie bringt man einem Wal Tricks bei?
Wie arbeiten die Wal- und Delfin-Trainer im Sea World? Wie bringen sie eigentlich den Wal, Shamu, der 7.500 Kilo wiegt, dazu, sieben Meter aus dem Wasser über ein Seil zu springen? Das ist eine wahre Herausforderung. Wie lässt sich diese Herausforderung mit denen unseres Schulalltages vergleichen?

Die erste Priorität der Trainer ist es, das Verhalten, das sie erzielen wollen – in diesem Fall das Springen über das Seil – positiv zu verstärken. Sie tun alles, was ihnen möglich ist, damit der Wal Erfolg erleben kann. Sie beginnen, indem sie das Seil so auf den Boden des Beckens hinlegen, dass der Fisch keine andere Wahl hat, als darüber zu schwimmen. Wenn das passiert, wird er für seine positive Leistung gelobt. Er bekommt Fische gefüttert, wird gestreichelt, es wird mit ihm gespielt.

Aber was passiert, wenn der Wal statt über das Seil zu springen, unter das Seil springt oder schwimmt? Nichts. Es wird ignoriert. Er bekommt keine elektrischen Impulse, keine negativen und auch keine konstruktive Kritik, keine Vorwarnungen und keine Strafen. Positive Verstärkung bildet das Fundament dieser spektakulären Leistungen. Und wenn der Walfisch öfter über das Seil schwimmt, heben die Trainer das Seil immer höher und höher. Langsam steigert sich die Leistung.

Wie bei diesen Delfintrainern ist es auch unsere Aufgabe, die Erfolge von Lernenden zu verstärken und zu feiern. Die wahre Kunst dabei ist es, den richtigen Moment abschätzen zu können, wann das Seil wieder angehoben werden kann. Machen wir es auch so. Schauen wir, dass der Erfolg vorprogrammiert ist. Und merken wir, wann und wie hoch das Seil gehoben werden soll!

Als ich diese Geschichte, die von der Motivation von Mitarbeitern handelt, gelesen habe, dachte ich mir: „*Wenn das mit Managern funktioniert, und wenn es auch bei Walen geht, müsste das bei Schülern auch funktionieren!*" Probieren Sie es einmal. Es funktioniert!

Das dritte Gebot

Schaffen Sie eine Atmosphäre des VERTRAUENS!

Schaffen wir eine angstfreie Lernumgebung

In einem Interview von „Education Group" sagte die oberösterreichische Bildungslandesrätin Mag. Doris Hummer, dass ihrer Meinung nach Leistungserfolg und Freude am Lernen kein Widerspruch sind, denn etwas zu schaffen, das schwierig war, ist mit Freude und Stolz verbunden. Damit Lernen gelingen kann, braucht es laut Landesrätin Hummer eine angstfreie Umgebung und Wertschätzung seitens der Pädagogen. Besonders wichtig sei es, die Lust und Neugierde am Lernen zu erhalten.

Ich kann mich gut daran erinnern, wie meine eigenen Kinder noch im Kindergarten waren und freudig auf den Schulbeginn mit sechs Jahren gewartet haben. Je näher der erste Schultag rückte, desto öfter haben sie Aussagen von Bekannten und auch Fremden wie: *„Jetzt fängt der Ernst des Lebens an!"* gehört. Während der ersten sechs Jahre lernt ein Kind mehr als in allen weiteren Jahren seines Lebens. Und das Schönste ist – das Kind lernt unbeschwert, ohne „richtig" und „falsch". Die Welt ist ein Abenteuer, und Lernen macht Spaß. Und dann, vielen Erwachsenen zufolge, werden von heute auf morgen mit Beginn der Schule das Leben und das Lernen „ernst". Die Kinder kommen von der vertrauten Umgebung in eine fremde, und sie müssen das ganz alleine, ohne ihre Bezugspersonen, die vor der Schule zurückgelassen werden, schaffen. Jetzt wird es Ernst. Kein Wunder, dass manche Kinder Angst vor dem „formellen" Lernen haben.

Damit Freude am Lernen und an der Schule vorhanden ist, ist eine angstfreie Lernumgebung unumgänglich. Wenn Schüler Vertrauen zur Lehrkraft und zu den anderen Schulkollegen entwickeln, wenn sie wissen, dass Schule ein Ort ist, wo ihre Emotionen respektiert werden, wo sie Verantwortungen selbst übernehmen und Selbstdisziplin ausüben können, ist es uns gelungen, eine Lernumgebung zu schaffen, die das Lernen beflügelt.

Fehler sind willkommen!

Wenn ein Kind gehen lernt, fällt es öfters hin. Jedes Mal, wenn es hinfällt, steht das Kind wieder auf und probiert es nochmals. Und nochmals. Und nochmals. Bis es ihm auf einmal gelingt, und es die ersten Schritte macht. Alle applaudieren und freuen sich. Und am meisten freut sich das Kind selbst. Eine neue Welt öffnet sich. Niemandem würde es einfallen, wenn das Kind das erste Mal oder das zweite oder auch das zehnte Mal hinfällt, zu sagen: *„Das hast du falsch gemacht."* oder *„Ich bezweifle, dass du das je lernen wirst."*

Aber wie machen wir das in der Schule? Wenn ich eine Englischarbeit verbessere, bestimmt die Anzahl der Fehler, wie gut der Schüler Englisch kann. Was er richtig macht, wird nicht bewertet. Was er falsch macht schon. Die Schüler denken sich beim Aufsatz schreiben: *„Schreibe ja nicht mehr als was verlangt wird, sonst könnten sich Fehler einschleichen, und ich bekomme dann eine schlechtere Note!"* Durch diffamierende Ausdrücke wie *„Streber!"* werden unsere Schüler dazu trainiert, weniger als ihr Bestes zu leisten. Sonst könnte man vielleicht mit so einem Titel gebrandmarkt werden.

Während ich diese Zeilen schreibe, spüre ich wieder einmal die Frustration, die unsere Schulsysteme, die weltweit mehr oder weniger ähnlich aufgebaut sind, in mir erwecken. Wollen wir, dass alle Schüler, die durch unser Schulsystem gehen, nur durchschnittlich werden? Wollen wir nicht Exzellenz anstreben? Ist es nicht meine und Ihre Aufgabe als Lehrkraft, jedem Schüler zu helfen, nach seinem eigenen Potenzial zu streben? Ich betrachte das als meine Pflicht und meine Aufgabe. Und ich hoffe, Sie sind der gleichen Meinung.

Lernen, genauso wie Veränderung und Wachstum, heißt Risken eingehen. Wenn ich nichts riskiere, fühle ich mich zwar wohl und bequem in meiner gewohnten und vertrauten Umgebung, aber alles bleibt genau so wie es ist und war. Bis ich bereit bin, Fehler zu riskieren!

Jeden Montag haben wir in der Schule den Spruch der Woche präsentiert: *„A smile is my style.", „The ten most powerful two letter words: If it is to be, it is up to me!", „Jeder Tag ist ein neuer Start. Jeder Moment ist ein Anfang.", „T.E.A.M.: Together Everyone Achieves More!"* usw. Der erste Spruch des Jahres war *„Fehler sind positiv!"*. Als ich den Schülern dieses Plakat, das wir dann aufgehängt haben, gezeigt habe, waren sie total verblüfft. Sie haben sich absolut nicht vorstellen können, wieso ein Fehler positiv sein könnte!

Das haben wir besprochen, und sie haben es dann verstanden. Einige Monate später hat ein Schüler beim Beantworten einen Fehler gemacht. Wie es manchmal in der Schule der Fall ist, haben einige angefangen darüber zu lachen. Plötzlich zeigte ein zartes Mädchen in der ersten Reihe auf das Schild *„Fehler sind positiv!"*, das noch an der Wand hing und sagte ganz sachlich: *„Das haben wir schon besprochen."* Womit der Fall erledigt war – die anderen haben aufgehört zu lachen, und wir haben weiter gemacht.

Wir können unsere Schüler in vielerlei Hinsicht unterstützen, den Mut zu haben, Fehler zu machen. Es muss jedoch bei uns Lehrern selbst beginnen. Meine persönliche Einstellung zu Fehlern macht sich sehr leicht in der Klasse bemerkbar. Wie reagiere ich darauf, wenn ich ein Wort an der Tafel falsch schreibe, oder wenn ich die Antwort auf eine Frage nicht weiß? Kann ich meine eigenen Fehler, meine eigenen Schwächen zugeben? Kann ich über mich selbst lachen? Kann ich sagen: *„Das weiß ich nicht. Ich werde es heute Abend nachschlagen und euch die Antwort morgen sagen."* Die Zeiten sind vorbei, in denen Lehrer alles wissen müssen! (Und die Lehrerinnen von damals haben auch nicht alles gewusst. Sie waren Meisterinnen im Bluffen!)

Das Streben nach Perfektion ist eine gefährliche Falle!

Perfekt sein. Das ist ein unerreichbares Ziel. Es wird immer jemanden geben, der etwas noch besser machen kann. Und da führt die eine Falle, das Streben nach Perfektion, in die nächste, noch viel größere Falle – sich mit anderen zu vergleichen. Vergleiche führen zu Neid. Und Neid macht uns unzufrieden und unglücklich. Wenn wir Glück anstreben, dann tun wir nur unser Bestes. Mehr ist gar nicht notwendig.

Kennenlernen hat Vorrang

Jedes Seminar bei uns beginnt mit einer Aktivität zum Kennenlernen. Es hat sich zwar bei uns noch niemand darüber geklagt, aber ich habe oft Lehrer gehört, die sagten, dass sie Spiele zum Kennenlernen am Anfang eines Seminars im Allgemeinen nicht mögen. Ich bin anderer Meinung.

Immer wieder sagen unsere Teilnehmerinnen, wie wohl sie sich bei uns fühlen. Manchmal ist es so gemütlich, dass sie am Ende des Seminartages überrascht sind, dass das Seminar schon aus ist und sie teilweise gar nicht aufhören wollen! Sie wundern sich auch darüber, wie toll die Gruppenzusammenstellung ist. Ich bin oft gefragt worden, ob andere Gruppen auch so eine nette Dynamik haben wie die eigene. Ja, meistens ist es so. Und genau die Atmosphäre, die wir im Lehrerseminar schaffen, können auch Sie im Klassenzimmer erzeugen. Die Anleitungen dazu sind die Inhalte dieses Buches. Schritt Nummer 1 ist es, die Gruppen zu einem Team zu machen. Um das hinzubekommen, MÜSSEN die Mitglieder der Gruppe einander kennen lernen. Wenn dies nicht geschieht, bleibt die Gruppe eine Ansammlung von Individuen und wird kein Team. In der Lehrerfortbildung ergibt das ein trockenes und oft langweiliges Seminar. Und in der Schule führt es zu Disziplinproblemen, Mobbing, Desinteresse und Langeweile.

Es gibt sehr viele Kennenlernspiele, die sowohl am Anfang des Schuljahres als auch zwischendurch gemacht werden können. Hier habe ich einige meiner Lieblingsaktivitäten für Sie gesammelt.

Gegenstände tauschen

Wenn die Schüler ihre Namen noch nicht kennen, schreiben sie ihre Namen auf ein Klebeetikett und kleben dieses auf das Hemd oder die Bluse auf. Jeder Schüler sucht sich dann einen persönlichen Gegenstand aus.

Alle stehen auf und gehen durch den Raum. Sie begrüßen einander zum Beispiel so: „Hallo! Ich bin David, und ich möchte dir meine Füllfeder geben." Die Person, die er begrüßt, erwidert mit: „Guten Morgen! Ich bin Susi. Danke für die Füllfeder. Darf ich dir bitte meinen Schal geben?"

Es geht so weiter, bis die Lehrerin mit einer Glocke läutet. Dann setzen sich alle mit dem Gegenstand, den sie gerade in der Hand halten, hin. Jede Person stellt sich wieder vor und sagt: „Hallo, ich bin Magdalena, und das ist Martins Lineal." Sie übergibt Martin das Lineal.

Besonders lustig ist es, wenn die Lehrkraft mitspielt und mit Absicht unauffällig die Gegenstände anderen Besitzern zuordnet. Das heißt, zum Schluss wird vielleicht Daniel sagen: „Ich bin Daniel, und das ist Manuelas Schlüsselring." Es stellt sich heraus, dass der Schlüsselring nicht Manuela, sondern Halim gehört. Und alle haben etwas, worüber sie gemeinsam lachen können.

Was ist denn das?
Am ersten Schultag nehmen Sie ein ungewöhnliches Accessoire, z. B. eine Taucherbrille, Bergstiefel oder einen kleinen Sack Sand mit. Die Schüler dürfen Ihnen Fragen über diesen Gegenstand stellen, damit sie wissen, was der Gegenstand über Sie aussagt. Vielleicht waren Sie während des Sommers schnorcheln, Bergsteigen, oder der Sand stammt aus der Wüste.

Lassen Sie anschließend einige Absätze von den Schülern schreiben, worin sie erzählen, was sie Neues über Sie gelernt haben. Die Aufgabe ist es, am nächsten Tag einen eigenen Gegenstand mitzubringen, der etwas über den Schüler aussagt. Zuerst zeigt er den Gegenstand, dann schreiben die Schüler einige Absätze über ihren eigenen Gegenstand, und was er über sie aussagt

Warum heißt du so?
Der eigene Name ist die wichtigste Visitenkarte, die wir besitzen. Eltern überlegen neun Monate lang, wie sie das neue Kind nennen werden. Und trotzdem wissen viele Kinder nicht, warum sie so genannt wurden. Wir Lehrer haben am Anfang eines Schuljahres die Herkunft unserer Namen erzählt. Die Schüler waren fasziniert! Dann haben wir die Schüler gefragt, woher ihre Namen kommen. Diejenigen, die es gewusst haben, haben es erzählt, und diejenigen, die es nicht wussten, haben als Hausaufgabe die Überlegungen ihrer Eltern hinterfragt. Dann hat jeder einige Sätze darüber geschrieben. Eine tolle Aufgabe, die auch sehr persönlich und bereichernd war.

Wirf den Ball!
Die Schüler stehen im Kreis und werfen sich einen Ball zu. Runde 1: Jedes Kind sagt seinen Namen. Runde 2: Der Lieblingssport. Runde 3: Das Lieblingsessen usw.

Schneebälle
Schüler schreiben drei Fakten über sich selbst auf ein weißes Blatt Papier, beispielsweise „Ich habe eine Katze. Ich esse gerne Pizza. Meine Mutter heißt Helga." Nun machen sie einen „Schneeball" aus dem Papier. Wenn die Lehrerin mit der Glocke läutet, beginnt die Schneeballschlacht. Wenn die Glocke wieder läutet, nimmt jede Schülerin einen Schneeball, den sie entweder in der Hand hat oder der in der Nähe von ihr liegt. Sie liest die drei Feststellungen und versucht nun die Person, zu der die Feststellungen passen, zu bestimmen.

Puzzle-People

Zeigen Sie Ihr eigenes Puzzlestück und erklären Sie der Klasse, was darauf steht.

Sie sehen hier meinen Puzzleteil. Mein Name „Pearl" steht darauf und auch Symbole, Bilder, Zahlen und Worte, die mich beschreiben. Hier ist das Bild schwarz-weiß, aber in Wirklichkeit ist es sehr bunt. Es ist ein Globus darauf zu sehen. Der steht dafür, dass ich sehr gerne reise und auch, dass ich vor vielen Jahren von Amerika nach Österreich gekommen bin. Der Bildschirm eines Computers ist darauf zu sehen – ich arbeite gerne am Computer, mag das Internet. Es ist auch ein Blatt Papier, ein Buch und ein Stift darauf – ich lese und schreibe gerne. In meinem Herzen sind meine Familie und die Lehrerinnen, die bei mir in den Kursen sind. Es ist auch ein Bild dabei, auf dem ich im Wasser stehe – ich liebe Wasser und mache oft Wassergymnastik. Die Musiknoten sind Symbol dafür, dass ich gerne singe. Und die Zahl 10 steht dafür, dass, obwohl ich körperlich immer älter werde, mit dem Herzen im Alter von 10 Jahren hängen geblieben bin!

Ich erkläre mein Puzzle-Teil und verteile dann leere Puzzle-Teile.
Die Teile sind auf den nächsten zwei Seiten abgebildet und können kopiert werden. Sie sollen größer sein und auf stärkerem Papier, damit die Teile gut ineinander passen. Schön ist es, wenn sowohl das Papier als auch die Stiftfarben bunt sind. Teilen Sie die Puzzleteile so aus, dass die gleiche Anzahl Teile A wie Teile B vorhanden sind.

Die Schüler dekorieren ihr eigenes Puzzleteil mit Namen, Symbolen, Bildern usw.

Wenn sie fertig sind, kann jeder sein Puzzleteil vorstellen. Die Teile werden dann zu einem Puzzle zusammengeklebt oder gesteckt und auf das Pinnbrett gehängt, darüber steht: „Unser Team".

Das dritte Gebot

1 Puzzle People

Das selbstdisziplinierende Klassenzimmer

2 Puzzle People

Das vierte Gebot

Betonen Sie sowohl die EINZIGARTIGKEIT als auch die GEMEINSAMKEITEN Ihrer Schüler!

Und wieder eine Geschichte:

Meine Brille – deine Brille
Ein Mann war sehr beunruhigt wegen seiner nachlassenden Sehschärfe, und so traf er einen Freund, der Optiker war. Sein Freund ließ ihn verschiedene Sehtests machen – Buchstaben von einer Tafel abzulesen, zuerst mit einem Auge und dann mit dem anderen schauen, Nahsicht und Weitsicht überprüfen und so weiter. Das Resultat: „Naja, du bist eindeutig kurzsichtig. Das habe ich gleich befürchtet. Aber mach dir keine Sorgen. Mit einer Brille wirst du wieder perfekt sehen können."

„Ich sag dir was", meinte der Optiker und nahm seine eigene Brille ab, „normalerweise tue ich das nicht, doch wir sind Freunde, und ich weiß, du hast wenig Zeit ... ich schenke dir meine Brille. Es ist wirklich die allerbeste, die ich habe!"

Der Mann war ein wenig bestürzt, doch er wollte nicht unfreundlich sein, setzte also die Brille seines Freundes auf und schaute wieder auf die Buchstaben auf der Tafel vor ihm.

„Aber es ist hoffnungslos!" sagte er, „ die Brille funktioniert für mich nicht. Alles ist wie ein verschwommener Fleck!"

„Nein, das ist unmöglich!" sagte der Optikerfreund, „ich habe die Brille ungefähr seit fünf Jahren und ein perfektes Sehvermögen damit! Schau noch einmal! Wenn du dich nur ein bisschen bemühst ..."

„Ich VERSUCHE es ja," sagte der Freund irritiert, „je mehr ich mich bemühe, desto schlechter sehe ich! Mit deiner Brille sehe ich einfach nichts!"

„Also, das gibt es nicht! Das muss an dir liegen. Irgendetwas machst du falsch!" meinte der Optiker verärgert, „ich hatte niemals Probleme mit dieser Brille!"

Sein Freund stand auf, gab ihm die Brille zurück und sagte: „Schau, sei nicht gekränkt, aber ich denke, es ist besser, ich suche mir einen anderen Optiker." Mit diesen Worten verließ er die Ordination.

„Na", sagte der Optiker zu seiner Assistentin, als sie den Freund vom Fenster aus beobachteten, „da sieht man es wieder! Ich biete ihm die Lösung an. Er nimmt sie nicht an. Und er ist nicht einmal dankbar dafür!"

Wir sind alle unterschiedlich. Genauso wie der Mann eine andere Brille als der Optiker brauchte, sind die Bedürfnisse jedes einzelnen Schülers in der Klasse verschieden. Machen Sie ein Plakat mit folgenden Worten darauf:

**Jede Person in dieser Klasse ist einzigartig.
Jeder hat ein Recht auf Erfolg.**

&

**Unser Klassenmotto:
Einer für alle. Alle für einen.**

Wir sagen auf Englisch: „*Different strokes for different folks!*" Hängen Sie das Plakat in der Klasse auf. Erklären Sie Ihren Schülern, dass die Worte auf diesem Schild die Antwort auf die Frage: „*Wieso darf er das machen und ich nicht?*" sind. Diese Frage passt in einem selbstdisziplinierenden Klassenzimmer nicht.

Wie bei der Übung „Jeder bekommt ein Pflaster!" erwähnt, hat Fairness nichts mit Einheitlichkeit zu tun. Fairness ist, wenn ich – insoweit es möglich ist – auf die individuelle Bedürfnisse und Fähigkeiten meiner Schüler eingehe. Das Ziel ist, dem Schüler zu geben, was er braucht, um sein eigenes Potenzial zu erreichen. Die individuellen Bedürfnisse werden erfüllt, und die Gruppe wird dadurch sozial bereichert.

Betone die Stärken

Einer meiner Schüler in der Mittelschule hieß Armin. Armin war sprachlich extrem schwach. Er hatte zwar als Kind in seinem Heimatland zwei oder drei Sprachen gelernt, aber keine dieser Sprachen konnte er richtig gut. Als seine Familie nach Österreich ausgewandert ist, und er hier in die Schule ging, musste er Deutsch lernen. Und jetzt war Englisch dran. Er war überfordert. Was Armin aber sehr gut konnte, war Zeichnen. Und aus diesem Grund habe ich der Klasse oft Englischübungen, die mit Zeichnen zu tun hatten, gegeben. Diese Übungen durften sie gemeinsam als Team – sie waren eine Kleingruppe von etwa sieben Schülern – nachmittags während der Lernzeit erledigen. So war Armin, trotz seiner Sprachenschwierigkeiten, gut integriert und hat durch sein Talent doch noch seine Englischkenntnisse erweitern können.

Einmal haben wir ein Kapitel aus dem Englischbuch über einen Geist namens Archibald durchgenommen. Die Geschichte spielte auf dem Friedhof und in einem Schloss auf einem Berg. Ich habe den Schülern ein großes Blatt Flipchartpapier gegeben und sie gebeten, ein Bild der Geschichte auf dieses Blatt zu zeichnen. Sie sollten dann alle neuen Vokabeln auf die „entsprechenden" Stellen im Bild schreiben. Als Zusatzaufgabe durften sie in ihren englischen Wörterbüchern nachschlagen, um weitere, dazu passende Wörter auf das Bild zu platzieren.

Die Klasse war hellauf begeistert von dieser Aufgabe, die ihren Talenten und Modalitäten entsprach. Sie kamen am nächsten Tag mit einem wunderschönen, beschrifteten Bild, das zum Großteil von Armin gezeichnet worden war, zur Schule. Vor allem der Friedhof, in dem es ein schön geschmücktes Grab für jeden ihrer Lehrer gab, war beeindruckend. Ich habe mich aber beklagt, da ich als einzige Lehrerin kein Grab hatte!

„Ja, natürlich ist auch für Sie ein Grab dabei, Mrs. Nitsche!" erwiderten die Schüler.

„Wo ist es? Zeigt ihr mir das, bitte?"

Und dann zeigten sie stolz auf ein Grab mit wunderschönem Blumenschmuck, worauf stand: „Mrs. Nice". Das ist die schönste Schreibweise meines Namens, Nitsche, die ich bis jetzt erlebt habe!

Jeder von uns ist einzigartig... und gleichzeitig teilen wir viele Gemeinsamkeiten

Das Hervorheben von Gemeinsamkeiten in der Klasse erzeugt ein Gefühl der Harmonie und Sicherheit. Das stärkt das Zusammengehörigkeitsgefühl und fördert die Teambildung, die Gruppendynamik und vor allem das Vertrauen, das eine lernfördernde Atmosphäre im Klassenzimmer unterstützt.

Hier einige Aktivitäten:

Lernstilfragebögen
Ich habe folgendes Blatt an die Schüler verteilt und habe ihnen einige Minuten Zeit gegeben, um die Fragen zu beantworten. Anschließend habe ich eine Ecke des Raumes als „Ja-Ecke" und eine als „Nein-Ecke" bestimmt. Dann habe ich Satz 1 vorgelesen. Die, die mit „Ja" antworteten, sind zur entsprechenden Ecke gegangen, und die, die sich für „Nein" entschieden hatten, zur anderen Ecke. Dort haben sie ihre verschiedene Lernarten und -gewohnheiten besprochen.

		Ja	Nein
1.	Ich brauche vollkommene Ruhe, wenn ich lerne.		
2.	Ich kann am leichtesten lernen, wenn ich etwas in der Hand halte, nebenbei zeichne oder Kaugummi kaue.		
3.	Ich kann nachmittags besser lernen als in der Früh.		
4.	Ich verstehe Sachen besser, wenn es mir erzählt wird, statt es selbst zu lesen.		
5	Ich bewege mich beim Lernen.		

Natürlich können solche Fragebögen auch für andere Themen eingesetzt werden: Kommunikationsstile, Vorlieben und Abneigungen, Meinungen. Wichtig dabei ist, dass Sie die Unterschiede zwischen den verschiedenen Schülern betonen und feststellen, dass es hier kein „Richtig" oder „Falsch" gibt. Wir unterscheiden uns – zum Glück! – voneinander und das Wichtigste ist, dass ich weiß, was für mich stimmig ist, und die Toleranz aufbringe, andere zu akzeptieren, wie sie sind. Der zusätzliche Vorteil: Schüler kommen auf neue Ideen, wie man lernen kann.

Ich auch!
Die Schüler sitzen im Sesselkreis.

Erste Runde: Ich bin einzigartig!
Ein Schüler stellt fest, warum er glaubt, dass er einzigartig ist, z. B. „Ich kann Gitarre spielen." Wenn er die einzige Person ist, die Gitarre spielen kann, drücken alle ihre Begeisterung mit: „Ooooh!" oder „Aaaah!" aus. Falls aber sonst noch jemand in der Gruppe Gitarre spielen kann, springt diese Person auf, setzt sich auf den Schoß des Schülers und sagt: „Ich auch!". Und wenn es fünf Personen sind, die Gitarre spielen können, sitzen alle fünf auf seinem Schoß!

Es geht immer so weiter, bis jede Person etwas gesagt hatte, womit sie tatsächlich einzigartig ist und von der Gruppe bewundert wurde.

Zweite Runde: Wir haben viel gemeinsam!
Hier geht es um Gemeinsamkeiten, die Schüler sitzen weiterhin im Kreis. Eine Person steht in der Mitte, ein Stuhl wird aus dem Kreis entfernt, d. h. es gibt einen Stuhl weniger als Anzahl der Spieler.

Die Person in der Mitte macht eine Feststellung über sich selbst, wobei er annimmt, dass diese Feststellung auch für zumindest einige andere Personen in der Gruppe zutrifft, z. B.

„Ich mag Musik". Alle Schüler, die diese Vorliebe teilen, stehen auf und suchen sich einen neuen Platz. Natürlich versucht die Person, die in der Mitte steht, auch einen Sitzplatz zu bekommen. Die Person, die zum Schluss ohne Sessel in der Mitte steht, macht die nächste Feststellung.

Die Nachbesprechung
War es leichter, Gemeinsamkeiten oder Einzigartigkeiten zu finden?
Wann möchtest du im Leben einzigartig sein?
Wann ist es besser, wie die anderen zu sein?

Ich bin die einzige!
Bilden Sie Dreiergruppen. Jede Gruppe findet drei einzigartige Eigenschaften, Talente oder Erfahrungen für jede Person der Gruppe. Dann finden sie drei Sachen, die alle drei gemeinsam haben. Dann erfinden sie einen Namen für ihre Gruppe. Anschließend bereiten sie ein Plakat vor, das keine Worte, sondern nur Zeichnungen oder Symbole beinhaltet, um ihre Gruppe vorzustellen.

Überlappende Kreise
Bilden Sie Paare. Jedes Paar bekommt ein Blatt Papier, worauf zwei zum Teil überlappende Kreise sind. Eine Schülerin schreibt ihren Namen in einen Kreis, der Zweite schreibt seinen Namen in den zweiten Kreis. In den überlappenden Teil schreiben sie Gemeinsamkeiten und in den separaten Teilen schreibt jede/r fünf Sachen, die sie nicht miteinander teilen.

Du bist et was Besonderes!
Diese Vorschläge gelten für alle Schüler in der Klasse, hier werden Außenseiter positiv in den Mittelpunkt gestellt:

- „Jetzt brauchen wir jemanden, der **eine besonders schöne Schrift** hat, um das Tafelbild zu gestalten. Martin, machst du das für uns bitte?"
- Die Schüler schreiben auf Zettel: **„Was ich gut kann."** Die Lehrerin sammelt alle Zettel ein und liest sie dann vor. Die Schüler sollen erraten, wer beschrieben wird.
- **Die Stärken der Gruppe loben**. Stärken jedes einzelnen Kindes hervorheben und diese Fähigkeiten in Gruppenarbeiten einsetzen.
- Gemeinsamer **Klassenvertrag** mit Hand- oder Fußabdruck „unterschreiben".
- **Geburtstage**:
  - Jeder Schüler wird einen Tag lang, z.B. zum Geburtstag, in den Mittelpunkt gestellt.
  - Geburtstagslied in verschiedenen Muttersprachen oder in der Sprache des Geburtstagskindes singen
  - Einmal im Monat werden die Geburtstage gefeiert. Die Geburtstagskinder erhalten von ihren Mitschülern jeweils ein „Lobkärtchen".
- **Komplimentblumen** gestalten. Auf die Blüten werden nette Dinge geschrieben.

- **Schatzkiste**: Auf den Boden der Schatzkiste einen Spiegel kleben. Jeder, der die Schatzkiste öffnen darf, sieht dann den größten Schatz.
- **Das kannst du gut!-Kreis** bilden. Ein Kind geht in die Mitte. Die anderen Kinder sagen, was es gut kann, was sie mögen usw.
- **Das kann ich gut! Tafel** in der Klasse oder öffentlich im Schulhaus gestalten.
- **Jahresmotto**: Schatzjahr mit Schwerpunkt auf sozialem Lernen: Ich bin ein besonderer Schatz – und du auch!
- Schatzkiste, **Kinderfotos als „Edelsteine"** reinkleben. Handspiegel dazulegen, denn jeder, der in diese Schatzkiste hineinschaut, ist auch ein Schatz mitten unter uns.
- Kinder haben **Schatzkisten**, in die sie Schätze hineinlegen, z.B. Erinnerungen an gemeinsame Ausflüge usw.
- **Ermutigungsduschen** („Ich finde dich toll, weil ...") untereinander, auch als Adventkalender (OUPS Kärtchen)
- **Klassenbaum**: Plakat mit Apfelbaum. Auf den Äpfeln kleben Fotos von den Kindern. Jedes Jahr kommt ein neues Foto dazu. An den Ecken des Plakats stehen die Klassenregeln in Schlagworten: Hilfsbereitschaft, Freundschaft, Vorsicht, Respekt
- **Goldener Brief**: jeder schreibt jedem etwas Nettes auf ein gelbes Papier und hinterlässt es auf dessen Platz.

Wir sind ein Team

Folgende Übungen, die die Stärken und Gemeinsamkeiten betonen, tragen zum Gemeinschaftsgefühl der Klasse bei:

- Theateraufführungen, Radioshows, Chor, Bücher schreiben, ein gemeinsames Plakat gestalten usw. = WIR haben etwas gemeinsam geschafft. Beim Aufführen von Musicals zum Beispiel kann jedes Kind das eigene Talent als Sänger, Tänzer, Schauspieler bis zum CD-Manager, Ansager, Kostümbildner usw. zum Wohl der Gruppe einsetzen
- Partnerklasse mit Pensionistenheim.
- Musik-Camp-Woche. Möglichst in den ersten Monaten des Schuljahres. 1. bis 3. Klasse. Mittelschule. Die Klassen werden gemischt. Musik (Chor, Band, Instrumentalgruppen), Tanz, wandern, schwimmen, kreatives Gestalten und Töpfern, Lagerfeuer, Disco, viele Spiele im Freien.
- Spezialitäten aus aller Welt. Die Kinder dürfen eine Spezialität ihres Landes zum Essen mitbringen. Gemeinsam den Festtagstisch aufbauen und die Spezialität speisen. ODER Eltern mit einbeziehen. Kulturfest in der Schule. Eltern bringen die Speisen mit oder bereiten sie mit den Kindern in der Schulküche.
- Ferienausstellung: Vor den Ferien den Schülern den Auftrag geben, aus ihrem Urlaubs-/ Herkunftsland einen Gegenstand mitzubringen. Wird als Ausstellung in der Klasse gegenseitig allen präsentiert.
- Waldprojekte zu jeder Jahreszeit.
- Gemeinsam kochen/essen.
- In der Schule übernachten. Lesenacht.
- Wer bin ich? Texte aus aller Welt – für Migrationskinder. Jdes Kind schreibt einen kurzen Text über sich. Der Text wird einem anderen Schüler gegeben. Gemeinsam übersetzen sie den Text in seine Muttersprache.
- Lehrer gestaltet Plakat auf dem Österreich zu sehen ist plus die Länder aus denen die Kinder kommen. Überschrift: „Woher wir kommen. Wo wir leben." Kinder gestalten ihre Nationalflagge. Legen sie auf ihr Land und dann kleben sie sich nach Österreich.

Das selbstdisziplinierende Klassenzimmer

Das fuenfte Gebot

Fördern Sie die TEAMBILDUNG durch GEMEINSAME ZIELE und das AUSSCHALTEN DER KONKURRENZ!

Florence May Chadwick war die erste Frau, der es gelang, in den 1950er Jahren den Ärmelkanal in beide Richtungen zu durchschwimmen. Im Jahr 1952 wollte sie einen neuen Rekord aufstellen. Sie wollte die erste Frau sein, die die 42 km von Catalina Island zur kalifornischen Küste schwamm.

Am Morgen des 4. Juli 1952 war das Meer eisig. Der Nebel war so dicht, dass Florence kaum die Versorgungsboote erkennen konnte. Haie näherten sich und wurden durch Schüsse vertrieben. Ihr Körper war durch die eisige Kälte wie betäubt. Bis zu diesem Zeitpunkt war sie schon 16 Stunden geschwommen. In einem der Boote saßen ihre Mutter und ihr Trainer, die ihr ermunternd zusprachen, dass es nicht mehr weit sei. Sie sah aber nur den Nebel. 800 Meter vor ihrem Ziel bat sie darum, sie herauszuziehen.

Als sie später interviewt wurde, sagte sie: „Es war nicht die Kälte, auch nicht das eisige Wasser, die mich zum Aufgeben brachten. Es war der Nebel. Er ließ mich das Ziel nicht sehen."

Zwei Monate später versuchte sie es noch einmal.
Es herrschte wieder dichter Nebel, aber ihr Selbstvertrauen war intakt, ihr Glaube war unerschütterlich, und sie hatte ein klares Bild vor Augen. Sie wusste, wohin sie wollte, und dass hinter dem Nebel Land auf sich wartete. Dieses Mal war sie erfolgreich. Sie stellte einen neuen Rekord auf und unterbot auch den der Männer um zwei Stunden.

Unsere Schüler brauchen auch Ziele. Ziele für die Stunde, für das Semester, für das Schuljahr und für das Leben. Ziele lassen einen vorausschauen und sind motivierend. Sie sind besonders wirkungsvoll, wenn sie so formuliert sind, dass der Schüler einen Zusammenhang zwischen dem Stoff und seinem Leben erkennen kann.

In der Schule vergessen wir sehr oft, Ziele zu setzen – in der Stunde und auch am Anfang des Schuljahres. Wir beginnen einfach mit: „*Schlagen wir das Buch auf Seite 1 auf!*" Die Schüler haben keine Richtlinien, keinen Überblick, und dann fehlen ihnen oft die Zusammenhänge.

Stellen Sie sich eine Firma vor, wo der Direktor 25 seiner Mitarbeiter zusammenruft und sagt: „*Wir beginnen nun mit einem großen Jahresprojekt. Dieses Projekt ist sehr wichtig und wird einen großen Einfluss auf Ihr weiteres Leben haben. Es kostet auch eine Menge Geld, und wir werden sehr fleißig daran arbeiten müssen. Ich sage Ihnen aber nicht, um was es geht. Beginnen wir auf Seite 1!*"

Undenkbar! Und das gilt auch für die Schule!

Ziele für die kommende Stunde

„Wann läutet es?", „Ist es schon 12 Uhr?", „Können wir schon einpacken?", „Was haben wir jetzt?", „Ist heute Hofpause?", „Gehen wir heute in den Computerraum?"

Schüler stellen solche Fragen, weil sie wissen wollen, was passiert. Sie mögen keine unerwarteten Abläufe. Wenn sie eine Aufgabe vollenden und gleich die nächste ohne Vorwarnung aufgegeben wird, steigt die innerliche Frustration. Wenn wir klare und deutlichen Strukturen und Routinen angeben, unterstützen wir ihre Selbstständigkeit. Ich schreibe den Plan des Tages oder die Ziele der Stunde und die Materialien, die dazu benötigt werden, für sie auf. Das steht immer am gleichen Platz an der Tafel.

So können sie planen. Wenn sie mit einer Aktivität fertig sind, können sie schon die Materialien, die natürlich auch auf der Tafel gelistet werden, für die nächste bereitlegen.

Schreiben Sie das Datum und „Tagesplan" an die Tafel. Geben Sie der Unterrichtsstunde einen Titel – möglichst in Form einer Frage. Der Titel soll die Relevanz des Stundenstoffes in Bezug auf seine Bedeutung im alltäglichen Leben unterstreichen. Es empfiehlt sich auch, den Titel der nächsten Stunde schon in der jetzigen Stunde bekannt zu geben. Die Ziele sollen die Schüler zum Nachdenken anregen.

Der Stundenplan hängt nicht nur an der Pinnwand, sondern klebt auf dem Tisch. Nützen Sie Schilder: *„Hofpause"* oder *„Computerraum – Bitte leise anstellen!"*. Beim Stationenbetrieb liegt an jeder Station ein Plan.

Am **Ende der Stunde** sollten die Ziele nochmals angeschaut und die erreichten abgehakt werden. Dieser gesamte Vorgang fördert ein zielgerichtetes Lernen, hilft dem Schüler besser zu planen und bewusster mit der Zeit umzugehen.

Es empfiehlt sich überhaupt, am Ende der Stunde auch einige Minuten für den Rückblick auf den Unterricht, für eine Selbsteinschätzung der Mitarbeit usw. in Reserve zu halten.

Mir passiert es aber immer wieder, dass ich die Zeit übersehe, und während ich mitten im Satz bin, läutet es. Eine einfache Lösung, um das **„Ende-der-Stunde-Ritual"** zu ermöglichen, ist es, die Weckfunktion an Ihrem Handy so einzustellen, dass es drei bis fünf Minuten vor dem Ende der Stunde ein Signal abgibt. Mehr dazu in Kapitel 10: „Was, die Stunde ist schon aus?".

Ziele für das kommende Schuljahr

Der Beginn eines neuen Schuljahres ist für die Schüler aufregend. Die Ferien sind vorbei, und neue Erlebnisse, neue Fächer, neue Lehrer, ein neuer Stundenplan, eine neue Zusammenstellung der Klasse stehen ihnen bevor. Manche Kinder freuen sich auf die neue Herausforderung, andere fürchten sich, und manche haben gemischte Gefühle. Hier sind ein angenehmes „Ankommen" und ein Überblick des kommenden Schuljahrs empfehlenswert.

Die Schüler können Ziele für das kommende Jahr verfassen bzw. Wünsche an die Klassengemeinschaft formulieren. In den ersten Stunden des Unterrichtes ist es sehr zu empfehlen, den Schülern einen Überblick über den Stoff des kommenden Jahres zu geben. Dies erfüllt den gleichen Zweck wie die Ziele am Anfang der Stunde. Gemeinsam können die Schüler mit der Lehrerin das Schulbuch durchblättern und sich ein Bild über den Schulstoff für das kommende Jahr machen.

Zielüberprüfung und -neusetzung

Jeder Neubeginn (Tag, Woche, Semester, Schuljahr usw.) bietet die Möglichkeit, einen neuen Weg einzuschlagen. Daher öfters Zwischenbilanz ziehen, Ziele überprüfen und neu setzen.

Betrachten unsere Schüler das zweite Semester im Schuljahr als eine bloße Fortsetzung? Sehen sie es als eine Erfüllung der Ergebnisse im ersten Semester? Durch Rituale können wir ihnen eine andere Perspektive geben. Das zweite Semester ist ein Neubeginn. Er gibt dem Schüler die Chance, einen neuen Weg einzuschlagen. Ziehen Sie mit Ihren Schülern eine Zwischenbilanz, damit sie neue Ziele und eine neue Dynamik für effektiveres Lernen im zweiten Semester entwickeln.

Erstellen Sie Fragebögen, lassen Sie die Schüler ins Journal schreiben, oder moderieren Sie eine Diskussion über:

1. Was habe ich im ersten Schulhalbjahr erreicht? Was habe ich nicht erreicht?
2. Was sind meine Ziele für das zweite Halbjahr?
3. Was kann ich tun, um diese Ziele tatsächlich zu erreichen?
4. Wie werde ich mich fühlen, nachdem ich sie erreicht habe?

Einige Ideen aus der Praxis:

Ein Zielsystem
Das erste Ritual wird gleich nach dem Beginn des Unterrichts durchgeführt. Nachdem die Kinder begrüßt werden, führt der morgendliche Weg zu einem weiteren Platz, der regelmäßig Verwendung findet. Dieser befindet sich vor den Pinnwänden. Ziel ist es, dort den Schülern sowohl die Ziele als auch die Inhalte des Schultages zu erläutern.

Als visuelle Unterstützung wurden in der ersten und zweiten Klasse Tagestransparenz-Symbolkarten verwendet: So handelte es sich dabei um verschiedene Symbolkarten mit Beschriftungen, z. B. den rechnenden Bär für das Fach Mathematik oder die Delfine für Wochenplanarbeit. Diese Kärtchen gab es für alle Fächer sowie Aktionen, wie zum Beispiel Gesprächskreise, aber auch Ess- bzw. Spielpausen wurden an dieser Tafel vermerkt. Während der Erklärung wurden die Symbolkarten nach und nach untereinander an diese Pinnwand geheftet. Dieses Ritual ermöglichte den Schülern, sich ganz auf diesen Tag einzulassen. Sie erkannten die Ziele und konnten jederzeit auf diese Darstellung zurückgreifen, wenn sie wissen wollten, was der Tag noch bringt. In der ersten Klasse wurde zusätzlich ein Pfeil neben der jeweiligen Stunde angebracht, um die Bedeutung der Symbole und abstrakten Inhalte wie Mathematik und Deutsch zu verankern, aber auch um zeitliche Transparenz zu vermitteln. In der dritten bzw. vierten Klasse soll dieses Ritual nun auf die Kinder und ihre Bedürfnisse angepasst werden. Die allmorgendliche Visualisierung des Tages wird nun durch eine Wochendarstellung erfolgen, dargestellt in Form eines flexiblen Stundenplanes. Arbeits- und Pausenzeiten werden auf den jeweiligen Tag abgestimmt, auf ein laminiertes Blatt geschrieben und an die Seite geheftet.

Sandra S., Sandra P., Tamara P., Volksschule, Wien

Der Stein der Weisen
Meine Klasse ist außergewöhnlich gemütlich. Ich wollte sie motivieren, flotter zu arbeiten, aber: sie arbeiten konzentriert, bemüht und sorgfältig – was möchte ich eigentlich mehr? Was würde ich tun, wenn sie schneller mit ihrer Arbeit fertig wären? Noch mehr Arbeit auftischen?

Nun habe ich folgendes in meinem Unterricht umgestellt:
Ich erkläre die Aufgabe (differenziert nach Leistung der Kinder) und das Klassenziel, welches am Ende der Stunde erreicht werden sollte. Wer sein Ziel erreicht hat, darf mit dem Rest der Stunde machen, was er möchte, sofern er die anderen nicht stört.

Das war der Stein der Weisen!

Elfriede H. Volksschule, Wien

Die Konkurrenz ausschalten

Und noch eine Geschichte:

Ubuntu
Ein Anthropologe erklärte den Kindern eines afrikanischen Stammes ein Spiel. Er stellte einen Obstkorb neben einen Baum und sagte, dass das Kind, das am schnellsten dort ankomme, den Obstkorb gewonnen hätte. Auf ein Signal dürften sie loslaufen. Als er das Signal gab, nahmen alle Kinder einander an den Händen und liefen gemeinsam zum Obstkorb. Als sie anschließend dort saßen und das Obst genüsslich verzehrten, fragte er sie, warum sie gemeinsam dorthin gelaufen seien. Ein Kind hätte ja schnell laufen können und dann das ganze Obst für sich selbst gehabt. Sie schauten ihn an und sagten: „Das ist „Ubuntu". Wie sollte einer von uns glücklich sein, wenn alle andere traurig sind?" „Ubuntu" ist eine Philosophie mancher afrikanischen Stämme, die übersetzt heißt: „Ich bin, weil wir sind."

Eliminieren wir Konkurrenz im Klassenzimmer und arbeiten wir auf gemeinsame Ziele hin. Dadurch wird es kein Mobbing mehr geben, keine Vorwürfe wie „*Streber*" (ein Wort, das in meinen Klassen STRENGSTENS verboten ist), und es wird kein Neid herrschen. Stattdessen entwickelt sich eine angstfreie Atmosphäre, in der Lernen florieren kann. Eine Umgebung, in der Selbstverantwortung und Selbstdisziplin wachsen können. Gemeinsam sind wir stark. Alle gewinnen. Schaffen Sie „Win-Win"-Situationen in Ihrem Klassenzimmer.

Ja, ich weiß, dass es viele Orte außerhalb der Schule gibt, wo Konkurrenz herrscht. Manche sagen, die Schüler sollen sich jetzt daran gewöhnen. Ich bin der Meinung, dass diese Atmosphäre in der Schule nicht herrschen soll. Wenn Schüler miteinander konkurrieren wollen oder sollen, dann können sie das beim Sport, bei ausgeschriebenen Wettbewerben, beim Schach oder bei sonstigen Spielen tun. Aber Konkurrenz im Klassenzimmer hindert das Lernen. Das Klassenzimmer ist ein Ort, wo jede einzelne Schülerin ihr individuelles Potenzial anstreben soll, anstatt sich mit anderen zu vergleichen.

Und wieder einige Aktivitäten, die gemeinsame Ziele betonen

Zählen von 1 bis 20
Wir werden von 1 bis 20 zählen. Ich werde die Zahl 1 sagen. Es ist egal, wer von euch 2 und dann 3 und 4, usw. sagt, aber zwei Personen dürfen nicht gleichzeitig sprechen. Falls das passiert, werden wir wieder bei 1 beginnen. Du darfst, so oft du willst, eine Nummer sagen, aber eine Person darf keine zwei Nummern nacheinander sagen. Es dürfen keine Strategien verwendet werden.

- Variationen
  Spielen Sie das Spiel mit offenen und mit geschlossenen Augen. Die Gruppe kann im Kreis sitzen mit dem Rücken zur Mitte des Kreises, damit die Schüler einander nicht sehen können. Alle stehen auf und gehen kreuz und quer durch den Raum, während die Übung gemacht wird

- Die Nachbesprechung
  Wie habt ihr es gemacht? War es schwer? Wart ihr manchmal frustriert? Hat jemand die Führung übernommen?

Nimm einen Schritt in den Kreis
Dieses Spiel ähnelt dem letzten Spiel. Hier geht es darum, dass die Schüler zählen, und zwar von 1 bis zur Anzahl der Schüler, die mitspielen (wenn es z. B. 25 Schüler in der Klasse gibt, wird von 1 bis 25 gezählt).

Die Gruppe steht im Kreis. Eine Person macht einen Schritt in den Kreis und sagt: „1". Eine zweite Person macht ebenfalls einen Schritt hinein und sagt: „2". Es geht so weiter, bis alle 25 Schüler im Kreis stehen. Es dürfen keine zwei Personen gleichzeitig den Schritt in den Kreis machen. Wenn dies passiert, wird wieder bei „1" begonnen.

Intuitiv eine Zweierreihe bilden
Das Ziel ist, schweigend und intuitiv eine Zweierreihe zu bilden. Der erste Schüler steht auf und stellt sich schweigend bei der Tür an. Die nächste Schülerin stellt sich zu ihm usw. Falls zwei Schüler gleichzeitig aufstehen, muss die Klasse neu mit der Bildung der Zweierreihe beginnen.

Blind einen Kreis bilden
Alle schließen die Augen und wandern langsam im Raum herum. Die Hände werden in Brusthöhe gehalten, mit den Handflächen nach außen, um sich vor Kollisionen zu schützen.

Geben Sie nach einer bis zwei Minuten ein Signal, dass die Spieler sich mit anderen verbinden sollen, um einen Kreis zu bilden, in dem sich alle an den Händen halten.

- Variationen
   Nun bildet die Gruppe blind andere geometrische Formen. Ein Smiley, ein Fisch, ein schwimmender Fisch, ihr seid ein lockeres Gummiband, das Gummiband spannt sich, das Gummiband reißt usw.

- Die Nachbesprechung
   - Wie ist es dir bei der Übung gegangen?
   - Welche Gedanken und Gefühle sind aufgekommen?
   - Wie fühlst du dich jetzt?

Fördern Sie die TEAMBILDUNG durch PAAR- und GRUPPENARBEIT

Machen wir es wie die Wildgänse
Wenn du im Herbst die Gänse in einer V-Formation Richtung Süden ziehen siehst, fragst du dich vielleicht, weshalb sie das so tun.

Es wurde herausgefunden, dass jeder Vogel, wenn er seine Flügel schlägt, einen Aufwind für den direkt dahinter fliegenden Vogel aufbaut. Durch das Fliegen in der V-Formation erreicht der Schwarm mindestens 70 % mehr Reichweite als jeder Vogel im Einzelflug erreichen könnte. Wann immer eine Gans aus der Formation ausbricht, spürt sie sofort den Widerstand des Versuches, es allein zu schaffen und kehrt schnellstens in die Formation zurück, um die Vorteile des Aufwindes durch den Vordervogel wieder zu erlangen.

Sobald die Leitgans ermüdet, rotiert sie zurück in den Schwarm, und eine andere Gans übernimmt die Führung. Die Gänse in den hinteren Reihen feuern die vorderen Gänse an, damit sie die Geschwindigkeit beibehalten.

Schließlich, falls eine Gans erkrankt oder verwundet wird und ausfällt, begleiten sie zwei Gänse aus der Formation zum Boden, um ihr zu helfen und sie zu beschützen. Sie bleiben bei ihr, bis sie entweder wieder fliegen kann oder tot ist. Dann starten sie und fliegen mit einer anderen Formation, um ihre Gruppe wieder einzuholen.

Das nächste Mal, wenn du einen Vogelschwarm siehst, erinnere dich ...
Es ist ein Geschenk, eine Aufgabe und ein Privileg, Mitglied eines Teams zu sein.

In unserer heutigen Gesellschaft wird immer mehr Teamarbeit verlangt. Die Fähigkeit zur Kooperation und zum kooperativen Lernen führt zu einem harmonischen Klassenzimmer und ist auch wichtig als Qualifikation für den späteren Beruf. Partner- und Gruppenarbeit bringt auch sonst viele Vorteile, sowohl für den Einzelnen als auch für die Gruppendynamik. Unter anderem:

- Die Schüler lernen einander besser kennen – auch diejenigen, mit denen sie sonst weniger zu tun haben.
- Die Schüler, die gerne Aufmerksamkeit auf sich ziehen, stören den Unterricht weniger, weil sie diese Aufmerksamkeit in der Gruppe selbst bekommen
- Die Identifikation mit der Klasse wird verstärkt.
- Die Motivation und das Selbstbewusstsein von schwächeren Schülern wird gestärkt.
- Schüler, die leistungsmäßig stärker sind, vertiefen ihr Wissen, indem sie es den anderen beibringen.
- Gruppenarbeit ist lerner- und nicht lehrerzentriert
- Die Lehrkraft wird befreit, um dort zu helfen, wo Hilfe benötigt wird
- Soziale Fertigkeiten werden gestärkt
- Die Schüler lernen sich auszudrücken, Entscheidungen zu fällen, Verantwortung zu übernehmen, zu teilen, zuzuhören, Konflikte zu lösen
- Das Selbstwertgefühl aller Beteiligten wird verstärkt

Was ist kooperatives Lernen?

Kooperatives Lernen ist eine Ausweitung und Verfeinerung von Paar- und Gruppenarbeit, wie wir sie sonst kennen. Schüler bilden Teams. Die Teammitglieder unterstützen einander bei der Arbeit und gelangen als Gruppe zu gemeinsamen Ergebnissen. Sie müssen zusammenarbeiten, um die Ziele der Gruppe zu erreichen. Alle Beteiligten sind gleichberechtigt und tragen gemeinsam die Verantwortung für die Ergebnisse. Wenn ein Teammitglied seinen Teil nicht tut, spürt die ganze Gruppe die Auswirkungen. Die Erfolge finden nicht nur im kognitiven Bereich, sondern auch in der Sozialkompetenz statt. Die Teammitglieder lernen Empathie und auch, sich in die Lage anderer Mitglieder zu versetzen. Sie lernen, den anderen, seine Meinungen und sich selbst zu respektieren. Sie übernehmen Verantwortung, lernen Fertigkeiten wie die Fähigkeit, Probleme zu lösen, Entscheidungen zu treffen, Vertrauen zu sich selbst und zu den anderen haben, Feedback zu geben und Austausch zu üben sowie zu reflektieren. Jeder gewinnt, wenn die Gruppe erfolgreich ist. Diese Art von Lernen kann in jeder Schulart und jeder Altersgruppe eingesetzt werden. Berufsbildende Schulen z. B. bilden die Teams als „Firmen", die das Erlernte nun in der eigenen Firma in die Praxis setzen.

Was mache ich, wenn sie zu laut werden?

Viele Lehrer sagen mir: *„Ja, aber wenn ich Gruppenarbeit einsetze, werden die Schüler so laut."* Ja, das stimmt. Wenn Sie interaktiv und kommunikativ unterrichten, steigt der Lärmpegel automatisch. Aber wenn Sie die Prinzipien der Lärmregulierung, die hier und in Kapitel 6: „We've got rhythm!" stehen, einsetzen, werden Sie den Lärmpegel ganz leicht im Griff haben.

Wie schon erwähnt, können wir die Lautstärke der Klasse mit der eigenen Stimme lauter oder leiser werden lassen. Wenn ich z. B. mit meiner Stimme nur ein bisschen unter der Lautstärke der Gruppe bleibe – und dann selbst immer lauter werde, ist die Wirkung die gleiche wie der Wind, der unter die Tragflächen eines Flugzeugs bläst. Wenn sich dann der Wind verstärkt, wird er das Flugzeug heben. Genau das Gleiche passiert sehr oft im Klassenzimmer. Wir wollen, dass die Klasse leiser wird, werden aber selbst lauter dabei – und die Klasse spiegelt automatisch unsere Lautstärke. Wir erreichen das Gegenteil von dem, was wir wollen. Wenn uns jedoch dieses Phänomen bewusst ist, können wir es umdrehen, zu unserem eigenen und zum Vorteil der Klasse nützen.

Vor mehreren Jahren hielt Michael Grinder ein Seminar für mich, meine Kollegen vom SLL Institut und einige andere interessierte Lehrer ab. Wir waren etwa dreißig Leute. Eines Morgens teilte er uns in zwei Gruppen. Er gab der einen Gruppe, die in der rechten Zimmerhälfte saß, einige Fragen, die sie miteinander diskutieren sollten. Er sagte ihnen auch, dass er während ihrer Diskussion mit den anderen fünfzehn Lehrern, die links im Raum saßen, arbeiten würde. Anschließend würden die Aktivitäten in den Gruppen getauscht.

Sie begannen also fleißig zu diskutieren, und Michael drehte sich zu uns, die links saßen. Er hatte den Rücken der anderen Gruppe zugekehrt. Er begann mit uns über die Wirkung der Lautstärke der Stimme zu sprechen. Die Gruppe hinter ihm war mit ihren Diskussionen voll beschäftigt und hörte nicht auf seine Worte. Während Michael redete, wurde er stufenweise immer lauter. Und die nichts ahnende Gruppe hinter ihm auch! Er steigerte die Lautstärke, bis er und die Gruppe hinter ihm fast geschrien haben!! Und dann senkte er die Lautstärke – wieder stufenweise – ab, bis er und die Gruppe hinter ihm flüsternd diskutiert haben. Uns, der Gruppe links, ist vor Erstaunen der Mund offen geblieben! Übrigens sagten die Lehrer der rechten Gruppe in der Feedbackrunde, dass es ihnen überhaupt nicht aufgefallen wäre, dass sie im Laufe des Gesprächs teilweise geschrien und teilweise geflüstert hätten.

Die Stimme so laut einzusetzen kann sehr anstrengend sein. Aber Musik kann auch als Lautstärkeregler eingesetzt werden. Gerade bei Gruppenarbeit bietet sich diese Möglichkeit an. Die Lautstärke der Gruppe passt sich automatisch an die Lautstärke der Musik an. Das heißt, dass wir die Lautstärke der Gruppe während der Gruppenarbeit im Hintergrund – ohne dass es überhaupt auffällt – regulieren können. Wenn ich die Hintergrundmusik langsam lauter drehe, wird die Gruppe lauter. Und wenn ich die Musik leiser drehe, wird auch die Gruppe leiser. Es gibt nur einige wenige Ausnahmen von dieser Regel z. B., wenn die Mitglieder einer Gruppe eine sehr interaktive und daher laute Aktivität durchführen, bemerken sie die Musik auch unbewusst nicht mehr. Aber sonst braucht man nur lauter oder leiser drehen.

Einige Ideen aus der Praxis:

Mit Musik den Lärmpegel regulieren
Während der Zeichenstunde habe ich jetzt auch immer eine CD mit ruhiger Musik laufen. Die Schüler dürfen sich weiterhin unterhalten, wenn sie arbeiten, sie dürfen allerdings nicht lauter sein als die Musik. Zum Zusammenräumen drehe ich die Musik kurz laut auf. Das ist das Zeichen zum Aufräumen, dann drehe ich sie wieder leise, und auch da dürfen sie nicht lauter werden.

Claudia M., Mittelschule, Tirol

Musik und Signalkarte „Flüstern"

Bei Einzel-, Gruppen- und Paararbeit habe ich eingeführt, dass immer eine leise Musik läuft. Heute habe ich ausprobiert, die Klasse damit leiser werden zu lassen, und es klappte!!! Wenn bei Gruppenarbeiten einzelne Schüler laut reden, ermahne ich sie nicht mehr, sondern ich gehe an ihnen vorbei und zeige ihnen die Signalkarte „Flüstern" und alles passt wieder – ist das nicht traumhaft?

Peter F., Mittelschule, Niederösterreich

Heute kann ich nur flüstern!

Vergangenen November hatte ich im Zuge einer Erkältung fast keine Stimme mehr. Ich erinnerte mich an das, was ich bei dir in den Seminaren gelernt hatte, aber bisher nicht auszuprobieren gewagt hatte – ich glaubte bislang, ehrlich gesagt, nicht fest genug daran, dass es funktionieren würde.

Nun stellte ich mich schweigend, aber mit einem freundlichen Lächeln vor die Klasse und wartete, bis es still wurde. Zur Verstärkung legte ich noch den Finger auf die Lippen. Und es funktionierte. Alle waren so verwundert, dass sich die Klasse sogar untereinander disziplinierte (Stoß in die Rippen, „Psst, sei leise, wir wollen wissen, was los ist!") und bald gespannte Aufmerksamkeit und absolute Stille herrschte.

Dann bedankte ich mich mit ganz leiser Stimme (ohne mich anzustrengen) für die Ruhe und sagte, wie sehr ich mich über die Rücksichtnahme der Klasse freute und darauf, trotz angeschlagener Stimme unterrichten zu können, wenn alle weiterhin so leise seien. Wenn es in manchen Klassen wieder lauter wurde, genügte mein Schweigen und der Finger auf dem Mund, um wieder Ruhe zu erzielen. In meiner Fünften (Maturaklasse, 25 Schüler und Schülerinnen im Alter zwischen 18 und 19) hieß es sogar am Schluss: „Die Stunde war richtig cool, wir können so gut arbeiten, wenn es so ruhig ist!"

Ingrid S., Berufsbildende Schulen, Oberösterreich

Einige ideen aus der Praxis:

- Bestimmen Sie eine Person in jeder Gruppe als „Lärmregulator". Es ist ihre Aufgabe, den Lärmpegel unter einer gewissen, vorher ausgemachten Lautstärke zu halten.

- Sie können den momentanen Stand des Lärmpegels mit einer „Verkehrsampel" selbst angeben. Wenn Sie eine grüne Karte mit einem Magnet an die Tafel anhaften, ist der Lärmpegel in Ordnung. Orange warnt, dass es lauter wird und die „Lärmregulatoren" der einzelnen Gruppen für ein ruhigeres Arbeiten sorgen sollen. Bei Rot ist es eindeutig zu laut, und wenn es nicht sofort leiser wird, wird die Gruppenarbeit abgebrochen.

- Es gibt „Lärmpegel-Apps" für Smartphones. Besprechen Sie das vor der Gruppenarbeit mit den Schülern. Wie viele Dezibel sind für diese Arbeit akzeptabel? Zeigen Sie den Schülern, wie das App funktioniert, und dann legen Sie Ihr Gerät auf den Lehrertisch. Wenn die Schüler nicht sicher sind, ob sie zu laut sind, sollen sie die Lautstärke am App kontrollieren. Es funktioniert wie Magie!

- Wenn der Lärmpegel einer Gruppe zu laut ist, legen Sie wortlos im Vorbeigehen eine „Flüsterkarte" auf den Tisch, an dem diese Gruppe arbeitet.

„Wie soll ich bei Gruppen vorgehen, die bei der Arbeit schwätzen statt zu arbeiten?"

Hier stelle ich Ihnen einige Ideen vor, die ich aus unserem Buch: „Was mache ich, wenn...? Erste Hilfe für Lehrkräfte!" entnommen habe:

- Hingehen, Gruppe nach Fortschritt fragen und Hilfe anbieten
- Partner- oder Gruppenwechsel
- Auf das Thema, das an der Tafel steht, hindeuten oder daneben klopfen
- Setzen oder knien Sie sich dazu und hören dem Gespräch interessiert zu
- Themengebiet auf einen Zettel schreiben und ohne Worte auf den Tisch legen
- Einen „roten Faden" auf den Tisch legen
- Hand auf die Schulter legen oder auf die Uhr zeigen
- Besondere Aufgaben geben: Plakat gestalten usw.
- *„Soll ich Kaffee/Kakao und Kuchen bringen?"* – dabei lächeln!

tischBein nUMMer 2:

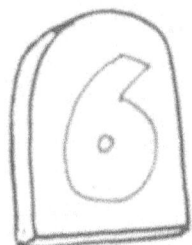
Das sechste Gebot

Lassen Sie die Schüler SIMULTAN etwas tun!

Simultanes Handeln steigert den Gruppenrapport enorm. Wenn ich z.B. ein Seminar abhalte, und die Teilnehmer einander nicht kennen, kann ich in den ersten Minuten für einen beginnenden Gruppenrapport sorgen, indem ich die Teilnehmer etwas gleichzeitig machen lasse. Ich schreibe z. B. die Seminarzeiten an die Tafel und erwähne nebenbei, dass sie vielleicht die Zeiten mitschreiben wollen, da sie im Skriptum nicht aufgelistet sind. In dem Moment, da einige Personen gleichzeitig zum Schreibstift greifen, sind die ersten Schritte zum Gruppenrapport vollzogen.

Der schwedische Film „Wie im Himmel" ist ein perfektes Beispiel für die Herstellung von Gruppenrapport durch gleichzeitiges Tun. Ein schwedischer Dirigent erleidet einen Herzinfarkt und zieht sich zur Erholung in das Dorf zurück, in dem er aufgewachsen ist. Die Dorfbewohner bitten ihn, den Kirchenchor zu leiten. Durch das gemeinsame Singen und Tun entsteht ein toller Gruppenrapport, der sich dann über das ganze Dorf ausbreitet. Die zwischenmenschlichen Probleme, die hier über Generationen vorhanden waren, werden dadurch aufgearbeitet und gelöst. Ein wunderschöner Film, der ein lebendiges Beispiel für die Herstellung von Gruppenrapport darstellt.

Einige Ideen aus der Praxis:

Hier sind Tätigkeiten, die simultan gemacht werden können, um das Gruppengefühl zu steigern:

- im Chor sprechen, klatschen, singen, atmen, Bewegungen ausführen, beten, Gedicht aufsagen, Kreistänze, Karaoke, lesen
- alle, auch die Lehrkraft, malen zur Musik
- kinesiologische Übungen oder Turnübungen, autogene Trainingsformen
- Atem-, meditative oder Stillübungen, Power-Atmen, Fantasiereisen
- Lehrer erzählt eine Geschichte oder liest vor, Klasse atmet automatisch simultan mit
- Rhythmen , Malreihen oder Merksätze rhythmisch sprechen oder klatschen, nachsprechen
- Händedruck im Kreis weitergeben

Bewusst atmen
Die Schüler setzen sich bequem hin. Die Lehrkraft leitet die Atemtechnik an:

„Wir atmen ruhig und entspannt durch die Nase ein. Wir atmen in den Bauch und spüren, wie er immer mehr an Volumen zunimmt. Wir halten die Luft ein wenig an. Nun atmen wir wieder ganz ruhig durch den Mund aus." Mehrmals wiederholen, ODER fünf Sekunden einatmen, fünf Sekunden ausatmen.

Group Freeze
Die Schüler bewegen sich wortlos durch den Raum. Eine Person erstarrt. Sobald die anderen merken, dass eine Person still steht, erstarren sie auch. Sie bleiben so, bis eine Person sich wieder in Bewegung setzt.

Dirigentenatmung
Die Dirigentenstellung wird von der Lehrkraft eingenommen. Gruppe atmet gemeinsam, Lehrkraft dirigiert dazu.

Hände hoch!
Alle stehen im Kreis. Hände halten. Augen zumachen. Hände hoch – langsam einatmen. Hände herunter – noch langsamer ausatmen (Ausatmen soll immer länger als Einatmen sein).

Gemeinsame Reisen
Gemeinsame „Reise" mit Bewegung – wir steigen auf einen Berg, klettern über die Felsen usw. (entweder als geführte Phantasiereise oder physisch dargestellt).

Pferderennen-Spiel
Alle sitzen im Kreis und klopfen sich mit beiden Händen auf ihre Schenkel. Das soll sich wie das Geräusch von Hufen anhören. Der Spielleiter macht folgende Bewegung vor, und die Gruppe macht ihm alles nach:
- Die Pferde gehen zum Start (mit den Händen auf die Knie klatschen)
- Startschuss (Lehrer pfeift)
- Die Pferde rennen los (heftig auf die Oberschenkel klatschen)
- Rechtskurve! (weiter klatschen und sich nach rechts lehnen)
- Linkskurve! (weiter klatschen und sich nach links lehnen)
- Hügel (klatschen und am Platz hüpfen)
- Kleines Hindernis (klatschen und einen kleinen Sprung machen)
- Großes Hindernis (Klatschen und aufspringen)
- Die Japaner fotografieren uns! (Fotoapparat hoch halten und „Knips! Knips! Knips!" rufen)
- In den Wassergraben fliegen („Blubb! Blubb! Blubb!")
- Weiter rennen (heftig auf die Oberschenkel klatschen)
- Wir reiten an die Zuschauertribüne vorbei: Applaus und Jubelrufe
- Wir überholen den letzten Gegner: hechelnd und mit der Zunge heraushängend nach hinten auf den Gegner schauen
- Die letzte Strecke (noch heftiger auf die Oberschenkel klatschen)
- Gewonnen! (Jubeln)
- Zielfoto (sich in die Pose stellen und lächeln)

Geistervölkerball
Meine Schüler spielen sehr gerne Geistervölkerball. Es darf weder gesprochen noch (falls es ihnen gelingt) gelacht usw. werden. Wenn jemand spricht, drücke ich ihm eine Stoppuhr in die Hand, und er stoppt eine Minute die Zeit, in der er nicht mitspielen darf.

Susi H., Volksschule, Wien

Musicals
Ein weiteres Erlebnis, das für die Klassengemeinschaft und das bessere Kennenlernen der Schüler untereinander wichtig war, war unsere Musicalaufführung zu Weihnachten. Das gemeinsame Planen, Vorbereiten des Bühnenbildes, Gestalten verschiedener Plakatwände und das Proben hat allen großen Spaß gemacht. Am liebsten hätten die Kinder die Weihnachtslieder bis Ostern gesungen!

Angelika K., Volksschule, Wien

Das siebte Gebot

Erzählen Sie METAPHORISCHE GESCHICHTEN!

Jeder, ob jung oder alt, hört gerne Geschichten. Wenn ich in der Schule mit Kindern und auch im Seminar mit Erwachsenen frage: *„Möchtet ihr eine Geschichte hören?"*, höre ich immer ein begeistertes *„Ja!"*, und auch nonverbal nimmt man diese Freude wahr. Sobald eine Geschichte erzählt wird, ändert sich die Atmosphäre im Raum. Wir sind miteinander in Einklang. Die Harmonie ist direkt spürbar.

Lehrer, die bei mir im Kurs waren, haben mir oft erzählt: *„Einige Monate nachdem der Kurs vorbei war, habe ich meine Notizen angeschaut. Und weißt du, was ich mir am besten gemerkt habe? Die Geschichten, die du erzählt hast!"*

Und so ist es. Wenn Sie wollen, dass ein Stoff ins Langzeitgedächtnis geht, packen Sie ihn in eine Geschichte. Wollen Sie auf den Stoff von heute neugierig machen, erzählen Sie dazu eine Einstiegsgeschichte, die zum Thema führt. Oder setzen Sie die suggestopädische Texte auf meiner Website (www.pearls-of-learning.com) zur Stoffvermittlung ein.

Wenn Sie sich eine Verhaltensänderung bei der Klasse oder bei Einzelnen wünschen, aber nicht belehrend wirken wollen, erzählen Sie einen Schwank aus Ihrer Jugend oder eine spannende Geschichte aus dem eigenen Leben: *„Als ich so alt war wie ihr..."*. Mit diesen Worten ziehen Sie jedes Kind in Ihren Bann. Mit einer Geschichte statt einer Ermahnung gehen Sie Widerstand aus dem Weg, und Ihre Schüler machen automatisch mit. Erzählen Sie Geschichten statt zu disziplinieren.

Sie haben die Schüler in Ihrem Bann

Das Erzählen von Geschichten hat einen weiteren riesigen Vorteil: Wenn Sie Geschichten gut und spannend erzählen können, sind die Schüler in Ihren Bann gezogen. Sie sitzen am Rande des Stuhls und – am allerwichtigsten: alle im Raum atmen ganz unbewusst im gleichen Rhythmus. Beim letzten Gebot haben wir die Wirkung von simultanen Tätigkeiten im Klassenzimmer besprochen. Von allen Dingen, die die Gruppe simultan machen kann, ist die Atmung am allerwirkungsvollsten. Wenn Sie Geschichten erzählen, sind Sie und Ihre Schüler automatisch im Rapport.

Einige Ideen aus der Praxis:

Der schlimme Hund
Zwei dänische Volksschullehrer, die meine Kurse in der Europaschule in Brüssel besucht haben, erzählten, dass sie eine Hund-Handpuppe haben. Dieser Hund macht immer „schlimme" Sachen. Die Schüler lieben ihn! Sie jubeln immer, wenn er erscheint und fragen: „Was hat er jetzt schon wieder gemacht?" Erstaunlicherweise haben seine Streiche große Ähnlichkeit mit verschiedenen negativen Geschehnissen im Klassenzimmer. Wenn es beispielsweise ein Geburtstagsfest gegeben hatte und ein Kind über die Torte gespottet hatte, war der Hund auch zufällig auf einem Geburtstagsfest und hatte das gleiche getan. Eine zweite Handpuppe, die Schnecke, die viel langsamer und überlegt handelt, führt immer einen Dialog mit dem Hund: „Warum hast du das eigentlich gesagt? Verstehst du nicht, dass sich seine Mutter dadurch vielleicht verletzt fühlt? Wenn man gute Manieren hat..."

Die Schüler lieben diesen kleinen schlimmen Hund und schließen sich der Schnecke mit gut gemeinten Erziehungsvorschlägen an, damit er immer braver wird. Und siehe da, nicht nur der Hund benimmt sich besser, sondern auch die Kinder! Erstaunlicherweise ist auch die Person, die am meisten Begeisterung zeigt, meist das Kind, das sich falsch verhalten hatte! So hat die Lehrerin eine Verhaltensänderung ohne Widerstand seitens des Schülers erreicht.

Ein weiteres Beispiel ist dieser Beitrag von einer Lehrerin für schwererziehbare Kinder:

Den Weg aus dem Sumpf
...ich arbeite viel mit Gleichnissen, weil die Kinder die Vergleiche ganz gut annehmen und verstehen können. Zum Beispiel: Wenn ein Schüler Verhaltensverbesserungen trotz unserer Hilfestellungen nicht annimmt, erzähle ich ihm eine Geschichte. Er hört zu und macht auch körperlich mit:

„Stelle dir einen tiefen, tiefen Sumpf vor. Er ist breit, und man versinkt, wenn man hineingeraten ist und selbst nicht mehr die Kraft hat, heraus zu schwimmen. An einer Seite stehen Menschen, zum Beispiel deine Lehrer. Sie reichen dir ein Brett, an dem du dich festhalten kannst. Sie rufen dir zu und motivieren dich, das Brett anzunehmen. Wenn du es annimmst und mit „Beinbewegungen" mithilfst, wirst du es aus dem Sumpf, indem du drohst unterzugehen, heraus schaffen und in die Zukunft, die du dir wünschst (ein positives Leben mit sicherem Arbeitsplatz, einer Freundin, einem Auto usw.) wandern können. Das wird schön sein. Deine Träume wirst du dir erfüllen können."

Ich zeichne das auch an die Tafel und lasse es den Schüler nachspielen. Der Schüler zeigt meist, an welcher Stelle er sich befindet und in welche Richtung er gerade geht. Oft denken die Schüler während der Übung oder etwas später um. Sie nehmen die Hilfe dann doch an und sind bereit mitzuarbeiten.

Ulrike E., Hauptschule für schwererziehbare Kinder, Oberösterreich

Leseteppich
Jedes Kind bekommt im Laufe des ersten Schuljahres zum Geburtstag einen Leseteppich, worauf ich seinen Namen gestickt habe. Wenn die Arbeit in der Klasse erledigt ist, darf das Kind seinen Teppich nehmen, ihn dorthin legen, wo es für das Kind gemütlich ist und nach Lust und Liebe lesen.

Andrea G., Volksschule, Salzburg

Leseaufgabe – Lesen üben
Alle Kinder sitzen mit dem Lesetext im Kreis. Jedes Kind hat einen Glasstein. In der Mitte steht ein Korb. Die Kinder organisieren sich selbst, legen selbstständig die Reihenfolge fest, wann jemand daran ist.

Ein Kind legt seinen Glasstein in den Korb und beginnt zu lesen. Wenn ein anderes Kind den Stein abgelegt hat, liest das Kind den Satz fertig, und das Kind, das den Stein abgelegt hat, liest weiter. Alle Steine müssen am Ende im Korb liegen, d. h. alle Kinder haben vorgelesen. Jeder sucht sich selbst seine Lesezeit aus, muss still mitlesen und weiß, wo er weiter liest.

Die Lehrkraft kann sich ganz zurückziehen und nur beobachten oder schwächere Leser unterstützen.

Melanie F., Volksschule, Salzburg

Jeden Zeitbegriff verloren
...ermutigt von meinem Erfolg mit nonverbalen Techniken, beschloss ich, eine Sage vorzulesen. Dazu habe ich meinen Sessel ganz würdevoll zu einem Platz vorne links getragen, das große Licht abgedreht und eine Klassik-CD als Untermalung laufen lassen.

Dann habe ich die Kinder gebeten, sich einen bequemen Platz zu suchen, nicht herumzulaufen, keine Sachen, die Geräusche verursachen, in der Hand zu haben. Wenn ein Kind mit Stiften gespielt hat, bin ich ganz dramatisch aufgestanden, habe einen „Stressball" geholt und ihn dem Kind in die Hand gedrückt: „Den darfst du ganz fest drücken, das ist leise und stört nicht, wenn er runter fällt!".

Das Vorlesen war ein voller Erfolg.
Mein Vorleseplatz ist vorne beim Fenster. Wenn ich meinen Sessel ganz würdevoll zu diesem Platz hintrage, nimmt die Klasse sofort die Vorlese-Position ein. Dazu springen zwei Kinder auf und schließen die Tür, die eigentlich immer offen ist, und drehen das Licht ab, damit es im Winter schön heimelig ist.

Am ersten Tag habe ich mit dem Vorlesen und dem Nachspielen der Sage für die Kinder, die nicht so gut Deutsch können, gleich zwanzig Minuten überzogen. Und es ist uns erst aufgefallen, als eine Kollegin und gleichzeitig Mutter eines Kindes der Klasse die Tür aufgemacht hat und gefragt hat: „Willst du heute gar nicht mehr aufhören?"

Petra F., Volksschule, Wien

Handpuppen erzählen Geschichten
Der Deutsch- und Sachunterricht wird mit Hilfe von Handpuppen unterrichtet. „Willi", der kleine Koala, half sehr oft im Sachunterricht. So wurde eine passende Vorgeschichte mit Willi erzählt und zum Thema hingeführt. Ein Beispiel zum Thema „Verkehrserziehung – Die Kreuzung mit Ampel":

„Willi und ich gingen einkaufen. Dabei mussten wir über eine Kreuzung mit einem Zebrastreifen und einer Ampel gehen. Willi schaute in die Luft und wollte ohne zu schauen über die Straße gehen. Natürlich habe ich gleich nach Willi gerufen und ihm gesagt, dass das nicht so geht."

Bevor ich noch weiter reden konnte, sagten einige Kinder zu Willi: *„Das ist sehr gefährlich Willi! Du musst schauen!"* Schon waren die Kinder bei dem Thema. Nun erklärten die Kinder dem Koala Willi, wie er sich verhalten soll.

Monika S., Volksschule, Wien

Bruchzahlen mit Fräulein Riedi und Pirat Kral!
Vorgestern hatte ich in einer meiner Mathematikgruppen das Thema „$\frac{1}{2}$ von...". Meine Kollegin, die für das Fördern zuständig ist, wurde zum edlen Fräulein Riedi verwandelt, ich war der finstere Pirat Krall. Sie spielte ganz toll mit! Ich entführte in meiner Geschichte das Fräulein Riedi. In einer alten Schachtel, die als Schatztruhe dient, hatte ich vorher zwanzig Schokoladenstückchen versteckt. Fräulein Riedi versprach dem Piraten 1/5 ihres Schatzes für die Freilassung. Jetzt bestimmte ich einen Schüler, den Schatz auf das Pult zu legen und dem Piraten seinen Anteil für die Freilassung zu geben. Es klappte. Die Geschichte endete mit einem „Happy End".

Johanna K. Mittelschule, Tirol

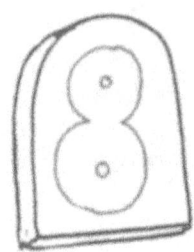

Das achte Gebot

Holen Sie sie ab: PHYSISCH und auch MENTAL!

Kommen Sie den Schülern näher

Die Zeiten vom ausschließlichen Frontalunterricht sind zum Glück vorbei. Trotzdem stehen wir öfters vor der Klasse, wenn wir den Schülern etwas erzählen oder vortragen. Versuchen Sie es einmal ganz bewusst anders. Während Sie zum Beispiel eine Geschichte erzählen, bewegen Sie sich von einem Punkt im Raum zum nächsten. Schauen Sie, wie die Schüler reagieren. Sie werden wie gefesselt zuhören und jede Bewegung, die Sie machen, verfolgen. Wo werden Sie als nächstes hingehen? Und was werden Sie sagen, wenn Sie dort sind? Oder bewegen Sie sich von Tisch zu Tisch, und an jedem Tisch, an dem Sie stehen bleiben, stellen Sie der Klasse eine Frage. Verankern Sie gewisse Fakten im Gedächtnis Ihrer Schüler an verschiedenen Orten im Raum.

Ein wichtiger Tipp vor allem für Lehrer der Sekundarstufe: Eine Volksschullehrerin ist meist mehrere Stunden am Tag in ihrer Klasse. Sie kann im Laufe eines Tages jedes Kind dran nehmen. Fachlehrer haben hingegen nur 50 Minuten Zeit, und es wird viele Stunden geben, wo nicht alle Schüler dran kommen. In diesem Fall ist es sehr wichtig, dass Sie zumindest einmal in jeder Stunde in der Nähe von jedem Schüler stehen. Probieren Sie es. Sie brauchen den Schüler nicht ansprechen, aber Ihre Nähe, der Blickkontakt und, wenn es passt, ein freundliches Lächeln, ist spürbar und bindet den Schüler in die Stunde ein.

Betreten Sie auch den MENTALEN RAUM der Schüler

Versuchen Sie, sich kurz in ihre Welt einzufühlen. Versetzen Sie sich in die Schüler. Was denken sie? Was nehmen sie wahr? Wenn sie eigenartige Fragen stellen, versuchen Sie nachzuvollziehen, woher diese Frage kommt. Sehr oft gibt es Missverständnisse, die uns mit unserem Erwachsenen-Denken gar nicht einfallen.

Eine Lehrerin hat mir von ihrem eigenen Sohn erzählt, der in der 1. Klasse der Volksschule war. Eines Tages ist er entsetzt nach Hause gekommen. Als sie fragte, was los ist, sagte er: *„Die Frau Lehrerin mag mich nicht!"* Sie fragte weiter nach Details, und er erzählte: *„Wir haben ein Rechentest gemacht. Ich habe alles richtig gerechnet, und sie hat mir eine Fünf gegeben. Deswegen weiß ich, dass sie mich nicht mag!"*

Da sagte die Mutter: *„Schauen wir den Test einmal gemeinsam an."* Das haben sie getan, und sie entdeckte, dass es ein Test über Subtraktion war. Bei jedem Minus hatte ihr Sohn mit einem Strich aus dem Minus ein Plus gemacht und anschließend die zwei Zahlen addiert.

Die Mutter erklärte ihm, was da geschehen war und fragte dann, warum er denn alle Minus zu Plus gemacht habe. Seine Antwort war: *„Plus-Rechnungen sind leichter als Minus-Rechnungen. Und, du siehst, obwohl ich alles richtig gerechnet habe, hat sie mir eine Fünf gegeben!"*.

Zum Glück hat die Mutter das Missverständnis klären können – weil sie kurz in seine Welt und seine Denkweise eingetaucht ist. Tauchen Sie auch in die Bedürfnisse, Hoffnungen, Befürchtungen, Ängste, Erfahrungen, Fragen und oder Zweifel der Gruppe ein. Ignorieren Sie die Ängste nicht, sondern lassen Sie sie aussprechen – und sie werden dann verschwinden. Hängen Sie irgendwo im Raum ein Schild auf: *„Auch Meister können irren!"*. Machen Sie ein „Ich-kann-nicht-Begräbnis" (siehe „Nonverbale Intelligenz: We have to reach them to teach them."), bei dem die negativen Glaubenssätze im Schulhof begraben werden. Die Schüler etwas zum Thema: „Was beschäftigt dich?" schreiben lassen. Aktivitäten und Spiele zu diesem Thema durchführen. Wenn Befürchtungen und Ängste belüftet werden, verschwinden sie.

Hier ist z. B. eine sehr interessante E-Mail über die Vorstellungen einer Hauptschulklasse von einem „perfekten" Stundenplan:

> Liebe Pearl,
>
> Heute habe ich eine Erfahrung im Unterricht gemacht, die dich vielleicht interessieren wird. Ich habe ein Arbeitsblatt mit den Schülern bearbeitet. Dabei ging es um einen Wunsch-Stundenplan. Die Schüler sollten sich zunächst überlegen, wann ihr Schultag überhaupt beginnen sollte (niemand begann um 8.00 Uhr – alle wollten später anfangen). Dann sollten sie überlegen, welche Fächer sie von denen, die sie bereits schon kennen, gerne in ihrem Wunsch-Stundenplan hätten und welche sie einfach dazu erfinden würden.
>
> Dabei war sehr auffällig, dass es nur EINEN Schüler gab, der Fächer wie Mathe, Deutsch, Englisch, Biologie, Physik usw. komplett von seinem Stundenplan verbannt hatte. Alle anderen hatten diese Fächer aufgeführt, allerdings in einem geringeren Stundenumfang als in der Realität.
>
> ABER: Alle Schüler wünschten sich weitaus mehr Bewegungsfächer wie Tanzen, Schwimmen, Eislaufen, Musik, Hockey, Reiten, Gartenbau usw. Ich fand diese Äußerungen zwar nicht verwunderlich, allerdings wurde damit wieder einmal deutlich, dass man den Schülern und Schülerinnen nicht gerecht wird, wenn man sie zwar als „Hauptschüler" einstuft, ihren Bedürfnissen, in denen sie sich sicher von den meisten Gymnasiasten unterscheiden, aber nicht gerecht wird.
>
> In der Auswertung war sehr gut erkennbar, wie die Schüler ihre eigene Lernfähigkeit einschätzen. Zwei Schüler fragten während des Ausfüllens mehrmals, ob sie von den verlangten sechs Unterrichtsstunden pro Tag auch zwischendurch eine Stunde Pause einschieben dürften (einer der beiden Jungen steht unter massiven häuslichen Leistungsdruck, dem er nicht gerecht werden kann; der andere Schüler scheint in seiner Entwicklung mindestens ein Schuljahr hinter den anderen zurück zu sein).
>
> Als eine weitere Aufgabe war gefordert, auch eine tägliche Nachmittagsbeschäftigung aufzuführen. Hier war die Art der Beschäftigung völlig frei wählbar. Dabei gab es ein für mich überraschendes Ergebnis. Es gab nur zwei Schüler, die an EINEM Nachmittag pro Woche Computerspiele bzw. Fernsehen angegeben hatten. Häufig wurden Kinobesuche gewünscht (Kino ist in Deutschland einfach zu teuer für sozial schwache Familien) und Aktivitäten mit Freunden oder der Familie, die meistens sportlich geprägt waren.
>
> Beate F., Hauptschule, Duisburg, Deutschland

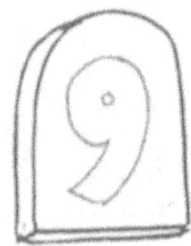

Das neunte Gebot

INVOLVIEREN Sie die Schüler!

Ein Studium in Amerika kostet sehr viel Geld, und aus diesem Grund habe ich, wie es bei uns so üblich ist, als High School-Schülerin und auch als Studentin in den Ferien und während des Schuljahres nebenbei gearbeitet. Es waren eine Vielfalt von Jobs! Und ich komme immer wieder zu der Erkenntnis, dass ich eigentlich genau so viel während dieser Nebenjobs wie in meinen Studien gelernt habe!

Meine erste Stelle war in einem Drive-In-Eisgeschäft, das sich neben unserer High School befand. Es gab Zeiten – z. B. vor oder nach einem Fußballspiel – wo wir hunderte Eistüten, Banana Splits und Eisbecher mit den unterschiedlichsten Zutaten schnellstens herstellen und im Kopf verrechnen mussten. Manchmal, vor allem am Anfang dieser Tätigkeit, habe ich Fehler bei den Eiskonfektionen gemacht: Statt Schokosauce habe ich Nüsse auf ein Hörnchen gegeben oder statt einer kleinen Eistüte mit Erdbeerüberguss habe ich vielleicht eine große mit buntem Streusel produziert. Der Chef ist sehr pädagogisch damit umgegangen: Er hat ohne Kommentar die Tür zum Tiefkühlfach aufgemacht und meinen „Fehler" hineingegeben. Ich habe alle Fehler später essen „dürfen". Das hörte sich im ersten Moment sehr verlockend an, aber als die Reihe von Eiskreationen immer länger geworden ist, ist mir der Appetit vergangen – und erstaunlicherweise sind die Fehler auch weniger geworden!

Es gab aber auch Zeiten, in denen weniger zu tun war. Wir haben dann die Geräte geputzt und Ordnung gemacht. Und dann auf Kunden gewartet. Es gab nirgendwo einen Platz, wo wir uns hinsetzen und etwas anders hätten machen können. Wir sind einfach dort gestanden und haben auf die nächsten Kunden gewartet. Nach mehreren Wochen bin ich zu der Erkenntnis gekommen, dass ich die Zeit, da wir vollbeschäftigt waren, eigentlich viel lieber hatte als die Leerzeiten, wo die Zeit sich nur dahin geschleppt hatte. Während dieser Flauten war auch nicht der Chef mein Arbeitspartner, sondern meist eine andere Schülerin, die dort Teilzeitarbeit machte. Ohne eine konstruktive Arbeit sind wir auf die lustigsten (und auch blödsinnigsten) Ideen gekommen, wie z. B. Kronen aus Schlagsahne zu produzieren.

In der Schule ist es nicht anders. Solange die Schüler beschäftigt sind, läuft alles wie am Schnürchen. Ab dem Moment aber, in dem sie nicht mehr involviert sind, kommen sie auf Ideen! Vermeiden können wir das, indem wir darauf achten, dass sie beschäftigt und involviert sind.

Ich höre nichts!

Wie oft habe ich in der Schule etwas an die Tafel geschrieben, und sofort hagelten die Kommentare: *„Ich sehe nichts, Frau Lehrerin!"* (eine Lehrerin erzählte mir vor kurzem, dass ihre Standardantwort auf diese Aussage ist: *„Ich bin noch nicht durchsichtig, aber ich arbeite fleißig daran."*). Ganz selten habe ich aber gehört: *„Ich höre nichts!"*, wobei ich glaube, dass dies tatsächlich sehr oft der Fall im Klassenzimmer ist. Manchmal stand ich direkt neben einer Schülerin, während sie eine Frage beantwortete und habe sie nicht hören können. Ich saß auch öfter hinten im Klassenzimmer, während Kollegen unterrichteten. Die Lehrkraft habe ich hören können. Die Schülerin nicht. Es ist egal, wie interaktiv wir unseren Unterricht machen – wenn die Schüler nicht hören und verstehen können, was ihre Mitschüler sagen, wird ihre Aufmerksamkeit abwandern. Wäre es für uns anders? Wenn Sie zu einem meiner Vorträge kommen, könnte das Thema Sie noch so sehr interessieren, aber wenn ich den Vortrag auf Chinesisch abhielte, würden Sie nicht mehr lange aufpassen.

Was können wir tun, damit die Schüler einander und auch uns hören und aufgrund dessen am Geschehen interessiert sind?

Wir können Sprechübungen machen

Ich habe oft mit den Schülern Sprechübungen gemacht. Unsere Stimmen waren wie Pfeile. Wenn ein Schüler mit mir gesprochen hat, habe ich mit meinem Zeigefinger hinter mich gezeigt. Das war das Signal: *„Schieße deine Stimme wie ein Pfeil auf einen Punkt hinter mir ab."* Oder wir haben beim Lesen gespielt: Ich lese laut, dramatisch und deutlich, und sie wiederholen in genau der gleichen Lautstärke und dem gleichen Tonfall.

Wir können auf die Sitzordnung achten

Die Sitzordnung, die Sie bevorzugen, damit alle involviert sind, ist individuell und von vielen Faktoren abhängig. Wenn die Schüler in Reihen sitzen, sollte Ihnen klar sein, dass der Schüler in der letzten Reihe sprechende Schüler in der ersten Reihe wahrscheinlich nicht hören wird. Dieses Problem verschwindet sofort, wenn die Schüler in Kreisformation sitzen. Sie sehen ihren Gesprächspartner und richten ihre Stimme zu ihm hin. In der Mittelschule haben wir es bevorzugt, die Bänke in einer U-Form aufzustellen, mit einzelnen Reihen in der Mitte dieser Formation. Das sah etwa so aus:

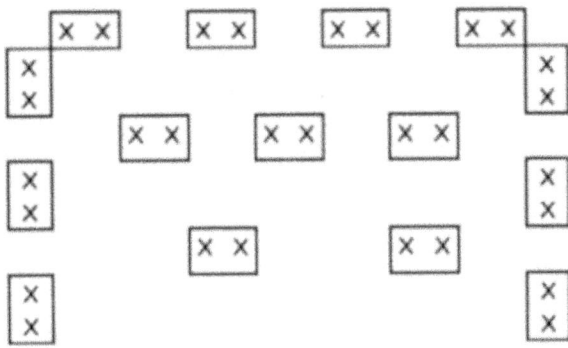

Das war für uns eine ideale Lösung. Es war kommunikativer, alle waren am Unterricht beteiligt, und wenn wir schnell einen Sitzkreis bilden wollten, ließen wir die Schüler an den Tischen im Außenkreis sitzen. Es ist unglaublich, wie viel kommunikativer diese Sitzordnung ist. Die Schüler sehen und hören einander viel besser. Es entsteht sofort eine andere Atmosphäre.

Wechseln Sie oft die Sitzordnung

- Wir wechseln, vor allem am Anfang des Schuljahres, die Sitzordnung wöchentlich. So lernen sich die Schüler besser kennen und neue Freundschaften entstehen. Außenseiter werden integriert. Ich mache am Anfang des Schuljahres klar: *„In unserer Klasse arbeitet jeder mit jedem!"* Wenn den Schülern das nicht gefällt, oder es nicht so gut funktioniert, dann ist die Sitzordnung nur für eine Woche und geht schnell vorbei.
- Jede kann sich selbst den Sitzplatz für die Woche aussuchen. Die einzige Vorgabe: *„Du musst neben jemandem sitzen, neben dem du noch nicht gesessen bist."*
- Sitzplätze auslosen. Namen der Kinder ziehen. Merkmale wie Sternzeichen oder Sockenfarbe bestimmen den Sitznachbarn. Kärtchen mit Nummern werden vergeben, die Anfangsbuchstaben der Namen der Kinder dienen als Indikator.

Zum Teil Schicksal. Zum Teil Wahl
Nach vielen unterschiedlichen zum Teil sehr aufwändigen „Inszenierungen" habe ich folgenden Weg entwickelt, zu einer neuen Sitzordnung zu kommen. Er funktioniert ohne Aufwand und ist spannend.

Die neue Sitzordnung ist das Ergebnis von Schicksal + Wahl und gelegentlich auch Bedingungen, die ich stelle (z.B. Bub neben Mädchen / Andi in der ersten Reihe / Alle wählen einen neuen Nachbarn / Kinder, die in der ersten Reihe waren, setzen sich in die 3. oder 4.Reihe / ...)

Alle Kinder stellen sich in der Klasse vorne oder hinten oder seitlich so auf, dass alle Plätze frei und gut zu sehen sind. Ich ziehe ein Namenskärtchen; das entsprechende Kind wählt einen Platz aus. Das wiederholt sich, bis alle Kinder einen Platz haben.

WICHTIG: Alles geschieht schweigend. Wenn ein Kind spricht, das bereits einen Platz hat, so muss es diesen wieder aufgeben. Spricht ein Kind, das noch darauf wartet dranzukommen, so wird das Namenskärtchen, selbst wenn das Schicksal es erwählt hat, nach hinten gereiht.

Allenfalls nötige Veränderungen (falls ein sehr großes Kind vor einem kleinen zu sitzen kommt) sind gewöhnlich ohne Aufregung und Aufwand möglich.

Christa O., Gymnasium, Wien

Wenn wir schon bei der Sitzordnung sind...

Verschiedene Sitzordnungen bewirken verschiedene Formen der Teilnahme und Kommunikation. Hier sind einige Varianten, die wir in den Seminaren bei ausgewählten Aktivitäten schon ausprobiert haben:

Die Zwiebel

Zwiebelformation

Die Schüler bilden – entweder im Stehen oder im Sitzen – zwei Schichten einer Zwiebel, d. h. es gibt einen Innenkreis mit der Hälfte der Schüler, die nach außen schauen. Die restlichen Schüler bilden einen Außenkreis, der zum Innenkreis schaut. Jeder Schüler im Außenkreis hat einen Partner im Innenkreis.

Die Lehrkraft erläutert eine Frage oder eine Aufgabe. Die Partner erarbeiten diese Aufgabe miteinander, bis die Lehrkraft mit einer Glocke läutet. Dann steht der Außenkreis auf, verabschiedet sich von dem jeweiligen Partner, bewegt sich einen Platz nach rechts und begrüßt den neuen Partner, mit dem eine neue Aufgabe ausgeführt wird.

Die Zwiebel ist eine sehr kommunikative Übungsform und bietet die Möglichkeit, kontrollierte Paararbeit zu machen – ohne chaotisch zu werden!

Zwei Reihen

Eine andere Form der kontrollierten Paararbeit ist es, wenn die Schüler sich, wieder stehend oder sitzend, in zwei Reihen einander gegenüber aufstellen. Die erste Person der linken oder der rechten Reihe stellt sich nach Beenden der Paaraufgabe hinten wieder an. Jeder hat dadurch einen neuen

Das Goldfischglas

Der Großteil der Schüler sitzt in einem großen Kreis. Diese Schüler sind die Beobachter. Einige Schüler, die eine vorgegebene Aufgabe durchführen, z. B. ein kleines Rollenspiel, stehen oder sitzen in der Mitte. Anschließend können die Schüler des Außenkreises erzählen, was sie beobachtet haben.

Und natürlich gibt es die üblicheren Formen, wie um einen Tisch sitzen, in Reihen, im Sitzkreis, in der Hufeisenform usw. Probieren Sie verschiedene Varianten für unterschiedliche Aktivitäten aus, und stellen Sie fest, welche Wirkung sie auf die Gruppendynamik im Klassenzimmer haben.

Ich bin schon fertig!

Es gibt zumindest einen Schüler in jeder Klasse (und auch im Erwachsenenunterricht), der schneller als die anderen fertig ist. Wie Sie darauf reagieren, sollte meiner Meinung nach von der Art der Übung abhängen. Wenn ich im Englischunterricht bin oder es eine Diskussionsfrage in Kleingruppen gibt, ist es nicht sinnvoll, die Aufgabe so schnell wie möglich zu machen. Die Schüler brauchen Übung in der Fremdsprache. Bei einer Diskussion ist es sinnvoll, wenn mehrere Gesichtspunkte in Betracht gezogen werden. Ich sage den Lernenden, dass es hier nicht um Geschwindigkeit geht, sondern um die Übung beim Sprechen oder das Generieren von neuen Ideen, und dann lenke ich ihr Gespräch möglichst in diese Richtung.

Wenn ein Schüler mit einem Arbeitsblatt in Mathe früher fertig ist, und wenn das Arbeitsblatt korrekt gemacht wurde, ist er unterfordert und braucht noch weitere Beschäftigung. Es gibt eine Menge an Möglichkeiten und Ideen, wie die Schüler in der Zwischenzeit konstruktiv beschäftigt werden können. Folgende Ideen stammen von Lehrerinnen aus unseren Kursen:

Wochenpläne für verschiedene Fächer

Hier stellt die Lehrkraft alle Übungen, Arbeitsblätter, Puzzle, Leseaufgaben usw. für die ganze Woche zusammen, macht ein Deckblatt mit Anweisungen, kopiert es und gibt den Schülern am Montag diesen Wochenplan. Manche Übungen sind Pflicht, andere auf freiwilliger Basis. Manche werden gemeinsam während der Stunde gemacht, andere als Hausübung und zwischendurch in der Schule. Am Ende der Woche werden die Wochenpläne eingesammelt.

Diese Wochenpläne bringen viele Vorteile mit sich. Die Schüler können ihre eigene Arbeit einteilen und lernen dadurch besser im Voraus zu planen. Sie bieten auch den Schülern, die immer sofort mit Schulübungen fertig sind, eine Beschäftigung, während die anderen Schüler arbeiten.

Buch im Bankfach

Wir sind in regelmäßigen Abständen in die Schulbibliothek gegangen, um Lesestoff für zu Hause und auch für Benutzung in der Klasse auszuborgen. Jeder Schüler hat ein Buch im Bankfach. Wenn er mit einer Aufgabe früher als die anderen fertig ist, darf er das Buch herausnehmen und lesen. Manche Lehrerinnen haben mir erzählt, dass die Schüler beim Läuten am Anfang der Stunde ihre Bücher aus dem Bankfach herausnehmen und lesen dürfen, bis die Lehrkraft das Signal gibt, dass die Stunde jetzt beginnt. Ich habe auch immer ein Buch (inzwischen ist das ein E-Buch geworden) mit und führte ein, dass, wenn alle wirklich sehr brav gearbeitet oder besondere Leistungen vollbracht haben, wir alle miteinander – auch ich – als Belohnung zehn Minuten lang in unseren Büchern weiterlesen durften.

Zusätzliche Arbeitsblätter

Einmal sagte meine Kollegin im Englischunterricht in der Mittelschule zu zwei Mädchen, sie bräuchten ein bisschen Übung bei den Personalpronomen, und sie werde ihnen ein zusätzliches Arbeitsblatt geben. Ich habe angeboten, ins Lehrerzimmer zu gehen, um die Blätter für die Mädchen zu kopieren. Während ich aus der Klasse ging, fragte ich: *„Möchte sonst jemand ein zusätzliches Arbeitsblatt?"* Meiner Kollegin und mir sind die Münder offen geblieben, als siebzehn Kinder aufzeigten! Nicht nur wollten sie das Blatt, der Großteil hat diese zusätzliche Aufgabe am nächsten Tag auch vollständig ausgefüllt mitgebracht!

Mir ist durch dieses Erlebnis bewusst geworden, dass wir sehr oft die Arbeitsfreude unserer Schüler unterschätzen. Wir nehmen oft an, dass die Schüler nicht arbeiten wollen – und durch unsere eigene Annahme schränken wir sie ein und verhindern, dass sie ihr wahres Potenzial erreichen können. Aus diesem Grund haben wir angefangen, zusätzliche Arbeitsblätter im Klassenzimmer bereitzustellen. Wenn ein Schüler früher als die anderen fertig war, hat er ein Arbeitsblatt nehmen dürfen und es ausgefüllt. Für die fertig gestellten Blätter gab es öfters einen Stempel oder einen Sticker (Sticker wirken extrem motivierend. Wie jeder von uns weiß, würden die meisten Schüler – auch die älteren – ihre Seele verkaufen, um einen Sticker für eine Hausübung zu bekommen!).

Und was gibt es noch alles? Jede Menge! Zum Beispiel ein Lernspiel oder ein Rätsel machen, früher mit der Hausübung beginnen, Freiarbeit, PC, entspannen in der Kuschelecke, Rechenarbeitsblätter für die Lehrerin verbessern, Hefte verschönern, einem schwächeren Kind helfen, andere Helfertätigkeiten im Klassenzimmer wie Tafel löschen, sortieren, ordnen usw.

Meine Schüler können beim Vortrag nicht zuhören!

Auch wenn wir zum Großteil interaktiv unterrichten, müssen wir gelegentlich in der Klasse vortragen. Wenn Sie Schüler in der Klasse haben, die nicht lange still sitzen und zuhören können (und wer hat solche Schüler nicht in der Klasse?), gibt es Verschiedenes, das Sie machen können:

Drücken Sie dem Schüler einen Ball oder ein anderes weiches und geräuschloses Objekt in die Hand Manche Schüler werden ganz leicht abgelenkt. Die kleinste Störung reicht – *„Schau! Ein Vogel sitzt draußen im Baum!"*, und diese Schüler sind ganz woanders mit ihrer Aufmerksamkeit!

Um sich gut konzentrieren zu können, haben viele Schüler das Bedürfnis, zwei Sachen gleichzeitig zu machen. Diese Schüler können nicht einfach sitzen und zuhören. Sie brauchen eine zweite Tätigkeit oder Bewegung, die sie nebenbei ausüben. Sie können ihnen einen Knautschball in die Hand drücken. Der Ball darf auf keinen Fall auf den Boden fallen oder durch das Zimmer fliegen. Um den Ball zu behalten, muss er beim Schüler bleiben – sonst ist er weg. Oder Sie geben ihm ein kleines Stück Plastilin. Oder Sie verteilen Mandalas, die beim Zuhören bemalt werden können. Dann fällt den Schülern das Zuhören viel leichter.

- Ein amerikanischer Bekannter und der Guru des interaktiven Trainings in Management, Thiagi (a.k.a. Dr. Sivasailam Thiagarajan, Ph. D.), verfasst einen monatlichen Gratis-Newsletter und hat ein Buch über interaktive Vorträge geschrieben. Siehe http://www.thiagi.com/index.html Viele der Vorschläge, die Thiagi für das Management angibt, lassen sich leicht in der Schule, vor allem in höheren Klassen, anwenden. Unter einer Menge anderer Ideen schlägt er vor, zwischendurch viele interaktive Fragen (siehe unten) zu stellen und kurze, aktive Pausen einzulegen: *„Drehe dich zum Nachbarn und besprich..."* sowie Beobachtungsaufgaben beim Vortrag zu verteilen usw.

Setzen Sie nonverbale Techniken ein, um Ihre Schüler beim Vortrag zu fesseln:

- Halten Sie ständig Augenkontakt mit der Klasse. Wenn eine Lehrkraft mehr als sechs Sekunden den Augenkontakt mit der Klasse unterbricht, verliert sie die Aufmerksamkeit der Klasse.
- Wenn eine Störung vorkommt, hören Sie einfach mit dem Reden auf und warten Sie.
- Aktives Mitmachen fördern: *„Wer hat das auch schon erlebt?"* – Handzeichen.
- Einladende, offene Körperhaltung, Mimik und Gestik einsetzen.
- Wandern Sie durch das Klassenzimmer, während Sie sprechen. Bleiben Sie dramatisch bei verschiedenen wichtigen Vortragspunkten an unterschiedlichen Plätzen stehen.
- Die Lerntypen berücksichtigen und jedem das Adäquate beim Vortrag anbieten.
- Fragen zulassen, anerkennen und willkommen heißen.
- Die Schüler mit Namen ansprechen.
- Schlüsselworte und Phrasen von der gesamten Klasse laut wiederholen lassen.
- Zuzwinkern, anlächeln, nicken.
- Alles was Ihnen sonst einfällt, damit die Schüler mitdenken und aktiv zuhören!

Viele Fragen stellen

Die Art der Fragen, die Sie stellen, hat eine Auswirkung auf jüngere und auch auf ältere Schüler und ihre Bereitschaft zu antworten bzw. am Klassengeschehen teilzunehmen.

Stellen Sie rhetorische Fragen

Das sind die Fragen, auf die Sie gar keine Antwort erwarten. Die Schüler beantworten diese Fragen innerlich, und ihre Aufmerksamkeit bleibt dadurch bei Ihnen.

Bei jüngeren Schülern ist hier jedoch Vorsicht geboten.
Sie sehen meist JEDE Frage als eine Aufforderung zum Antworten an.

Wenn ich eine Gruppe Erwachsener habe und in der Früh frage, ob sie einen schönen Abend hatten, nicken sie, oder wenn wirklich etwas Ungewöhnliches passiert ist, erzählen sie es.

Wenn ich die gleiche Frage bei einer 1. Klasse Volksschule stelle, bekomme ich 25 detaillierte Antworten: *„Ja, Frau Lehrerin, das muss ich dir erzählen! Der Hund hat schon wieder auf den Teppich gepinkelt ..."* Kinder in diesem Alter haben die Tendenz alles wortwörtlich zu nehmen.

Stellen Sie auch leichte Fragen:

Wenn wir immer schwierige Fragen stellen, antworten immer die gleichen Schüler. Sie sind in der Stunde voll dabei. Aber die Schüler, die die Fragen nicht beantworten können, fühlen sich nicht ins Klassengeschehen eingebunden. Entweder schlafen sie dann innerlich ein, oder sie kommen auf kreative Ideen, wie sie den Unterricht stören können.

Stellen Sie Fragen, die neugierig machen:

Was glaubt ihr, habe ich heute für euch dabei? Möchtet ihr wissen, was mir heute in der Straßenbahn passiert ist?

Stellen Sie Fragen, die einen Bezug zwischen Stoff und Alltagsleben herstellen:

Hier gilt das Prinzip von WIIFM – What's in it for me? Wenn Schüler wissen, warum sie etwas lernen und was es ihnen bringen wird, sehen sie den Sinn dahinter und machen mit.

Stellen Sie suggestive Fragen:

Stellen Sie (vor allem bei der Einführung eines Themas) Fragen, die mit „JA" beantwortet werden können. „Habt ihr euch je gefragt, warum die Luft oben viel wärmer ist, wenn ihr auf die Leiter steigt? ...". Wenn Sie Fragen stellen, die der Großteil der Schüler interessiert, steigen sie leichter ins Thema ein, als wenn die Schüler entweder laut oder innerlich „Nein!" sagen. Widerstand kommt erst gar nicht auf. Nützen Sie die Kunst der positiven Suggestion bei der Fragestellung!

Das zehnte Gebot

INTEGRIEREN Sie die AUSSENSEITER!

> Eine Lehrerin bat die Schüler in ihrer Klasse, ein Blatt Papier in die Hand zu nehmen. Sie sollten es zuerst zerknittern, dann auf den Boden werfen und mit den Füßen darauf stampfen. Anschließend bat sie die Schüler, das Blatt wieder vorsichtig zu entknittern und zu glätten. Sie sollten schauen, wie schmutzig und verunstaltet das Blatt war. Auch wenn sie sich bei dem Papier entschuldigen würden, würde es nie wieder so ausschauen, wie es vorher ausgeschaut hat. Sie erzählte den Schülern: "Das ist genau das, was beim Mobbing passiert. Auch wenn es uns nachher Leid tut, bleiben die Narben auf Ewigkeit."
> Die Gesichter der Schüler in ihrer Klasse zeigten ihr, dass sie verstanden hatten, was die Lehrerin ihnen vermitteln wollte.

Waren Sie jemals ein Aussenseiter?

Ich schon. Ich war – und bin noch immer – kein sportlicher Typ. Als ich selbst Schülerin war, waren wir fast täglich entweder im Turnsaal oder am Spielplatz und haben Mannschaftsspiele gespielt. Jede Stunde hat mit der Auswahl der Mannschaften begonnen. Es gab zwei Kapitäne, die abwechselnd die Mitglieder ihres Teams wählen durften. Und meist war ich die letzte Person, die gewählt wurde. Dieses Wählen der Mannschaften war die ärgste Qual für mich. Ich habe gelitten, vor, während und nach jeder Turnstunde. Zum Glück habe ich sonst in anderen Bereichen Freunde gehabt. Aber die Turn- und Spielstunden haben gereicht, um eine bleibende negative Erinnerung zu hinterlassen.

Wir haben aber Schüler in unseren Klassen, die in jedem Bereich ausgeschlossen werden. Sie sind Außenseiter, und sie leiden. Sie haben Abwehrmechanismen entwickelt, um sich selbst zu schützen, und es sind diese Mechanismen, die es manchmal schwierig machen, sie zu erreichen. Die Außenseiter übernehmen öfters die Rolle: *„Ich möchte alleine bleiben und will ohnehin nichts mit den anderen zu tun haben."* Sie verweigern den Kontakt, weil es weniger weh tut, als abgelehnt zu werden. Sehr oft machen sie das so überzeugend, dass ihnen sogar die Lehrkraft glaubt, und diese unternimmt deswegen nichts, um den Außenseiter zu integrieren.

Ein klassisches Experiment: Blaue Augen gegen braune Augen

Eine amerikanische Volksschullehrerin, Jane Elliott, führte in der Kleinstadt Riceville, Iowa, ein Experiment mit ihrer dritten Volksschulklasse durch. Bei diesem Experiment, das inzwischen weltweit bekannt ist, sind Schüler mit blauen bzw. braunen Augen jeweils einen Tag lang als minderwertig oder auch überlegen bezeichnet worden. Aufgrund ihrer Augenfarbe haben sie das Leben als ein Mitglied einer Minderheitengruppe einen Schultag lang erleben können. Die Reaktionen waren erschütternd.

Es gibt mehrere Beiträge im Internet über ihre Experimente. Hier zwei davon:

http://www.bpb.de/files/HVDC2O.pdf
Deutscher Textbeitrag über Jane Elliot und ihre Arbeit.

http://www.diversitydelivers.org/productions/index.php/resources.php
Quellenratgeber.

Im Beitrag sagt Jane Elliott, dass sich ihre Klasse mit zwanzig liebenswürdigen Kindern binnen zehn Minuten komplett verändert hatte. Diese Filme und Jane Elliotts Arbeit zeigen, wie schnell sich unser Verhalten verändern kann. Es ist auch genau zu sehen, wie die Außenseiter, die Klassenkollegen und auch die Lehrkraft zu der Situation beitragen.

Welche Strategien entwickelt der Aussenseiter im Allgemeinen?

Die Burschen werden meist lästig und schlüpfen oft in die Rolle des Klassenclowns. Manche werden aggressiv, da sie Aggression als die einzige Möglichkeit, in Kontakt zu treten, kennen. Die Mädchen ziehen sich eher zurück oder geben an, damit sie ins Gespräch kommen.

Unten finden Sie Spiele zu diesem Thema, die Sie mit Ihren Schülern spielen können. Aber Vorsicht ist geboten: Die Spiele gehen ganz schön tief. Wir haben sie auch in Lehrerseminaren gespielt. Nachher haben die Teilnehmerinnen folgende Kommentare zu ihren eigenen Gefühlen und Reaktionen während des Spiels gemacht:

- Manche haben anfänglich gegen die Außenseiterrolle gekämpft, aber sie haben dann bald resigniert und ihre Rolle in der Gruppe akzeptiert. Sie haben sich zurückgezogen und dann einfach das Geschehen beobachtet.

- Manche haben sich zu einer eigenen Gruppe zusammengeschlossen. Dadurch sind sie stärker geworden. Sie sagten, dass sie die Integration abgelehnt hätten, auch wenn die Gruppe sie anschließend integrieren hätte wollen. Eine eigene Gruppe zu bilden und die anderen als Rache auszuschließen – mit anderen Worten: das ausschließende Verhalten der anderen nachzuahmen – hätte ihnen mehr Zufriedenheit geschenkt. So entstehen auch Gangs, die sich an der Gesellschaft und an denen, die sie ausgeschlossen haben, rächen.

  - Die Techniken, die sie spontan anwendeten, um in die Gruppe einzudringen:
    - Sie haben Komplimente gemacht, Gegenleistungen angeboten und versucht zu schleimen.
    - Sie haben versucht, sich körperlich in die Gruppe zu drängen.

- Sie sind laut geworden, haben gesungen, den Clown gespielt. Die Beobachter haben festgestellt, dass einige wenige Außenseiter wesentlich lauter als die Gruppe waren.

Was können mitfühlende Schüler tun?

Wie andere Schüler als mitfühlende Außenstehende den Außenseitern helfen können, wird auch immer wieder gefragt. Sie sollen dieses ausschließende Verhalten auf keinen Fall schweigend tolerieren. Sie können sich an eine Vertrauenslehrerin wenden und sie bitten einzugreifen. In der Klasse selbst gibt es vielleicht andere, die mit den Außenseitern mitfühlen. Gemeinsam ist es leichter etwas dagegen zu unternehmen als alleine.

Was kann der Aussenseiter selbst tun?

Der Außenseiter sollte selbst darüber nachdenken, warum die anderen ihn ausschließen. Wann kommt das vor? Ist es immer, oder passiert es nur in gewissen Situationen? Was haben die Mitschüler davon, dass sie ihn quälen? Ist es Bösartigkeit, oder macht er etwas Bestimmtes, das sie so sehr stört.

Wenn Veränderungen gerechtfertigt sind, soll der Außenseiter versuchen, sie vorzunehmen. Sonst soll er sich selbst treu bleiben. Er soll nicht anders werden, nur damit er ankommt. Wo gibt es andere Jugendliche oder Kinder, die ihm ähnlich sind? Im Fußballverein? Beim Schachklub? Er soll aktiv einen anderen Freundeskreis suchen, der ihm gut tut. Er sollte mit seinen Eltern und Vertrauenslehrern darüber sprechen.

Was können Sie als Lehrkraft tun?

Sehr viel! Auch im sozialen Bereich ist die Lehrkraft das Alphatier. Sie sind der einflussreichste Faktor in dem Integrationsprozess. Merken Sie sich vor allem:

- **Sie sind das Vorbild!**
  Behandeln Sie alle – vor allem die Außenseiter – mit Wertschätzung und Respekt. Die Schüler lernen ihr soziales Verhalten durch Nachahmung. Leider sind die Modelle, die sie sonst haben, sehr oft keine positiven. Es gibt viele Elternhäuser, in denen es an Wärme und Geborgenheit mangelt. Setzen Sie bewusst ein Gegenmodell. Die Schüler sind ständig dabei, Sie zu beobachten. Sowohl Ihre verbalen als auch Ihre nonverbalen Botschaften werden genau – teilweise bewusst, teilweise unbewusst – von der Klasse wahrgenommen. Sie setzen den Ton für den Umgang mit anderen Menschen und auch mit Außenseitern.

- **Betonen Sie die Stärken**
  Dadurch wird das Selbstbewusstsein aller, auch das des Außenseiters, gestärkt. Geben Sie ihm unauffällig die Gelegenheit, seine Stärken zu zeigen. Geben Sie auch Ihre eigenen Schwächen als Lehrer/Mensch in der Klasse zu erkennen, z. B. *„Ich werde nie Profifußballer!"*, *„Das könnt ihr viel besser als ich!"* Hier, wie überall, sollte der Schwerpunkt auf das positive Verhalten und die Stärken gelegt werden. Stellen wir wirklich fest, was bis jetzt gut funktioniert hat, und überlegen wir gemeinsam mit dem Schüler, wie diese Erfolge auf andere Situationen übertragen werden können.

Soziales Lernen

Legen Sie Schwerpunkte: Achtung, Respekt, Toleranz, Rücksicht und Hilfsbereitschaft im Klassenzimmer. Machen Sie es konkret, damit die Schüler wissen, wie diese Werte gelebt werden. Bauen Sie metaphorische Geschichten und Aktivitäten ein, die diese Werte vermitteln. Setzen Sie soziales Lernen so viel und so oft wie möglich ein. In fast jedem Fach – z. B. Englisch, Deutsch, Geschichte, Religion – kann der Stoff in gruppendynamische, soziale Lernspiele, die die Zusammenarbeit statt Konkurrenz fördern, verpackt werden.

Wie werden Gruppen oder Mannschaften gebildet?
- Zufällige Gruppen- und Teambildung wird von der Lehrkraft gelenkt.
- Durchzählen.
- Karten mit verschiedenen Farben oder Formen.
- Verschiedenfarbige Gummibärli oder Stifte verteilen. Alle, die ein rotes Gummibärli haben...
- Arbeitsblätter mit bunten Punkten versehen. Alle blauen gehen zusammen, alle...
- Spielkarten austeilen. Alle Könige gehen zusammen.
- Losen. Tausch ist nicht möglich.
- Bevor die Schüler kommen, kleben Sie verschiedenfarbige Zuckerln unter den Sitzplatz (oder wenn Sie vor der Stunde nicht dazu kommen, lassen Sie die Zuckerln aus einem Sack ziehen).
- Postkarten zu Puzzleteilen zerschneiden und verteilen. Schüler müssen herausfinden, zu welcher Postkarte ihr Puzzleteil gehört.
- Gemeinsamkeiten finden (Farbe der Zahnbürste, Anzahl der Knöpfe, Augenfarbe usw.).
- Rätsel plus Antworten verteilen. „Finde deinen Partner!"
- Memory-Karten austeilen.
- Kärtchen mit Rechnungen und Ergebnissen (z. B. „1 km" und „1000 m") verteilen.
- Kärtchen mit „winken", „husten", „auf den Zehenspitzen gehen" verteilen. Pantomimisch Gruppen bilden.
- Kärtchen mit „Du bist glücklich/hungrig/durstig ..." Pantomimisch Gruppen finden lassen.
- Karten mit Liedern verteilen. Singend oder summend durch den Raum gehen. Alle, die „Happy Birthday", „Alle meine Entschen", „Die Bundeshymne" usw. singen, sind ein Team.
- Schüler stellen sich in eine Reihe auf: nach Größe, Haarlänge usw. Die ersten drei arbeiten zusammen, die nächsten drei usw
- Die Person, die als Letzte ausgesucht wird, darf beim nächsten Mal aussuchen

Aussenseiterspiele für den Unterricht

Es folgen einige Spiele zur Förderung kommunikativer und sozialer Kompetenz und zur Integration von Außenseitern. Das Prinzip hinter diesen Spielen, die mehrmals und mit Variationen gespielt werden können, ist, dass jeder in der Klasse einmal am eigenen Leib spüren sollte, wie es ist, Außenseiter zu sein.

Einen Großteil dieser Außenseiter-Spiele habe ich mit Lehrern in Fortbildungskursen gespielt. Das Spielen hat sich teilweise komplett anders entwickelt, als ich es mir vorstellte. Wir hatten in den Seminaren kein Außenseiterproblem, und es war nur meine Absicht, die Lehrkräfte im Seminar mit den Spielen bekannt zu machen, damit sie sie im Unterricht einsetzen könnten.

So war es aber nicht. Die Reaktionen beim Spielen waren vielfältig und teilweise extrem. Bei einer größeren Gruppe, in der es beim Spiel vier Außenseiter gab, haben sich die Ausgeschlossenen verbündet, zuerst die restliche Gruppe mit Vehemenz aus dem Seminarraum verbannt, und anschließend sind sie ihnen durch den Garten bis an den Waldesrand nachgelaufen!

Bei der Nachbesprechung waren die Teilnehmer über ihr eigenes Verhalten und die starken Gefühle, die das Spiel hervorgerufen hatte, verwundert. Diese Spiele sind mächtig. Das heißt, Sie müssen die Spielentwicklung ständig im Blick haben. Suchen Sie auf keinen Fall die Außenseiter und auch nicht die Rudelführer aus, um die Rolle des Ausgeschlossenen zu spielen. Diese Rolle soll bei den ersten Spielrunden immer von einer Schülerin gespielt werden, bei der Sie sich darauf verlassen können, dass sie offen und ehrlich ausspricht, was in ihr vorgegangen ist. Und Sie können das Spiel natürlich auch jederzeit abbrechen.

Die Nachbesprechung ist der wichtigste Teil von jedem gruppendynamischen Spiel und kann unter Umständen wesentlich länger dauern als das Spiel selbst. Meist ist die Diskussion ergiebiger, wenn zuerst in Kleingruppen und dann später erst in der Großgruppe die Nachbesprechungsfragen beantwortet werden.

Rollenspiele zu Vorurteilen in der Gruppe

Fragen Sie die Schüler, ob sie sich Situationen vorstellen können, in denen manche Menschen von anderen aus einer Gruppe ausgegrenzt werden. Können Sie sich vorstellen, wie es sich anfühlt ausgeschlossen zu werden?

Teilen Sie die Schüler in Kleingruppen auf und geben Sie allen Gruppen eine Situation, in der ein Schüler ausgegrenzt wird. Alle Gruppen bearbeiten dasselbe Beispiel. Sie sollen sich eine Lösung für die Situation ausdenken. Sie spielen innerhalb der Gruppe die Situation und die Lösung einige Mal durch, damit sie sich gut in die Rollen einfühlen bzw. die Lösung notfalls verbessern können.

Dann spielen die Kleingruppen ihre Szenen der Großgruppe vor. Als Nachbesprechung werden die verschiedenen Lösungen näher angeschaut und verglichen.

Das Punktespiel

Lassen Sie die Schüler in einem Kreis stehen, Blickrichtung nach außen. Erklären Sie den Schülern den Vorgang: „Ihr werdet im Kreis, der nach außen schaut, stehen und die Augen zumachen. Ich werde auf jede Stirn einen Klebepunkt kleben. Erst wenn ich damit fertig bin, dürft ihr die Augen wieder aufmachen. Während des Spieles darf nicht gesprochen werden."

Wenn Sie eine Gruppe mit zum Beispiel 25 Schülern haben, werden Sie jeweils sechs rote, sechs grüne, sechs blaue, sechs gelbe Punkte und einen schwarzen oder andersfarbigen Punkt benötigen.

Suchen Sie vorsichtig die Person aus, die den einzelnen Punkt bekommt. Das soll weder ein Außenseiter noch ein Rudelführer sein. Geben Sie ihn einer Person, die sich gut ausdrücken kann, die die Wahrheit aussprechen wird und die zwar gefühlsbetont ist, aber nicht überreagieren wird.

Nachdem Sie die Punkte fertig aufgeklebt haben, sagen Sie: „Macht die Augen auf und dreht euch um. Bitte nichts reden. Jetzt könnt ihr beginnen." Bleiben Sie vage bei den Anweisungen! Es ist wichtig, dass Sie nicht sagen: „Bitte sortiert euch!" oder so etwas ähnliches. Die Schüler werden Sie zuerst ein bisschen hilflos anschauen, und dann werden sie anfangen sich nach Farben in Gruppen aufzuteilen. Die Person mit dem schwarzen Punkt wird übrig bleiben.

Beenden Sie das Spiel nicht zu schnell. Warten Sie ab und schauen Sie, was die Gruppe mit der Person, die übrig geblieben ist, machen wird.

Die Nachbesprechung findet zuerst in Kleingruppen statt. Der Außenseiter sucht sich eine Gruppe aus und schließt sich hier an. Anschließend findet dann die Diskussion in der Großgruppe statt.

Diskussionsfragen:
- Was hast du empfunden in dem Moment, als du jemanden mit einem Punkt in der gleichen Farbe entdeckt hast?
- Warum habt ihr euch eigentlich in Gruppen sortiert?
- Ihr habt euch in Gruppen sortiert, in der jeder die gleiche Farbe hatte. Hättet ihr euch vielleicht anders gruppieren können?
- Wie hast du dich gefühlt?
- Habt ihr einander geholfen, die entsprechenden Gruppen zu finden?

Wir sind alle im gleichen Boot!

Die Schüler schauen sich die Illustration auf der nächsten Seite an. Sie überlegen, welche Figur sie darstellt und warum.

(Diese Illustration darf kopiert werden)

tischBein nUMMer 2:

"Das selbstdisziplinierende Klassenzimmer." Pearl Nitsche

Illustrator: Andrew Wright

Rote Punkte – Grüne Punkte

Geben Sie jedem Schüler entweder einen roten oder einen grünen Punkt. Sie können ihn gut sichtbar auf ihre Kleidung kleben. Es soll ungefähr gleich viele rote wie grüne Punkte geben.

Erzählen Sie den Schülern, dass wir ein großes Fest planen werden. Die Schüler mit den grünen Punkten werden sich mit Stiften und Papier zusammensetzen und die Planung für das Fest miteinander besprechen. Sie sollen eine Liste von all den Aufgaben machen, die für das Fest erledigt werden müssen. Die Schüler mit den roten Punkten setzen sich mit dem Rücken zur Tafel, machen die Augen zu, gehen kurz in sich und überlegen – ohne zu sprechen – alle Ideen, die ihnen zur Festgestaltung einfallen.

Sobald alle in Position sind, schreiben Sie geheime Anweisungen für die mit den grünen Punkten an die Tafel:

„Shhhhhhhhh!
In einigen Minuten werden die mit den roten Punkten wieder die Augen aufmachen. Wir werden das Fest diskutieren. Bitte IGNORIERE die Leute mit roten Punkten. Sprich nicht mit ihnen. Tue so, als wären sie durchsichtig. Und mache nun weiter mit der Festplanung."

Nach einigen weiteren Minuten bitten Sie die Schüler mit den roten Punkten, die Augen aufzumachen. Die zwei Gruppen sollen gemeinsam in einem Kreis sitzen und das Fest besprechen.

Nach etwa drei Minuten beenden Sie die Diskussion.

Nachbesprechungsfragen:
- Wie hast du dich gefühlt? Frage die Rotpunkte und die Grünpunkte.
- Was ist passiert? Was hast du als ein Grünpunkt gemacht und warum? Was hast du als Rotpunkt gemacht und warum?
- Wenn die Grünpunkte erklären, dass sie die Anweisungen befolgt haben, zeigen Sie den Rotpunkten die Geheimanweisungen.
- Wir haben nur einige Minuten lang gespielt. Wie wäre es, wenn dein ganzes Leben so wäre wie diese Minuten?
- Was wäre passiert, wenn es mehr rote Punkte als grüne gegeben hätte?
- Was sagt uns diese Übung für die Zukunft? Für unser Verhalten hier in der Gruppe?

Schwarzes Schaf

Die Schüler gehen durch den Raum und spielen „Begrüßungs-Szenen". Sie geben sich die Hände, lächeln sich an, sprechen ein paar Worte miteinander, verabschieden sich, gehen weiter, begrüßen die nächste Schülerin, die sie treffen, führen kleine Gespräche miteinander.

- **Erste Runde:**
  Ein oder zwei Schüler, die sich freiwillig gemeldet haben, um die Rolle des „Ausgeschlossenen" zu spielen – wird/werden nicht beachtet. Das Spiel ist entweder nach fünf Minuten zu Ende, oder aber, wenn es der Schülerin gelungen ist, einem anderen die Hand zu schütteln oder ins Gespräch zu kommen.

- **Runde Zwei:**
  Wieder werden ein oder zwei Freiwillige bestimmt. Diesmal hassen die anderen Schüler diese zwei. Sie können das sprachlich ausdrücken, dürfen die Außenseiter jedoch nicht anfassen.

- **Anschließendes Klassengespräch:**
  - Wie hat der Außenseiter sich gefühlt? Was hat er während der Übung gedacht?
  - Wie hat er versucht, Kontakt aufzunehmen?
  - Hat sich die Art der Kommunikation im Lauf des Spiels verändert?
  - Wie haben die anderen Gruppenmitglieder darauf reagiert?
  - Wie haben sie sich dabei gefühlt?
  - Habt ihr eine ähnliche Situation schon einmal erlebt?

TISCHBEIN NUMMER 3:
STRUKTUR! STRUKTUR! STRUKTUR!

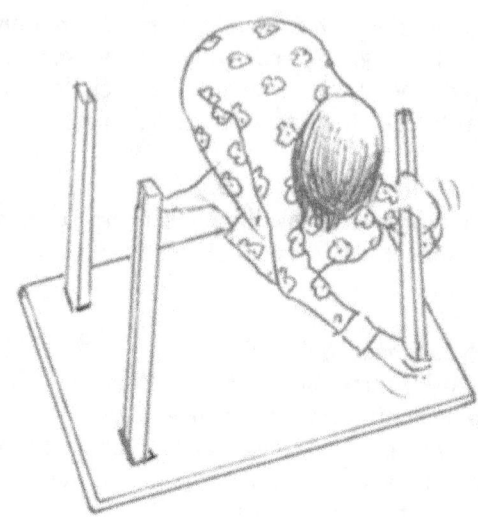

Wenn Regeln, Vorgänge, tägliche Routinen und erwünschtes Verhalten eindeutig formuliert und von der Klasse bis zur Perfektion eingeübt werden, kommen Probleme, die in anderen Klassenzimmern üblich sind, gar nicht auf. Dadurch kann das Problem gar nicht entstehen und das Disziplinieren fällt weg. Ein strukturiertes Klassenzimmer ist ein pro-aktives Klassenzimmer. Durch die Vorgabe von Strukturen – seien das Anker, Routinen oder vorgegebene Grenzen – wissen die Schüler genau, was von ihnen erwartet wird und wie sie das tun sollen. Erwartungen und gewünschtes Verhalten werden eindeutig formuliert und eingeübt. Der Erfolg ist vorprogrammiert und das Testen von Grenzen bzw. das Disziplinieren kommt seltener vor.

In diesem Teil werden wir Anker und strukturierte Handlungsabläufe im Klassenzimmer näher anschauen. Einige dieser Vorgänge werden Sie vielleicht aus meinem Buch „Nonverbales Klassenzimmermanagement" kennen. Hier wird der Schwerpunkt jedoch auf den strukturierten Zugang zu diesen Vorgängen gelegt. Die zahlreichen Lehrerbeiträge zeigen auf, wie diese Techniken in der Praxis ausschauen. Jede Situation und jede Klasse ist jedoch anders. Experimentieren Sie mit diesen Informationen, und stellen Sie Ihre eigenen Routinen – Schritt für Schritt – zusammen. Die Auswahl an Ideen ist, wie Sie gleich merken werden, riesig!

WAS IST EIN STRUKTURIERTES KLASSENZIMMER?

„Lege als erstes das Ziel und den Weg dorthin fest, damit andere wissen, was sie erwartet"
Sir Francis Bacon

Unterrichten mit Logik und Liebe

Der Titel dieser Bücherreihe „Unterrichten mit Logik & Liebe" beinhaltet die zwei Schlüssel zum selbstdisziplinierenden Klassenzimmer. Im letzten Teil haben wir die Beziehungsebene, die den ersten Schlüssel darstellt, besprochen. Schüler gehen in die Schule wegen Beziehungen und Freundschaften – zueinander und auch zu uns. Wenn sie spüren, dass wir sie mögen, machen sie mit.

Der zweite Schlüssel besteht aus Struktur und wiederkehrenden Routinen. Erfolgreiches Klassenzimmermanagement benötigt Zeitpläne, routinemäßige Abläufe, Regeln und Rituale. So wissen die Schüler jederzeit, was sie zu einer bestimmten Tageszeit, bei gewissen Vorgängen im Klassenzimmer oder bei einer bestimmten Aktivität erwartet – das Resultat ist ein reibungsloser und harmonischer Unterricht.

Die Vorteile sind offensichtlich:

- Täglich wiederholende Aktivitäten geben Lernenden Halt und Sicherheit. Rituale und strukturierte Vorgänge schenken den Schülern Orientierung im Schulalltag und eine angstfreie Lernumgebung.
- Ein „automatisiertes" Klassenzimmer erspart Zeit, Verwirrung und Disziplinierungsmaßnahmen.
- Struktur bietet den Schülern Grenzen an. Dadurch kommen Disziplinierungsmaßnahmen selten vor.
- Rituale fördern eine Identifizierung mit der Klasse und der Schule. Die Teamarbeit und die Bildung einer Gemeinschaft werden dadurch gesteigert.
- Die sozialen Fertigkeiten werden gestärkt, und die Lebensqualität steigt.

- Es gibt immer wieder die Möglichkeit zum Neubeginn: Jede Stunde, jeder Tag, jedes Semester, jedes Schuljahr wird durch die Ritualisierung als Neubeginn angesehen. Das heißt, es ist die Möglichkeit gegeben, belastende Erinnerungen und Misserfolgserlebnisse hinter sich zu lassen und mit neuem Elan nochmals zu beginnen.

Vorgegebene Routinen und Strukturen im Klassenzimmer sind wie Eisenbahnschienen. Sie zeigen Schülern klar und eindeutig den Weg zum erfolgreichen Handeln. Es gibt kein Abweichen. Die Schüler haben ein klares Ziel, eine Landkarte und genaue Anweisungen, wie sie das erwünschte Verhalten ausführen sollen. So ist der Erfolg garantiert. Da der Vorgang immer wieder wiederholt wird, automatisiert er sich. Das ist für die Schüler und auch für uns positiv: die Schüler fühlen sich wohl, das Klassenzimmermanagement wird effizienter und nimmt immer weniger Zeit in Anspruch.

Je schwieriger die Klasse, desto mehr Struktur ist notwendig:

Rituale fördern das Selbstbewusstsein und Vertrauen
Bei uns in der Volksschule bzw. Allgemeinen Sonderschule unterrichten zwei Lehrerinnen Kleinklassen mit etwa acht Kindern. Diese Schüler werden aufgrund einer akuten psychischen Krise bzw. schwerwiegender Verhaltensschwierigkeiten kurz-, mittel- oder langfristig in der psychiatrischen oder sozial-/heilpädagogischen Einrichtung von einem multidisziplinären Team betreut.

Einer der wichtigsten pädagogische Schwerpunkte bei diesen Schülern ist ein stark ritualisierter Tages- bzw. Wochenablauf. Durch Struktur und überschaubare Ordnungsrahmen werden Übersicht und Orientierung geboten. Rituale bringen Entlastung und Stabilität und fördern das Selbstbewusstsein und die Selbstsicherheit der Schüler. Die Erfahrung von Verlässlichkeit durch den Einsatz von einem strukturierten Tagesablauf ist neben Offenheit, Verständnis und positiver Grundhaltung die Basis für Beziehungsarbeit, die immer – und besonders bei der Arbeit mit Kindern mit der Diagnose „Störung des Sozialverhaltens" – unumgänglich ist.

Die Wichtigkeit von Verlässlichkeit, Klarheit, Regeln und Struktur, die auf Basis einer liebevollen Grundhaltung geschaffen und auf ihre Sinnhaftigkeit ständig überprüft werden, wird betont.

S. Höflich, Sonderschule, NÖ

Rituale geben den Schülern Rückhalt
Rituale im Unterricht bieten Struktur, geben Halt und ermöglichen das Vertrauen. Wir machten die Erfahrung, dass gerade jene Schüler, die unserer Zuwendung besonders bedürfen, durch Rituale jenen Rückhalt bekommen und gewinnen können, den sie brauchen. Wiederkehrende Formen signalisieren den Kindern Konstanz, und gerade diese Regelmäßigkeit ist es, die ihnen oft fehlt: Das was heute gilt, wird auch morgen gelten und galt auch gestern.

Sandra P., Tamara P., Sandra S., Volksschule, Wien

Was ist ein strukturiertes Klassenzimmer?

Arbeiten wir lieber pro-aktiv statt reaktiv

Immer wieder höre ich Fragen wie: *„Wie bringe ich die Klasse dazu, dass die Schüler leise sind?"*, *„Was soll ich mit einem frechen Schüler machen?"*, *„Was soll ich tun, wenn die Schüler mich ignorieren?"* oder *„Wie bringe ich die Schüler dazu, dass sie im Unterricht aufpassen?"* Wir alle kennen diese Situationen. Eigentlich müssten wir viel früher reagieren. Wenn wir diese Fragen stellen, dann ist der Zug schon abgefahren, und wir müssen viel mehr Energie aufwenden, ihn zum Stehen zu bringen. Wir sollten lieber versuchen, vorher anzusetzen – d. h. bevor es ins Rollen kommt und zu einem Problem wird.

Pro-aktiv Handeln heißt, Probleme im Keim zu ersticken. Ich warte nicht, bis etwas schief geht. Dann ist die Situation schon zu weit fortgeschritten. Dann kann ich nur mehr auf die Handlung des Schülers reagieren, d. h. ich bin in der Defensive. Wenn ich rechtzeitig agiere, bin ich noch im Einflussbereich. Es ist noch nichts geschehen, und wenn ich raffiniert genug vorgehe, merkt der Schüler gar nicht, dass er knapp an einer Disziplinierung vorbei gegangen ist!

Wenn es mir nicht gelingt, die Störung im Keim zu ersticken, bleibt mir nichts anders übrig, als von der Einflusssphäre auf die Machtsphäre zu wechseln und zu disziplinieren. Wenn ich einen Schüler diszipliniere, reagiere ich auf sein Handeln. Das heißt, er hat eine Aktion gesetzt, und ich habe keine andere Wahl als in den Machtbereich zu wechseln und darauf zu reagieren. Dadurch übernimmt er die stärkere Position, und durch mein Reagieren bin ich in der Defensive.

Es gibt zwei Sorten von pro-aktiven Maßnahmen:

1. „spontane" Interventionen (mehr dazu im nächsten Tischbein Nr. 4: Grenzen setzen. Halt geben!)

2. und Interventionen, die zu unserem jetzigen Thema passen, nämlich frühzeitiger, systematischer Einsatz von vorgegebenen, strukturierten Routinen oder Abläufen im Unterricht.

Anhand von pro-aktiven Maßnahmen kann vermieden werden, dass negatives Verhalten überhaupt erst aufkommt. Das heißt, wenn wir ausreichend pro-aktiv arbeiten, müssten wir (zumindest theoretisch – abgesehen von gelegentlichen Ausrutschern) nie wieder im Klassenzimmer disziplinieren.

Diese zweite Sorte von pro-aktiven Maßnahmen,

der systematische Einsatz von Ritualen und Routinen im Unterricht,

bindet die Klasse und ermöglicht einen schnellen, reibungslosen Unterrichtsablauf. Die Störungen in der Stunde geschehen meist nicht während des Unterrichts selbst, sondern bei den Übergängen, am Anfang oder Ende der Stunde. Gerade zu diesen Zeitpunkten können wir mit Ankern und den strukturierten Abläufen, die in den nächsten Kapiteln behandelt werden, handeln. Dadurch werden solche Störungen und die daraus entstandenen Disziplinierungsmaßnahmen der Vergangenheit angehören.

Anker: Zauberei im Klassenzimmer

Hier möchte ich einen kurzen Überblick über den Einsatz von Ankern im Klassenzimmer geben, ein sehr wichtiges und zentrales Thema für den Bereich „Strukturen". Mehr darüber, auch zahlreiche Beispiele, erfahren Sie in meinen Büchern „Nonverbales Klassenzimmermanagement" und „Erste Hilfe für Lehrkräfte" bzw. auf YouTube (Suchkriterium: Pearl Nitsche).

Wenn eine Lehrerin immer wieder und systematisch ein nonverbales Signal in Verbindung mit einem Ereignis, einem Konzept oder einer Idee im Klassenzimmer einsetzt, werden Signal und Konzept miteinander verankert. Worte werden dadurch überflüssig. Das nonverbale Signal genügt, um die Schüler entsprechend reagieren zu lassen. Diese nonverbalen Signale können in den verschiedensten Formen vorkommen: z. B. als Bewegungen, Geräusche, Regeln, Symbole, Bilder, Bräuche, Zeremonien, Verträge zwischen Lehrer und Schüler(n) oder als wiederkehrende Rituale im Schultag und Schuljahr. Diese Anker schaffen einen inneren Zustand im Schüler, der sowohl das Lernen fördert, als auch eine bestimmte Erwartungshaltung aufbaut (z. B. *„Jetzt beginnt die Mathestunde!"*). Das passiert automatisch – ohne Worte.

Denken Sie einmal an typische Phrasen, die Sie oft und vielleicht mehrmals täglich im Rahmen des Klassenzimmermanagements verwenden. Einige Beispiele:
- „Seid leise!"
- „Die Hausübung für Montag ist..."
- „Jetzt räumen wir zusammen!"
- „Schalte das Handy aus!"
- „Arbeitsblätter in die Mappe!"
- „Spuck den Kaugummi aus!"

Mit nonverbalen Ankern – seien sie visuell, auditiv, kinästhetisch oder Platzanker – können Sie diese Sätze endgültig aus Ihrem Vokabular löschen.

Anker sauber halten

Es ist wichtig, dass Anker „sauber" gehalten werden. Das passiert, indem sie systematisch ausgeführt werden. Wenn Sie einen Platzanker für die Hausübungsangabe setzen, müssen Sie IMMER die Hausübung an diesem Platz angeben. Wenn Sie einen schönen Zauberhut aufsetzen, um zu signalisieren, dass Sie nun eine Geschichte erzählen werden, dürfen Sie den Hut zu keiner anderen Gelegenheit aufsetzen. Wenn Sie ein Handsignal geben, um Ruhe in der Klasse zu schaffen, müssen Sie sich die Zeit nehmen, nicht nur das Signal durchzuführen, sondern auch zu warten, bis aufgrund des Handsignals totale Ruhe im Klassenzimmer herrscht. Nur so – wenn Anker sauber und systematisch eingesetzt werden – bleiben sie als wunderbares und fast magisches Werkzeug in Ihrem Lehrerkoffer!

Einige Ideen aus der Praxis:

Aufmerksamkeit und Ruhe
Die Ankertechnik hat unser Klassenumfeld sehr stark verbessert! Gleich nach dem Seminar beschrieb ich meinen Teamkollegen, wie es geht. Wir haben es auch gleich eingeführt, und es war super!! Unseren Beginn-Ankerplatz haben wir am Boden markiert, und die Körperhaltung habe ich meinen Kollegen mithilfe der You Tube-Videos beigebracht (Suchkriterium: Pearl Nitsche). Die Kids kommen am Anfang der Stunde rasch zur Ruhe – sie brauchen höchstens drei bis sechs Sekunden dazu. Sie sind aufmerksamer und können mehr lernen... Sie haben sofort darauf reagiert und zwar, genau wie du es gesagt hast. Danke!!
Martin G., AHS, Wien

Wir wollen aber weiter basteln!
Neulich bastelten wir eifrig, und weil es so passte, wollte ich eine nette Musik in den CD-Player legen. Ich bin Richtung CD-Player gegangen, und auf einmal meint ein Kind: „Ach, legst du schon die Zusammenräum-Musik ein? Bitte noch nicht. Wir wollen weiterbasteln!"
Ulli H., NMS, Wien

Ein Klassenzimmer voller Anker

Es ist immer faszinierend zu erleben, wie die Schüler auf eingeführte Anker – sei es im Klassenzimmer oder in anderen Räumen – reagieren. In Situationen, in denen früher viel Zeit damit vergeudet wurde, zu sprechen, zu disziplinieren und eventuell die Nerven zu verlieren, ist es heute oft eine Angelegenheit von Augenblicken, um die Kinder dorthin zu bringen, wohin man möchte. Es ist auch manchmal sehr lustig zu beobachten, wie die Kinder reagieren, wenn bestimmte Anker im täglichen Rhythmus einmal irrtümlich „vergessen" wurden. Die Retourkutsche kommt sofort, und die Lehrerin wird vorwurfsvoll gerügt:

„Warte, Frau Lehrerin! Du hast ja vergessen, das Plakat an die Tafel zu hängen! Ich mach's schnell!" oder: „Du musst ja unsere Musik spielen, sonst können wir nicht so schön schreiben!" usw.

Einen Fehler darf man jedoch nicht begehen: Den einmal gesetzten Anker zu verfälschen, d. h. ihn in anderen Situationen einzusetzen! Er ist dann verloren! (z. B. habe ich am Anfang ein gewähltes Musikstück für eine ganz bestimmte Arbeit auch anderweitig verwendet und mich danach sehr gewundert, dass der Anker nicht mehr seine ursprüngliche Wirkung gezeigt hat!)

In den letzten sieben Jahren arbeite ich hauptsächlich mit Kindern mit nichtdeutscher Muttersprache und führe seit drei Jahren Vorschulklassen (die auch vielsprachig sind!). Ich setze immer mehr nonverbale Elemente ein. Sie wirken wie Zauberei!

Ich verwende folgende akustischen Signale:

Ich spiele MUSIK als Zeichen, um:
- auf den Platz zu gehen und still zu sein, z. B. Buschtrommeln, die immer leiser werden. Schon der Griff zur Fernbedienung, um die Musik einzuschalten, reicht, damit die Kinder aufstehen und sich auf ihren Platz setzen!
- die Schulsachen einzuräumen und hinter dem Platz zu stehen. Hier spiele ich „Der rosarote Panther".
- gut und still arbeiten zu können. Hier spiele ich Gitarrenmusik.
- besonders schön zu schreiben. Hier spiele ich klassische Musik.

Ich verwende RASSELN, z. B. ein gefülltes Holzei, um die Kinder in den Sitzkreis zu holen. Das „Ei" in „Holz-EI" steht für denselben Laut in „Kr-EI-s".

Folgende visuelle Anker setze ich ein:
- Wenn mein Zeigefinger und Mittelfinger auf meine Augen zeigen, heißt das „Schau mich an!"
- Eine Hand halte ich hinter ein Ohr und die andere „zippt" den Mund zu. Das heißt: „Mund zu, Ohren auf!"
- Wenn ein Kind auf die Toilette gehen möchte, zeigt es mit den Daumen und Zeigefingern beider Hände ein „W", das heißt: „Ich muss mal aufs WC!"
- Es hängen verschiedene Bilder und Plakate in der Klasse, z. B. bedeutet ein Bild mit einem Sessel und einem Pfeil nach oben „Sessel auf die Tische!"
- Wir sind die „Bärenklasse". Wir haben Bilder von Bären, die entweder schreiben, malen oder werken. Das Bild, das ich hochhalte, zeigt an, was wir jetzt machen werden.
- Ich lege eine goldene, kleine Schatztruhe auf den roten, runden Lernteppich. Das signalisiert: „Hier ist neuer Lernstoff drin." Das erweckt immer große Neugier!

Und ich verwende folgende Platzanker:
- Mein Unterrichtsplatz ist vorne in der Mitte des Raumes
- Mein Disziplinierungsplatz ist neben dem Waschbecken. Hier stehe ich mit erstarrter Körperhaltung und einem sehr ernsten Gesichtsausdruck
- Zwei grellgelbe Klebepunkte neben der Tür signalisieren den „Gesprächspunkt". Dort darf ich im Gespräch mit einem anderen Lehrer oder Erwachsenen nicht gestört werden.

Gabriele S., Vorschule, Wien

Bobo, die Schatzkiste und die Plaudertasche

Ohne Worte geht es leichter

Mein Platzanker, um zu unterrichten ist mein Lehrertisch. Hier stehe oder lehne ich gern, wenn ich wichtige Dinge vortrage oder Arbeitsaufträge erteile.

Wenn ich meinen Lehrersessel vor die Tafel stelle, wissen meine Schüler: Jetzt erzählt sie uns etwas. Das ist auch der Platz, wo ich meine suggestopädischen Texte vorspiele.

Sollten wir einmal mit der Pause überziehen oder zwei Stunden zusammenlegen, so ist ein quakender Frosch das Signal, die Plätze aufzusuchen.

Auf dem Gang reicht die hochgehaltene Hand und ein langsames Zeigen der Finger von 1 bis 3 (ohne Worte), sodass bei ‚3' alle ordentlich und ruhig in einer Reihe stehen. Auch den Sitzkreis machen wir durch zublinzeln. Vor allem meine Studentinnen fasziniert, wie problemlos das geht.

Iris G., Volksschule, Niederösterreich

Symbole auf DIn A4

Ich habe große Symbole auf buntem DIN A4 Papier ausgedruckt und in Klarsichthüllen gesteckt. Ich verwende sie in der Klasse als Symbole für Ruhe, Arbeitslautstärke, Zuhören und Schreiben. Wenn ich sie verliere oder verlege, ist nicht viel passiert, ich kann sie jederzeit neu ausdrucken. Statt zu reden, klopfe ich oder weise ich auf das Symbol, das gegen die Tafel lehnt.

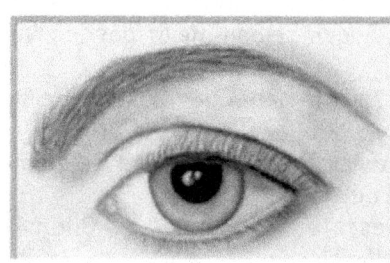 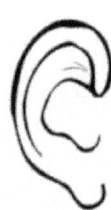  

Ilse S., Gymnasium, Oberösterreich

Reden ist überflüssig!
Als Vorwarnung, dass Schüler zur Ruhe kommen sollen (sich konzentrieren, mitmachen, nicht sprechen...) verwende ich verschiedene Symbole, die auch sehr wirksam sind:
- Gelbe und rote Karte,
- Smilies mit lachenden oder traurigen Mund,
- Smilies mit zornigem Gesicht,
- Smiley, der mit dem Finger zum Mund zeigt. Dieser Smiley war auch auf Schullandwoche mit und hat innerhalb von Sekunden zwei Klassen im Speisesaal vor oder nach dem Essen zur Ruhe gebracht.

Zeigt ein Schüler nicht auf, mache ich es ihm durch übertriebenes Hand hochhalten und winken vor. Hat jemand sein Buch nicht offen oder hergerichtet, halte ich es in die Höhe und klopfe darauf. Ich arbeite gerne mit übertriebenen Gesten – diese fallen auf und sind nebenbei auch lustig.

Überraschende Handlungen sind auch ziemlich wirksam: lautes Rufen, vorgetäuschtes Seufzen oder Weinen...manchmal komme ich mir vor wie auf einer Kabarettbühne. Aber es wirkt!
Margit W., Neue Mittelschule, Wien

Und wie stehen die Schüler zu Ankern?

Peter F., Mittelschullehrer aus Niederösterreich, hat sich und seinen Unterricht am Ende des Schuljahres von seinen Schüler „benoten" und bewerten lassen. Hier die Kommentare eines Schülers der 4. Klasse (für meine lieben Leser aus Deutschland ist das die 8. Klasse):

Lieber Herr Lehrer!

Was mir in diesem Jahr sehr positiv aufgefallen ist:

- das an-die-Tafel-Schreiben des Stoffes der nächsten Stunden,
- die Musik und das Zuspielen der Lieder im passenden Moment,
- die Zettel, die als Hinweise verwendet wurden, z. B.: „Kaugummi!", „Leise sein!",
- viel Lob an uns Schüler!

Also die 4. Klasse war die schönste der vier Jahre. Die Ideen, die Sie gehabt haben, waren einfach super. Mir hat vor allem die Musik am Anfang und am Ende der Stunde gefallen. Es war auch super, dass Sie nichts gesagt haben, wenn wir zu laut waren und uns einfach freundlich lächelnd mit einem Softball abgeschossen haben. Dann wusste man, man muss leise sein, aber man fühlt sich nicht angegriffen. Auch die Idee mit den Zetteln auf denen Sachen wie: „Spitze!!!", „Sessel!!!" oder „Hilfe!!!" gestanden sind, war eine sehr gute Hilfe.

Der wichtigste Zettel war mit Abstand der, auf dem: „Am Stundenende PC abmelden!" oder „Am Stundenende PC herunterfahren!" stand. Denn in der 1., 2. und 3. Klasse wussten wir das nie. Da musste man immer fragen. Dann haben ein paar nicht aufgepasst, und in der nächsten Stunde, mussten Sie dann alle PCs ausschalten. Dieses Jahr war das anders und viel besser.

Jetzt möchte ich noch ein wenig zu Ihrem richtigen Stil zu unterrichten sagen:
Mit Ihnen zu reden ist, wie, wenn man mit einem klugen Schüler spricht. Wenn man sich nicht auskennt, erklären Sie es sofort. Sie sind einfach sehr menschlich – und außerdem sind Sie auch sehr lustig. Für mich sind Sie der beste Lehrer, und ich finde es sehr schade, dass ich Sie nur in Informatik als Lehrer gehabt habe.

Trotzdem war das Jahr super, und ich würde gerne einfach so weiter machen. Danke!
Liebe Grüße, Andreas M.

Einige weitere Kommentare von Peters Schülern:
- Ich fand die Zusammenfassung an der Wand über den heutigen Unterricht sehr gut.
- Eigentlich sind Sie mein Lieblingslehrer, weil Sie nett zu Kindern sind und auch nicht gleich Strafen geben. Dass Sie am Anfang der Stunde immer an der Tafel aufschreiben, was wir in der Stunde machen werden, ist auch eine gute Idee.
- Ich fand das Jahr gut. Was mir gefallen hat, sind die Lieder und die Art, wie Sie versuchen, Probleme zu lösen, ohne die Schüler direkt damit zu konfrontieren.

Strukturen sind ritualisierte Vorgänge: Der Weg zum Erfolg

Eine Struktur, wie wir sie ab jetzt nennen werden, ist ein Handlungsablauf oder ein ritualisierter Vorgang. Sie ist ein detailliertes Verhaltensmodell für Abläufe, die im Klassenzimmer regelmäßig – sei es einmal oder mehrmals täglich, wöchentlich, monatlich usw. – stattfinden.

Die Lehrkraft stellt als erstes fest, wo es im Klassenzimmer hapert. Wo kommt im Tagesablauf Unruhe auf? Wo gibt es immer wieder Probleme, die den ordnungsgemäßen Ablauf durcheinander bringen? Sie überlegt sich, welchen Vorgang hier Ordnung in die Unordnung bringen könnte. Sie analysiert diesen Vorgang, unterteilt ihn Schritt für Schritt in Sequenzen und bringt ihn anschließend den Schülern bei. Die Routine wird so lange geübt, bis sie automatisch abläuft. Wenn die Routine bei den Schülern zur Gewohnheit geworden ist und automatisch befolgt wird, gehören Störungen in diesem Bereich der Vergangenheit an.

NLP wird, wie schon besprochen, manchmal „A Model of Excellence" genannt. Die Strukturen, die wir in diesem Teil besprechen, sind Modelle. Sie sind Rezepte. Sie sind genau vorgeschriebene Vorgänge, die Struktur und Ordnung ins Klassenzimmergeschehen bringen. Sie sind Rituale, die von den Schülern gerne aufgenommen werden. Sie bieten uns die Möglichkeit, das Klassenzimmer friedlich und vor allem pro-aktiv mit Modellen statt mit Disziplinierungsmaßnahmen zu managen. Wir setzen damit Einfluss statt Macht ein – und der Widerstand verschwindet. Sie können die Modelle, die auf den nächsten Seiten beschrieben werden – falls passend und erwünscht – eins zu eins setzen, oder Sie können sie ganz leicht an Ihre persönlichen Bedürfnisse im Klassenzimmer anpassen.

Wozu sind diese strukturierten Routinen gut?

Wenn Flugzeugpiloten ausgebildet werden, lernen sie Routinen, die in Notfällen eingesetzt werden. Ein Licht auf dem Kontrollpaneel leuchtet, und der Pilot und seine Mannschaft reagieren mit der entsprechenden Routine, um eine Katastrophe zu vermeiden. Es gibt für jede Krisensituation eine Reihe von Maßnahmen, die genauestens eingeübt und notfalls durchgeführt werden.

Im Spital ist es nicht anders. Jede Operation hat einen genau vorgeschriebenen Ablauf, den die Chirurgin buchstabengetreu durchführt. Ein Feueralarm in der Schule besteht auch aus einer Reihe von Vorgängen, die automatisch und genau durchgeführt werden. Wenn Sie in einem Hotel übernachten, hängt der Fluchtplan im Falle einer Brandkatastrophe in jedem Zimmer.

Genau so sollten wir die Abläufe im Klassenzimmermanagement durchführen. Der Lehrberuf ist, meiner Meinung nach, der schönste Beruf auf der Welt. Die Voraussetzung dafür ist aber, dass man die Klasse in der Hand hat. Anker, Strukturen und sonstige pro-aktive Maßnahmen ermöglichen das. Wenn Sie den Managementprozess automatisieren, können Sie Ihrer Kreativität beim Inhalt freien Lauf lassen.

Wie funktioniert das?

Strukturen legen das Verhalten, das wir bei unseren Schülern sehen und erleben wollen, fest. Sie sind wie eine Landkarte oder ein Weg, der ihnen zeigt, was wir von ihnen wollen. Da der Weg wie Eisenbahnschienen immer wieder begangen wird und immer gleich bleibt, entsteht eine Regelmäßigkeit, eine Beständigkeit und ein Gefühl der Sicherheit. Routinen sind effektiv, und sie sind zeitsparend. Sie sind eines der mächtigsten und hilfreichsten Werkzeuge, die ein Lehrer im Werkzeugkoffer haben kann. Der Erfolg ist garantiert, da die Schüler den Ablauf ganz genau kennen und automatisch durchführen, ohne Diskussion darüber, was sie eigentlich tun sollen.

Der erste Schritt

Denken Sie einmal nach. Wo hapert es? Wo brennt der Hut? Welche zeitaufwändigen Vorgänge passieren tagein und tagaus und könnten zu einem routinierten Vorgang gemacht werden? Einige Beispiele, die teilweise in den nächsten Kapiteln behandelt werden:

- Wie beginnen Sie die Stunde?
- Wie wird die Hausübung angegeben?
- Wie soll der Arbeitsplatz, der Spielschrank, das Hausübungsheft ausschauen?
- Was passiert, wenn jemand auf die Toilette gehen möchte?
- Wenn jemand gefehlt hatte, wie findet er heraus, was nachzuarbeiten ist?
- Was passiert, wenn jemand zu spät kommt?
- Wie gewinnen Sie die Aufmerksamkeit der Schüler?
- Wie werden Entschuldigungen, Hausübungen, Mitteilungshefte, Milchgeld usw. eingesammelt?

Stellen Sie fest, was Ihnen auf die Nerven geht oder wo das Schülerverhalten effizienter, ohne viel Reden Ihrerseits, funktionieren sollte. Erklären Sie wie hier beschrieben Ihren Schülern diese Routinen und üben Sie sie mit der Klasse, bis sie den Vorgang perfekt kann.

Ich höre schon manche Lehrkräfte sagen: *„Dafür habe ich aber keine Zeit! Wir müssen gleich mit dem Stoff beginnen!"* Aber so ist es nicht, glauben Sie mir. Wenn Sie diese Abläufe am Anfang des Schuljahres mit den Schülern einüben, werden Sie eine Menge Zeit während des Schuljahres ersparen. Und – noch viel, viel wichtiger – Sie werden sowohl die positive Atmosphäre im Klassenzimmer verstärken als auch Ihre Stimme und Ihre Nerven schonen!!

Bringen Sie den Schülern die Routinen bei, die benötigt werden. Üben Sie sie ein, bis sie zur Gewohnheit werden. Schreiben Sie sie auf ein Plakat und hängen dieses auf. Wenn es einmal nicht 100 % klappt, zeigen Sie auf das Schild und fragen Sie: *„Was solltet ihr jetzt gerade machen?"* Und es wird geschehen. Ihr Klassenzimmer läuft jetzt auf Autopilot!

Die genauen Anweisungen folgen jetzt im Detail:

1. Stellen Sie Ihre Erwartungen und Ziele fest

Es ist wichtig, dass die Schüler **genau** wissen, was von ihnen erwartet wird.
Es genügt nicht, wenn ich sage: *„Ich möchte, dass ihr leise eine Zweierreihe bildet."*

Definieren Sie die Herausforderung genauestens für sich selbst:
Was heißt „leise"? Heißt das „leise sprechen"? Oder ohne Worte? Wo wird die Reihe gebildet? Kommen alle gleichzeitig, um sich anzustellen? Wenn nicht, wer kommt wann nach vorne? Wie werden die Paare gebildet? Welchen Abstand sollte es zwischen den Schülern geben? Was ist „gerade"? Wie weit soll die Zweierreihe von der Wand entfernt stehen? usw.

Manchmal nehmen wir an, dass die Schüler mehr wissen, als es tatsächlich der Fall ist. Daher ist es wichtig, dass ich mir ein klares Bild von dem Wissen, das benötigt wird, mache. Wie kann ich das so erklären, dass die Schüler den Vorgang genau nachmachen können? Es kommt hinzu, dass unsere Schüler sehr oft wissen, WAS sie tun sollen, aber nicht, WIE es gemacht wird.

Nachdem das Problem definiert wurde, können Sie die Routine im Detail durchdenken.

2. Erklären Sie als Erstes, warum die Klasse diese Routine lernen soll

„Wenn wir in den Turnsaal gehen, gehen wir an vielen Klassenzimmern vorbei. Wir wissen nicht, was die Schüler in diesen Klassenzimmern gerade tun. Vielleicht schreiben sie gerade eine Schularbeit. Oder vielleicht macht ihre Lehrerin mit ihnen eine Fantasiereise oder erzählt ihnen gerade etwas Wichtiges. Wenn wir vorbei gehen und laut sind, stören wir die anderen. Wir hätten das selbst nicht gerne, und wir wollen sie auch nicht mit Lärm belästigen."

3. Erklären Sie bzw. zeigen Sie vor, was die Schüler tun sollen

Es ist wichtig, dass Sie ihnen sagen, was sie tun sollen – und nicht, was sie NICHT tun sollen. Sonst bringen Sie Verwirrung in die Anweisungen hinein – und, wie wir wissen, wird das Wort „NICHT" nicht vom Gehirn wahrgenommen. Wenn ich also sage, was sie NICHT tun sollen, werden sie vielleicht auf die Idee kommen, genau das zu tun!

Wenn möglich, machen Sie Ihren Schülern genau vor, was Sie von Ihnen möchten. Oder lassen Sie es andere Schüler vorführen. Modellieren Sie genau, was Sie haben wollen. Während Sie das machen, erzählen Sie die Abläufe, damit die Schüler die Schritte mitbekommen.

„Hier, direkt neben der Tür, beginnt die Reihe. Wie ihr seht, stehe ich hier auf der dritten Fliese von der Wand entfernt. Merkt euch, ich stehe gerade..."

Und dann lassen Sie die Schüler das nachmachen. Während sie es vorführen, betonen Sie, was sie richtig oder auch falsch machen.

„Schauen wir gut zu, wie die erste Reihe sich anstellt. Toll! Susi und Martin sind ganz still aufgestanden, haben ihre Sessel wieder unter den Tisch geschoben und sind ohne zu reden nach vorne gekommen. Und jetzt machen das Florian und Anna auch ... nun steht die ganze erste Reihe und wartet auf die zweite Reihe, dass sie sich hinter ihnen anstellt ..."

Stellen Sie Fragen zwischendurch, damit die Schüler mitdenken:

„Wie war es jetzt bei der zweiten Reihe? Sind sie ganz ruhig nach vorne gegangen? Wie ist die Entfernung voneinander? Oh...irgendetwas stimmt nicht in der Mitte der Reihe. Was müssten wir anders machen? Ja, einige Schüler lümmeln und sollten gerade stehen. Wie schaut es jetzt aus? Super! Das habt ihr wirklich toll gemacht!"

4. Und nun üben, üben und noch weiter üben!

Stoppen Sie die Zeit mit einer Stoppuhr. Schreiben Sie die Bestzeiten auf. Fragen Sie die Schüler, ob sie glauben, sie können es noch schneller und besser machen. Machen Sie die Augen zu und sagen Sie, Sie werden bis 10 zählen. Die Klasse soll sich – ohne ein Wort zu sagen – anstellen und Ihnen sagen, wenn sie fertig ist. Wie viele Sekunden brauchen sie? Üben Sie mit den Schülern, bis der Vorgang ganz von selber abläuft und automatisiert ist.

5. Wiederholen Sie die Routine, wann immer und so oft es notwendig ist

Nach einer Zeit kann es passieren, dass die Routine nicht mehr so genau durchgeführt wird. Das heißt, eine Wiederholung ist wieder notwendig. Manche Schüler werden es gleich verstehen. Manche werden länger brauchen. Hier können Sie einen „Buddy" oder ein „Helfer-System" einführen.

Was machen wir, wenn…?

Sie können die Vorgänge in regelmäßigen Abständen auf verschiedenste Art und Weise wiederholen. Machen Sie z. B. ein Karten- oder Brettspiel aus den Vorgängen. Nennen Sie das Spiel:

„Was machen wir, wenn…"
- …wir Besuch in der Klasse haben?
- …wir uns anstellen?
- …wir Abfall wegwerfen wollen?
- …ich auf die Toilette gehen muss?
- …ich gefehlt habe und die Arbeitsblätter, die ausgeteilt wurden, brauche?
- …ich etwas brauche, aber die Lehrerin spricht mit jemandem anderen?
- …ich zu spät in die Klasse komme?

Oder:

- Wie viele gespitzte Bleistifte soll ich mithaben?
- Wer ist Erste/r beim Anstellen?
- Wo gehört meine Schultasche hin?
- Wie spreche ich mit einem Erwachsenen, der mich bittet, etwas zu tun?
- Wann putze ich die Tafel, wenn ich Tafelordner bin?
- Wo gebe ich die Hausübung ab?
- Wann gebe ich die Hausübung ab?

Oder geben Sie Kleingruppen eine Struktur, die sie einmal richtig und einmal falsch vorführen sollen.

Oder machen Sie es selbst einmal falsch und lassen die Schüler alle „Fehler" auflisten.

Wann sollten die Rituale, Anker und Routinen eingeführt werden?

Je früher, desto besser!

Manche Lehrer bringen den Kindern einige Anker bei den Schnuppertagen im Frühling – bevor sie mit der neuen Schule beginnen – bei. Wenn die Lehrerin zum Beispiel die linke Hand und den Zeigefinger der rechten Hand hebt, bedeutet das, dass die Schüler ruhig sein sollen. Die Schüler können das während des Sommers einüben.

In den ersten Schulwochen setzen wir den Ton für das ganze Schuljahr. Lehrer mit den bestfunktionierenden Klassenzimmern verbringen den Großteil der ersten zwei Wochen mit der Herstellung von Routinen und Grenzen, einer positiven Lernatmosphäre, Zielsetzung und Gruppendynamik. Sie können ruhig das Curriculum in diesen ersten Wochen ein bisschen vernachlässigen. Die Zeit, die Sie durch ein strukturiertes Klassenzimmer gewinnen, wird sich vielmals auszahlen. So ähnlich wie bei dem Hasen und der Schildkröte – langsam, aber sicher stellen Sie ein Klassenzimmer her, in dem Schüler Selbstdisziplin ausüben und Disziplinierungen von Ihrer Seite überflüssig werden.

Muss ich bis zum Anfang des nächsten Schuljahres warten, um neue Strukturen einzuführen?

Nein, Sie müssen nicht warten. Es ist NIE zu spät, um etwas, das nicht funktioniert, zu verändern. Sie können und sollen Ihre Vorgänge, Erwartungen und Strategien immer dann verändern, wenn Sie das Gefühl haben, sie sind nicht mehr effektiv. Zuerst überlegen Sie, was Sie verändern wollen. Teilen Sie den Schülern das Problem und auch die Lösung, die Sie überlegt haben, mit. Vielleicht haben die Schüler zusätzliche Ideen, die Sie in die Lösung integrieren können. Dann gehen Sie wie oben vor, damit der neue Vorgang gut „installiert" wird.

Gibt es Situationen, bei denen ich die Routinen weglassen soll?

Das ist eine sehr wichtige Frage.
Die Antwort darauf: Ja, lassen Sie die Anker und Routinen an rechtshemisphärischen Schultagen aus.

Und nun fragen Sie sich wahrscheinlich: *„Was ist ein rechtshemisphärischer Schultag?"*
Das sind die Tage, an denen alles anders ist als sonst, an denen es ein bisschen chaotisch wird, zum Beispiel die Woche vor den Weihnachtsferien, der Tag, an dem die Schulärztin Impfungen durchführt, oder wenn der Fotograf Schulfotos macht.

An diesen Tagen ist es gut, wenn Sie die Routinen und Anker weglassen. Sie haben viel Zeit investiert, die Strukturen einzuführen, und die große Gefahr an solchen Tagen ist, dass sie gebrochen werden. Wenn die Routinen nicht genau durchgeführt werden, werden sie „verseucht". Machen Sie an solchen Tagen prinzipiell alles anders als sonst. Stellen Sie die Sitzplätze um, sodass die Schüler zum Fenster statt zur Tafel schauen. Lassen Sie jede Art von Lehrervortrag und konzentrieren Sie sich lieber auf Gruppenprozesse, Interaktion und das Aktivsein der Schüler. Präsentieren Sie keinen neuen Stoff, sondern üben Sie spielerisch und kreativ das schon Erlernte. So bleiben Ihre Anker und Routinen intakt und Sie können sie dann am nächsten „normalen" Schultag wieder effektiv einsetzen.

UND NUN BEGINNEN WIR!

Wie der Tag oder die Stunde beginnt, wirkt sich auf den ganzen Tag aus.

Am Anfang der Stunde sind unsere Schüler zwar physisch da, aber oft mit ihren Gedanken weit von unserer Unterrichtsstunde entfernt. Es zahlt sich aus, diese Zeit zum **ANKOMMEN** und zur **EINSTIMMUNG** zu nutzen. Holen Sie sie dort ab, wo sie sind. Wenn die Klasse zu lebhaft ist, holen Sie sie mit Konzentrations- und Entspannungsübungen herunter, und wenn sie verschlafen sind, wecken Sie sie mit stoffbezogenen Aufwärmübungen auf.

Es ist wieder wie mit dem Hasen und der Schildkröte: Der Weg nimmt ein bisschen Zeit in Anspruch, aber der Gewinn ist enorm! Wenn die Schüler auch geistig bei Ihnen sind, können Sie mit ihnen ein Vielfaches an Stoff im Vergleich zu sonst durcharbeiten.

Aber was passiert VOR der Einstimmung?
Schauen wir als Erstes die nonverbalen Aspekte des Stundenbeginns an.

Die Stunde nonverbal beginnen

Die bestimmende Stimme
(Siehe You Tube – Suchkriterium:
Pearl Nitsche, Nonverbales
Klassenzimmermanagement, Stimme und
Körperhaltung)

Das selbstdisziplinierende Klassenzimmer

Szene

Es läutet, und Sie gehen in die Klasse.

Was ist hier los?

Kein Schüler sitzt auf seinem Platz! Die Schüler lachen, reden, spielen, toben, hören Musik, essen noch ihre Jause und Pausenbrote, diskutieren hitzig über die Mathe-Schularbeit in der letzten Stunde. Alle sind beschäftigt. Niemand merkt, dass Sie da sind.

Sie gehen auf Ihren Aufmerksamkeitsanker vorne im Raum.

Sie stehen gerade und erstarren in der Körperhaltung.

Die Füße sind nebeneinander und zeigen nach vorne.

Ihr Gewicht ist gleichmäßig auf beide Füße verteilt.

Sie strecken eine Hand (oder wenn es besonders laut ist, beide Hände) parallel zum Boden aus. Auch die Hände sind erstarrt.

Manche Schüler haben Sie schon wahrgenommen und sind mit ihrer Aufmerksamkeit bei Ihnen. Andere sind noch beim Reden.

Sie sagen: *„Guten Morgen, meine Damen ..."*

Ihre Stimme ist LAUTER als der Lärmpegel der Gruppe. Sprechpause.

„... und Herren." Sie sprechen diese Worte in einem Flüsterton.

„Wir werden nun beginnen." Dieser Satz beginnt im Flüsterton und geht dann in Ihre normale Stimm-Lautstärke über.

Die Klasse ist ruhig, und der Unterricht kann beginnen.

Die Schritte

Schauen wir nun diese Sequenz und die Techniken nochmals Schritt für Schritt an.

1. Die Lehrerin hat eine visuelle und stille KÖRPERHALTUNG eingenommen.
2. Sie hat auch sehr WENIGE WORTE angewandt.
3. Sie hat den Schülern das VERHALTEN, das sie sich von ihnen wünscht, VORGEZEIGT.

Einer der wichtigsten Grundsätze im Klassenzimmermanagement – nicht nur am Anfang des Schultages oder der Unterrichtsstunde, sondern in JEDER Klassenzimmersituation – ist folgender:

Die Klasse spiegelt das Verhalten der Lehrerin

Wenn ich mit einer stillen Körperhaltung schweigend vor der Klasse stehe, wird mich die Klasse spiegeln und zur Ruhe kommen – auch wenn es die ersten paar Male etwas länger dauert.

Der Einsatz der Stimme

4. Die Lehrerin setzte auch ihre STIMME optimal ein, um die Aufmerksamkeit der Klasse zu gewinnen.

Falls die Schüler Sie sehen, wenn Sie den Raum betreten, ist es meist empfehlenswert, gar nichts zu sagen. Sie nehmen die erstarrte Körperhaltung ein und Augenkontakt mit den Schülern auf. Bleiben Sie erstarrt, und sagen Sie NICHTS! Wir führen die Schüler zum Stillsein, indem auch wir still sind.

In der beschriebenen Szene haben die Schüler aber gar nicht bemerkt, dass die Lehrerin den Raum betreten hatte. Daher hat sie die Stimme – oder sonst ein lautes Geräusch – anwenden müssen. Hier ist es wichtig, dass Sie lauter sind als die Schüler.

Wir können nämlich die Lautstärke der Klasse mit unserer eigenen Stimme lauter oder leiser werden lassen. Auch hier spiegelt uns die Klasse. Je lauter wir werden, umso lauter wird die Klasse. Deswegen ist es wichtig, dass wir den Lärmpegel mit der eigenen Stimme dorthin lenken, wo wir ihn haben wollen.

Das heißt,

1. damit die Schüler Sie bemerken, müssen Ihre ersten Worte LAUTER sein als der Lärmpegel im Raum. Damit ist die Klasse überrascht und wird still,
2. der zweite Schritt ist die SPRECHPAUSE. Damit zeigen Sie der Klasse, was Sie von ihr erwarten,
3. nun können Sie den Lautpegel MITTELS IHRER STIMME ABSENKEN, indem Sie fast flüstern,
4. Sie beginnen zu unterrichten und gehen vom Flüsterton zu Ihrer NORMALEN LAUTSTÄRKE über.

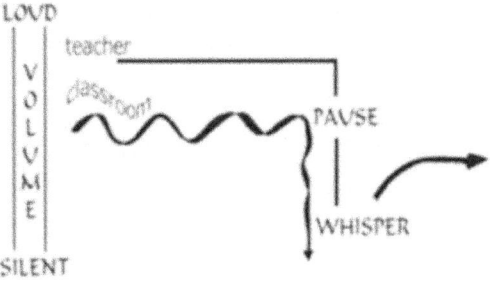

Ihre Worte sollen die Hauptmodalität der Gruppe spiegeln

Wie Sie wissen: jede Klasse ist anders. Unter anderem hängt das auch von der Altersgruppe ab – Volksschulkinder sind eher kinästhetisch, Mittelschulschüler auditiv (oder eine Mischung aus auditiv und kinästhetisch), und mit Einsatz der Pubertät beginnt die visuelle Phase. Wenn Sie die Hauptmodalität der Gruppe (oder, noch besser, alle Modalitäten) mit Ihrem Einleitungssatz ansprechen, werden Sie viel schneller ihre Aufmerksamkeit gewinnen.

Das heißt, wenn die Gruppe hauptsächlich visuell ist, werden Worte wie: „Bitte zu mir schauen!" wirkungsvoll sein. Wenn die Gruppe auditive Tendenzen hat, sagen Sie lieber: „Bitte alle Ohren zu mir!", oder wenn Sie alle drei Modalitäten ansprechen wollen, verwenden Sie: „Bitte alle zu mir drehen, mich anschauen und gut zuhören!"

Und nun zurück zu unserer Szene.

Der Ablauf war emotional neutral und eindeutig

Wenn Sie so handeln, bewegen Sie sich im Einflussbereich – und Widerstand seitens der Schüler fällt weg. Die Schüler wissen genau, was Sie von ihnen wollen – ihre Aufmerksamkeit. Ihr Handeln ist souverän. Sie zeigen weder Aufregung noch Nervosität. Sie verstärken damit Ihre Aura von positiver, natürlicher Autorität. Sie geben keine Wertung ihres Verhaltens ab und fordern daher zu keinen Machtkämpfen heraus.

Unsere Grundeinstellung zum Gewinnen der Aufmerksamkeit einer Klasse bestimmt oft über unseren Erfolg oder Misserfolg. Es ist sehr wichtig, dass wir uns merken:

Aufmerksamkeit gewinnen ist EINFLUSS.
Disziplinieren ist MACHT.

Sehr oft betrachten Lehrer (meist unbewusst) dieses Gewinnen der Aufmerksamkeit als eine Art Disziplinierungsmaßnahme. Das ist es nicht. Wenn unsere Schüler noch Anfang der Stunde miteinander kommunizieren, ist das kein schlechtes oder böse gemeintes Verhalten. Und daher kann, meiner Meinung nach, die Aufmerksamkeit der Gruppe am Anfang der Unterrichtsstunde auf keinen Fall in die Kategorie der Disziplinierungsdelikte eingeordnet werden. Mit dieser Anschauung fällt automatisch das Gewinnen von Aufmerksamkeit in den Einflussbereich – und ich habe ein viel leichteres Leben!

Vermeiden Sie Machtkämpfe! Im Einflussbereich bin ich auf sicherem Boden. Wenn ich jedoch die Macht ergreife, bin ich in der Defensive und daher in der schwächeren Position. Die Schüler machen etwas, und ich bin gezwungen zu reagieren. Ich habe keine Auswahlmöglichkeiten mehr. Durch mein autoritäres Auftreten gefährde ich selbst meine Aura der positiven, natürlichen Autorität.

Nachdem die oben beschriebene Szene mehrere Male so abläuft, wird sie zur Routine. Sie bekommt eine Ankerwirkung. Ein Anker ist ein Reflex. Je öfter er eingesetzt wird, desto schneller funktioniert er. Das heißt, wenn er richtig eingeführt ist und auch sauber verwendet wird, ist das Gewinnen von Aufmerksamkeit in der Klasse zu einer Herausforderung der Vergangenheit geworden.

Ein routinierter Handlungsablauf zum Beginn der Stunde

Je mehr der Anfang der Stunde in einer rituellen Form durchgeführt wird, desto schneller und reibungsloser werden die Schüler zur Ruhe und Konzentration kommen.

Anker sind der erste pro-aktive Schritt.
Der zweite Schritt ist die Einführung von Strukturen, d. h. Handlungsabläufen, Routinen und Strategien, mit denen die Klasse jede Stunde in „ritualisierter Form" beginnt. Dadurch fallen Situationen, in denen Sie früher ermahnen und zurechtweisen mussten, komplett weg.

Hier nur einige von vielen Ankerbeispielen, um das Signal zu geben, dass die Stunde nun beginnt.

visuelle Anker	auditive Anker	Platzanker
• Datum an die Tafel schreiben • die Klassentür leise schließen • wie ein Dirigent mit den Händen „Aufstehen!" zeigen • Symbolkarte, z. B. eine Glocke mit einem Magnet an die Tafel kleben	• ein Triangel, eine Klangschale, • ein Musikinstrument • eine Glocke, ein Regenmacher • ein Lied oder eine Kennmelodie • Ready – Steady – Go! • Rhythmisches Klatschen oder Klopfen	• Am Anfang der Stunde immer am gleichen Platz stehen • das Klassenbuch auf den Lehrertisch legen • Morgenkreis bilden (auch für die Sekundarstufe)

Ab dem Läuten gibt es et was zu tun!

Als ich am Anfang meiner Lehrerlaufbahn an einer Handelsakademie in Wien zu unterrichten begann, war vieles im österreichischen Schulsystem neu für mich. Inzwischen schätze ich die meisten Aspekte dieses Systems, aber eines gefällt mir nicht: In Amerika haben die Lehrer ein eigenes Zimmer für ihren Unterricht oder ihr Fach, und die Schüler wandern von einem Lehrer zum nächsten. So haben es die Lehrer viel einfacher. Die Schüler betreten mein „Territorium", nicht ich das ihre.

Bei uns in Österreich läuft das anders ab. Die Lehrkräfte und nicht die Schüler wechseln die Klasse. Da wir am Anfang der Stunde noch nicht in der Klasse sein können, hat die Glocke ihre Ankerwirkung verloren (wobei sie am Ende der Stunde noch SEHR gut wirkt!). Die Schüler haben (vielleicht) das Läuten der Glocke gehört, aber wenn wir am Anfang der Stunde in die Klasse kommen, sind sie mental noch in der Pause. Das ist natürlich. Wir als Erwachsene wären auch so.

An der Handelsakademie entdeckte ich (fast zufällig) einen genialen, routinierten Stundenbeginn, der die Notwendigkeit, die Aufmerksamkeit der Klasse am Beginn der Stunde zu gewinnen, komplett eliminierte! Ich habe damit begonnen, dass ich den Schülern eines Tages erzählte: *„Ich fi ihr habt viel zu viele Hausaufgaben."* Mit dieser Äußerung habe ich die Aufmerksamkeit der gesamten Klasse sofort gewonnen – sie saßen vor lauter Begeisterung fast am Rande der Sitzplätze! *„Und gestern in der Nacht,"* fuhr ich fort, *„bin ich mit einer tollen Idee munter geworden! Ich bin sogar aufgestanden, damit ich sie aufschreiben konnte – sonst hätte ich sie vielleicht vergessen!*

Jedes Mal, wenn wir mit einem neuen Kapitel beginnen, habt ihr als Hausaufgabe das Aufschreiben der neuen Worte ins Vokabelheft. Das ist sehr wichtig und muss unbedingt gemacht werden. Aber vielleicht können wir das in der Schule statt zu Hause machen. Wir dürfen aber keine Zeit verlieren. Und nun zu meiner Idee! Wie ihr wisst, kann ich nicht immer pünktlich nach dem Läuten hier im Zimmer bei euch sein. Manchmal gibt es wichtige Besprechungen unter den Lehrern, oder oft sind Eltern da, die mit mir reden wollen. Das ist ja verlorene Zeit, und deswegen dachte ich, vielleicht können wir diese Zeit sinnvoll nützen.

Was haltet ihr von folgender Idee: Sobald es läutet, nehmt ihr eure Vokabelhefte heraus und beginnt zu schreiben? Ihr schreibt ganz still und leise, bis ich komme, meine Sachen für die Stunden herrichte und euch das Signal zum Beginnen gebe. Dadurch habt ihr diese eine Hausübung pro Kapitel erspart!"

Es hat wie Zauberei funktioniert! Das war wieder einmal eine „Win-Win"-Situation: Die Schüler haben weniger Aufgaben zu Hause machen müssen. Sie waren ruhig und konzentriert am Anfang der Stunde. Und ich habe ohne Stress und Aufregung den Unterricht beginnen können. Das allerschönste war das Gefühl der Harmonie, die sich dadurch im Klassenzimmer verbreitet hatte. Sie haben miteinander fl auf ein gemeinsames Ziel hingearbeitet. Wir waren ein Team.

Vor einiger Zeit habe ich eine Nachmittagsveranstaltung über nonverbales Klassenzimmermanagement in dieser Schule gemacht. Seit meinem ersten Auftritt als Lehrkraft dort sind mehr als dreißig Jahre vergangen, und eine ehemalige Lehrerkollegin ist jetzt Direktorin der Schule. Als sie mich der Lehrerschaft vorstellte, erzählte sie, dass sie damals zehn Minuten nach Beginn der Stunde am Gang an einer offenen Klassentür vorbei gegangen ist. Die Schüler saßen mucksmäuschenstill im Klassenzimmer und haben fleißig gearbeitet. Verwundert fragte sie: *„Wer sollte denn jetzt bei euch sein?"* Die Schüler antworteten geduldig, ohne sich von der Arbeit ablenken zu lassen: *„Frau Nitsche. Aber wir können jetzt nicht plaudern – wir müssen Vokabeln schreiben."* Erstaunlich, nicht wahr?

Als ich diese Geschichte kurze Zeit später einer Gruppe steirischer Lehrkräfte erzählte, erklärten sie mir, dass sie diese Technik auch einsetzten – mit einer Verfeinerung:

Die steirische „Time-Keeper"-Variante
Die Lehrkraft kommt ins Zimmer hinein. Die Klasse ist ruhig. Die Schüler schreiben in ihren Journalen. Ein Schüler ist „Der „Time-Keeper". Der „Time-Keeper" hat die Aufgabe, die Anzahl der Minuten (und, falls Sie wollen, Sekunden), die die Lehrkraft braucht, um das Klassenzimmer zu erreichen, aufzuschreiben. Am Ende des Schuljahrs oder des Semesters werden die Minuten zusammengeschrieben und die Klasse darf sich für diesen Zeitrahmen etwas wünschen, z. B. eine englische Spielstunde gestalten oder gemeinsam ein Eis essen gehen.

Die Bedingung dazu ist, dass die Klasse bis zum Eintreffen der Lehrkraft eine von der Lehrkraft vorgegebene Aufgabe macht, z. B. ins Journal schreiben, Rechenübungen ins Heft schreiben usw. Die Lehrerin legt ihre Sachen auf das Lehrerpult, richtet her, was immer sie für die Stunde braucht und schreibt die Ziele der kommenden Stunde an die Tafel. Sie stellt sich dann vor die Klasse und gibt ein Signal zum Aufstehen. Alle stehen auf und der Unterricht beginnt.

Helmut B., Berufsbildende Schulen, Steiermark

Eine Variante:
Wenn es für Sie möglich ist, schreiben Sie vor Beginn der Stunde **visuelle Anweisungen** an die Tafel für eine Tätigkeit auf, mit der die Schüler gleich nach dem Läuten beginnen sollen. Das können z. B. einige Mathebeispiele sein, ein Rätsel oder ein Puzzle. Oder die Schüler haben zu Beginn der Stunde fünf Minuten Zeit in ihre Journale zu schreiben (diese Journale können auch zwischendurch, am Ende der Woche usw. eingesetzt werden. Sie sind das Privateigentum der Schüler, und sie müssen den Inhalt mit niemandem teilen). Oder es kann Anweisungen für die erste Aktivität in der Stunde sein: *„Bitte richtet einen Bleistift, ein Lineal und den Atlas her. Öffnet das Geographiebuch auf Seite 56."* Sie können die Hausübung an die Tafel schreiben, und die Schüler dürfen nach der Pause damit beginnen. Oder jeder Schüler hat ein Buch im Bankfach und darf mit dem Läuten der Glocke zu lesen beginnen. Wenn die Lehrerin kommt, dürfen alle fünf Minuten weiterlesen, während die Lehrkraft ins Klassenbuch einträgt und ihre Sachen herrichtet.

Einige Ideen aus der Praxis:

So beginnt unser Tag
- Unterrichtsbeginn ist um 7.45 Uhr. Ich sitze ab 7.30 Uhr am Lehrertisch. Ab diesem Zeitpunkt kommen die Kinder.
- Auf der Tafel steht, welche Hefte und Aufgaben abzugeben sind.
- Auf der Tafel steht der geplante Tagesablauf. Neben jedem Punkt stehen auch die dazu benötigten Materialien. Schüler, die mit einer Aufgabe früher fertig sind, können die Materialien für die nächste Aufgabe im Voraus herrichten.
- Die Schüler geben ihre Hausaufgaben ab. Die Hefte sind nummeriert. Die „Hefteabzähler" werden wöchentlich gewechselt.
- Die Schüler richten ihren Platz her: Federschachtel, Elternheft darunter, Lesestoff in das Bankfach legen, die Schultasche aufhängen.
- Anschließend dürfen sich die Kinder unterhalten, ein Spiel oder ein Arbeitsblatt machen. Nicht fertige Arbeitsblätter kommen unter die Unterlage, auf der die Kinder arbeiten, und können später vervollständigt werden.
- Wenn es läutet, gehen die Schüler auf die Plätze. Sie stehen hinter dem Sessel. Die Lehrerin steht ruhig vorne. Auf ihr Signal wünschen alle einander „Guten Morgen!"
- Die Tagesziele, die auf der Tafel stehen, werden besprochen.

Brigitte S., Volksschule, Steiermark

Einige Varianten:
- Wenn es läutet, den Lesestoff nehmen, sich einen gemütlichen Platz aussuchen und zehn Minuten leise lesen. Die Lehrkraft zieht dann ein Namenskärtchen aus einem Sack, und derjenige erzählt der Klasse kurz den Inhalt seiner Lesezeit. Dann beginnt der Tag mit dem „normalen" Unterricht.
- Nach der Begrüßung wird ein gemeinsames Lied oder eine rhythmische Übung gemacht.

So beginnen wir den Tag
In meiner Volksschulklasse schreiben die Kinder vor dem Unterricht selbst die Tagesordnungspunkte von unserem Wochenplan an die äußere Tafel.

- Ich stehe still hinter meinem Lehrersessel und warte, bis die Kinder bereit sind zu beginnen. Es ist erstaunlich, wie schnell das jetzt inzwischen geht.
- Dann trete ich vor den Lehrertisch, wobei ich sehr auf meine Körperhaltung und Körperspannung achte.
- Erst wenn es komplett ruhig ist, beginne ich zu sprechen. Ich passe auf, dass ich nichts dreifach mit anderen Worten sage!
- An der Tischkante lehnend heißt: Organisatorisches wird besprochen.

Petra F., Volksschullehrerin, Wien

Rituale in der Vorschule
Rituale sind morgens ein ganz wichtiger Teil zum Beginn des Unterrichtes!
- Die Kinder kommen um 7.45 Uhr in die Klasse, wir begrüßen uns persönlich.
- Nach dem Läuten richten die Schüler ihre Plätze her und haben einige Minuten Spielzeit zum Ankommen.
- Anschließend singen und tanzen wir ein Bewegungslied zum Aufwachen.
- Wenn ich mit einer kleinen Rassel in Eiform ein Zeichen gebe, treffen wir uns alle im täglichen Morgenkreis um einen kleinen runden Lernteppich.
- Wir geben einander die Hände und begrüßen uns.
- Dann erkundigen wir uns nach der Befindlichkeit der Kinder. Das geschieht durch
  - Berichte der Kinder,
  - eine Gefühlsuhr: Jeder stellt den Zeiger auf seine Befindlichkeit ein. Daraus ergeben sich gute Gespräche,
  - oder: Es liegen verschiedene Gefühlskarten auf dem Teppich. Die Schüler legen kleine farbige und goldene Steine darauf,
  - oder: Die Schüler verwenden ihre eigenen, inzwischen schon selbstgebastelten Gefühlsuhren
- Besprechung des Tagesprogramms. Zum Beispiel versteckte Dinge, die in einer kleinen Schatztruhe oder unter einem bunten Tuch liegen, zeigen das Tagesthema an. Bär Bobo ist selbstverständlich immer dabei und erzählt dazu.

Gabriele S., Vorschulklasse, Wien

Mit Ruhe beginnen
Das Ankommen der Schüler läuft nach einem bestimmten Schema ab:
- Die Schüler betreten zuerst die der Klasse zugehörige Garderobe und legen ihre Jacken ab bzw. ziehen ihre Schuhe aus und ihre Hausschuhe an.
- Sie kommen zwischen 7.30 Uhr und 7.45 Uhr in die Klasse.
- Anschließend bereiten sich die Schüler für den Tag vor, das bedeutet:
  - die Hausübung an einem bestimmten Platz abgeben,
  - die neue Hausübung besprechen,
  - das Schulmaterial für den heutigen Schultag, das auf der Tafel aufgelistet ist, herrichten,
  - Wasser trinken und gegebenenfalls das WC benutzen.
- Um 8 Uhr beginnt der Schultag mit Kurzturnübungen. Mindestens fünf und höchstens zehn Übungen, darunter Yoga, Chi Gong, Brain Gym und auch klassische Übungen wie Hampelmannspringen werden von einem Kind ausgewählt und vorgeturnt. Mit solchen Übungen werden die Körperwahrnehmung, die Gesundheitserziehung, Konzentration und ein gemeinsamer Beginn gefördert.

Sabine R., Volksschule, Innsbruck

Und nun beginnen wir!

Brain Gym Plus! in der Mittelschule
Hier die Ausführungen zum ruhigen Stundenbeginn. Das machen bei uns mehrere Klassen an der Schule, und es tut sehr gut!

- Ich betrete die Klasse, stelle meine Sachen ab. Die Kinder stehen. Ich stelle mich auf meinen „Beginnplatz", warte evtl. noch einen Atemzug lang,
- ich beginne mit den Kindern eine Übung aus der Kinesiologie (gekreuzte Beine, Hände ineinander verschlungen). Wir halten diese Position einige Sekunden lang,
- wechseln dann gemeinsam zu einer zweiten Position (Beine schulterbreit nebeneinander, Fingerspitzen der Hände berühren einander und machen einen „Dom"), wieder einige Sekunden halten,
- dann lösen wir gleichzeitig die Hände (ich starte), sage „Guten Morgen!", die Kinder sagen „Guten Morgen!", setzen sich, und wir beginnen die Stunde.

Wichtig:
- Ich konzentriere mich auch auf die Übung!
- Ich diszipliniere weder vor noch nach der Übung (da gibt's auch nichts zu
- disziplinieren).
- Wir gehen nach der Übung direkt in die Arbeit!

Ich habe den Kindern von Gehirnforschungen erzählt. Es gibt zwei Hälften, jede ist für etwas anderes zuständig, beide zusammen sind für das Lernen wichtig. Die Beiden wünschen sich eine Verbindung, die sie von allein nicht herstellen können. Wir stellen sie ganz leicht und automatisch her, indem wir Überkreuzbewegungen machen. Wir haben das ausprobiert und sind dabei geblieben, um leichter lernen zu können.

Romana S., Neue Mittelschule, Wien

Beginn- und Lobanker
Jede Stunde beginne ich mit einem Verschnitt des Liedes „Stad" von den Seern und beende ich mit „Azzurro". Die Schüler hören die Musik schon am Gang und kommen gelaufen. Sie stehen innerhalb weniger Sekunden alle ruhig am Platz, und ich kann schon das erste Mal in dieser Stunde zu meinem Lobanker gehen und sie ordentlich loben.

Peter F., Hauptschullehrer, Niederösterreich

Ich möchte das Ticken der uhr hören
Zu Beginn der Stunde schreibe ich das Stundenthema an die Tafel. Inzwischen begeben sich die Schüler auf ihre Plätze und werden ruhig.

Ich stelle mich neben den Lehrertisch und warte, bis alle ruhig sind. Die Schüler wissen, ich möchte es so leise haben, dass wir das Ticken der Uhr hören können. Manchmal halte ich eine Stecknadel hoch. Wenn es leise ist, lasse ich die Nadel dann fallen. Dann gebe ich ein Zeichen, dass die Schüler sich setzen dürfen. Anschließend frage ich die Schüler, wie es ihnen geht.

Manuela F., Neue Mittelschule, Vorarlberg

Die Ruhe vor dem Sturm
Ich beginne jede Unterrichtsstunde mit „der Ruhe vor dem Sturm". Wir stehen. Alle warten, bis es ruhig ist. Ich stehe einfach links vom Pult. Das Zeichen zum Setzen erfolgt mit den Augen. Ein langsames Blinzeln genügt.

Christian G., Neue Mittelschule, Tirol

Eine kleine Panne
Zum Stundenbeginn spiele ich immer „Poisson Rouge" von Saint Privat Riviera. Mein Lied, um die Stunde zu beenden, ist „Lemon Tree" von Fool's Garden. Unabhängig vom Läuten sind die Kids total auf diese Melodien eingestimmt. Sie richten alles her, und es wird sofort ruhig.

Gestern geschah Folgendes:
Es war Pause, die Schüler zeigten normales Pausenverhalten. Ich kam mit den Studenten während der Pause in die Klasse und wollte, dass die Schüler ihre Sachen herrichten, damit die Studenten gleich mit dem Unterricht beginnen konnten.

Ich schaltete die Musik ein und besprach noch einige Dinge mit den Studenten der Pädagogischen Hochschule. Plötzlich merkte ich, dass seitens der Schüler keine Reaktionen zu bemerken waren – sie spielten, tratschten und aßen unbekümmert weiter. Ich war entsetzt! „So eine Unverschämtheit!" dachte ich, „warum reagieren sie nicht auf das Signallied?"

Schon wollte ich mich verbal äußern, da merkte ich, dass ich versehentlich „Lemon Tree", das Lied zum Stundenende, laufen hatte. Rasch schaltete ich das Anfangslied ein. Sofort wurden die Kids leise, holten ihre Sachen für die Stunde, setzen sich auf den Platz und warteten auf den Unterricht. Geläutet hat es erst drei Minuten später. Meine Studenten staunten und konnten es kaum fassen.

Doris A., Neue Mittelschule, Wien

Ich schwebe auf einer Wolke!
Voll motiviert nach den herrlichen stresslosen und lehrreichen Tagen im Seminar habe ich am Montagmorgen total positiv mit einem Lächeln begonnen. Ich habe mich mit Handflächen nach unten, gesenktem Kinn und ruhigen Augen hinter den Lehrertisch in die sehr schwierige 4. Klasse gestellt und mich nicht bewegt, bis alle ruhig waren. Es hat wie Magie funktioniert!

Maria A., Mittelschule, Wien

WAS? DIE STUNDE IST SCHON AUS?

Geht es Ihnen auch so?

Mir passiert es immer wieder, dass ich mitten im Satz bin, und es läutet. Ich habe schon wieder die Zeit übersehen und, wenn ich nicht schon gleich von Anfang an dagegen gelenkt hätte, würden alle aufspringen und zur Tür hinausrasen. Eine der ersten Regeln, die ich eisern einführe, ist:

**Die Lehrkraft – und NICHT die Glocke –
bestimmt das Ende der Unterrichtsstunde!!!!**

Aber die Stunde einfach so, mitten im Gedanken bzw. im Satz, zu beenden, war für mich auch nicht befriedigend. Viel schöner und auch wirksamer ist es, wenn sowohl der Anfang als auch das Ende der Stunde ritualisiert werden. Da habe ich mir etwas einfallen lassen.

Ich habe die Weckfunktion am Handy so eingestellt, dass es drei bis fünf Minuten vor dem Ende der Stunde läutet. So ein Wecker ist auch ein Anker! Oder ich kann einen Schüler beauftragen, mich genau zwei Minuten vor dem Läuten auf das Ende der Stunde aufmerksam zu machen.

Ziele überprüfen

Sie können das Ende der Stunde dazu verwenden, um die Ziele, die am Anfang der Stunde an die Tafel geschrieben wurden, nochmals anzuschauen. Dieser Vorgang gibt der Stunde Struktur und trägt viel zur Motivation und Arbeitseffizienz bei. Er ermöglicht einen Rückblick auf den Unterricht und eine Selbsteinschätzung der Mitarbeit. Haken Sie gemeinsam mit den Schülern die erreichten Ziele ab. Sie können die Schüler selbst ihre Mitarbeit (Daumen hinauf oder hinunter, Smiley-Karten usw.) einschätzen lassen. Gleichzeitig können Sie eine Vorankündigung oder Vorschau auf die nächste Stunde geben. Dieser gesamte Vorgang am Ende der Stunde fördert ein zielgerichtetes Lernen und hilft dem Schüler, besser zu planen und bewusster mit der Zeit umzugehen.

Einige Ideen aus der Praxis:

Der Zeitwächter schaltet die Musik ein
Die Bildnerische-Erziehung-Stunden beende ich mit einem Lied, dass ich auf einer CD habe... es ist für sie das Zeichen, dass sie nun zusammenräumen dürfen. Da ich dazu neige, die Zeit zu übersehen, bin ich sehr froh darüber, dass ich in der Klasse einen Zeitwächter habe, der mich erinnert, dass die Stunde bald aufhört. Der Schüler, den ich bewusst ausgewählt habe, hat das ADHS-Syndrom und fühlte sich durch seine Aufgabe in seinem Selbstwert gestärkt.

Manchmal passiert es, dass die Schüler beim Zusammenräumen zu laut sind. Dann drücke ich die Pausetaste am Gerät. Die Schüler wissen, dass sie in ihrer Bewegung erstarren müssen, und erst wenn die Musik wieder zu hören ist, dürfen sie weitermachen.

Gerhild V., Mittelschule, Steiermark

Die RICHTIGE Musik aussuchen
Anfangs funktionierte der Musikanker am Ende der Stunde nicht besonders gut, der Grund: die Musik, die ich von den Schülern auswählen ließ, war viel zu aggressiv. Beim Zusammenräumen war es dann unheimlich laut, und ich fragte mich, woran das wohl liegen mag. Bald war mir klar, dass die Musik die Schüler total aufdrehte. Ich wechselte also zu einer ruhigen und sanften Musik, und siehe da, das Ergebnis war verblüffend. Stühle wurden leise auf die Bänke gestellt, die Kästchen wurden leise geschlossen und kein Hauch von Aggressivität war mehr erkennbar.

Franziska S., Mittelschule, Vorarlberg

Wer hat an der uhr gedreht?
Am Ende des Tages spielten wir das Lied „Wer hat an der Uhr gedreht?". Es wurde erklärt, dass wir bei diesem Lied die Schultasche einräumen, den Sessel auf den Tisch stellen und hinter dem Platz warten, bis man sich anziehen darf. Anfangs brauchten die Kinder noch länger als das Lied lang war. Nach und nach wurden sie schneller, und zum Schulschluss wurden sie noch vor dem Liedende fertig.

Monika S., Volksschule mit Integration, Wien

Auf die uhr schauen
Zum Ende der Stunde sehe ich auf die Klassenuhr oder meine Armbanduhr – das ist für die Schüler das Zeichen ihre Schulsachen zusammen zu räumen. Dies funktioniert super! Zu Schülern, die noch sehr intensiv arbeiten und nicht zu mir schauen, gehe ich hin und zeige auf ihre oder meine Armbanduhr.

Daniela G. Mittelschule, Steiermark

Abschlussmusikanker
Als Schlussmelodie habe ich eine griechische Musik gewählt. Die Kinder stellen die Sessel auf den Tisch. Allerdings ist die Musik zu schwungvoll und hat einen großen Aufforderungscharakter. Die Kinder stehen dazu nicht ruhig, sondern tanzen dazu. Das halte ich aber gut aus, weil alle fröhlich sind und mit lachenden Gesichtern die Schule verlassen.

Petra F., Volksschule, Wien

Verabschiedungskreis
Dieses Ritual wurde auf Wunsch der Kinder eingeführt!
Es besteht aus dem Vorlesen einer Geschichte, mit oder ohne Fortsetzung, und ist ein schönes, gemeinsames Erlebnis. Ebenso kleine Fantasiereisen und Entspannungsübungen beruhigen die Kinder und lassen den Tag schön ausklingen. Wir enden mit: „Wir wünschen uns einen schönen Nachmittag!

Gabi S., Vorschulklasse, Wien

Reflektion

Das Ende der Stunde eignet sich gut dazu, über die vergangene Stunde und auch die kommende zu reflektieren. Das kann ganz einfach gehen, indem...

Anstellen, Augen zu und Reflektion
...die Schüler entweder auf den Plätzen sitzend oder bei der Tür angestellt die Augen eine Minute lang zumachen und reflektieren, was sie von der heutigen Stunde mitnehmen. Am Ende der Minute gibt die Lehrkraft ein Signal: mit einer sanften Glocke läuten, ein Triangeloder Gongschlag oder auch eine leise Musik. Die Schüler verlassen wortlos den Raum und dürfen erst an einem vereinbarten Platz (die Garderobe, vor dem Schulhaus usw.) sprechen.

Andreas M., Mittelschule, Kärnten

Was nehme ich mit?
Ein schönes Ritual am Ende der Stunde nenne ich „Was nehme ich mit?": Wir stellen uns im Kreis auf. Jeder denkt an zwei Begriffe, die er aus der Stunde mitnimmt. Ich beginne mit dem ersten Wort, und während des Sprechens lege ich meine rechte Hand auf die linke Schulter der Person, die rechts neben mir steht. Diese Person macht das Gleiche mit der Person, die rechts neben ihr steht usw., bis die Person, die links neben mir steht, ihre rechte Hand auf meine linke Schulter legt. Dann beginnt der gleiche Prozess mit dem zweiten Wort nach links. Zum Schluss stehen wir im engen Kreis mit den Händen auf den Schultern der Nachbarn. Ich beende nun das Ritual, indem ich sage: „Ich wünsche euch einen schönen Tag!". Die Schüler antworten: „Wir Ihnen auch!". Eine Zusammenfassung und ein Abschluss, der auch eine schöne Atmosphäre verbreitet.

Edith S., Berufsbildende Schulen, Oberösterreich

ENDE DER WOCHE

Auch das Ende der Schulwoche kann ritualisiert werden:
- Journal schreiben,
- Erfolge feiern,
- Fragebögen ausfüllen, betreffend die Mitarbeit während der Woche oder
- mit einem Abschluss-Sesselkreis.

Das Freitagsritual
Der rechte innere Teil meiner Tafel ist immer für die wichtigen Dinge reserviert.

Jeden Freitag schreibe ich einen Tagesplan darauf, was wir heute machen und schaffen sollen. Oft sind das Dinge, die wir noch fertig stellen oder wiederholen müssen. Achtung: Das ist nicht unbedingt ein Tagesplan zum offenen Lernen, ich schaue immer, dass ich die Kinder ungefähr gleich weit bis zur Pause halte, damit nicht manche schon nach einer Stunde fertig sind...

Nach unseren Morgenritualen wird vereinbart, was wir machen dürfen, wenn wir alle Punkte abgehakt haben. Die Kinder möchten vielleicht Stickers tauschen, in den Garten gehen, bestimmte Lieder singen usw. Die demokratische Mehrheit entscheidet!

Jeden Freitag gibt es also einen „Kontrolleur", der ein Schild mit einem Hakerl auf seinem Platz hat. NUR dieser darf die Punkte auf der Tafel abhaken – ich gehe dabei alphabetisch vor.

VORSICHT: Meine Kinder wollten auf die große Pause verzichten, um schneller ans Ziel zu kommen. Von dieser Idee war ich nicht begeistert, und so ist jeden Freitag ein Fixpunkt an meiner Tafel: „Gemeinsam Pause machen".

An manchen Freitagen schaffen meine Kinder zehn Minuten mehr „Freizeit", an manchen sogar eine ganze Unterrichtseinheit. Die Kinder haben auch nach anfänglichen Problemen gelernt, dass sie den Langsameren helfen müssen, um ans gemeinsame Ziel zu kommen. Auch getratscht wird am Freitag kaum. Sie wissen ja, dass sie nach ihren erledigten Arbeiten noch genug Zeit dafür haben!

Ines G., Volksschule, Niederösterreich

Geschlossener Kreis
Der geschlossene Kreis gibt Zeit zur Reflektion und bietet einen ruhigen, positiven Pol am Ende des Tages. Was hat dir an diesem Tag gefallen? Was haben wir heute gut gemacht? Was können wir morgen besser machen? Auf was freust du dich morgen?

Jeden Freitag sitzen wir im geschlossenen Kreis. Zuerst sagt jeder, worauf er in der endenden Woche stolz ist. Dann sitzen wir ein paar Momente still, und jeder überlegt sich einen Wunsch für die kommende Woche. Diese Wünsche behält jeder für sich, sie geben den Schülern einen Ausblick auf die Zukunft. Die Schüler flüstern ihre Wünsche in ihre Hände, und auf ein Signal von mir öffnen wir die Hände, pusten die Wünsche in die Luft und lassen sie so frei.

Susan J., Bilinguale Mittelschule, Innsbruck

ENDE DES SEMESTERS

Betrachten Ihre Schüler das zweite Semester im Schuljahr als eine bloße Fortsetzung des ersten Semesters? Durch Rituale können wir ihnen eine andere Perspektive geben. Das zweite Semester ist ein Neubeginn. Er gibt den Schülern die Chance, einen neuen Weg einzuschlagen. Ziehen Sie mit ihren Schülern eine Zwischenbilanz, damit sie neue Ziele und eine neue Dynamik für effektiveres Lernen im zweiten Semester entwickeln.

Erstellen Sie Fragebögen, lassen Sie die Schüler im Schuljournal schreiben, oder moderieren Sie eine Diskussion über:

- Was habe ich im ersten Schulhalbjahr erreicht?
- Was habe ich nicht erreicht?
- Was kann ich tun, um diese Ziele tatsächlich zu erreichen?
- Wie werde ich mich fühlen, nachdem ich sie erreicht habe?

Schließen Sie das vergangene Semester ab, damit Ihre Schüler frisch mit dem zweiten beginnen können!

ENDE DES SCHULJAHRES

Verschiedene Rituale sind zum Schulschluss schon vorhanden: die Konferenz, erholsamere Aktivitäten mit der Klasse, die auch Lernen mit Spaß kombinieren, die Zeugnisverteilung – und dann auf in die Ferien! Zusätzlich können wir jedoch diese Zeit noch besser zur Bilanz und zum Nachdenken heranziehen.

Geführte Fantasiereise über das Schuljahr

Führen Sie die Schüler in einen entspannten Zustand hinein. Spielen Sie eine entspannende, meditative Musik im Hintergrund. Wichtig ist, dass Sie langsam sprechen und viele Sprechpausen lassen, damit die Schüler Ihre Anweisungen bzw. Bilder zu den Stichwörtern verinnerlichen können:

> Wir werden jetzt eine kurze Reise durch die Zeit, die wir in diesem Jahr miteinander verbracht haben, machen. Setzt euch ganz bequem hin, und wenn ihr möchtet, könnt ihr auch die Augen zumachen...
>
> Ich werde euch nun verschiedene Stichwörter vorlesen. Diese Wörter werden vielleicht Erinnerungen und Bilder von unserer gemeinsamen Zeit im vergangen Schuljahr in dir hervorrufen. Lasse die Bilder kommen und betrachte unser Schuljahr wie einen Film, der vor deinen Augen abläuft...

Suchen Sie geeignete Worte zu positiven Erfahrungen im Laufe des vergangenen Schuljahrs aus, und lesen Sie sie langsam vor. Lassen Sie mehrere Sekunden Zeit zwischen den Stichworten, damit sich die Schüler innerlich ein Bild davon machen und es nochmals erleben können.

Und dann führen Sie die Schüler wieder zurück.

> Nun geht unsere Fantasiereise langsam zu Ende. Du hast jetzt und auch im vergangen Schuljahr Vieles erlebt. Und wie du langsam in das Hier und Jetzt zurückkehrst, bringst du diese Erinnerungen mit.
>
> Du atmest tief ein. Und wieder aus. Du spürst den Sessel unter dir.
>
> Ich werde nun von 1 bis 5 zählen.
> Mit jeder Nummer, die ich sage, fühlst du dich wacher und wacher.
> 1...2...3...4...5
>
> Beginne wieder in diesen Raum zu kommen, indem du die Zehenspitzen bewegst. Die Finger. Die Beine. Die Hände. Die Arme. Und strecken...

11

ANWEISUNGEN GEBEN

Wer kennt das nicht?

Sie möchten, dass die Klasse einen Aufsatz über das Thema „Mein Urlaub" schreibt. Sie geben ihnen die Anweisungen dazu, werden aber mehrmals durch Fragen unterbrochen:

„Wie lang soll der Aufsatz sein?"
„Wie viel Zeit haben wir?"
„Darf ich bitte auf die Toilette gehen?"

Endlich haben Sie alles fertig erklärt. Nun fragen Sie die Schüler, ob sie alles verstanden haben, und ob es weitere Fragen gibt.

Susi fragt:	*„Liniertes oder kariertes Papier?"*
Thomas fragt:	*„Sollen wir mit Füllfeder oder mit Kuli schreiben?"*
Murat fragt:	*„Wie lang soll der Aufsatz sein?"*
Ali fragt:	*„Welches Heft?"*
Martina fragt:	*„Liniert oder kariert?"*

Frustrierend, nicht wahr?
Unsere Schüler haben die Tendenz mit dem Mund zu denken. Sie hören öfters nicht zu, und sie finden das Fragen viel einfacher als das Nachdenken. Es liegt an uns, ihnen das *„Zuerst denken, dann fragen!"* beizubringen. Diverse Anker und Strukturen helfen uns dabei.

LEGEN SIE ZUERST ZWEI ANKER FEST!

Der erste Schritt ist es, zwei Bodenanker festzulegen:

Der erste Anker ist für Anweisungen bestimmt.
Auch wenn Sie (hoffentlich!) nicht mehr ausschließlich frontal unterrichten, ist es gut, vorne einen Platz festzulegen, wo besonders wichtige Informationen, Fakten, Mitteilungen usw. vorgetragen werden. Wenn Sie diesen Ankerplatz systematisch einsetzen, werden die Schüler aufschauen und manche sogar Stifte ergreifen, wenn Sie in die Richtung dieses Platzes gehen.

Der zweite Anker ist der Platz, an dem Sie Fragen beantworten. Das ist der Platz wo Anregungen, Fragen, Vorschläge, Diskussion und Austausch willkommen sind.

Die bestimmende oder die einladende Stimme?

Beide Stimmen sind gut – Entscheidend ist, die richtige Stimme bei der passenden Gelegenheit anzuwenden.

(Siehe You Tube – Suchkriterium: Pearl Nitsche, Nonverbales Klassenzimmermanagement, Stimme und Körperhaltung)

Die bestimmende Stimme   Die einladende Stimme

Die erste Stimme heißt die „**Bestimmende Stimme**".
Diese Stimme verwende ich, wenn ich im Klassenzimmer diszipliniere, ein ernstes Gespräch führe, die Aufmerksamkeit gewinnen möchte oder, wie in unserem Beispiel oben, Anweisungen gebe. Diese Stimme trägt die Botschaft: *„Ich rede jetzt und nicht du. Höre bitte gut zu."*

Die zweite Stimme heißt die „**Einladende Stimme**".
Das ist meine Stimme, wenn ich mit den Schülern etwas besprechen möchte, wenn eine Diskussion, Fragen, Anregungen und Vorschläge willkommen sind. Diese Stimme fördert die Konversation und den Austausch.

Meine Körperhaltung und Bewegung bestimmen, welche Stimme erzeugt wird.

Bei der „**Bestimmenden Stimme**" habe ich eine gerade und stille Körperhaltung. Meine Füße stehen parallel nach vorne. Mein Kinn ist etwas nach unten geneigt. Durch meine stille Körperhaltung ist mein Kopf auch still. Diese stille Kopfhaltung hat einen direkten Einfluss auf meine Stimme, die monoton wird und öfter am Ende einer Aussage hinunter geht.

Menschen, die eine bestimmende Stimme haben, können sich leichter durchsetzen. Wenn sie reden, hören andere zu und treten dann in Aktion. Der Nachteil dieser Stimme liegt in der Qualität und auch in der Quantität der Kommunikation. Das Gespräch stockt, und es kommt einfach nichts retour.

Bei der "**Einladenden Stimme**" hingegen gibt es eine leichte Auf-und-ab-Körperbewegung, die rhythmisch und symmetrisch ist. Die Arme und Hände bewegen sich rhythmisch mit und werden nahe am Rumpf gehalten. Manchmal sieht man die Handflächen. Der Kopf und auch die Stimme bewegen sich im Rhythmus mit dem Körper leicht auf und ab. Öfters geht die Stimme beim Beenden einer Aussage hinauf – wie bei einer Frage.

Leute, die eine einladende Stimme haben, sind gesellige Meister der Kommunikation. Ihre Gesprächspartner gehen auch aus sich heraus und egal, welches Thema angeschnitten wird, ein gutes Gespräch kommt fast immer zustande. Der Nachteil von dieser Stimme ist jedoch, dass Menschen, die sie häufig anwenden, sich manchmal schwer durchsetzen können. Feststellungen, die mit einer einladenden Stimme gemacht werden, werden diskutiert und in Frage gestellt. Und vor lauter Diskussionen passiert dann im Endeffekt nichts.

WICHTIG: Verschiedene Situationen verlangen verschiedene Stimmen.
Bei unserem Beispiel wollen Sie, dass die Schüler bei der Angabe von Anweisungen ruhig sind und gut zuhören. Deswegen stellen Sie sich mit einer stillen Körperhaltung auf den "Anweisungen-Anker-Platz". Warten Sie wortlos, bis Sie die Aufmerksamkeit aller Schüler haben, und reden Sie dann mit der bestimmenden Stimme. Während Sie sprechen, schreiben Sie die wesentlichen Informationen an die Tafel.

Visuelle Anweisungen sind Einfluss – Auditive Anweisungen sind Macht

Wenn die Anweisungen sehr kompliziert sind, oder ich mich in zu vielen, oft unnötigen Worten verliere, ist die einzige Person, die zum Schluss im Bilde ist, ich selbst. Und wenn ich die einzige bin, die weiß, wo es lang geht, übe ich (ohne, dass es von mir beabsichtigt ist) Macht aus. Wenn hingegen die Anweisungen schriftlich an der Tafel stehen, ist jeder im Bilde und kann jederzeit nachschauen. Das ist Einfluss statt Macht.

Daher ist es wichtig, dass ALLE wesentlichen Informationen, sowohl bei der Angabe von Anweisungen als auch für Hausübungen, Projekte und Schulübungen SCHRIFTLICH an der Tafel stehen. Erklären Sie den Vorgang nur einmal auditiv, während Sie die wesentlichen Informationen an die Tafel notieren.

Noch besser ist es, wenn zumindest ein Teil der Informationen, z. B. das benötigte Material schon vorher an der Tafel aufgelistet ist. So haben die Schüler, die mit einer sonstigen Schulübung früher fertig sind, die Möglichkeit, alles vorher bereitzulegen. Der Übergang von einer Tätigkeit zur nächsten wird dadurch flüssiger.

Während Sie erklären, achten Sie auf Klarheit und Genauigkeit. Meiden Sie Verallgemeinerungen, und verwenden Sie möglichst wenige Worte. Erklären Sie Schritt für Schritt, und schreiben Sie die wichtigsten Informationen an die Tafel. Um die schriftlichen Anweisungen noch verständlicher zu machen:

- Schreiben Sie Anweisungen immer am gleichen Platz an die Tafel.
- Benützen Sie für Anweisungen einfache Worte und auch verschiedene Farben und Symbole – das spricht beide Gehirnhälften an!
- Falls die Schüler ein Buch oder Heft brauchen, halten Sie es hoch, oder lehnen Sie das Buch an die Tafel, damit die Schüler es sehen können. Schreiben Sie die Seitennummer an die Tafel.
- Es hat sich auch bewährt, Farbkopien des Buchdeckels zu machen und zu laminieren. Diese können mit Magneten an der Tafel befestigt werden.
- Für die 1. Klasse Volksschule, in der die Kinder noch nicht lesen können, können Sie magnetische Stofftiere oder Symbolkarten verwenden.

Nachdem Sie die Anweisungen fertig angegeben haben, gehen Sie auf Ihren zweiten Anker, der für die Beantwortung von Fragen zuständig ist. Verändern Sie Ihre Körperhaltung, damit Sie und auch Ihre Stimme einladend wirken.

Wenn eine wichtige Frage, die Sie noch nicht behandelt haben, gestellt wird, schreiben Sie auch diese ergänzende Information auf die Tafel.

Wenn eine Frage, die Sie schon beantwortet und die Anweisung dazu aufgeschrieben haben, nochmals gestellt wird, so **BEANTWORTEN SIE DIE FRAGE KEIN ZWEITES MAL**, sondern zeigen Sie **WORTLOS** – mit einem (freundlichen!) Lächeln – auf die Tafel. Schüler denken oft mit dem Mund. Sie überlegen nicht – es ist einfacher, nochmals zu fragen. Mit solchen Techniken bringen wir unseren Schülern das Überlegen und Denken bei.

Wenn alle wesentlichen Fragen gestellt wurden, gehen Sie nochmals auf den Anweisungen-Anker und nehmen Sie wieder die bestimmende Körperhaltung und Stimme an. Von diesem Platz aus geben Sie die Anweisungen zum Übergang zur Stillarbeit. Dieser Prozess, der MITS (Most Important Ten/Twenty Seconds) heißt, behandeln wir im nächsten Kapitel.

Einige Ideen aus der Praxis:

Anweisungen beim Werken
...um die volle Aufmerksamkeit der Schüler zu gewinnen, um einen neuen Arbeitsschritt zu erklären:
- Einmal die Triangel anschlagen,
- Kinder hören auf zu arbeiten und setzen sich nieder, schauen zu mir und hören zu,
- bin ich mit meiner Erklärung fertig, dürfen sie wieder weiter arbeiten und plaudern.

Ich war fasziniert – ich unterrichte in elf verschiedenen Klassen, und es klappte in jeder Klasse. Die Regeln wurden dann in der ersten Stunde des neuen Semesters einmal gemeinsam wiederholt und funktionierten im nächsten halben Jahr auch wieder perfekt.

Angelika K., Volksschule, Wien

Die Sprechpause ist das mächtigste nonverbale Mittel
Wenn ich in Bewegung und Sport Spielregeln oder eine Organisationsform erkläre, dann sitzen immer alle Schüler im Mittelkreis, der am Boden aufgezeichnet ist. Ich sitze zwischen den Schülern im Kreis. Wenn sich irgendjemand oder sogar redend bemerkbar macht, dann höre ich mitten im Satz bzw. Wort zu reden auf und warte, ohne das betreffende Kind anzuschauen, bis alle wieder ruhig sind. Ich gebe nicht nach, und wenn ich noch so oft unterbrochen werde, und wenn noch so viel Zeit vom Turnunterricht „verloren" geht. Es dauert höchstens drei bis vier Wochen, bis sich wirklich alle daran gewöhnt haben. Wenn man bedenkt, dass ich dann für die nächsten vier Jahre als Lehrer Ruhe und Ordnung beim Erklären im Turnunterricht habe, dann ist dies für mich keine verlorene Zeit – ganz und gar nicht.

Elfie K., Mittelschule, Steiermark

Es geht auch ohne Reden!
Letzten Dienstag machte ich einen Versuch: Beim Erklären einer Aufgabe habe ich absichtlich vergessen, einen Schritt zu erwähnen. Nach dem Arbeitsbeginn darf ich ja nichts mehr sagen, also schrieb ich den „vergessenen" Schritt einfach an die Tafel. Ob das alle mitbekommen würden?

Alle Schüler haben diesen Schritt – ohne ihn verbal auszusprechen – erledigt!

Peter F., Mittelschule, Niederösterreich

Anweisungen an die Tafel schreiben
Früher habe ich mich oft in elendslangen Erklärungen verausgabt und oft die Erfahrung gemacht, wie sehr mich die x-fache Beantwortung ein- und derselben Frage auslaugt und wie viel Kraft mich das kostet, hundertmal das Gleiche erklären zu müssen.

Jetzt schreibe ich das Thema und die notwendigen Arbeitsschritte bevor es läutet auf die Tafel und bemühe mich um sehr präzise Angaben. Vereinzelt teile ich auch Skripte aus, oder ich zeige Bilder als Farbfolie auf dem Overheadprojektor zu diesem Thema. Trotzdem werden vereinzelt Fragen gestellt. Da klopfe ich mit einem freundlichen Lächeln einfach auf die Tafel oder zeige dorthin.

Christian G., Gymnasium, Wien

Wer nicht will, der hat schon – nonverbal für Jung und Alt
Pearl veranstaltete im Frühling einen Workshop an meiner Schule. Zum ersten Mal hörte ich etwas über das „Nonverbale Klassenzimmermanagement". Da ich es sehr interessant fand, besuchte ich gleich einige Seminare im Sommer.

Während des Sommers traf ich mich auch mit einigen Kollegen aus meiner Schule. Sie befragten mich zu dem Seminar, und wie es mir gefällt. Natürlich gab es auch ein paar Kollegen, die von diesen Unterrichtmethoden nicht überzeugt waren. Als ich nachfragte, warum, sagten sie: „Ich habe den Ruheanker ausprobiert. Ich hätte auch den ganzen Tag dort stehen können, und es wäre nichts passiert." Da ich merkte, dass sie kein Interesse an diesem Thema hatten, ging ich auch nicht weiter darauf ein.

Als ich mich später verabschieden wollte, merkte ich, dass meine Kollegen in ein Gespräch vertieft waren, und laut „Auf Wiedersehen!" rufen wollte ich auch nicht. Ich dachte mir: „Versuch mal das, was du im Seminar gelernt hast. Ob das auch bei Erwachsenen funktioniert?".

Also stellte ich mich vor meine Kollegen, nahm eine starre Haltung ein, meine Handflächen schauten zum Boden und ich schaute alle einmal an, ohne ein Wort zu sagen. Innerhalb von Sekunden waren alle ruhig und schauten mich an.

Dann lächelte ich und sagte: „Schöne Ferien!" Ich drehte mich um und ging. Es funktioniert ja doch!

Monika S., Volksschule mit Integration, Wien

Das Zauberwort
Wir vereinbarten ein Wort, das als unser „Zauberwort", z.B. das Wort „Zucchini", bezeichnet wird. Wenn ich den Schüler etwas erkläre, sage ich: „Wenn ich das Zauberwort sage ... was war das Wort eigentlich?" Die Schüler rufen „Zucchini!" „Ja, genau. Wenn ich dieses Wort sage, werden alle sofort, ohne ein einziges Wort zu reden, ihre Mathebücher, einen Bleistift und ein Radiergummi vor sich hinlegen." Spannende Pause. „Zucchini!"

Da hören alle gespannt auf meine Worte, weil sie auf das Zauberwort warten. Wir wechseln das Zauberwort einmal in der Woche und die Schüler dürfen das Wort aussuchen.

Susanne R., Mittelschule, Wien

12 ELEGANTE ÜBERGÄNGE

von der Unterrichtsphase zur Vertiefungsarbeit

Richtig

Falsch

Szene

Stellen Sie sich vor ...

Sie beenden gerade den vortragenden Teil des Unterrichtes. Die Schüler sind aufmerksam und ruhig. Nun sagen Sie: *„Bitte nehmt jetzt die Deutschbücher und einen Bleistift heraus."* Plötzlich wird es unruhig und laut. Schultaschen werden ausgeräumt, Bankfächer durchsucht, und mit dem Nachbarn wird getratscht. *„Welche Seite?", „Welches Buch?"* Und schon wieder müssen Sie die Aufmerksamkeit Ihrer Schüler gewinnen.

Die Übergänge von Unterricht zur Stillarbeit oder einer anderen Aktivität führen sehr oft zu Unruhe.

Szene

Oder stellen Sie sich vor, Sie tragen vor ...

Der Vortrag fließt, und die Schüler hören aufmerksam zu. Ein Kind zeigt interessiert auf. Sie fragen es, was es will, und es sagt darauf: *„Darf ich bitte aufs Klo?"*.

Der Fluss des Unterrichts ist gestört, und Sie müssen den Zustand, der gerade davor herrschte, wieder herstellen.

In diesem Kapitel geht es um die elegante und nahtlose Gestaltung von Übergängen, die Vermeidung von Störungen, wie auch das Verhalten der Lehrkraft bei der Vertiefungsarbeit – damit die Stillarbeit tatsächlich still bleibt!

Regel Nummer 1 bei allen diesen Tätigkeiten ist:

**Verhalten Sie sich selbst sowohl verbal als auch nonverbal so,
wie die Schüler sich verhalten sollen.**

Wenn meine Schüler an der Handelsakademie damals so richtig konzentriert ans Arbeiten gekommen sind, hätte man tatsächlich eine Stecknadel fallen lassen können. Diese Stille habe ich so genossen, dass ich mich instinktiv wenig bis gar nicht bewegt habe, damit die Ruhe bestehen bleibt. Wie bei allen Vorgängen im Klassenzimmer spiegelt die Klasse die Lehrkraft. Wenn ich also will, dass weiterhin Ruhe herrscht, muss ich mich daher auch dementsprechend verhalten!

Übergänge – MITS

Michael Grinder, Pädagoge, Trainer und einer meiner großen Mentoren, hat ein Konzept für den Übergang vom Unterricht zur Stillarbeit entwickelt. Er nennt es „MITS" oder „Most Important Ten/ Twenty Seconds". Er meint damit, dass der Übergang vom Unterricht zur Stillarbeit bestimmt, wie produktiv die Vertiefungsphase sein wird – dieser Übergang dauert bei älteren Schülern zwanzig Sekunden und bei jüngeren auf Grund der kürzeren Konzentrationsspanne nur zehn Sekunden.

Ihr könnt jetzt anfangen

Im letzten Kapitel haben wir die Angabe von Anweisungen besprochen. Sie haben sich zwei Anker – einen für Anweisungen, wo Sie nicht unterbrochen werden, und einen, wo Sie stehen, wenn die Schüler Fragen stellen dürfen – eingerichtet. Sie haben alle wesentlichen Informationen an die Tafel geschrieben und Fragen dazu beantwortet. Und nun wollen Sie, dass die Schüler mit der Arbeit beginnen und keine weiteren Fragen stellen. Steigen Sie auf den ersten, den Anweisungen-Anker, und sagen Sie einen oder zwei kurze Sätze als Signal, dass die Schüler nun beginnen sollen: *„Bitte keine Fragen mehr. Ihr könnt jetzt anfangen."*

Nachdem Sie diesen Satz ausgesprochen haben, erstarren Sie in der bestimmenden Körperhaltung und bleiben Sie so zehn bis zwanzig Sekunden lang stehen. So führen Sie den Schülern nonverbal das Verhalten vor, das Sie von ihnen erwarten.

Während dieser zehn bis zwanzig Sekunden, beantworten Sie KEINE Fragen. Während Sie noch erstarrt bleiben, geben Sie Schülern, die aufzeigen, ein Handzeichen, dass Sie sich ihnen bald widmen werden (in der Zwischenzeit wird der Schüler wahrscheinlich ohnehin selbst auf die Antwort kommen).

Die Stillarbeit

Wenn die zehn bis zwanzig Sekunden vorbei sind, lockern Sie Ihre Körperhaltung und gehen Sie – langsam – zu den Schülern, die aufzeigten. Falls sie eine Frage stellen, deren Antwort an der Tafel steht, zeigen Sie wortlos auf die Tafel. Damit sie dorthin schauen, werden Sie den Augenkontakt mit dem fragenden Schüler brechen müssen.

Falls Sie mit Schülern während der Stillarbeit reden, sprechen Sie immer mit einer leisen, privaten Stimme. Und bewegen Sie sich langsam. Sie sind wie ein Motorboot, das sich über einen See bewegt. Wenn sich das Motorboot schnell durch das Wasser bewegt, macht es viele Wellen, die das Wasser aufwühlen. Die Schüler werden wie kleine Korken von den Wellen hin und her bewegt. Wenn das Boot sich aber langsam bewegt, bleibt das Wasser ruhig. Und die Schüler auch. Genauso verhält es sich im Klassenzimmer. Wenn Sie zu schnell oder zu laut sind, reißen Sie die Schüler, die brav arbeiten, aus ihrem konzentrierten Zustand heraus!

Während der Stillarbeit soll die Lehrerin fast unsichtbar sein. Ich persönlich bin der Meinung, dass wir den Schülern viel zu viel Hilfe während der Stillarbeit anbieten. Die Schüler beginnen mit der Stillarbeit, und wir schießen wie Marathonläufer zu ihnen, um Hilfe anzubieten. Wie sollen sie selbstständig werden und Probleme selbst lösen können, wenn wir immer einspringen?

Ich habe während der Stillarbeit eingeführt, dass die Schüler sich an mich wenden sollen, wenn sie Hilfe brauchen. Die ersten Minuten, während ich vorne im Zimmer stehe, müssen sie aber alleine arbeiten. Oft können sie ihre Fragen nach einigen Minuten Nachdenkzeit selbst beantworten. Nach fünf Minuten setze ich mich an den Lehrertisch. Wenn ein Schüler eine Frage hat, darf er zu mir kommen. Es darf nur ein Schüler auf einmal am Lehrertisch stehen.

Mini-MITs

Ungefähr in der Mitte der Stillarbeitsphase stehe ich dann auf und gehe langsam durch die Klasse und schaue, was die Schüler bis jetzt gemacht haben. Ich verhalte mich dabei so weit wie möglich nonverbal. Wenn ich grobe Fehler sehe, zeige ich einfach wortlos auf den Fehler. Wenn ein Schüler etwas missverstanden hat, zeige ich auf den entsprechenden Punkt an der Tafel. Ich bleibe gelegentlich stehen und mache, was Michael Grinder ein „Mini-MIT" nennt: ich entferne mich einen Schritt vom Schüler, erstarre einige Sekunden und lasse meine Augen durch die Klasse schweifen.

Einige Ideen aus der Praxis:

Korrektur während der Stillarbeit
Zum Ansehen, Durchlesen oder Korrigieren von englischen Dialogen oder Texten habe ich einen eigenen Tisch im Klassenzimmer. Wenn dieser nicht in Gebrauch ist, steht er an der Hinterwand des Zimmers. Plane ich im Unterrichtsverlauf Texte durchzusehen, durchzulesen oder zu korrigieren, schiebe ich mir den Tisch etwa zwei Meter von der Wand weg, stelle zwei Sessel dazu, einen für die Schüler und einen für mich. Der Schüler, dessen Text ich durchsehe, sitzt dort. Die anderen sind mit Lese- oder Stillarbeit beschäftigt.

Ich schuf mir so die beste Gelegenheit, mit Schülern persönlich ins Gespräch zu kommen, oder auch wirklich nur auf ihre individuellen Sprachprobleme einzugehen. Schüler haben so keinen Stress mehr mit „Fehlerbesprechung", die Beziehung Lehrerin – Schüler ist offen und ehrlich, die Fehleranalyse ist nicht aufzeigend, sondern erinnernd!

Elfie K., Mittelschule, Steiermark

Klangschale bei der Stillarbeit
Das einmalige Anschlagen der Klangschale dient als akustisches Signal für den Beginn der Planarbeit und als Zeichen, leise zu arbeiten. Muss zwischendurch etwas Wichtiges gesagt werden, wird auch die Klangschale verwendet. Zum Abschluss der Planarbeit wird die Klangschale zweimal angeschlagen das bedeutet für Schüler: die Planarbeit ist zu Ende, bitte räume deine Sachen zusammen.

Christoph M., Volksschule, Oberösterreich

Die Wäscheklammern
Meine Schüler haben jeweils zwei Wäscheklammern mit ihrem Namen darauf. Vorne an der Tafel hängen zwei Schilder: „Hilfe" und „Fertig". Falls ein Schüler Hilfe braucht bzw. fertig ist, hängt er seine Wäscheklammer an das entsprechende Schild. So kann ich helfen, wo es notwendig ist, und habe auch den Überblick über den Fortlauf der Übung.

Susanne M., Burgenland

Ich bin schon fertig!

„Was soll ich jetzt tun, Frau Lehrerin? Ich bin schon fertig!" Wie schon beim 9. Gebot „Involvieren Sie sie!" im Kapitel 10 besprochen, gibt es mindestens einen Schüler in jeder Klasse, der als Erster lange vor allen anderen mit der Übung fertig ist. Zusätzlich zu den Ideen, die im 9. Gebot beschrieben werden, erstellen Sie gleich am Anfang des Schuljahres zusammen mit den Schülern eine Liste von Aktivitäten, die sie selbstständig machen können. Laminieren Sie diese Liste, und hängen Sie sie im Klassenzimmer auf. Wenn ein Schüler „vergisst" und Sie fragt, zeigen Sie wortlos auf die Liste.

Elegante Übergänge 12

Einige Ideen aus der Praxis:

- immer ein Lesebuch im Bankfach haben
- dem Klassenamt (z. B. Bibliothek ordnen, Entschuldigungen ordnen usw.) nachkommen
- eine Geschichte schreiben
- Illustrationen für ein Buch fertigen
- sich Rechnungen ausdenken
- jemandem anderen, der noch nicht fertig ist und Hilfe haben möchte, helfen
- ein Lied schreiben über das, was wir gerade lernen
- eine Mappe oder Schachteln mit zusätzlichen Arbeitsblättern zur freien Entnahme bereitstellen
- Arbeiten am Computer erledigen
- Lernspiele am Computer. Siehe z. B. Compass Learning Odyssey: http://www.compasslearning.com/ (diese Seite ist auf Englisch. Es gibt sicherlich ähnliche Seiten auf Deutsch). Falls Sie Tablets in der Klasse haben, gibt es eine Menge Apps mit Lernspielen für jede Altersgruppe. Das ist individualisierter Unterricht pur!
- Entspannen in der Kuschelecke
- Rechenarbeitsblätter verbessern
- Hefte verschönern
- Helfertätigkeiten erledigen: Tafel löschen, sortieren, ausschneiden, laminieren, usw.
- Langfristige Projekte wie Klassenzeitung, Diashows, Herstellung von Büchern usw. Dies funktioniert besonders gut mit Hochbegabten, die meist früher fertig sind und eine Herausforderung im Klassenzimmer brauchen.

Es gibt immer was zu tun!
Das hängt natürlich davon ab, welches Fach ich gerade unterrichte. Meistens bitte ich den Schüler, eine zusätzliche Arbeit für die Aufgabe, die die Klasse momentan macht, zu tun. Zum Beispiel kann der Schüler eine Liste von Adjektiven aus der gerade gelesenen Geschichte erstellen oder sich weitere Rechenaufgaben ausdenken. Aber ich habe auch sonst immer irgendeine Aktivität bereit. Beim Textilen Werken kann der Schüler eine Filzblume oder ein Makramee-Armband fertigen. Das ist schnell erledigt und gibt dem Schüler etwas zu tun, bis die anderen fertig sind. Eine dritte Möglichkeit ist, dass ich sie helfen lasse, ein Pinnbrett zu gestalten oder etwas auszuschneiden.

Sara E., Volksschule, Wien

Und weiteres, was man noch machen kann...
Oft habe ich auch Lernspiele im Kasten z. B. Lük oder Logico, die dauern auch nicht immer lang. Bücher oder Zeitschriften liegen zum Lesen aus. Rätsel sind meist auch dabei. Oft gibt es auch Dinge aus den letzten Stunden, die fertig gemacht werden können.

J. Böck, Volksschule, Wien

Leseplatz am Gang

Bei uns hat jedes Kind ein privates Buch oder eines aus der Klassenbibliothek da. Das Kind, das früher fertig ist, darf es sich irgendwo in der Leseecke oder auch am Leseplatz am Gang mit dem Buch gemütlich machen. Das ist eine willkommene Auszeit von der Gruppe, und am Gang kann man auch gemeinsam laut lesen, ohne andere zu stören. Andere Ideen: Zwei Kinder spielen ein Brettspiel ohne Worte, Schach, Pentaminos, Puzzle oder Spiele vom Freiarbeitsteppich und Lernkarteien, Hefte durchsehen, Verbesserungen machen, begonnene Zeichenarbeiten weiter machen...

Stefan R., Gymnasium, Linz

Eine Menge Ideen!

- Knifflige Aufgaben, Spiele, Knetmasse, Rätselhefte, Sudokus werden ausgelegt und können auch in Partnerarbeit gelöst werden. Natürlich muss dafür gesorgt werden, dass keine zusätzliche Unruhe entsteht!
- Schüler dürfen Portfolio-Arbeiten erledigen, weiterarbeiten, gestalten. Partnerarbeiten mit der Landkarte können durchgeführt werden!
- Für ein besonderes Buch wird ein Einband gestaltet. Immer, wenn es die Zeit erlaubt, wird daran gearbeitet!

Lehrerinnen der Volksschule und Hauptschule in Groß St. Florian, Steiermark

Überraschungseier

Sammeln Sie die Plastikbehälter (oder lassen Sie von den Schülern sammeln), die sich in den Überraschungseiern für Kinder befinden. Schreiben Sie zusätzliche Aufgaben für Schüler, die schneller fertig sind, auf Zettel und geben Sie je ein Zettel in einen Überraschungsei-Behälter. Geben Sie alle Eier in eine durchsichtige Flasche oder Behälter. Ein Schüler, der früher fertig ist, darf sich eine Aufgabe aus der Flasche nehmen. Das schaut lustig aus und ist ein Ansporn für die Schüler schneller zu arbeiten!

Ursula S., Mittelschule, Kärnten

AUFMERKSAMKEIT GEWINNEN – UND BEHALTEN!

Szene

Stellen Sie sich vor ...
Sie unterrichten und plötzlich werden die Schüler unruhig. Sie wollen die volle Konzentration wiederherstellen. Wie werden Sie in diesem Fall die Aufmerksamkeit der Klasse erlangen?

Da dieses Thema in meinen anderen Büchern ausführlich behandelt wird, werde ich es hier nur anschneiden.

Wenn ich auf diesem „X" stehe...

Als ich noch in der Hauptschule unterrichtete, habe ich einen Bodenanker gesetzt, indem ich – wortlos – mit einem Klebestreifen ein „X" auf dem Boden markierte.

Die Schüler waren sehr neugierig! *„Was heißt dieses Kreuz auf dem Boden, Frau Nitsche?"* fragten sie.

Ich erwiderte: *„Das ist meine ‚Stille Stelle'.
Immer – aber wirklich IMMER –, wenn ich hier stehe, möchte ich, dass ihr mucksmäuschenstill seid!"*

Es funktionierte wie Zauberei – bis in die 4. Klasse!

Diese Technik mit dem Klebestreifen zeige ich auch öfters den Lehrern in den Fortbildungskursen. Vor kurzem habe ich folgende E-Mail erhalten:

War mein Schüler Armin auch schon bei dir im Kurs?
Ich stehe zwei Tage nach unserem Kurs vor der Klasse und will etwas ansagen, aber wieder einmal interessiert das meine Schüler überhaupt nicht. Ich stellte mich hin, sorge für Ruhe, zeige auf eine Stelle vor mir am Fußboden und erklärte dann den Kindern: „Passt gut auf. Ich habe mir diesen ganz besonderen Platz ausgesucht. Wann immer ich hier stehe, möchte ich, dass ihr ganz still seid, weil ich etwas ganz Wichtiges mitzuteilen habe."

Wie so oft werde ich von Armin unterbrochen. Er steht auf und platzt mit einem guten Tipp für mich heraus: „Frau Lehrerin, du musst einen Klebestreifen nehmen und auf dem Boden ein Kreuz aufkleben. Wenn du dich dann auf dieses Kreuz stellst, wissen wir, dass wir gut zuhören sollen!"

Mir blieb die Spucke weg! War der Armin auch schon bei dir im Seminar? Sofort habe ich einen Klebestreifen genommen und dieses Kreuz am Boden angebracht. Und es funktioniert perfekt!

Marlene W., Volksschule, Kärnten

1 – 2 – 3 – ZAPP!!

Bei Unruhe zählte ein Kollege immer laut „*1 – 2 – 3 – Zapp!!*" Wenn die Schüler diese Worte hörten, erstarrten sie zu Statuen. Der Kollege wartete zwei bis drei Sekunden, und dann setzte er mit dem Unterricht fort, als wäre gar nichts passiert. Die Kinder „tauten auf" und hörten aufmerksam zu.

Alle, die mich jetzt hören, klatschen einmal in die Hände

Ich war auf einem Kongress und nahm an einem Workshop mit etwa 300 anderen Lehrern teil. Wir machten Gruppenarbeit und waren dementsprechend – 300 Menschen eben! – laut. Als der Referent die Gruppenarbeit beenden und seinen Vortrag fortsetzen wollte, stand er vorne und sagte in einer ganz normalen Lautstärke: „*Alle, die mich jetzt hören, klatschen bitte einmal in die Hände.*" Er legte eine Pause ein, während mehrere Teilnehmer, die ihn gehört hatten, einmal in die Hände klatschten. Und dann: „*Alle, die mich jetzt hören, klatschen bitte zweimal in die Hände.*" Und alle im Raum waren ruhig.

Auch in Krisensituationen sind die Techniken einsetzbar

Vor einigen Jahren hielt ich einen Vortrag auf einer Lehrerkonferenz in Deutschland. Da zeigte eine Lehrerin, die vor einiger Zeit bei mir im Kurs war, auf und erzählte uns folgendes Erlebnis:

Sie unterrichtet an einer Berufsschule, an der ein ehemaliger Schüler während einer Pause in die Schule kam, den Direktor der Schule erschoss und anschließend sich selbst. Da dies während der Pause passiert ist, haben die anderen Schüler alles mitbekommen. Viele flohen in Panik durch ein Fenster hinaus und über ein Dach in ein anderes Schulgebäude. Dort in der Eingangshalle dieses Gebäudes hielten sich nun etwa 250 Schüler auf. Die Polizei war inzwischen gekommen, psychologische Hilfe ist bestellt worden, und die Situation war unter Kontrolle. Nur sollten noch die Schüler, die sich in der Eingangshalle dieses anderen Gebäudes aufhielten, geholt werden. Die Polizei bat diese Lehrerin, dorthin zu gehen und die Schüler in die entsprechenden Klassenräume zu schicken.

Sie erzählte, dass sie mit Herzklopfen in das andere Gebäude ging. Wie sollte sie die Aufmerksamkeit der Schüler, die natürlich aufgeregt und komplett außer sich waren, erlangen? Sie ging in die Aula und stieg einige Stufen vorne im Raum hinauf. Plötzlich fielen ihr meine Worte und diese Klatschtechnik, von der ich bei dem Vortrag vor einigen Jahren erzählt hatte, ein.

Sie stand in erstarrter Körperhaltung vorne und sagte langsam und deutlich: *„Alle, die mich jetzt hören, klatschen einmal in die Hände."* Pause. *„Alle, die mich jetzt hören, klatschen bitte zweimal."* Alle schwiegen und schauten sie erwartungsvoll an. Da setzte sie mit der bestimmenden Körperhaltung und Stimme fort und sagte: *„Die Polizei ist schon da, und alles ist unter Kontrolle. Die 1C soll bitte in Zimmer 47, die 1D in Zimmer usw....gehen."*

Die Schüler haben ihre Anweisungen lautlos befolgt.
Und wir, die beim Kongress zuhörten, hatten Gänsehaut.

Fridolin, die Spinne
Dies ist ein Beitrag von Martina, Religionslehrerin für schwererziehbare Kinder jeder Altersgruppe (Klassen 1 bis 9) in der Pflichtschule:

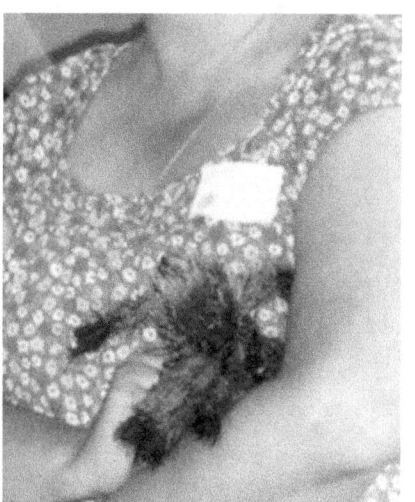

„Hallo, ich bin Fridolin!

Ich bin eine kleine Tarantelhandpuppe und begleite meine Lehrerin, Martina, in ihre Klassen mit verhaltensauffälligen Kindern.

Leider fürchten sich viele Menschen vor mir. Sie finden mich hässlich und schreien so komische Wörter wie ‚Igitt!!!', wenn sie mich sehen. Du kannst dir sicher vorstellen, dass mich das sehr traurig macht. Aber Gott sei Dank mögen mich viele Kinder in der Schule sehr gern.

Eigentlich habe ich nämlich selbst Angst vor Lärm. Dann verstecke ich mich in meiner Höhle unter dem Arm meiner Lehrerin und komme erst wieder heraus, wenn alle in der Klasse still sind. Martina sagt immer, dass ich ihr bester Anker bin, was immer das sein soll.

Mittlerweile weiß ich, dass es viele kleine Menschen gibt, denen es genauso geht wie mir. Sie fühlen sich klein, hässlich, oft nicht gewollt. Deswegen sind sie dann glücklich, dass es noch andere Lebewesen gibt, denen es auch so geht. Irgendwann, wenn ich dann schon einige Zeit im Klassenzimmer verbracht habe und mich raus traue, vorausgesetzt natürlich, es ist still, dann wollen mich Kinder sogar auf ihrer Schulter sitzen haben, oder ein wenig streicheln! Stelle dir das mal vor! Mich! Ich freue mich so, dass ich sie dann auch manchmal mit meinen weichen Beinen über ihre Handrücken streichle. In der Klasse ist es dann immer so schön ruhig...

Ich glaube, die Kinder mögen mich..."

Ausgefallene, wunderschöne Handpuppen erhältlich bei:
http://www.folkmanis-handpuppen.eu

Das selbstdisziplinierende Klassenzimmer

S.L.A.N.T zur Aufmerksamkeit

Als meine eigenen Kinder Teenager waren, haben sie ein ganz tolles Sommerprogramm, Super Camp (www.supercamp.com) in England besucht. Hier lernten sie Lern- und Kommunikationstechniken für Teenager. Sie waren begeistert – und sie profitieren heute noch als Erwachsene davon. Eine Technik, die sie dort benutzen, um die Konzentration und Aufmerksamkeit zu erhöhen, wird **S.L.A.N.T** genannt (das englische Wort „slant" heißt „neigen" auf Deutsch).

S.L.A.N.T.

Eingeführt haben die Trainer diese Technik, indem sie die Schüler gefragt haben, ob sich ihre Lehrer je darüber beklagen, dass sie nicht interessiert seien. Alle antworteten mit einem lauten „Ja", aber es war ihnen nicht klar, wie ihre Lehrer überhaupt auf so eine Idee kämen. Jede Lehrkraft aber, die Teenager unterrichtet, weiß, wie sich Schüler in diesem Alter im Klassenzimmer verhalten. Sie sind gelangweilt und lümmeln in ihren Sitzen. Eine Hand heben kostet zu viel Energie. Plötzlich werden die Schüler, die wir bis zu diesem Zeitpunkt eher bändigen mussten, total lethargisch.

Da erzählten die Trainer: *„Wenn ihr möchtet, bringen wir euch eine Technik – S.L.A.N.T. – bei, mit der ihr eure Lehrkräfte austricksen könnt!!"* Lehrer austricksen! Natürlich waren ALLE daran interessiert. Die Trainer erklärten:

„Das „S"	*steht für „Sit up straight" (Setze dich gerade hin!)*
Das „L"	*steht für „Lean forward" (Lehne dich ein bisschen nach vorne!)*
Das „A"	*steht für „Ask questions" (Stelle Fragen!)*
Das „N"	*für „Nod your head" (Nicke mit dem Kopf) und*
das „T"	*steht für „Talk to the teacher" (Sprich mit der Lehrerin)*

Wenn ihr das alles macht, dann werden eure Lehrer fest daran glauben, dass ihr interessiert seid!"

Und so war es auch. Wie schon erwähnt, bestimmt die Körperhaltung den inneren Zustand und die Stimmung. Der Clou an dem Ganzen war, dass die Schüler durch die Übernahme einer interessierten Körperhaltung tatsächlich interessiert wurden!

Ich habe diese Geschichte in einem meiner Lehrerfortbildungskurse erzählt. Einige Monate später erzählte mir eine Lehrerin:

„Weißt du, Pearl, mein Sohn war in Englisch gefährdet. Immer wenn ich bei der Sprechstunde war, sagte mir der Professor: ‚Er interessiert sich einfach nicht für Englisch.' Nach unserem Kurs bin ich nach Hause gegangen und habe meinem Sohn S.L.A.N.T. beigebracht und die letzten Worte, die ich ihm sagte, bevor er täglich in die Schule ging, waren „Merke dir S.L.A.N.T.!"

Im Zeugnis hat er dann ein ‚Gut' bekommen! Und als ich das nächste Mal beim Englischlehrer war, sagte er: „Es ist unglaublich, wie er sich verändert hat. Plötzlich interessiert er sich für Englisch!"

Aufmerksamkeit gewinnen – und behalten!

Die Wah-Wah-Pfeife
Ich habe eine sogenannte ‚Wah-Wah-Pfeife', worauf man klopft und ein angenehmer Ton eine Weile nachschwingt. Da bleibt genug Zeit für die Schüler alles herzurichten und sich zu setzen. Diese Pfeife steht zufällig auf einem Kasten neben dem Waschbecken. Immer, wenn ich Richtung Waschbecken gehe, rennen die Kinder zu ihren Plätzen, auch wenn ich mir nur die Hände wasche!

Martina S., Volksschule, Eisenstadt

Arm hochheben
Beim Turnunterricht blies meine Kollegin immer, wenn die Kinder laut herumliefen, in eine schrille Trillerpfeife, sodass allen die Ohren „wegfliegen" (inklusive meiner). Das war das Zeichen, dass die Schüler herkommen sollen.

Die Kollegin fehlte eine Zeit in der Schule, und ich führte einen neuen, sanfteren Anker – „Arm hochheben" – ein. Die Kinder bemerkten das Signal rasch und kamen. Das funktioniert sogar im Garten, wo sie kreuz und quer über den gesamten, sehr großen Garten verstreut sind! Dann zeige ich nur wortlos einen Halbkreis vor mir, und alle setzen sich. Das hat eine viel schnellere Wirkung, und vor allem geht es ohne zusätzlichen Stress und Lärm.

Eines Tages habe ich in der Gartenpause mit einer Kollegin geredet, und ich habe wohl beim Sprechen, ohne dass es eine tiefere Bedeutung hatte, meinen Arm hochgehoben. Plötzlich haben wir gestaunt – die ganze Klasse hat sich wortlos und erwartungsvoll im Halbkreis vor uns gesetzt!

Daniela G., Mittelschule, Steiermark

Gebt mir ein Signal!
Ich unterrichte Knaben in Bewegung und Sport. Buben sind grundsätzlich laut und sehr energiegeladen. Dies birgt Gefahren beim Umziehen vor der Turnstunde. Sie hörten auf mein gutes Zureden nicht, sich leiser und disziplinierter zu verhalten, auch mein Erscheinen im Umkleideraum, während sie sich umzogen, hielt sie nicht davon ab, zu lärmen und zu raufen.

Ich hatte eines Tages folgende Idee: „Ich hole euch dann für das Turnen im Turnsaal in der Umkleidekabine ab, wenn ich keinen Ton mehr vor der Türe hören kann." Es funktionierte vom ersten Mal an.

Ich habe nun dasselbe auch schon im Klassenzimmer angewendet, wenn die Schüler nach der Pause zu laut und zu lärmend waren. Ich schaue dann nur mit meinem Kopf ins Klassenzimmer, sehe sehr erstaunt und verzweifelt drein und schließe die Türe von außen wieder. Ich warte draußen vor dem Klassenzimmer, bis es absolut ruhig geworden ist. Funktioniert wunderbar!

Elfie K., Mittelschule, Steiermark

Handheben
Nachdem wir ein Lied im Musikunterricht gesungen haben, beginnen die Schüler munter zu reden, als ob Pause wäre. In diesem Fall hebe ich meine Hand. Es gibt immer Schüler, die das bemerken und dann ebenfalls die Hand heben. Es dauert nicht lange, bis alle ihre Hand erhoben und den Mund geschlossen haben. Mit einem Lächeln und einem „Danke!" für die schnelle Reaktion fahre ich mit dem Unterricht fort.

Dieses Handheben wende ich auch in anderen Stunden an. Manchmal ist es auch vorgekommen, dass dies auch Schüler von sich aus gemacht haben, wenn sie das Gefühl hatten, dass es wichtig ist, dass alle ruhig sind.

Gerhild V., Mittelschullehrerin, Steiermark

Mehrere Anker
Einige Ideen, wie ich Aufmerksamkeit in der Klasse gewinne:

- Sich auf „Ruheanker" positionieren – Stille kommt von selber.
- Wenn es unruhig in der Klasse wird, das Reden unterbrechen bzw. mit der Lautstärke der Stimme heruntergehen – toller Tipp!
- Wenn mit dem Overheadprojektor gearbeitet wird: den Projektor bei Unruhe einfach ausschalten.
- Ein Anschlag auf meiner Klangschale ist ein Zeichen der augenblicklichen und absoluten Stille. Gerade bei Gruppenarbeiten, Zeit zum Aufräumen, zwischendurch... ist sie immer wieder eine große Hilfe. Auch bei Gruppenarbeiten wissen meine Schüler, dass sie zu laut sind, wenn sie die Klangschale hören.
- In einigen Klassen haben wir Schlagworte zu Grundregeln (z. B.: „nur einer spricht", „zum Gespräch anmelden", „ausreden lassen",...) groß in der Klasse präsentiert: in bestimmten Situationen braucht man dann nur auf das jeweilige Blatt zu zeigen, funktioniert super!

Regina H., Religionslehrerin, Tirol

„L" steht für „Listen"
Durch aktive Unterrichtstechniken herrscht ein gewisser Arbeitslärm in der Unterrichtsstunde. Wenn ich möchte, dass alle wieder auf ihren Platz zurückkehren, schreibe ich auf die Tafel in der Englischstunde ein großes „L" (welches das Wort „listen" repräsentiert) und in Italienisch ein großes „S" (für „silenzio"), und sobald ein Schüler dieses Zeichen sieht, kehrt er ruhig auf seinen Platz zurück und wartet auf weitere Anweisungen. Ich kann somit wunderbar meine Stimme schonen, und interessanterweise wird dieses Zeichen sehr schnell wahrgenommen.

Andrea W., Mittelschule, Tirol

Der Ruhe-Ball
Ich habe einen angenehmen stacheligen, kleinen „Ruhe-Ball"! Die Kinder lieben ihn, weil er so angenehm in der Hand ist. Das Kind, das ihn hat, ist dann mit Erzählen dran. Wenn dann wirklich eines der Kinder in den Bericht platzt, braucht man nur mit dem Ball zu winken – schon ist Ruhe!! Noch ein Plus hat der Ball: durch das angenehme Gefühl des Haltens wollen die Kinder viel mehr erzählen und drücken sich seit dem auch viel genauer aus!

Ulli H., Volksschule, Wien

Die Klingel
Die Klingel steht auf dem Lehrertisch. Bei Freiarbeiten betätigen die Schüler sie, wenn sie sich durch Arbeitslärm gestört fühlen. Sie drücken auf die Klingel und fordern die Unruhestifter direkt auf, z. B.: „Alexander, kannst du bitte leise sein, ich kann mich nicht konzentrieren!" Das wird immer akzeptiert, und es herrscht Ruhe bei der Arbeit!

Katrin M., Mittelschule, Salzburg

14 DIE HAUSÜBUNG IST…

Kurti, der Aufgabenhahn

Ein Platzanker für die Hausübung

Die Hausübungsangabe soll auch verankert und routiniert werden, indem sie z. B. immer **an der gleichen Stelle an die Tafel** geschrieben wird. Sie können sie auch **mit einem Symbol** – in einem gezeichneten Haus oder einem Buch oder einfach „HÜ" – kennzeichnen. Manche Lehrer schreiben die Aufgabe auf einen **großen Kalender**. So wissen die Schüler, an welchem Tag die Hausübung aufgegeben wurde. Es hat sich auch sehr bewährt, einen **fixen Rhythmus mit fixen Tagen** für Hausübungen festzulegen.

In der Bilingualen Mittelschule haben wir zwei Tafeln in jedem Klassenzimmer. Eine ist die übliche Tafel, die hinauf und hinunter geschoben werden kann. Die andere ist **eine kleinere Tafel, die vorne im Raum seitlich von der großen Tafel** fest an der Wand montiert ist. An diese Tafel werden alle Hausaufgaben, wichtige Mitteilungen usw. geschrieben. Sie ist ein „Heiligtum", d. h. die Schüler dürfen weder darauf schreiben noch sie löschen. Nur die Lehrer dürfen ergänzen und löschen. So kann jeder, der gefehlt hat, nachschauen und selbstständig die Aufgabe nachholen.

Diese Tafel ist erstens ein Anker, und zweitens wissen Schüler, die gefehlt haben, welche Aufgaben nachzumachen sind. Wenn ein Kind fehlt, legen Sie die Arbeitsblätter und Unterlagen, die verteilt worden sind, in ein dafür bestimmtes Fach, und wenn er wieder in der Schule ist, kann er sich frei bedienen. Das erspart der Lehrerin viel Reden, und sie braucht sich nicht zu merken, wer was noch nicht hat.

Weitere Vorschläge, die von Lehrern in den Kursen stammen, sind:

- Ein **„Buntes Buch"**, wo alle Hausübungen drin stehen. Dieses Buch liegt am Lehrertisch, sodass alle Lehrer ihre Hausübungen eintragen.
- Alle Schüler und auch die Lehrerin haben ein **Aufgabenheft**. Wenn die Schüler eine Hausübung ins Aufgabenheft eintragen sollen, hält die Lehrerin – wortlos – ihr Aufgabenheft hoch.
- Die Aufgaben können in den **Kalender am Lehrertisch** eingetragen werden.

Formulierung der Hausübung

Hausübungsangaben sollen immer möglichst gleich formuliert werden. Es empfiehlt sich, Abkürzungen, Symbole und Farbkodierungen einzuführen. Die Hausübung kann z. B. immer in Blau geschrieben werden. In der Volksschule können Sie eine Farbkodierung für die verschiedene Fächer festlegen, z. B. Deutsch ist blau, Mathe ist grün, und Sachunterricht ist gelb.

Mit den eigenen Worten wiederholen

Eine Lehrerin erzählte uns, dass die Schüler in ihrer Klasse abwechselnd „Hausaufgabenschüler" sein dürfen. Am Ende des Schultages setzt sich dieser Schüler feierlich auf den Lehrersessel und wartet, bis es komplett ruhig ist. Dann wiederholt er die Hausaufgabe für die Klasse.

Es ist gut – vor allem, wenn die Aufgabe mehrere Schritte beinhaltet oder kompliziert ist – die Aufgabe von einem oder mehreren Schülern mündlich wiederholen zu lassen. Viele unsere Schüler sind auditiv, und in diesem Alter sind sie wie Papageien. Sie können Sätze wortwörtlich und den Ton und die Lautstärke von anderen genau wiedergeben. Das heißt aber noch lange nicht, dass sie verstehen, was sie sagen. Es geht viel besser, wenn sie die Gedanken umformulieren. Daher ist es immer gut, wichtige Angaben **mit eigenen Worten wiederholen** zu lassen.

Die Hausübung abgeben

Ritualisieren Sie auch die Abgabe der Hausübung. In unserer Klasse hatten wir einen gewissen Platz – ein Regal – im Klassenzimmer, wo die Hausübungshefte VOR dem Stundenbeginn hingelegt wurden. Ein Heft, das nachher dazu kam, haben wir nicht mitgenommen. Unsere Schüler haben jedoch eine eintägige Frist gehabt. Wenn sie die Hausübung am richtigen Tag nicht einreichten, durften sie sie in der darauffolgenden Stunde abgeben. Die Bedingung: Sie mussten die Verantwortung dafür selbst übernehmen. Wir haben nicht danach gefragt. Wenn das Hausübungsheft da war, war es gut. Und wenn nicht, hat der Schüler ein Minus bekommen. Es hat gut funktioniert, und es war erfreulich zu sehen, wie unsere Schüler die Verantwortung für ihre Aufgabe selbst übernommen haben.

Einige Ideen aus der Praxis:

Hausaufgabenverantwortlicher und sein Assistent
Zu Beginn des Schuljahres werden ein „Hausaufgabenplatz" und auch ein Assistent der Lehrerin bestimmt. Dieser Schüler achtet darauf, dass die Hausübungshefte abgegeben werden. Ich bringe dem Schüler bei, wie er
- die Hefte zählt,
- feststellt, wer die Hefte nicht abgegeben hat,
- die fehlenden Hefte bei Mitschülern einfordert,
- auf einem festgelegten, immer gleichbleibenden Platz (z. B. in den Kalender) aufschreibt, wessen Hausübung fehlt.

Nach einer bestimmten Zeit sucht sich das Kind einen Assistenten und steigt selbst zum „Hauptverantwortlichen" auf, d. h. die Lehrkraft wird durch das erste Kind ersetzt. Diese Verantwortung wird immer weitergegeben, bis die ganze Klasse in der Lage ist, die Aufgabe zu übernehmen. Das System klappt von der ersten Klasse an prima!

Doris G., Gymnasium, Tirol

Hausübungskontrolleure

Die Hausübungshefte werden nummeriert. Beim Kontrollieren ist dann sofort zu sehen, welches Heft fehlt. Zwei Schüler sind für die Kontrolle der abgegebenen Hefte und das Einsammeln der fehlenden Hausaufgaben verantwortlich. Sobald sie anfangen zu zählen, erinnern sich die Säumigen automatisch, dass die Aufgabe abzugeben ist!

Susanne R., Mittelschule, Vorarlberg

Hausübungsblatt

Gut bewährt sich auch das „Hausübung-Blatt": Da steht nur drauf „Hausübungen bitte!" und die Liste der Schüler. Ich lege es hin, und die Kinder bringen ihre Hefte, schon aufgeschlagen, und stapeln sie in der Reihenfolge von unten nach oben.

Wenn die Kinder dann leise an einer Aufgabe selbsttätig arbeiten, rufe ich leise ein Kind nach dem anderen zu mir und schaue mit ihm seine Hausübung an. Dabei kann ich erklären, loben oder mich über einen besonders „guten Fehler" freuen, der dann Anlass für eine „Erklärung nach Bedarf" für alle ist. Wenn z. B. Andi mir durch seinen guten Fehler zeigt, dass er jetzt dringend die „weil-Sätze" braucht, obwohl ich die erst später drannehmen wollte, erkläre ich die „weil-Sätze" allen wegen Andi, worauf Andi nun – mit Recht – stolz ist.

Kathrin R., Mittelschule, Wien

Kurt, der Aufgabenhahn

In meiner Volksschulklasse haben wir einen auditiven Hausübungsanker. Wir haben ein Stofftier namens „Kurt, der Aufgabenhahn". Sobald Kurt kräht, wissen die Schüler: „Jetzt wird die Hausübung erklärt!" Die Schüler legen in absoluter Blitzgeschwindigkeit alles aus der Hand und richten ihre Aufmerksamkeit komplett auf den Hahn. So kann ohne Störung die Hausübung aufgenommen werden. Als „Belohnung" beginnt dann der Hahn zu tanzen!

Ab der 3. Volksschulklasse wurden die Anweisungen für die Hausübung visuell gegeben. Trotzdem war der Hahn bis Ende der 4. Klasse ein MUSS!

Elfriede H., Volksschule, Wien

15

DER SITZKREIS UND DIE GESPRÄCHSREGELN

Winnetou hat es schon gekannt!

Der Sitzkreis hat seinen Ursprung bei den amerikanischen Indianern. Wenn etwas Wichtiges zu besprechen war, haben sich die Indianer in einen Kreis gesetzt und einen Gegenstand entweder rund um den Kreis gehen lassen oder in die Mitte des Kreises gelegt. Derjenige, der den Gegenstand in der Hand hielt, hat seine persönliche „Wahrheit" sprechen dürfen. Nur die Person, die den Gegenstand hielt, durfte sprechen.

Der Sitzkreis war Teil des demokratischen Prozesses bei den Indianern. Sie haben die Kreisform, ohne Anfang und ohne Ende, als heilig betrachtet. Die Hierarchie in der Gruppe wurde dadurch aufgehoben. Alle sitzen gleichberechtigt nebeneinander. Sie waren der Meinung, dass kein einziger Mensch die gesamte Wahrheit besitzt, sondern dass jeder Einzelne einen Teil der Wahrheit in sich selbst trägt. Diese Wahrheit wurde im Sitzkreis von der Gemeinde gesammelt. Die Aussagen wurden nicht gewertet. Die Gemeindemitglieder haben nicht versucht, die anderen zu überzeugen bzw. für oder gegen etwas gesprochen. Der Vorgang hat das Gemeinschaftsgefühl gestärkt und mit den gesammelten „Wahrheiten" hat die Gruppe, geleitet vom Häuptling, gemeinsame Entscheidungen treffen können.

Sitzkreis in der Schule

In der Volksschule ist der Sesselkreis ein übliches und sehr mächtiges Ritual. Es spricht viel dafür, dieses Ritual zumindest einmal wöchentlich, auch in der Sekundarstufe, einzusetzen. Der Montag, wieder ein Neubeginn, eignet sich besonders gut dafür. So werden sie Anfang der Woche abgeholt und alle „befinden" sich wieder in der Schule. Anschließend kann die Lehrerin den Schülern Informationen über die Wochenaktivitäten und die Verantwortlichkeiten dieser Woche mitteilen. Und, wenn möglich, könnte die Klasse die Geschehnisse der Woche am Freitag in der letzten Stunde zusammenfassen.

Als ich den Sitzkreis in unserer Mittelschulklasse einführte, habe ich den Schülern diese Vorgeschichte über die Indianer erzählt. Unser Anker für die Bildung eines Sitzkreises war das Läuten mit einer kleinen Klangschale. Wenn die Schüler diesen Ton hörten, sind sie, ohne zu reden, aufgestanden und haben sich auf die äußeren Tische, die in U-Form aufgestellt waren, gesetzt. Natürlich wäre es möglich gewesen, die Tische wegzuschieben und einen „ordentlichen" Sesselkreis mitten im Raum zu bilden. Wir haben das manchmal, vor allem bei ernsteren Besprechungen, getan, schneller war es aber, auf den Tischen Platz zu nehmen. Auch diese einfachere Form eines Sitzkreises hatte eine erstaunliche Wirkung. Eine spürbare Verbundenheit, die das Gemeinschaftsgefühl ungeheuer förderte, war sofort da.

Begonnen haben wir mit dem Läuten der Klangschale. Ich habe dann die drei Gesprächsregeln der Indianer ausgesprochen, und wir haben alle schweigend die entsprechenden Bewegungen dazu gemacht:

1. Sprich direkt (mit dem Zeigefinger auf die Lippen zeigen) und ehrlich aus dem Herzen (auf das Herz zeigen)!
2. Halte dich kurz beim Sprechen! Sprich klar, deutlich und nur das Notwendigste! (Die Zeigefinger beider Hände in einer *kurzen* Entfernung voneinander vor sich halten)
3. Höre aufmerksam zu! (Mit dem Zeigefinger und Daumen das eigene Ohr umrunden) Und dann haben wir mit der Agenda des Tages für diesen Sitzkreis begonnen.

Weitere Rituale

Es können auch andere Signale für den Sitzkreis eingesetzt werden:

Die Vorankündigung kann sein:

- das Läuten mit einem Gong oder einer Glocke,
- eine Symbolkarte, die zeigt, dass ein Sesselkreis gebildet wird,
- mit den Händen oder Fingern einen Kreis in der Luft deuten,
- einen Kreis an die Tafel zeichnen,
- die Lehrerin stellt ihren Stuhl dorthin, wo der Kreis sein soll,
- einen runden Teppich und Polster auflegen.

Was macht man im Sitzkreis?

Hier wird die Kommunikation groß geschrieben. Der Sesselkreis stellt einen Gruppenprozess dar, der direkte, ehrliche und effektive Kommunikation ermöglicht. Die Gruppendynamik wird gefördert. Der Inhalt kann aus Vorgängen wie dem Singen eines Liedes, dem Erzählen einer Geschichte, Gebeten, Konzentrationsübungen, dem Erklären von Spielregeln, der Regelung von Organisatorischem, dem Erzählen von persönlichen Erlebnissen aus dem Wochenende oder dem Aufarbeiten von Problemen in der Klasse bestehen. Entscheidungen können gefällt werden, Projektplanung und Konfliktlösungen erarbeitet werden.

Die Vorteile

Der Gewinn, den die Indianer beim Sitzkreis erkannt haben, gilt auch für unsere Schüler:

- **Der Sitzkreis ist ein Ruhepol:** Die Schüler „sammeln" sich und kommen zur Ruhe.
- **Die Redebeiträge und Reaktionen jedes Schülers können direkt verfolgt werden,** da jede Stimme gehört wird und der Blickkontakt mit jedem besteht.
- **Die Hierarchie in der Gruppe wird abgehoben:** Alle – auch die Lehrerin – sitzen im Kreis. Alle sind gleichberechtigt.
- **Die Ritualisierung bindet die Gruppe:** Anker werden in Form von räumlicher Veränderung, Sitzpolstern, dem Gong, einem Sprechstein, Mikrofon oder einem Gegenstand, der herumgereicht wird, gesetzt, und auch, falls Sie einige Schüler haben, die sehr redefreudig sind und die „Bühne" für sich selbst monopolisieren wollen, eine Sanduhr dazu, womit Sie die Redezeit begrenzen können.
- **Die Gruppendynamik wird dadurch bereichert:** Die Gruppe arbeitet zusammen, und ein Gefühl der Zusammengehörigkeit entsteht. Probleme können entdeckt und besprochen werden.
- **Das soziale Lernen wird verstärkt:** Die Schüler lernen, wie man ein Gespräch führt, wie man vor einer Gruppe spricht, wie man Ideen zusammenfassen und Feedback-Techniken ausprobieren kann. Der Sesselkreis ist ein lebendes Beispiel für den demokratischen Prozess. Er ermöglicht ein besseres Kennenlernen, und die Schüler entwickeln Interesse und Mitgefühl füreinander.

Einige Ideen aus der Praxis:

Kreis in der Luft

Ein sehr netter Anker ist für mich am Montagmorgen. Alle Kinder stehen, ich sage „Guten Morgen!", und male mit meiner Hand einen Kreis in die Luft. Die Kinder wissen dann, dass sie sich hinten ruhig im Kreis hinsetzen sollen, weil wir einen Morgenkreis machen. In der ersten Klasse, am Buchstabentag, ist ein dreijähriger Bruder einer Schülerin mitgekommen. Ich habe ihn bei der Begrüßung zu mir genommen und ihm ins Ohr geflüstert, dass er jetzt mit seinen Händen still einen Kreis in die Luft malen soll. Das hat er auch gemacht, und es hat bei ihm genauso gut funktioniert.

Christoph P., Volksschullehrer, Wien

Mein Schlüsselbund

Statt des üblichen Sprechstabes oder Sprechsteines verwende ich meine Schlüssel. Erstens sind sie immer bei der Hand und zweitens auch ein Machtsymbol (Klassenschlüssel, Konferenzzimmerschlüssel usw.). Nur wer die Schlüssel hat, darf sprechen. Wenn derjenige fertig ist, legt er die Schlüssel in die Mitte des Sitzkreises, wo sie der Nächste abholt.

Elfie K., Mittelschule, Steiermark

16 AUFZEIGEN UND NICHT AUSRUFEN!

Die Herausforderung, die wir als Lehrer mit dem Aufzeigen in der Klasse haben, unterscheidet sich bei den verschiedenen Altersgruppen. In der Mittelschule haben wir mit unseren 10- bis 14-jährigen beide Kategorien vertreten.

Wenn die Schüler bei uns anfangen, sind sie noch wie Kleinkinder. Wenn ich eine Frage stelle – und manchmal auch, wenn ich gar keine Frage stelle! – wollen sie unbedingt aufgerufen werden. Alle zeigen wie unbändige kleine Tiger auf, und eine der ersten Aufgaben ist, sie davon abzuhalten laut „*Ich! Ich! Ich! Bitte nehmen Sie MICH, Frau Lehrerin!*" zu betteln.

Und dann kommt der Tag, etwa Mitte der zweiten Mittelschul-Klasse wo sie ihr Verhalten komplett verändern. Die Schüler, die vor einigen Monaten kaum zu bändigen waren, werden leblose Zombies, die nur mehr im Sessel lümmeln. Es kostet viel zu viel Kraft, die Hand hochzuheben.

Es kommt hinzu, dass sie – obwohl sie äußerlich sehr „cool" ausschauen – innerlich sehr unsicher sind. Die Zeiten, wo sie aufzeigten, ohne eine Ahnung zu haben, ob die Antwort auf die Frage richtig war oder nicht, sind vorbei. Sie wollen sich nicht blamieren. Die nicht ausgedrückte Selbstkritik wird nach außen geführt, indem sie gegenüber ALLEM und JEDEM kritisch sind. Sie fadisieren sich. „Enthusiasmus" ist ein Fremdwort, das sie noch nie gehört haben.

Aufzeigen oder nicht? Nonverbal angeben

Manchmal ist das Aufzeigen unbedingt notwendig, aber es gibt auch andere Situationen wo – vor allem, wenn schon eine gute Gesprächskultur in der Klasse herrscht – das Aufzeigen gar nicht notwendig ist. In so einem Fall kann eine Diskussion ohne Aufzeigen stattfinden. Aber woher sollen die Schüler wissen, ob sie aufzeigen sollen oder nicht?

Natürlich können wir den Schülern das sagen. Leichter ist es aber, dies wortlos mittels Handzeichen anzuzeigen. Das machen wir wieder entweder mit der „einladenden Körperhaltung" oder mit der „bestimmenden Körperhaltung", bei der ich auch noch selbst aufzeige.

In jedem Fall ist zu beachten: Offene Handflächen heißen: „*REDEN!*"

Wenn Sie eine Diskussion führen und wollen, dass die Schüler dazu beitragen, halten Sie die Hände offen, und zeigen Sie oft die Handflächen beim Reden. Sie können bei dieser offenen Handhaltung auch die Finger leicht abbiegen und zu sich selbst bewegen, damit mehr Beiträge kommen.

Wenn Sie aber vortragen, Aufmerksamkeit gewinnen, Disziplinieren oder ein ernstes Wort mit der Klasse reden und nicht unterbrochen werden wollen, zeigen Sie die Handflächen nicht. Nehmen Sie die bestimmende Körperhaltung ein und, wenn die Schüler aufzeigen sollen, imitieren Sie dieses Verhalten, indem Sie selbst wortlos aufzeigen.

Manchmal ist es gut, Distanz zu schaffen

Wenn wir unterrichten, und ein Schüler eine Frage stellt, haben wir die Tendenz, automatisch näher zum Kind zu gehen. Wir sollten aber genau das Gegenteil tun!

Wenn ich näher zum Schüler gehe, schließe ich automatisch andere aus. Falls ich manchen Schülern dadurch den Rücken zudrehe, fangen sie sofort an, miteinander zu tratschen, und ich muss erst wieder die Aufmerksamkeit gewinnen. Näher zum Schüler hinzugehen vermittelt auch den Eindruck, dass ich ein persönliches Gespräch mit ihm führe und dadurch, nonverbal, den anderen Schülern die Erlaubnis gebe, mit dem Nachbarn auch ein persönliches Gespräch zu beginnen.

Wenn ich vorne stehe und ein Schüler in der Nähe von mir aufzeigt, verhalte ich mich zuerst so, als hätte ich die Hand gar nicht gesehen. Während ich weiterrede, gehe ich langsam weg vom Schüler. Dann drehe ich mich zu ihm und der gesamten Klasse und sage: *„Franzi, was wolltest du fragen?"* So habe ich alle im Blick, und die gesamte Klasse fühlt sich angesprochen.

Geben Sie für ALLE Beiträge Anerkennung

Wenn ein Schüler aufzeigt, um eine Frage zu beantworten, gebe ich ihm IMMER – ob die Frage richtig beantwortet wurde oder nicht – Anerkennung für seine Teilnahme. Diese Anerkennung – sei es für einzelne Schüler oder auch für die gesamte Gruppe – wirkt extrem motivierend. Wenn die Mitarbeit und die Bemühungen geschätzt werden, arbeitet jeder in der Klasse mit. Sie sind mit ihrer Klasse in Rapport. Die Schüler trauen sich Risiken einzugehen, das heißt einen Fehler zu machen, und das wiederum heißt lernen!

Die Anerkennung für richtige Antworten kann verbal sein: *„Super!"*, *„Toll!"*, *„Das kannst du!"* usw. oder nonverbal sein: Daumen hoch, ein Lächeln, ein Zwinkern usw. Bei falschen Antworten geht das auch einfach: *„Das stimmt nicht ganz, aber ich sehe, du denkst mit!"*, *„Danke, dass du diesen Fehler gemacht hast! Ich denke, es sind viele andere in der Klasse, die ihn auch machen. Jetzt weiß ich, was ich euch zeigen soll!"*, *„Fast richtig, aber nicht 100 %."* usw.

Aufzeigen statt Ausrufen

Als ich in der Mittelschule neu begonnen habe, hatte ich eine Klasse, die ständig ausgerufen hat statt aufzuzeigen. Dadurch ist es immer chaotischer geworden, und die Gefahr bestand, dass ich die Kontrolle der Klasse bald verlieren würde.

Suchen Sie, wo es hapert – und genau dort gehört eine Struktur hin!
Das habe ich getan. Die Lösung ist mir nicht auf einmal eingefallen. Ich habe Schritt für Schritt die Struktur entwickelt, und binnen einiger Wochen hat es tadellos funktioniert.

Fast jede Stunde in dieser Klasse hat mit einer Vokabelwiederholung begonnen. Wenn eine Schülerin die Fragen richtig beantwortet hat, hat sie ein Plus bekommen, und wenn die Antwort falsch war, bekam sie einen Minuspunkt.

Diesen Vorgang habe ich geändert:
Als Erstes habe ich die Minuspunkte – mit einer einzigen Ausnahme – eliminiert. Es gab für Vokabelfragen ein Plus, wenn die Antwort richtig war. Falsche Antworten wurden nur korrigiert. Ein Minus hat ein Schüler nur dann bekommen, wenn er statt aufzuzeigen ausgerufen hatte.

Das war eine gute Lösung:
Das Ausrufen ist dadurch auf ein Minimum reduziert worden. Und Schüler, die schüchtern waren oder sich davor fürchteten, einen Fehler zu machen, hatten keine Angst sich zu melden. Minuspunkte waren ohnehin überflüssig. Wenn ich am Ende des Semesters meine Aufzeichnungen anschaue und sehe, dass der Durchschnitt bei etwa zwanzig Plus liegt und ein Schüler nur vier Plus hat, ist es offensichtlich, wer Minus bekommen hätte.

Damit war das Problem aber nicht ganz gelöst:
Ich habe ständig auf meine Schülerlisten schauen müssen, damit ich die Plus eintrage. Wie jede Lehrkraft weiß: wenn Sie ständig ins Heft oder in die Unterlagen schauen, verlieren Sie ganz schnell die Aufmerksamkeit der Klasse. Man sagt, eine Lehrkraft darf nicht länger als sechs Sekunden den Augenkontakt mit der Klasse verlieren, bevor die Aufmerksamkeit der Klasse woanders liegt und nochmals gewonnen werden muss.

Aus diesem Grund habe ich eine neue Klassenliste angefertigt und mich entschieden, die Eintragungen von den Schülern machen zu lassen. Das hat auch funktioniert – aber nur begrenzt. Die Idee ist so gut angekommen, dass JEDER die Liste führen wollte und wir am Anfang jeder Stunde die Auswahl der Pluslistenführerin diskutiert haben. Diese Diskussion hat wiederum Zeit in Anspruch genommen. Aber auch dieses Problem war schnell gelöst: Wir haben es alphabetisch gemacht.

Am Anfang der Stunde habe ich die Liste der entsprechenden Schülerin gegeben. Sie hat gewissenhaft die Aufgabe durchgeführt (die Schüler waren peinlich genau. Sie haben nie geschwindelt, und die einzigen Fragen, die aufgekommen sind, waren gelegentlich *„War das ein Plus?"*), und am Ende der Stunde habe ich die Liste wieder mitgenommen.

Eine Struktur wurde geboren! Und Ruhe ist ins Klassenzimmer eingekehrt!

Das selbstdisziplinierende Klassenzimmer

Einige Ideen aus der Praxis:

Ich zeige selbst auf
Früher musste ich dauernd disziplinieren, weil Schüler raus riefen. Jetzt zeige ich einfach selbst auf, und alle wissen, was ich will. Da gibt es keine unangenehmen Situationen mehr, und alle bleiben bei der Sache.

Herbert S., Mittelschule, Kärnten

Aufzeige-Stäbchen
Ich habe, wie viele andere Lehrerinnen und Lehrer, eine Zauberschultasche, wo sich viel „Zubehör" für Notfälle befindet. Ein Hilfsmittel sind bunte Holzstäbchen. Davon sind in einem kleinen Säckchen etwa fünfzig Stück.

Ich unterrichte Religion in vielen verschiedenen Sonderschulklassen und Schulstufen. Da kann es auch schon mal vorkommen, dass durch Unruhe der Kinder wegen schlechter Tagesverfassung auch prinzipiell bekannte Verhaltensweisen wie Aufzeigen in Vergessenheit geraten.

Dann ziehe ich meine Aufzeige-Stäbchen hervor und frage die Kinder, wie viele sie wohl heute schaffen. Ja, was wohl? Stäbchen fürs Aufzeigen zu sammeln. Und schon herrscht das bekannte Muster: Ich spreche, nachdem ich aufgezeigt habe UND mich die Lehrerin aufgerufen hat! Jedes eingehaltene Aufzeigen wird FÜR DIE KLASSE mit einem Stäbchen belohnt, wer raus ruft, ist dafür verantwortlich, dass auch wieder eines verschwindet...

Die Klasse ist jedes Mal sehr erpicht darauf, die fünfzig Stäbchen zu schaffen! Und sie haben noch nie gefragt, welche Belohnung sie dafür bekommen könnten. Sie wissen ganz genau, wie viele Stäbchen das letzte Mal gesammelt wurden. Es zu schaffen, scheint der größte Ansporn zu sein!

Martina S., Religionslehrerin, Sonderschule für schwererziehbare Schüler, Wien

Aufzeigen:
Um das Herausrufen zu unterbinden, zeigen die Schüler beidhändig auf, ein Arm gestreckt, der andere deutet „Pssst!" mit dem Zeigefinger über die Lippen. Das klingt zwar unheimlich kindisch, sie grinsen aber dabei immer so, dass jeglicher eventuell vorhandene Groll oder Ärger sofort einem Lächeln weicht. Inzwischen geht es automatisch. Die Schüler merkten, wie viel angenehmer es ist, in Ruhe zu arbeiten. Sie verlangten das dann auch bei einigen anderen Lehrern!

Christian H., Mittelschule, Tirol

Weitere Tipps, um an das Aufzeigen zu erinnern:

- Zeigen Sie wortlos auf die Gesprächsregeln
- Lehrer zeigt selbst auf, wenn ein Kind ohne aufzuzeigen dazwischenruft
- Selbst aufzeigen und schnipsen, stampfen, mit der Zunge schnalzen usw.
- Den (dramatisch ernsthaften) Blick auf den Sprecher fixieren und mit dem Zeigefinger hinzeigen
- Einen Erzählgegenstand – Ball oder Sprechstein – vom Sprecher in der Hand halten lassen. Wenn er fertig gesprochen hat, kann er den Ball der nächsten Sprecherin zuwerfen
- Finger oder Hand auf den Mund
- Sprechenden aufstehen lassen
- Schüler, die Beiträge liefern wollen, nummerieren: *„Zuerst kommst du, dann Helmut als Zweiter, Anna als Dritte, und dann Martina als Vierte."*
- Ein goldenes Mikrofon herumreichen
- Stoppzeichen für Unterbrecher, den Sprechenden mit Handbewegung ermuntern weiter zu reden
- Flache Hand entgegenstrecken, Finger auf Lippen oder flache Hand nach unten signalisiert dem Kind: *„Jetzt nicht sprechen!"*
- Ausrufende ignorieren und die, die aufzeigen, an die Reihe nehmen
- Vorher ausmachen: Wer nicht dran kommt und die richtige Antwort wusste, soll sich loben, indem er sich selbst auf die Schulter klopft
- „Hugo" (Zeichnung eines imaginären Schülers an der Tafel) kriegt ein Minus für jede ausgerufene Antwort und ein Plus für jedes Aufzeigen
- Signalkarte oder -gegenstand (z. B. Bild eines aufzeigenden Schülers, einen „wackelnden" Handschuh) zeigen
- Jedes Mal, wenn herausgerufen wird, mit der Glocke läuten
- Einen Finger hochhalten und sagen: *„Nur einer spricht!"*
- Glückliche und traurige Smileys herzeigen
- Schüler rufen sich gegenseitig weiter, also entscheiden selber, wer an der Reihe ist
- Mit Blickkontakt rufen oder mit einem anderen nonverbalen Signal
- Blickkontakt und *„Nein"* mit dem Kopf schütteln, wenn ausgerufen wird
- „Redestuhl" bei Diskussionen, Problemklärungen usw. vorne hinstellen. Derjenige, der etwas sagen möchte, geht zu diesem Stuhl und setzt sich drauf, er darf dann reden
- Alle schreiben die Antwort auf und sagen sie dann gleichzeitig
- Vor der Fragestellung festlegen, welcher Schüler antwortet
- Schüler antworten gruppenweise

Das selbstdisziplinierende Klassenzimmer

17

AM GANG, WÄHREND DER PAUSE UND UNTERWEGS MIT DER KLASSE

Nonverbale Anker und Strukturen sind besonders geeignet für Gangaufsichten und Ausflüge. Die Schüler sind in solchen Situationen miteinander beschäftigt, und die akustische Wahrnehmung ist dadurch sehr eingeschränkt. Es kommt hinzu, dass viele ablenkende Eindrücke von außen auf die Schüler einwirken. Daher sind hier nonverbale Techniken viel wirksamere Ergebnisse als verbale.

Laufen und anderes unerwünschtes Verhalten am Gang

- Wenn mir Schüler am Gang entgegenlaufen, stelle ich mich vor sie hin und hebe die Hand als Stoppsignal. Oder ich zeige auf ihre Füße.
- Meist genügt bei unerwünschtem Verhalten ein warnender Blick, ein Klatschen oder mit dem Zeigefinger nach rechts und links winken und mit dem Kopf „*Nein*" schütteln.
- Wir hatten am Gang ein Schild „Parkplatz" und darunter stand ein Sessel. Jeder, der sich nicht ordentlich verhalten hatte, musste fünf Minuten auf dem Parkplatz sitzen.

Ende der Pause:

Wir haben die Schüler meist ein oder zwei Minuten vor Ende der Pause in die Klasse geschickt. So hatten sie Zeit alles herzurichten, und wir konnten pünktlicher mit dem Unterricht beginnen.

- Wortlos und einladend mit der Hand den Gang hinunter in Richtung Zimmer zeigen (einmal habe ich ein einziges Wort – *Go!* – dazu gesprochen. Das Kind hat mich überrascht angeschaut und sagte dann: „*Went – Gone!*")
- Meine Finger „gehen" und zeigen den Weg zum Klassenzimmer.

Einige Ideen aus der Praxis:

Timekeeper
Es werden zwei Schüler bestimmt, die als Timekeeper dafür verantwortlich sind, dass alle Schüler ihrer Klasse pünktlich zu Stundenbeginn nach der großen Pause auf ihren Plätzen sitzen und die Unterrichtsmaterialien für die jeweilige Stunde bereit liegen haben. Für jeden erfolgreichen Tag gibt es zwei Minuten Gutzeit, die im Kalender vermerkt werden, das heißt, pro Woche können im günstigsten Fall zehn Minuten gesammelt werden. Die so gesammelten Gutminuten können die Schüler im Rahmen der Sozialen Lernstunde einlösen.

Unser Versuch läuft jetzt mehr als ein halbes Jahr, es hat erst eine Woche (!) gegeben, in der es an einem Tag nicht geklappt hat.

Karin B., Gymnasium und Mittelschule, Graz

Wie und wo läuft die Pause ab?

Es sind oft die Pausen, in denen Streitereien, Raufereien und anderes unerwünschtes Verhalten bei den Schülern aufkommen. Diese Aufregungen übertragen sich dann auf die Stimmung und das Geschehen im anschließenden Unterricht.

Ich persönlich glaube, dass wir die Schüler oft mit falschen Annahmen in die Pausen schicken. Wir glauben, sie wollen einfach „Freizeit" haben und überlassen die Gestaltung dieser Freizeit den Schülern. Meine eigene Erfahrung und die Erfahrungen meiner Kollegen und Seminarteilnehmer zeigen, dass die Schüler eine strukturierte Gestaltung der Pause mit Auswahlmöglichkeiten sehr schätzen.

Eine Lehrerin hat den Schülern Entspannungsübungen in den großen Pausen angeboten. Sie hatte ein Zimmer als den „Raum der Stille" mit einigen Polstern und einem CD-Player eingerichtet. Sanfte Musik spielte im Raum. Mit Eintritt in das Zimmer dürfen die Schüler nicht mehr reden. Die Lehrerin machte eine Fantasiereise mit ihnen, und anschließend gingen die Schüler ruhig und entspannt in den Unterricht.

Die Teilnahme an diese Entspannungspausen war natürlich freiwillig. Mehrere Lehrerinnen, die diese Idee ausprobierten, haben die gleiche Erfahrung gemacht. Sie nahmen an, dass die Anzahl der Kinder, die freiwillig auf eine Spielpause verzichten wurden, geringfügig wären. Sie staunten. Es haben sich so viele Schüler, sowohl in der Volksschule als auch in der Mittelschule, angemeldet, dass jedes Kind nur einmal alle drei bis vier Wochen an die Reihe kommen konnte!

Unsere Schüler sehnen sich nach Ruhe. Sie sind aber nicht in der Lage, diese Ruhe in der Schule selbst herzustellen. Dazu brauchen sie unsere Hilfe. Gerade in den Pausen sollen wir den Schülern die Auswahl zwischen ruhigen und lebhafteren Beschäftigungen anbieten. Viele der Veranstaltungen, die ich im Rahmen der Lehrerfortbildung abhalte, finden in Schulen statt, und dort habe ich mehrere Ansätze in dieser Richtung gesehen. Einige Beispiele:

- Aktive Pausen werden im Turnsaal oder der Aula abgehalten
- Gemütliche Lese- und/oder Plauderecken werden am Gang aufgestellt
- „Unterhaltungsplätze" sind am Gang oder in leerstehenden Klassenzimmern. Da sind Puzzle- und Brettspieltische, in einem Raum, in dem das Spiel in der nächsten Pause fortgesetzt werden kann, Tisch-Fußballspiele, Kreativzonen, Ruhezonen und Fitnessgeräte, die von verschiedenen Firmen gesponsert wurden, die den Schülern in der Aula zur Verfügung stehen usw.

Die Schüler schätzen diese – wieder einmal strukturierten – Unterhaltungsmöglichkeiten. Die Pausen werden sinnvoll verbracht, und die Unstimmigkeiten, die sonst in der unstrukturierten Pause stattfinden, fallen weg.

18 ZWEIERREIHE AUFSTELLEN UND…

Wie stellen wir binnen Sekunden eine Zweierreihe auf?
In Kapitel 8 haben wir die Herstellung von Strukturen im Klassenzimmer besprochen. Als Beispiel haben wir die Bildung einer Zweierreihe behandelt. Hier sind noch einige Ideen zum Thema Zweierreihe, die Lehrer mir mitgeteilt haben:

Der Schlüsselbund
Meinen Schlüsselbund mit mehreren Schlüsseln verwende ich als Signal, dass die Schüler sich mit einem Partner oder einer Partnerin anstellen sollen, damit wir uns geordnet in Zweierreihen hintereinander von A nach B bewegen werden. Sei es in den Computerraum, in den Musikraum, in den Turnsaal oder ins Kino usw. Ohne meine Stimme zu erheben, werden die Schüler von sich aus ruhig, hören auf zu reden und begeben sich ganz allein in die Gehordnung. Beim Skikurs sagten die Schüler gleich am ersten Abend, als es im Speisesaal nicht leise werden wollte, sogar zu mir: „Frau Lehrerin, haben Sie Ihren Schlüsselbund nicht dabei?"

Elfie K., Hauptschullehrerin, Steiermark

Das Victory-Zeichen
Ich organisiere oft Schulfahrten und es ist notwendig, dass sich Schüler schnell in einer Zweierreihe anstellen, damit ich sie durchzählen kann. Deshalb führte ich das Victory-Zeichen ein. Ich erklärte den Schülern auch den Sinn: „Victory" bedeutet für mich: „Wir haben es geschafft!" Dieses Zeichen ist für mich wirklich magisch, denn es funktioniert einfach hervorragend. In kurzer Zeit ist abgezählt, und wir können mit unserem Programm fortfahren.

Hier ein kurzes Beispiel:
Bei einem Ausflug im letzten Schuljahr – ich war mit meiner eigenen und zwei weiteren Klassen unterwegs – wollten meine Kollegen und ich unsere Schüler wieder zum Abmarsch versammeln. Es war ja fast peinlich: Die beiden anderen Klassenvorstände brüllten vor einer Jausenstation, und es dauerte eine Ewigkeit, bis die beiden Klassen in Reih und Glied standen. Ich stand leise da, zeigte mein „Victory-Zeichen" und ohne ein Wort zu sprechen war meine Gruppe in Zweierreihe aufgestellt!

Ich sagte nichts, aber ich sah an den Blicken meiner Kollegen, dass sie doch verwundert waren. Bei der nächstbesten Gelegenheit versuchte ich ihnen meine Tricks näherzubringen, denn ich denke es ist wichtig, positive Errungenschaften nicht nur für sich zu behalten sondern weiterzugeben, allerdings nicht aufzudrängen. Einige meiner Kollegen haben inzwischen dasselbe kopiert und sind ebenfalls von der Wirkung beeindruckt.

Andrea, Hauptschule, Tirol

Einige weitere Ideen:

- Stumm und dramatisch den Finger auf den Mund legen. Auf die Türe zeigen. Daumen und Zeigefinger als Symbol für Zweierreihe hochhalten.
- *„Ich bin neugierig, ob ihr euch ganz leise – OHNE EIN EINZIGES WORT ZU SAGEN – in zehn Sekunden anstellen könnt."*
- Stumm nach verschiedenen Kriterien anstellen, z. B. nach dem Geburtsdatum, der Katalognummer, alle mit einem roten Leibchen, Fenstergruppe, Türgruppe usw.
- Zweimal in die Hände klatschen und beide Hände aufrecht parallel zueinander halten.
- Symbolkarte mit z. B. zwei Kindern nebeneinander stehend zeigen.
- Ein Finger in der Höhe heißt „Gänsemarsch".
- Daumen und Zeigefinger in der Höhe heißt „Zweierreihe", und sie regeln auch die Lautstärke.
- Die Lehrerin macht die Augen zu und zählt langsam bis 5. Schüler stellen sich – ohne zu reden – an und sollen sagen, wann sie fertig sind (meistens sind sie schon bei 3 fertig!).
- Die Lehrerin blinzelt ein Kind an. Das angeblinzelte Kind stellt sich an. Die Lehrerin oder das Kind, das schon angestellt ist, blinzelt die nächste Person an, usw. Es muss absolute Stille herrschen!
- Musikanker oder eine bestimmte Melodie auf dem Xylophon.
- Ich stelle mich zur Tür. Das bedeutet: Wir verlassen die Klasse und müssen uns nun leise anstellen.

...LEISE DURCH DEN GANG!

Nun sind sie angestellt aber wie bringen wir die Schüler dazu, leise und geordnet von einem Raum zum anderen zu gehen? Hier ist wieder eine Auswahl von Ankern und auch strukturierten Vorgängen, die das Wandern von Klassenzimmer zu Klassenzimmer erleichtern.

Sekunden zählen

Zuerst stellen wir uns leise in Zweierreihe am Gang an. Daraufhin zählen wir die Sekunden, die wir benötigen, um in den Musiksaal, Physiksaal, Garderobe im Turnsaaltrakt usw. zu kommen. Bedingung ist, dass alle leise im Geiste in dem Tempo weiterzählen, das ich zuerst bis maximal 10 laut vorgebe. Die Schüler zählen solange weiter, bis ich „Stopp" sage, d. h. sie betreten leise den jeweiligen Raum, setzen sich ohne zu sprechen nieder und zählen im Sitzen weiter. Natürlich ist es nicht fair, wenn jemand dabei auf die Uhr schaut. Diese Schüler scheiden dann beim anschließenden Abfragen als Sieger aus.

Das Abfragen erfolgt je nach Gruppe verschieden:

- Sind es nur wenige, kann man direkt die Zahlen abfragen.
- Ist es eine große Gruppe, so gebe ich Eingrenzungen vor: „Wer hat eine Zahl bis 120?" – Etwaige Rückmeldung an die Gruppe könnte lauten: „Ihr seid zu entspannt gewesen, was gut für euch ist! Über 160? – Euch hat das schnelle Gehen vielleicht aus dem Zählrhythmus gebracht. Das nächste Mal wird es sicher besser gelingen."
- Wenn z. B. die genaue Zahl 137 lautet: Der/die Sieger/in wird per Handschlag des Lehrers und Applaus der Schüler geehrt.

Verblüffend ist immer wieder, dass das sonst übliche Hineinlaufen in den jeweiligen Saal und der Kampf um den angeblich besten Sitzplatz total wegfallen. Da ich oft eine Gruppe von bis zu fünfzig Schülern über den Gang führe, ist das mit dieser Methode für mich total stressfrei und andere Klassen werden auch nicht gestört.

Astrid M., Hauptschullehrerin, Wien

Wortlos stehen bleiben

In Musik und Maschineschreiben/Textverarbeitung muss ich mit den Schülern in einen anderen Raum gehen. Ich erwarte von den Schülern, dass sie leise sind. Natürlich halten sich manchmal nicht alle Schüler daran. Wenn dies der Fall ist, dann bleibe ich stehen und drehe mich nicht einmal um. Die Schüler werden wieder ruhig, und wir können weitergehen. Wenn die Schüler manchmal aufgekratzt sind, dann kann es auch passieren, dass ich auf den Weg zum Musikzimmer zwei- bis dreimal stehen bleibe. Aber das ist okay, da dies ohne Worte passiert.

Ich kann mich noch gut daran erinnern, wie du bei einem der ersten Seminare sagtest, dass es unnötig ist, über das Fehlverhalten, in diesem Fall Schwätzen, zu reden, wenn die Schüler bereits wieder ruhig sind. Da ist mir bewusst geworden, wie viel unnötige Energie dabei verbraucht wird.

Martin N., Mittelschule, Burgenland

Schüler werden zu Pantomimen

Des Öfteren haben die Kinder auf dem Weg zum Turnsaal und beim Umziehen in der Garderobe getratscht. So machten wir aus, dass man sich nur noch pantomimisch unterhalten darf, sobald die Türschwelle der Klasse übertreten wird. Dies betrifft auch die Lehrkraft. Dies gilt solange, bis wir in der Turnsaalgarderobe oder im Garten sind. Ich zeigte den Kindern, was ich mit Pantomime meine. Sie lachten, doch als die Türschwelle der Klasse überschritten wurde, wurden die Kinder nach und nach zu talentierten Pantomimen.

Monika S., Volksschule mit Integration, Wien

Was man sonst noch alles machen kann, damit Ruhe herrscht:

- Die Lehrkraft geht als Letzte in der Reihe. So haben Sie immer den Überblick!
- Schulwettbewerb veranstalten: Welche ist die leiseste Klasse?
- Bevor man das Zimmer verlässt, den Spruch: *„Gri, gra, gru. Der Mund ist zu. Der Schlüssel fort. Und jetzt kein Wort!"* sagen. Lehrkraft „sammelt" mimisch die Schlüssel ein und legt sie in ihre Tasche.
- Nachdem alle angestellt sind, hält die Lehrkraft die linke Hand hoch und legt den Zeigefinger der rechten Hand über die Lippen. Das signalisiert: *„Ich bin bereit zu gehen. Kein Wort mehr."*
- *„Zip your lips!"* (die Schüler tun so, als hätten sie einen Reißverschluss am Mund und zippen ihn zu)
- Vorstellungsspiele für die Volksschule: *„Wir sind Indianer und schleichen auf Zehenspitzen. Wer schleicht am leisesten?"* oder *„Wir sind jetzt alle Fische!"*, *„Wir sind alle Engel und schweben durch den Gang"*. Einen imaginären Fisch oder ein Wort in den Mund nehmen. Er/es wird erst herausgelassen, wenn die ganze Klasse im Turnsaal oder in der Klasse ist.
- Flüstergedicht beim Hinuntergehen erlernen.
- Zählauftrag während des Gehens geben: Wie viele Schritte bis zum Turnsaal? Bodenfliesen zählen, die Luft anhalten und zählen, wie viele Schritte du gehen kannst, bis du wieder atmen musst. Wie viele normale Atemzüge brauchst du bis zum Musikraum?
- Die Zweierreihe mit vor dem Verlassen des Raumes „Ruhezauber" bestreuen.

ORGANISATORISCHES UND ORDNUNG HALTEN

Administratives

Angeblich verbringt eine Lehrerin über fünfzig Prozent ihrer Zeit mit Klassenzimmermanagement und administrativen Arbeiten, wie Hausübungshefte einsammeln, Listen führen, Sitzordnung ändern, Elternbriefe schreiben, Schüler zurecht weisen usw. Wenn Sie Klassenvorstand sind, wissen Sie sicherlich ein Lied davon zu singen!

Diese Arbeiten halten uns nicht nur vom Unterrichten ab, sie rauben uns zum Teil den letzten Nerv! Sie kennen sicherlich diese Situationen:

Szene

Stellen Sie sich vor ...
Sie kommen in die Klasse und gewinnen die Aufmerksamkeit der Schüler. Alle sind ruhig. Und plötzlich steht eine Traube von Kindern um Sie herum:

„Hier ist die Entschuldigung für gestern."
„Ich habe mein Geld für den Ausflug vergessen."
„Haben Sie das Arbeitsblatt von letzter Woche mit?"

Bis Sie diese Sachen alle erledigt haben, ist die Klasse wieder unruhig, und Sie müssen ihre Aufmerksamkeit nochmals erringen.

Es geht auch anders: Delegieren! Delegieren! Delegieren!

Erstens, lassen Sie so viel Administratives wie möglich von den Schülern übernehmen. Das schont Ihre Nerven. Sie werden entlastet – die Schüler lernen Selbstverantwortung. Denken Sie einfach nach: Was für administrative Arbeiten in Ihrer Klasse könnten Sie den Schülern übergeben? Hier einige Beispiele:

Schüler tragen Fehlende ein

Die Schüler, die vor dem Lehrertisch sitzen, tragen die Fehlenden bzw. die, die zu spät kommen, auf einem Kalender am Lehrertisch ein. Die Schüler sind peinlich genau (*„Heinz ist 7 Minuten und 32 Sekunden zu spät gekommen."*). Sie werden nicht abgelenkt und können sich gleich der Klasse widmen. Sie entscheiden selbst, wann Sie diese Informationen ins Klassenbuch eintragen.

Einsammler und Verteiler

Wir übergeben administrative Aufgaben, wie z. B. das Einsammeln von Mitteilungsheften oder unterschriebenen Blättern, an Schüler, die sie bis zum Anfang der nächsten Stunde auf den Lehrertisch legen sollen. Austeiler kann als Klassenamt festgelegt werden. Dieses Amt wechselt wochenweise. Hausübungshefte mit den fertigen Aufgaben sollten in das entsprechende Fach vor Beginn der Stunde gegeben werden.

> **Austeiler**
> Es gibt bei uns drei Austeiler, jeder ist beim Zettelausteilen jeweils für eine Reihe verantwortlich. Wenn beim Austeilen geblödelt wird, nehme ich dem Austeiler wortlos den Heftstoß aus der Hand und gebe ihn an einen anderen Schüler weiter. Bei Supplierstunden stelle ich gleich klar, dass ich selber austeile!
>
> Christoph M., Volksschule, Oberösterreich

Fächer-Boxen

Als ich mein Büro zu Hause einmal ausräumte, habe ich der Klasse eine Menge stapelbare Boxen aus Kunststoff geschenkt. Mein Kollege Franz und ich hatten sehr viele gemeinsame Unterrichtsstunden. Wir haben nun jede Schachtel mit dem Namen eines unserer Fächer beschriftet und alle übrig gebliebenen Unterlagen und Arbeitsblätter eingelegt. So konnten die Kinder, die an dem betreffenden Tag gefehlt haben, die Arbeitsblätter selbst entnehmen, und wir mussten sie nicht tagelang mit uns herumschleppen, bis das Kind wieder in die Schule kam.

Hängeregister

Für jedes Kind ein Register oder Postfach bestimmen. Mitteilungen, Hausübungen, Arbeitsblätter für fehlende Kinder, usw. werden dort abgelegt. Sie können ein Kind als Briefträger bestimmen. Dieser Schüler teilt (möglichst in der Pause) als Briefträger in die Register oder Fächer aus.

> **Klassenämter**
> In meiner 4. Klasse haben die Schüler verschiedene Tätigkeiten übernommen. Hier einige Beispiele:
>
> - **Hausübungsordner**
>   Ich habe in der Klasse ein riesiges Naturpapierposter mit einer Englisch-Hausübung-Liste hängen. Alle zwei Wochen hat ein anderes Schülerpärchen die Hausübungshefte abgesammelt und gleich eingetragen, wer die Hausübung hat und wer nicht. Es waren immer ein Bub und ein Mädchen, um keine Misstöne aufkommen zu lassen. Die Kinder haben gleich darauf geachtet, ob jemand bereits fünfzehn gemachte Hausübungen hatte, da eine Stunde im Computerraum als Preis ausgesetzt war.

- **Entschuldigungen**
  Ich habe ein Kartonkästchen mit vier Schubladen – eine dieser Laden heißt „excuse notes". Hier sollten die Schüler ohne Aufforderungen ihre Entschuldigungen hineinlegen. Falls sie daran erinnert werden müssen, nehme ich die Lade heraus und halte sie hoch.

- **Termine notieren**
  An der Tür habe ich eine schwarze, mit Kreide beschriftbare Klebefolie. Wenn ich den Kindern im Mitteilungsheft Wandertage, Lehrausgänge, Wiederholungen usw. eintragen lasse, sorgen immer zwei Kinder dafür, dass diese Termine auch an der Tür stehen.

- **Bücher- und Spieleordner**
  Das „Bücherkasterl" wird von den Kindern verwaltet (sie sammeln die Bücher ab und geben sie sortiert nach Fach in den Kasten). Dasselbe gilt auch für das Spielregal.

- **Das Klassenbuffet**
  Das organisieren die Kinder schon seit der ersten Klasse selbst, mit einer Liste, wer was mitnimmt. Vom Lehrer sollte dennoch kontrolliert werden, dass alle Schüler etwas mitbringen, einige brauchen dafür einen Anstoß. Wir hatten darüber in Sozialem Lernen recht fruchtbare Gespräche.

- **Sitzordnung**
  Als weitere Rituale können das wöchentliche Wechseln der Sitzplätze sowie die Einteilung der Klassendienste genannt werden. Diese Rituale werden auf unterschiedliche Weisen durchgeführt:

  Das Wechseln und daher die Zuteilung der Sitzplätze erfolgt entweder durch die Kinder selbst, die Lehrperson oder das Zufallsprinzip: Dafür werden die Namen der Kinder gezogen, äußere Merkmale wie Sternzeichen oder Sockenfarbe bestimmen den Sitznachbarn, Kärtchen mit Nummern werden vergeben, die Anfangsbuchstaben der Namen der Kinder dienen als Indikator.

  Eva K., Mittelschule, Wien

ORDNUNG HALTEN

Stellen Sie sich vor ...

Franzi hat von der Lehrerin den Auftrag bekommen, seine Schultasche aus- und neu einzuräumen. Er sitzt jetzt am Boden, mit dem Inhalt seiner Schultasche links neben ihm aufgestapelt. Er nimmt das erste Blatt aus dem Stapel in die Hand, schaut es an und legt es rechts hin. Dann nimmt er das Heft, das oben auf dem linken Stapel liegt, schaut es kurz an und legt es auf den neuen rechten Stapel. Dann nimmt er noch ein Blatt von dem linken Stapel und legt es auf den rechten. Da folgt noch ein Buch...bis der gesamte linke Stapel, in der umgekehrten Reihenfolge, rechts von ihm liegt. Und dann hebt er den rechten Stapel auf und gibt ihn vorsichtig wieder in die Schultasche hinein.

Wenn ich bei so einer Szene zuschaue, was sagt sie mir?
Ganz schlicht und einfach: Er hat keine Ahnung, wie man eine Schultasche einräumt.

Die Franzis in unseren Klassenzimmern sind oft überfordert. Wir sagen ihnen, sie sollen Ordnung machen – und sie wissen nicht, was das heißt, oder wie das zu machen ist. Hat er das zu Hause nicht gelernt? Hat er nicht aufgepasst? Der Grund ist egal. Um Erfolg zu erzielen, müssen wir dort beginnen, wo der Schüler momentan ist. Wir müssen ihm das – wieder eine Struktur – beibringen, in einer Art und Weise, die er versteht.

Sie könnten z. B. „Ordnung halten" zum Sesselkreisthema machen. „Warum ist es gut, Ordnung bei den Schulsachen zu halten? Was sind die Vorteile? Welche Tipps können wir einander geben, damit die Schulsachen ordentlicher gehalten werden?"

Und dann legen wir, wie besprochen, die Struktur oder Vorgangsweise mit den Schülern fest. Wir:

1. identifizieren das Problem,
2. überlegen eine detaillierte Lösung und legen Schritt für Schritt Anweisungen fest,
3. diskutieren die Notwendigkeit mit den Schülern,
4. holen Ratschläge der Schüler ein und integrieren sie nach Möglichkeit in die Vorgangsweise,
5. modellieren die neue Struktur den Schülern, und dann üben wir sie mit ihnen ein,
6. loben sie, wenn es klappt,
7. wenn es nach einer Zeit nicht mehr so hundertprozentig klappen sollte, üben wir es nochmals ein und nehmen eventuell Änderungen an der bisherigen Struktur vor.

Einige Ideen aus der Praxis:

Wie machen wir das?
Ich zeige den Schülern anhand einer ordentlichen Schultasche, wie das vor sich geht (es ist wichtig, ein positives Beispiel zu nehmen. Eine unordentliche Schultasche als Beispiel zu nehmen wäre eine Bloßstellung eines Schülers).

Alle losen Papiere werden herausgenommen. Dann mache ich daraus drei Stöße:

- Papiere, die in ein Heft eingeordnet werden sollen,
- Papiere, die woanders aufgehoben werden und
- Papiere, die weggeworfen werden sollen.

Papiere, die in ein Heft gehören, gebe ich in das Heft hinein; die, die woanders eingeordnet gehören, gebe ich dorthin und – das allerwichtigste – die Papiere, die weggeworfen gehören, und der sonstige Mist, das kommt alles sofort in den Papierkorb!

Andreas M., Mittelschule, Wien

Den Platz bzw. die Schultasche ordnen
Für Ordnung in der Schultasche bzw. das Packen der Schultasche nach Stundenplan lasse ich einmal pro Woche die Schultaschen ausräumen, um mit den Schülern dann zu besprechen, was sie zu viel eingepackt haben. Auch bei den Fächern in der Klasse und bei den Spinden mache ich dies so.

Daniela G., Mittelschule, Steiermark

Die „Ordentliche Tischzeichnung"
Es ist mir klar geworden, dass meine Vorstellung von einem ordentlichen Tisch sehr stark von der Vorstellung mancher meiner Schüler abweicht. Dieses Problem habe ich gelöst, indem ich eine „Ordentliche Tischzeichnung" als großes Plakat gemacht habe. Darauf waren z. B.

- zwei ordentliche Stöße – ein Stoß Bücher und ein Stoß Hefte – im Bankfach,
- bei Rechtshändern steht das Federmäppchen oben rechts am Tisch, bei Linkshändern links,
- es sind zwei gespitzte Bleistifte, ein Radiergummi usw. im Federmäppchen,
- die Arbeitsblätter sind entsprechend eingeheftet,
- andere wichtige Blätter liegen auf einem Stoß,
- meine gefüllte und verschlossene Wasserflasche steht oben rechts am Tisch,
- es liegt nichts am Boden und Abfall ist im Papierkorb,
- meine Schultasche hängt am Haken vorne am Tisch.

Dieses Plakat habe ich an die Tafel gehängt und mit den Kindern besprochen. Nun haben meine Schüler ordentliche Tische, und wenn es einmal nicht klappt, brauche ich nur auf das Poster zu zeigen. Super!

Susanne R., Volksschule, Augsburg, Deutschland

Fotografieren – So soll es ausschauen!

Bevor die Schule im Herbst beginnt, bin ich mit meinem Fotoapparat im Klassenzimmer unterwegs. Ich räume zum Beispiel den Spielschrank genauso ein, wie er ausschauen soll. Dann fotografiere ich das Innenleben des Schrankes, drucke das aus und hänge das Bild auf die Innenseite der Schranktür. So weiß jeder ganz genau, wo was hingehört.

Ich mache das gleiche mit einem Schülertisch. Ich richte alles auf dem Tisch und in dem Bankfach so ein, wie es ausschauen soll. Jedes Kind bekommt dieses Foto in Kleinformat auf dem Tisch geklebt. Manchmal haben wir mit Klebestreifen die Umrandung vom Platz für die Hefte, des Federpennals usw. auf den Tisch geklebt. Jedes Mal, wenn ein Kind glaubt: „Das kann ich jetzt ohne Klebestreifen!", darf es ihn entfernen.

Anna S., Volksschule, Niederösterreich

Visuelles Ordnungssystem

Dieses System verwende ich für die einzelnen Gegenstände:

- für die Deutsch-Hefte und -Bücher haben wir rote Umschläge,
- für die Mathematik-Hefte und -Bücher haben wir grüne Umschläge,
- für die Englisch-Hefte und -Bücher haben wir blaue Umschläge,
- für diese Fächer benötigen wir für diverse Arbeitsblätter auch einen Schnellhefter in der jeweiligen Farbe,
- auch für die Lerngegenstände einigen wir uns auf verschiedene Farben.
- Schüler machen Vorschläge. Geschichte – gelb; Physik – violett, usw.

Dieses Ordnungssystem habe ich schon seit Beginn meiner Lehrertätigkeit eingeführt, und es funktioniert ausgezeichnet! Auch beim Packen der Schultasche nach Stundenplan ist dieses System eine enorme Erleichterung für die Schüler!

Ich schreibe in dem jeweiligen Fach immer die Seitenanzahl des Buches mit der entsprechenden Farbe an die Tafel. Beim Aufschreiben der Hausaufgaben verwende ich wieder die entsprechenden Farben. Außerdem schreibe ich die Hausaufgaben immer in die rechte, obere Ecke der Tafel!

Die Schüler schreiben die Hausaufgaben (immer in der jeweiligen Farbe) auf einen Tischabreißkalender, auf diesem stehen auch die Schularbeiten (richtige Farbe) und Wiederholungen als auch andere wichtige Termine. So haben die Schüler immer eine ganze Schulwoche im Überblick. Wenn die Hausübung z. B. bis zum übernächsten Tag zu erledigen ist, machen wir einen Pfeil dorthin – wieder in der Farbe des Unterrichtsfaches (rot, grün, blau...).

> Zu Beginn der 1. Klasse benötige ich noch viel Zeit, um das zu kontrollieren, aber es wird immer besser und lohnt sich. Diesbezüglich habe ich auch sehr viele positive Rückmeldungen der Eltern.
>
> Daniela G., Mittelschule mit Integration, Steiermark

Namenlose Arbeitsblätter

Haben Sie auch schon Arbeitsblätter, Tests usw. ohne Namen erhalten? (Das ist eigentlich eine rein rhetorische Frage. Gibt es eine Lehrkraft, die das noch nicht erlebt hat?!)

Und wo es hapert, wissen wir: Da brauchen wir eine Struktur!

Besprechen Sie mit den Schülern, wozu es notwendig ist, den Namen auf einen Test zu schreiben (stell dir vor, du hast in dem Test eine Eins geschrieben, aber da dein Name nicht auf dem Zettel steht, kann ich dir diese gute Note nicht geben!).

Hängen Sie ein Plakat auf, wo genau drauf steht, WAS in der Überschrift stehen soll (Name, Datum, Schulübungsnummer usw.), und WO das stehen soll.

> *„Schaut gut zu, wie ich das jetzt mache. Ich mache das genauso, wie es auf dem Poster steht. Hier ist der Titel. Der steht oben in der Mitte. Nun lasse ich eine Zeile aus, und jetzt schaut zu, was ich jetzt schreibe ... genau! ... das Datum. Zuerst kommt der Tag – der 20. – dann der Monat – Mai – und dann das Jahr. Welches Jahr haben wir denn? Danke!*
>
> *Oh, nein! Ich habe einen Fehler gemacht!! Werfe ich das Papier jetzt weg? Nein! Natürlich nicht! Ich streiche den Fehler durch oder, falls ich mit Bleistift schreibe, radiere ich ihn sanft weg ..."*

Dann üben die Schüler es ein. Auf verschiedenste Art und Weise, und immer wieder.

- Sie können mit Textmarker den Namen und die anderen Überschriftpunkte markieren.
- Eine Person ist für das Kontrollieren von Mannschaften, Tischgruppen, Reihen, usw. zuständig.
- Teilen Sie Belohnungen aus. Ich hatte zum Beispiel ein großes Glas voller Glasperlen in verschiedenen Farben auf dem Lehrertisch stehen. Wenn wir Zeit hatten, habe ich die Arbeitsblätter aufgehoben und die Namen, die darauf standen vorgelesen. Jeder, dessen Name vorgelesen wurde, durfte nach vorne kommen und sich eine Glasperle aussuchen.

AUFRÄUMEN

In jeder Stunde oder an jedem Tag kommt der Zeitpunkt, an dem aufgeräumt werden muss. Da Sie inzwischen schon mit den nonverbalen Techniken wie z. B. Ankern geübt sind, werden Sie sicherlich nicht mehr sagen: *„Und jetzt räumen wir zusammen!"* Einige Anker, die Sie zum Anfangen und Schonen der Stimme einsetzen könnten, sind:

- ein akustisches Signal, z. B. ein Gong, eine Klangschale oder ein Musikanker,
- Symbolkarten, die Schaufel und Besen zeigen. Oder wie wäre es mit einem Spruch wie
- *„Ordnung erleichtert das Leben"*?,
- eine Sanduhr aufstellen,
- den Mülleimer durch die Klasse reichen,
- das Müllmonster oder ein Bild von ihm hochheben.

Der rosarote Panther-Musik zum Wegräumen
Bis zum Ende der Musik (das sind knapp drei Minuten) haben die Schüler Zeit zum Aufräumen, Schultasche einpacken, Sessel auf die Tische stellen und die Schultasche auf den Rücken nehmen – ohne zu reden. Das klappt! Früher hat das Ganze mindestens doppelt so lange gedauert, und ich habe öfters ermahnen müssen. Letztes Jahr haben manche Schüler sogar mitgesungen, während sie aufräumten!
Margit W., Mittelschule, Wien

SCHÜLERBEDÜRFNISSE

Das kennt auch jeder von uns. Sie erzählen den Schülern gerade eine spannende Geschichte oder erklären etwas Wichtiges, und eine Hand geht hoch. Sie fragen: *„Ja, Franzi?"*, und er fragt: *„Darf ich aufs Klo?"* Die Spannung und der Faden sind weg – und Sie beginnen wieder von vorne.

Und diese Störungen können wir - zum Glück - pro-aktiv aus der Welt schaffen.

Bleiben wir momentan bei dem *„Ich muss aufs Klo!"*-Beispiel:

Schlumpf- und Schlumpfine-Ampel
Die Schüler dürfen, ohne zu fragen, auf die Toilette gehen. Es gibt einige Grundregeln dazu:

- Es darf nur EIN Schüler auf einmal gehen,
- aber nicht, während ich allen gemeinsam einen Arbeitsablauf erkläre.

Um das unter Kontrolle zu haben, haben wir eine „Schlumpfine"- und eine „Schlumpf"-Ampel, die an der Klassentür hängen, eingeführt. Eine Seite ist rot, die andere grün. Wenn ein Kind aufs Klo geht, schaltet es die Ampel auf Rot. Bei Rotlicht muss man warten.
Carola F., Volksschule, Wien

„W" mit den drei mittleren Fingern
Ein Schüler, der aufs Klo muss, zeigt mit den drei mittleren Fingern einer Hand, die ein „W" bilden, auf. Lehrer nickt ein „Ja" oder „Nein".
Gabi S., Volksschule, Wien

„Klo-Liste"
Um der Frage „Darf ich auf das Klo gehen?" zu entgehen, wurde neben der Türe eine „Klo-Liste" angebracht. Auf dieser Liste stehen auf einer Seite die Mädchennamen, auf der anderen die Bubennamen. Unter den Namen hängen jeweils zwei Wäscheklammern für Mädchen und Buben. Wenn nun jemand aufs Klo muss, nimmt er eine Klammer und klammert sie an seinen Namen. Ist das Kind wieder zurück, nimmt es die Klammer vom Namen weg und hängt sie wieder unten auf den Wäscheklammernplatz. So weiß die Lehrkraft auf einen Blick, wer auf der Toilette ist.
Monika S., Volksschule mit Integration, Wien

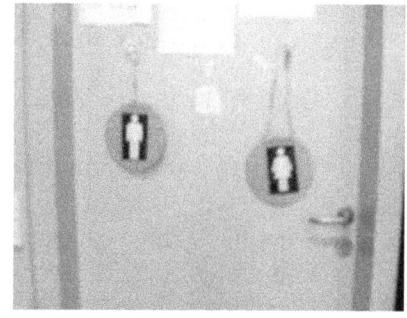

Klo-Ampel

Das selbstdisziplinierende Klassenzimmer

GRÜSSEN MACHT FREU(N)DE!

Grüßen ist eine wichtige soziale Fertigkeit. Sie stellt den Kontakt zwischen zwei Personen her und ermöglicht eine positive Basis für Kommunikation. Außerdem vermittelt eine Begrüßung das Gefühl, dass man wahrgenommen und geschätzt wird.

Vor vielen Jahren habe ich mehrere Kurse in einem ehemaligen Ostblockland abgehalten. Das Land und vor allem die Herzlichkeit der Menschen dort haben mir sehr gut gefallen. Ich war in einem sehr bekannten, ehemaligen kommunistischen Hotel untergebracht. Das Hotel war in Ordnung. Das Personal ist aber nicht mit der modernen Zeit mitgezogen, und es gab dort, wie es früher in kommunistischen Zeiten so üblich war, ungefähr dreimal so viele Angestellten als nötig. Manchmal hatte ich sogar das Gefühl, dass es mehr Hotelangestellte als Gäste gab! Das wäre auch in Ordnung gewesen, aber der Gast wurde, wie in früheren Zeiten, gar nicht wahrgenommen. Ich bin zum Beispiel zum herrlichen Frühstücksbuffet gegangen und habe meinen Weg zwischen etwa zehn Angestellten, die an der Restauranttür standen, finden müssen. Alle habe ich dabei freundlich begrüßt – und keine einzige Person hat darauf reagiert. Es war so, als wäre ich Luft gewesen. Und nachdem ich eine ganze Woche täglich diesen Durchgang als unsichtbare Frau gemacht habe, habe ich angefangen, mich selbst zu zwicken und zu fragen, ob ich überhaupt existiere!

An der Universität, an der ich in Amerika studierte, ist uns in der ersten Orientierungswoche gesagt worden: *„Unser College befindet sich auf einem freundlichen Campus. Wenn wir uns auf dem Gelände bewegen oder jemand im Gebäude begegnen, sagen wir: ‚Hallo!', denn wir fühlen uns dann besser!"* Wie wahr!

Und dann bin ich nach Österreich gekommen, wo die Leute einander noch mehr gegrüßt haben als dort! Ich werde nie vergessen, wie mein österreichischer Mann und ich eines Tages aus unserem Wohnhaus gingen. Da kam gerade jemand durch das Haustor herein, und mein Mann grüßte ihn. Nachher sagte er zu mir: *„Du hast ihn gar nicht gegrüßt."* Ich erwiderte: *„Warum sollte ich ihn grüßen? Ich habe ihn nicht gekannt."* Und dann hat er mir erklärt, dass es hier üblich sei, jede Person zu grüßen, die man innerhalb eines Wohnhauses trifft. Das war für mich neu, aber ich passte mich an – und der Brauch gefällt mir. Man grüßt nicht nur im Stiegenhaus, sondern auch wenn man Räume oder Geschäfte betritt und wieder verlässt usw. Diese Tradition geht aber in der letzten Zeit etwas verloren, und viele Lehrerinnen wollen unseren Schülern das Grüßen, das zu den guten Manieren gehört, wieder beibringen.

Als ich in der Mittelschule unterrichtete, haben wir verschiedene Aktivitäten eingebaut, die für unsere Schüler hilfreich sein sollten, wenn sie dann später Arbeit suchen würden. Eines dieser Themen war das Grüßen. Zuerst schrieb ich folgenden Satz an die Tafel:

Grüßen macht Freu(N)de!

Die Schüler besprachen diese Aussage erst mit dem Banknachbarn und dann in der Großgruppe. Anschließend schrieb ich den Untertitel der Lektion dazu:

Wie begrüßt man?

Wir setzten uns in den Sesselkreis, ich erzählte dann: *„Unser Ziel ist es, heute einen freundlichen Handschlag im Kreis herum zu geben. Ich zeige euch wie es geht!"*

Ich gebe den Schülern ein Modell. Ich zeige ihnen Schritt für Schritt, wie eine Begrüßung mit Handschlag vor sich geht. Welche Bewegungen, welche Worte, welche Gestik und Mimik man dazu braucht. Die Schüler beobachten, wir diskutieren es, und dann üben wir es, bis es perfekt wird.

Schritt 1:
„Ich möchte Peter, der neben mir sitzt, einen freundlichen Handschlag geben. Schaut gut zu, wie ich das mache."

Ich begrüße Peter freundlich.

Schritt 2:
*„Was habt ihr bemerkt? Was habe ich genau getan? Was trägt dazu bei, dass dies ein **freundlicher** Handschlag ist?"*

Die Schüler antworten:
- „Sie haben sich zu Peter gedreht."
- „Sie haben ihm in die Augen geschaut."
- „Sie haben gelächelt."
- „Sie haben seine rechte Hand genommen."
- „Sie haben gesagt: ‚Guten Morgen, Peter!'"

- „Sie haben seine Hand geschüttelt."
- „Sie haben fest – aber nicht ZU fest – geschüttelt!" usw.

Schreiben Sie diese Schritte an die Tafel, damit die Schüler sie ins Heft übertragen können.

Schritt 3:
„Schauen wir den Vorgang jetzt näher an.
Ich möchte sicher sein, dass das Händeschütteln fest ist, aber dass es auch nicht weh tut. Schaut Peter und mir noch einmal gut zu.
Nun mache ich das mit Susi (ich drehe mich zur anderen Seite, wo Susi sitzt). Und nun mache das bitte genauso mit deinem Nachbarn.
Wie war das jetzt? Habt ihr etwas Neues festgestellt?
Wer kann uns das nun vorführen? Was habt ihr bemerkt und gesehen?"

Schritt 4:
„Und nun schicken wir das perfekte Händeschütteln rund um den Kreis."

Während die Schüler Begrüßen üben, gebe ich Feedback, ob sie es richtig machen.

Es ist wichtig, dass diese Begrüßungen immer wieder geübt werden, damit sie in Fleisch und Blut übergehen.

Weitere Themen für Folgelektionen wären:

- Wie stelle ich eine Person einer anderen vor?
- Wie zeige ich meinem Gesprächspartner, dass ich zuhöre?
- Was sind gute Telefonmanieren?
- Wie verhalten wir uns, wenn wir Besuch im Klassenzimmer haben?
- Sprüche wie: *„Ein Lächeln ist die kürzeste Entfernung zwischen zwei Menschen,"* oder *„A smile is my style."* können besprochen werden.

Einige Ideen aus der Praxis

vierte Klasse grüßt erste Klasse

Am ersten Schultag können die Viertklässler die neuen Kinder der ersten Klasse (und ihre Eltern) begrüßen und sie dann in das richtige Klassenzimmer begleiten. Das tut allen gut – die Erstklässler fühlen sich wohler, die Viertklässler können ihre sozialen Fertigkeiten üben, und die Eltern werden sehr beeindruckt sein!

Begrüßungslied in mehreren Sprachen
Aus dem Buch: „Bewegungshits von Moskau bis Marokko" mit CD, Wolfgang Hering, Ökotopia Verlag, Münster.

Elfie H., Volksschule, Wien

Grüssen macht Freu(N)De! **20**

Begrüßungs- und Verabschiedungsanker: einmal Englisch!
Zum Begrüßen und Verabschieden am Anfang bzw. am Ende der Unterrichtsstunde wählte ich den Platz im Klassenzimmer einige Schritte von der Klassenzimmertüre weg ins Klassenzimmer hinein. Die Schüler stehen auf, und sie wissen, dass sich dabei niemand bewegt, niemand lümmelt, niemand hat die Hände in den Hosentaschen oder dreht sich zum Nachbarn.

Bei der Begrüßung sage ich „Good morning!", und ich verabschiede mich immer mit einem „Have a nice day!" Diese Ruhe wird aufgehoben, indem die Schüler antworten: „The same to you!", oder sie wiederholen den Gruß.

Fast alle meine Schüler grüßen mich auf Englisch, wenn wir uns auf den Korridoren begegnen. Ich finde das wunderbar!

Elfie K., Mittelschule, Steiermark

Nonverbale Begrüßung beim Herumwandern

Im Hintergrund spielt Musik. Die Schüler wandern kreuz und quer durch den Raum und begrüßen einander nonverbal – mit Augenkontakt, Handschlag, Lächeln – und dann verbal mit guten Wünschen für den Tag.

„Guten Morgen!", „Willkommen!" usw. an die Tafel schreiben

Sie begrüßen die Schüler und umgekehrt die Schüler Sie. Die Schüler stehen auf, und die Lehrkraft begrüßt jeden Schüler persönlich **mit Blickkontakt**. Nachdem ein Schüler mit Blickkontakt und einem Lächeln begrüßt wurde, setzt er sich hin. Ruhe ausstrahlen. Zeit lassen.

Persönliche Begrüßung an der Tür

Stehen Sie bei der Tür und begrüßen Sie jeden Schüler, wenn er oder sie durch die Tür kommt. Achten Sie auf eine offene Körperhaltung, ein Lächeln, Augenkontakt.

„Herzlich Willkommen"-Matte oder -Schild an der Tür

Drei Handschläge

Begrüßen Sie die Schüler am Anfang der Stunde. Jeder Schüler begrüßt drei andere Mitschüler mit Handschlag und setzt sich anschließend ruhig hin.

Ein Lächeln

von einem Schüler zum Nächsten weiterschenken.

Mit geschlossenen Augen im Kreis stehen. Die Hände halten. Die Lehrkraft schickt einen Händedruck im Kreis los. Wenn er wieder bei ihr ankommt, machen alle die Augen auf und sagen *„Guten Morgen!"*

Das selbstdisziplinierende Klassenzimmer

Suggestopädischer Text: Kevin Cool

Hier ist ein suggestopädischer Text, den Sie in der Klasse für soziales Lernen nutzen können.

KEVIN COOL SCHAFFT LEVEL 5

oder

Respektvoll Grüßen wirkt Wunder!

von Karoline Skledar und Barbara Prettenhofer

Kevin Cool ist heute sehr aufgeregt, denn heute ist sein Geburtstag. Endlich bekommt er sein heiß ersehntes Computerspiel der neuesten Generation geschenkt. Seinen Eltern ist es gelungen, ein letztes Exemplar auf einem Internetauktionshaus zu ersteigern.

Bei diesem Spiel kann er interaktiv agieren und sich im World Wide Web mit anderen messen und in eine Rangliste eintragen.

Das Equipment beinhaltet eine Videobrille, einen Surround-Sound-Kopfhörer, sensorgesteuerte Handschuhe und Schuhe mit Vibrationsrückkoppelung.

Kevin zieht die Sachen voller Begeisterung an und startet voller Erwartung das Spiel. Alles verdunkelt sich, das Spiel beginnt.

Doch plötzlich ist ein lauter Knall zu hören...

...und in einem hellen Licht erscheint ein Mädchen.

Lucy: Hallo, Spieler! Ich bin Lucy Level.
Willkommen in meiner Welt.
Vier aufregende Levels erwarten dich. Wirst du sie bestehen?
Jedes Level wird dich auf das nächstfolgende vorbereiten.
Merke dir also gut, was du
in den einzelnen Leveln lernst.
Je schneller und strategischer du spielst,
desto mehr Punkte kannst du erzielen
und die Spitze der Rangliste erreichen.

Grüssen macht Freu(N)De! 20

Kevin: *Aber logo!*
Los geht's!

Die Szene auf dem Bildschirm wird dunkel, und eine wunderschöne, alte Festung erscheint. Die gesamte Burg erscheint uneinnehmbar – nur durch ein großes, schweres Eisentor ist der Zugang möglich. Vor dem Tor steht ein grimmig aussehender und schwer bewaffneter Wächter.

Lucy: *Deine erste Aufgabe besteht darin*
in das Burginnere zu gelangen!
Viel Glück!

Lucy verschwindet mit einem lauten Knall.

Kevin: *Phuhh, das wird nicht leicht...*
Hohe, dicke Mauern, ein mächtiges Tor,
ein grimmiger Wächter...
Was soll ich da bloß tun?

Raufklettern? – zu hoch.
Kämpfen? – zu gefährlich.
Aufgeben? – sicher nicht!
Könnte es ein Codewort geben?

Kevin nähert sich vorsichtig dem Wächter und überlegt sich einige Wörter.

Kevin: *Sesam öffne dich!*

007!

Aber nichts geschieht. Plötzlich kommt ihm eine Idee!

Kevin: *Guten Tag!*

Plötzlich dreht sich der Wächter zu ihm, grüßt zurück, und das Tor öffnet sich. Kevin tritt ein, und Lucy erscheint wieder an seiner Seite.

Lucy: *Den Level des Grüßens*
hast du bravourös gemeistert.
Merke dir das Codewort gut,
es wird dir noch nützlich sein!
Viel Glück beim Level 1.

LEVEL 1

Level des Grüßens

Achtung!
Deine Lebensenergie ist schon fast verbraucht!

Lucy verschwindet, und Kevin geht in den Burghof hinein. Plötzlich riecht er einen wunderbaren Essensduft.
Er folgt dem Geruch und landet schließlich in der Küche. Dort steht ein Koch, der gerade ein Festmahl zubereitet.

Das selbstdisziplinierende Klassenzimmer

Kevin: *Ich brauche Lebensenergie.*
Bekomme ich die bei Ihnen?

Doch nichts geschieht. Kevin greift nach den Speisen, doch sie verschwinden vor seinen Augen.

Er erinnert sich an den vorigen Level.

LEVEL 1
Level des Grüßens

Kevin: *Guten Tag!*
Ich brauche Lebensenergie!

LEVEL 2
Level des Bittens

Der Koch grüßt ihn zurück, aber nichts weiter geschieht.

Kevin: *Guten Tag!*
Ich brauche BITTE Lebensenergie!

Der Koch grüßt zurück, lächelt und gibt ihm ein köstliches Essen. Lucy erscheint wieder an seiner Seite.

Lucy: *Auch den Level des Bittens hast du geschafft.*
Mache dich auf den Weg zum Kerker.

Dort wartet ein Unschuldiger auf deine Hilfe.
Gemeinsam mit Lucy macht er sich auf den Weg zum Kerker. Dort angekommen, verschwindet Lucy wieder.

Ein dickes eisernes Gitter versperrt den Weg zum Zellentrakt. Wieder bewacht ein großer, grimmiger Wärter den Zugang. In seiner Hand hält er einen großen Schlüsselbund. Kevin erinnert sich an die ersten zwei Level und sagt:

LEVEL 1
Level des Grüßens

LEVEL 2
Level des Bittens

Kevin: *Guten Tag!*
Könnten Sie BITTE die Zelle aufsperren?

LEVEL 3
Level des Blickkontaktes

Nichts geschieht. Was fehlt noch?!?!

Plötzlich beginnen die Augen des Wärters leicht zu funkeln.

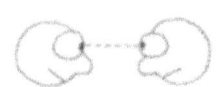

Kevin lächelt, schaut dem Wärter in die Augen und spricht:

Kevin: *Guten Tag!*
Könnten Sie BITTE die Zelle aufsperren?

Der Wärter schaut ihm in die Augen, lächelt, grüßt zurück und sperrt mit einem großen Schlüssel die Zelle auf. Der unschuldig eingesperrte Bub ist frei.

Als Dank bekommt Kevin ein Kaugummi geschenkt. Sogleich beginnt Kevin zu kauen.

Lucy Level erscheint erneut.

Lucy: Bravo!
Auch der Level des Blickkontaktes ist bestanden.
Es liegen nur noch zwei weitere Aufgaben vor dir.
Der nächste Level führt uns in den Thronsaal.
Dort wirst du die Königsfamilie treffen,
die dir den geheimen Weg zum Ziel sagen können!

Im Thronsaal ist die Königsfamilie um eine große Tafel versammelt. Alle Blicke sind auf Kevin gerichtet. Kevin kaut nervös auf seinem Kaugummi, dennoch erinnert er sich an die vorangegangenen Codewörter, blickt dem König in die Augen und sagt:

Kevin: Guten Tag,
könnten Sie mir BITTE den Weg zum Ziel zeigen?

Der König schaut ihn an, reagiert aber nicht. Kevin beginnt zu überlegen, was er noch machen kann. Er kaut nachdenklich auf seinem Kaugummi. Im Augenwinkel sieht er, dass der König in Richtung Mistkübel blickt.

Kevin hat eine Idee!

Er spuckt den Kaugummi aus,
schaut dem König in die Augen

und beginnt erneut...

Kevin: Guten Tag,
könnten Sie mir BITTE den Weg zum Ziel zeigen?

LEVEL 1
Level des Grüßens

LEVEL 2
Level des Bittens

LEVEL 3
Level des Blickkontaktes

LEVEL 4
Kaugummi ausspucken

Der König nickt freundlich, grüßt zurück und zeigt ihm den geheimen Weg hinter dem Vorhang. Hinter dem Vorhang sieht Kevin eine steile Wendeltreppe. Die Treppe führt hoch hinauf, und schließlich gelangt er in einen kleinen Raum mit einem großen Balkon.

Kevin betritt den Balkon und plötzlich hört er tosenden Applaus. Unten im Burghof jubeln tausende Menschen – darunter auch Lucy Level – Kevin zu und gratulieren ihm, dass er das Spiel geschafft hat.

Das selbstdisziplinierende Klassenzimmer

DAS RESPEKTVOLLE KLASSENZIMMER

„Wir gehen respektvoll miteinander um!"

Eine der Beschwerden, die ich weltweit am meisten von Lehrern höre, ist die Häufigkeit von Schimpfwörtern und einem respektlosen Umgang im Klassenzimmer. Nur in einem Land war es bis jetzt anders – in Thailand.

Eine Freundin, Jasmin, die Lehrerin in Liechtenstein war, arbeitete in Thailand bei einer tollen Organisation, Youth Connect (http://www.youthconnectthailand.org/) . Youth Connect befindet sich in Mae Sot, einer thailändische Stadt an der Grenze zu Burma und arbeitet unter anderem mit thailändischen Schulen und Lehrern, die burmesische Flüchtlingskinder auf das Berufsleben in Thailand vorbereiten. Vor einigen Jahren haben mein Sohn Derrick und ich Jasmin, ihre Kollegen und mehrere Schulklassen dort besucht. Ein tolles Erlebnis! Mir ist unter anderem aufgefallen, dass alle Kinder beim Unterricht voll dabei waren, und es anscheinend keine Verhaltensprobleme gegeben hatte. Als ich einen Lehrer dort fragte, ob sie keine Disziplinprobleme haben, antwortete er: *„Nein. Das kennen wir nicht. Hier ist Respekt das höchste Gebot. Wir haben auch eine ‚Respektshierarchie'. An höchster Stelle steht der König. An der zweiten Stelle stehen die Mönche. Und an dritter Stelle stehen die Lehrer."*

Schön wäre es, wenn es bei uns auch so wäre! Dazu kommt, dass einem in Thailand mit zunehmendem Alter umso mehr Respekt entgegen gebracht wird!

Ich bin überzeugt, dass der respektvolle Umgang miteinander – wir mit unseren Schülern und sie mit uns und ihren Mitschülern – der Schlüssel zu einem selbstdisziplinierenden Klassenzimmer ist.

Sie verstehen oft nicht, was wir meinen

Mein Sohn Derrick unterrichtete eine Zeit lang in einer Alternativschule. Als er am ersten Tag nach der Schule nach Hause kam, rief er mich an und sagte: „*Du kannst dir nicht vorstellen, wie respektlos die Schüler miteinander reden. Respektloser geht es gar nicht! Aber das wird sie jetzt ändern!*"

Am nächsten Schultag nahm er ein Leintuch und Malfarben in die Schule mit. Die Schüler bemalten das Leintuch so ähnlich wie dieses Bild, und sie hängten es an die Wand. Auf den Lehrertisch stellte er eine Kellnerklingel.

Eine Klassenregel, die in vielen Klassenzimmern vorkommt, heißt: „*Wir gehen respektvoll* miteinander *um.*" Doch was ist „respektvoll"? Ich weiß, was das heißt, und Sie wissen es auch. Aber viele unserer Schüler haben keine Ahnung, was das Wort „respektvoll" heißt. Viele kennen das von zu Hause nicht. Wir regen uns darüber auf, wie sie miteinander reden. Doch oft wird zu Hause bei unseren Schülern auch so geredet. Unsere Herausforderung ist es, unseren Schülern die Bedeutung des Wortes „respektvoll" beizubringen. Erst wenn sie wissen, was das ist, können sie auch so sein.

Deswegen hat Derrick mit seiner Klasse vereinbart, dass er jedes Mal, wenn etwas respektlos gesagt wird, mit der Kellnerklingel läuten wird. Alle standen dann auf – auch er –, zeigten auf das Plakat und sagten: „*100 % Respekt!*" Genau das taten sie, auch wenn jemand über sich selbst etwas Respektloses sagte wie „*Ich bin so blöd!*". Aufstehen, hinzeigen und „*100 % Respekt!*" sagen. Die Schüler müssen auch lernen, sich selbst zu respektieren. Selbstrespekt muss da sein, bevor man andere respektieren kann.

Der Clou an der Technik war, dass die Schüler lernten, welche Aussagen respektlos waren. Die Situation hat sich binnen Tagen verbessert, und der Vorgang war bald nicht mehr notwendig. Natürlich gab es gelegentlich Ausrutscher, aber einige Mal läuten mit der Glocke und aufstehen hat dann genügt, dass der respektvolle Umgang wieder hergestellt war.

Erlauben Sie es nicht, dass ein Schüler respektlos mit Ihnen redet

Kein Schüler/Mensch hat das Recht respektlos mit Ihnen zu reden. Es ist Ihre Verantwortung, die Grenze zu ziehen und auf einen respektvollen Umgang zu bestehen. Sie bekommen Respekt, indem Sie Respekt geben, und auch, indem Sie Respekt verlangen!

Reagieren Sie sofort darauf, wenn ein Schüler Ihnen etwas Respektloses sagt. Lassen Sie sich nicht auf einen Machtkampf oder eine Diskussion ein. Hören Sie sofort auf zu reden, machen Sie einen Schritt zur Seite, erstarren Sie, und schauen Sie den Schüler mit einem ernsthaften Blick an. Warten Sie kurz – die Sprechpause ist das mächtigste nonverbale Mittel, das Sie einsetzen können –, und dann sagen Sie nur einen Satz wie z. B. „*Ich gehe immer respektvoll mit dir um, und ich erwarte das Gleiche von dir.*" Dann sagen Sie **nichts mehr**. Sonst brechen der Zustand und die Wirkung ab.

Bleiben Sie noch erstarrt, behalten Sie kurz den Augenkontakt. Dann brechen Sie den Augenkontakt, gehen Sie einen Schritt zurück zu Ihrer Ausgangsposition, lockern wieder Ihre Körperhaltung und tun Sie, als wäre nichts passiert.

Es ist gut, wenn Sie diesen Vorgang, der eine Variation des Disziplinierungsankers (siehe Kapitel 22) ist, einige Mal zu Hause vor dem Spiegel üben. Er muss dramatisch und präzise sein. Wichtig ist, dass Sie sich nicht in ein Gespräch verwickeln lassen. Wenn eine Nachbesprechung notwendig ist, führen Sie diese unter vier Augen.

Lassen Sie auch bei den anderen Schülern nie gegenseitig Erniedrigungen oder Demütigungen im Klassenzimmer zu. Gehen Sie mit den Schülern wie mit Erwachsenen um, und lassen Sie sie wissen, dass Sie das gleiche Verhalten von ihnen erwarten. Wenn die Grenzen klar gesetzt sind und Sie als Beispiel fungieren, wird die Klasse Sie mit Ihrem Verhalten spiegeln.

Auch die gehäufte Anwendung von Schimpfwörtern zerstört die respektvolle Atmosphäre, die wir im Klassenzimmer herstellen wollen. Oft wissen die Schüler gar nicht, was diese Schimpfwörter bedeuten, und sie begreifen auch nicht, dass sie offensiv sind.

Einige Ideen aus der Praxis:

Schimpfwörter wegspülen

Die Schüler hatten die Angewohnheit, sich mit argen Schimpfwörtern gegenseitig zu beflegeln. Eines Tages brachte meine Kollegin einige Klopapierrollen in die Klasse. Sie stellte sie auf den Lehrertisch und sagte: „Heute wollen wir über Schimpfworte sprechen."

Sie hielten eine Klassendiskussion im Sesselkreis über Schimpfwörter. „Wozu verwendet man Schimpfwörter? Welche tun dir am meisten weh?" usw.

Den Schülern wurde dann das Papier ausgeteilt, und jeder Schüler schrieb alle Schimpfwörter, die er verwendete bzw. die er nicht mehr hören wollte, auf ein Blatt Papier. Zum Schluss wurde das Papier zusammengeknüllt und im WC runtergespült.

Sobald wieder einmal ein Schimpfwort in der Klasse zu hören war, riefen alle: „Klopapier!", seither hat sich der sprachliche Umgang untereinander wesentlich verbessert!

Justine K., Volksschule, Steiermark

Das „schimpffreie Klassenzimmer"

Der Traum vieler Lehrerinnen ist eine schimpffreie Zone in ihrer Umgebung. Ich habe mir deswegen ein „schimpffreies Klassenzimmer" geschaffen. Wer durch die Tür zu diesem Raum geht, lässt alle Schimpfwörter vor der Tür.

Wie funktioniert das? Wir haben zu Beginn des Jahres jedes Schimpfwort, zuerst die gesagten, später dann die, die gerne gesagt würden, bewusst vor die Tür gebracht. Die Kinder dürfen, wenn sie schimpfen wollen, vor die Tür gehen, müssen die Tür aber schließen und laut ihr Schimpfwort VOR der Klassentür, also außerhalb des Klassenraumes, sagen.

Was mache ich mit Schülern, die sich einen Sport aus dieser Regel machen und ständig hinaus laufen? Es wird ihnen mit der Zeit unangenehm, da die anderen Kinder das nicht wollen und ihnen auch sagen. Das braucht nur Durchhaltevermögen von der Lehrerseite! Die Kinder haben mittlerweile harmlose Ersatzwörter (so ein Mist!) entdeckt. Die neuen Schüler, die während des Jahres zu uns kommen, werden von den Kindern bei Gebrauch auf diese Spielregel hingewiesen.

Martina S., Religionslehrerin für schwererziehbaren Kinder aller Altersstufen, Wien

Auch ich bin schon vor die Tür geschickt worden...

Eine suggestopädische Geschichte: Die Pause

Viele meiner Kollegen an der Bilingualen Mittelschule haben den Suggestopädie-Ausbildungslehrgang bei mir gemacht. Zwei dieser Kolleginnen haben einen suggestopädischen Text über die Pausengeschehnisse geschrieben. Sie haben alle Schimpfwörter, die die Schüler normalerweise in der Pause miteinander benutzen, mit der entsprechenden Form des Fantasiewortes *„Quapp"* ersetzt.

Wir kündigten in der Klasse an: *„Jetzt erzählen wir eine suggestopädische Geschichte."* Die Schüler haben sich, wie immer bei diesen Geschichten, gefreut, dass wieder einmal ein Theaterstück vorgespielt wird. Als wir aber die erste Zeile vorlasen:

„Die Pause!

Ähnlichkeiten mit lebenden Personen sind BEABSICHTIGT und nicht zufällig!"

haben alle ein geniertes Grinsen aufgelegt! Sie haben genau gewusst, um welche Personen es sich handelte – nämlich um sie selbst! Was würde jetzt geschehen?

Wir Lehrer haben die Geschichte der Klasse vorgespielt. Sie sind am Rande ihrer Sessel gesessen! Anschließend haben wir verschiedene Aktivitäten und Spiele eingesetzt, um den Schüler bewusst zu machen, wie unangenehm das Schimpfen auf andere wirken kann.

Und siehe da, es hat funktioniert! Es wurde viel weniger in der Klasse geschimpft. Gelegentlich haben wir neue Aktivitäten einführen müssen, um die Schüler wieder daran zu erinnern, nicht zu schimpfen. Aber der erste und wichtigste Schritt war mit dem Text getan. Die Schüler sind gesellschaftsfähiger geworden, und wir können unsere Ohren schonen!

Das selbstdisziplinierende Klassenzimmer

DIE PAUSE

von meinen genialen und lieben Kolleginnen Inge Reisinger und Nini Schagerl

Ähnlichkeiten mit lebenden Personen sind BEABSICHTIGT und nicht zufällig!

Es läutet, und viele Kinder springen von ihren Sitzen. Die Lehrerin verlässt die Klasse. Günter und Peter stürzen sich auf die Jausenkiste.

Günter: **QUAPPE!**
Was ist denn das schon wieder für ein Fraß?

Peter: *Die* **GEQUAPPTEN** *Wurstsemmeln können sie sich in den* **QUAPP** *schieben!*

Alex bohrt mit dem Zirkel ein Loch in den Verschluss seiner Colaflasche.
Er schüttelt diese eifrig durch und zielt nun auf die eben vorbeikommende Elif.

Elif kreischt und brüllt ihn an.

Elif: *Du* **QUAPPENKIND!**
Bist du vollkommen **VERQUAPPT?!?**
Der Pulli ist ja ganz neu!

Alex: *Das war ich nicht!*
Ich schwör's beim Leben meiner Mutter!

QUAPP *dich nicht an – du* **QUAPPEL!**
Der Pulli ist sowieso hässlich!

Thomas hüpft mit dem Sitzball elegant durch die Klasse.
Katharina fühlt sich gestört und stößt Thomas vom Ball.

Thomas: *Ich* **QUAPP** *deine Mutter – du* **QUAPPEL!**

Katharina: **QUAPP** *dich nicht an, du* **QUAPPEL!**
Glaubst du, ich lass mir alles gefallen???

Thomas: *Ich hab ja nur...*
Die anderen springen auch mit dem Ball!

Mustafa ergreift die Gelegenheit und stürzt sich auf den herrenlosen Sitzball. Leider war die Bewegung nicht kontrolliert genug, sodass der große Ball auf dem Fensterbrett landet. Unglücklicherweise geht dabei ein Blumentopf zu Bruch.

So ein Pech, denn er hat ja eigentlich nur...

Mustafa: **QUAPPE!**
Jetzt krieg's ich wieder!
Dabei machen die anderen das auch immer!!!

Eine Gruppe hat plötzlich die wunderbare Idee, in der Klasse Fangen zu spielen.
Man darf natürlich sowohl über die Tische laufen, als auch unter den Tischen durchhechten.
Sehr störend sind jetzt die Dinge, die auf den Plätzen liegen, wie z. B. ein Harry Potter-Buch.

Als Paul einen besonders tollkühnen Satz über den Tisch macht, fällt das aufgeschlagene Buch zu Boden und landet in einer Cola-Lache.

Paul: *Schöne* **QUAPPE!**
Was mach ich jetzt nur?

Ich habe ja nur...
die anderen machen das ja auch immer!!!

Unauffällig nimmt er das Buch und begibt sich zum Mistkübel.
Er lässt das Buch hineinfallen und geht erleichtert auf den Gang.

Plötzliches Gekreische!!!

Renate: *Du* **QUAPPE!!**
Du weißt genau, dass Ronald mein Freund ist!
Lass ihn gefälligst in Ruhe!

Conny: *Du* **VERQUAPPTES QUAPPLOCH!!**

Ich wollt ihn ja nur was fragen!

Glaubst du vielleicht, ich will den hässlichen **QUAPPEL?!?!**

Ivana: *Renate ist immer so* **VERQUAPPT!**

Wir reden ab jetzt nicht mehr mit ihr!
Ich sag das gleich den Buben!

Renate: *Ihr* **QUAPPENGFRASTER!!!**
Das sag ich der Frau Reisinger!

Ivana: *Trau dich!*
Nach der Schule wartet die halbe 4C auf dich!!!!

Renate: **QUAPP** *dich ins Knie!*
Ich fürchte mich jetzt schon!

Das selbstdisziplinierende Klassenzimmer

Es läutet.
Leider war ja in der Pause keine Zeit, sich für die nächste Stunde vorzubereiten, da wichtigere Dinge (wie die Beispiele gezeigt haben) zu erledigen waren.

Die Lehrer betreten die Klasse.

Sie wischen die Cola-Lache auf.
Sie kehren die Scherben des Topfes zusammen.
Sie fischen das Harry Potter-Buch aus dem Mistkübel.
Und sie trösten die weinende Renate.

Lehrer: *Was ist denn hier passiert???*

Schweigen als Antwort!
Niemand war es!
Niemand hat etwas gesehen!

Alle: *...das war ich nicht...*
...ich habe ja nur...

Endlich zeigen zwei Kinder auf und die Lehrer nicken ihnen erwartungsvoll zu:

Günter: *Darf ich bitte aufs Klo?*

Elif: *Ich habe meine Sachen im Spind vergessen.*
Darf ich sie holen?

DER DISZIPLINIERUNGS-ANKER

(Siehe You Tube, Suchkriterium: Pearl Nitsche, Anker)

Es ist uns nicht angenehm – aber manchmal muss es sein. Wir haben pro-aktiv gearbeitet. Wir haben versucht, negatives Verhalten in Keim zu ersticken. Aber an diesem Tag hat es nichts gebracht, und wir müssen eingreifen und disziplinieren. Für diese Notsituationen ist der Disziplinierungsanker da.

Der Disziplinierungsanker

Vor etwa zehn Jahren habe ich an einem Lehrerkongress in der Nähe von Buenos Aires in Argentinien einen Workshop mit dem Titel „Respektvolle, nonverbale Disziplinierung" präsentiert. Wie es bei solchen Kongressen üblich ist, hatte jede Referentin und jeder Referent bei der Eröffnung zwei Minuten Zeit, um sich selbst und den eigenen Workshop vorzustellen, damit die Teilnehmer sich überlegen können, bei welchen Workshops sie im Laufe des Kongresses mitmachen wollten. Den Disziplinierungsanker habe ich in dieser Kurzvorstellung eingebaut.

Ich stand auf der Bühne rechts und begrüßte die anwesenden Lehrkräfte – es waren einige hundert Teilnehmer. Den Körper hielt ich locker und sagte: *„Es freut mich, hier bei so einer lebhaften Gruppe in Buenos Aires zu sein..."*

(Die Gruppe war wirklich extrem lebhaft. Obwohl es erst die Eröffnung war und sie einander noch gar nicht gekannt haben, haben sie alle schon miteinander gelacht, geratscht und sogar Wellen gemacht! Inzwischen weiß ich – und schätze es sehr!! -, dass südamerikanische Lehrerinnen vor Lebensfreude einfach sprudeln. Damals war ich aber total überrascht und dachte mir: *„Toll! Aber wenn die Lehrer so lebhaft sind, wie sind die Schüler?!? Ich glaube, diese Leute brauchen mich!"*)

Ich blieb dort stehen und redete weiter: *„Wir sind alle Lehrer geworden, weil wir gerne Kinder haben und Stoff vermitteln, aber manchmal..."*

Nun hörte ich mitten im Satz mit Sprechen auf, mein Körper erstarrte, und ich schaute mit ernsthaftem Blick durch den Raum und bin dann langsam auf einen Punkt links auf der Bühne gegangen. Dort angelangt, bin ich mit erstarrter Körperhaltung gestanden, habe meinen Blick schweigend durch den Raum schweifen lassen und dann mit eintöniger, ernster Stimme gesagt: *"...aber manchmal...müssen wir in der Schule... disziplinieren."*

Man hätte eine Nadel fallen hören können. Alle haben den Atem angehalten und mich sprachlos angestarrt.

Nach einigen Sekunden bewegte ich mich wieder zum ersten Punkt rechts auf der Bühne, lockerte meine Körperhaltung und setzte mit meiner normalen Stimme fort: *"... und genau das ist das Thema meines Workshops. Ich hoffe Sie werden zahlreich kommen."*

Da sie noch ziemlich in Schock da saßen, hatte ich Angst, dass ich umsonst nach Buenos Aires geflogen war und niemand in meinen Workshop kommen würde! Meine Angst war unbegründet: Ich habe den Workshop sogar mehrmals anbieten müssen, damit alle Interessierten teilnehmen konnten.

Inzwischen habe ich hunderte Mal diesen Disziplinierungsanker vorgeführt. Jedes Mal hat er die gleiche Wirkung. Alle werden mucksmäuschenstill, halten den Atem an und warten angespannt auf meine nächsten Worte. Die Lehrkräfte sind begeistert – und sie werden noch enthusiastischer, nachdem sie die Technik im Klassenzimmer erfolgreich ausprobiert haben.

Der Disziplinierungsanker ist eine Struktur, die fast wie Zauberei wirkt. Diejenigen von Ihnen, die mein Buch „Nonverbales Klassenzimmermanagement" gelesen haben bzw. im Kurs waren, werden ihn schon gut kennen. Dieser Anker bzw. diese Struktur ist einfach ein „Muss", das den neuen Lesern hier vorgestellt wird. Deswegen bitte ich diejenigen, die ihn schon kennen, dieses Kapitel als eine willkommene Wiederholung zu betrachten. Sollten Sie den Anker schon perfekt beherrschen, können Sie das Kapitel überspringen.

Selbstdisziplin ist das Ziel

Als erstes möchte ich betonen, dass der Disziplinierungsanker zwar sehr wirksam ist, er ist aber nur eine Hilfsmaßnahme, eine Art Erste Hilfe, die wir dann einsetzen, wenn der Hut brennt. Unser höchstes Ziel ist es, unsere Schüler zur Selbstdisziplin zu erziehen. Wenn uns das gelingt, können wir unsere Polizisten-Rollen beim Disziplinieren zum Glück hinter uns lassen!

Aber manchmal bleibt uns das Disziplinieren nicht erspart. Wir haben vorbeugend gehandelt mit
- dem Einsatz von Einfluss,
- der Herstellung von Rapport,
- klaren Regeln und Richtlinien,
- pro-aktiven Maßnahmen und
- mit einer Vorwarnung oder „gelben Ampeln",

und trotzdem kommt gelegentlich eine Situation auf, wo wir disziplinieren müssen. Da bleibt uns nichts anders übrig. Es ist unsere Aufgabe und unsere Pflicht einen reibungslosen, geregelten und ungefährlichen Tagesablauf im Klassenzimmer zu gewährleisten. Wenn ein Schüler nicht bereit ist, in diesem Rahmen mitzumachen, müssen wir aus dem Einflussbereich in den Machtbereich überwechseln.

In diesen Situationen ist der Disziplinierungsanker ein Geschenk des Himmels!
Unten finden Sie eine Auflistung und Erklärung aller Schritte des Ankers, aber zuerst ist es wichtig, dass wir den Unterschied zwischen einer Disziplinierung und einem beratenden Gespräch anschauen.

DISZIPLINIERUNG oder BERATENDES GESPRÄCH

Dazwischen liegen, meiner Meinung nach, Welten!

Eine **Disziplinierung** setze ich ein, wenn es eine Störung im Unterricht gibt. Mein Ziel ist es, diese Störung möglichst schnell und ohne Worte zu beseitigen. Ordnung wird hergestellt, damit der Unterricht weiter gehen kann.

> Das Ziel einer Disziplinierung ist:
> Amnestie (Frieden) und Amnesie (Vergessen)

Bei einer Disziplinierung spreche ich so wenig wie möglich. Ich spreche keine Konsequenzen aus. Ich versuche, keine langfristige Änderung im Verhalten des Schülers zu erzielen. Ich bin respektvoll – aber ich handle zum Wohl der Gruppe und nicht des Einzelnen.

Ein **beratendes Gespräch** hingegen dauert länger und findet – nach Möglichkeit – unter vier Augen statt. Hier geht es um das Verhalten und die Absicht, die hinter diesem Verhalten steckt.

> Das Ziel eines beratenden Gesprächs ist:
> Lösungen zu finden und das Verhalten langfristig zu ändern.

Hier geht es um anhaltende Änderungen und Verbesserungen. Bis zum beratenden Gespräch ist Zeit vergangen. Der Schüler und Sie haben Abstand gewonnen, die Emotionen haben sich abgekühlt, und Sie können beide einen objektiveren Standpunkt einnehmen. Mehr dazu im nächsten Kapitel.

Der Disziplinierungsanker – Schritt für Schritt

> 1. Suchen Sie sich im Raum einen Disziplinierungsankerplatz aus,
> BEVOR Sie ihn brauchen

Bei mir ist dieser Platz vorne im Raum, seitlich in der Nähe des Waschbeckens und Mistkübels. Die Klassenregeln hängen in der Nähe an der Wand.

> 2. Setzen Sie diesen Anker mit einem negativen Inhalt,
> BEVOR Sie ihn zum Disziplinieren brauchen

Gehen Sie auf diesen Platz und geben Sie dort irgendetwas Negatives bekannt, z. B.: *„Wir können leider heute den Ausflug in den Wienerwald nicht machen, da es momentan in Strömen regnet."* Was Sie sagen, ist nicht wichtig. Es muss nur einen negativen Inhalt beinhalten.

Nun ist der Platz vorbereitet. Immer wenn Sie disziplinieren müssen, machen Sie es hier auf diesem Platz. Es ist sehr wichtig, dass Sie diesen Platz nicht zum Unterrichten verwenden. Sonst laufen Sie Gefahr, dass Ihr Unterrichtsstoff mit negativen Gefühlen „verseucht" wird.

Szene Stellen Sie sich vor ...

Sie unterrichten.

Die Klasse ist interessiert und aktiv dabei.
Sie merken, dass Susi und Magdalena tratschen.

> 3. Arbeiten Sie so pro-aktiv wie möglich. Geben Sie als Vorwarnung EINE gelbe Ampel, bevor Sie den Disziplinierungsanker einsetzen.

Sie haben schon pro-aktive Maßnahmen mit Susi und Magdalena gesetzt, und Sie haben eine Vorwarnung ausgesprochen.

> 4. Unterscheiden Sie zwischen großen und kleinen Disziplinierungen

Obwohl Tratschen normalerweise unter die kleineren Disziplinierungen fällt, sind Susi und Magdalena schon vorgewarnt worden und haben Ihre gelbe Ampel nicht befolgt. Es kommt noch hinzu, dass sich gestern eine ähnliche Situation abgespielt hatte. Sie entscheiden sich, dass eine Disziplinierung jetzt notwendig ist.

> 5. Schauen Sie die Störenden vorerst nicht an!

Sonst ist die Gefahr zu groß, dass Sie gleich vom Unterrichtsanker aus, disziplinieren. Das würde zu einer Verseuchung des Unterrichtsplatzes führen.

> 6. Hören Sie mit Sprechen auf. Legen Sie alles nieder, was mit dem Unterricht zu tun hat.

> 7. Damit der Anker funktioniert, muss er LANGSAM und DRAMATISCH durchgeführt werden.

Sonst verliert er an Wirkung. Es soll allen Schülern auffallen, dass nun etwas anders als sonst geschieht.

Der Disziplinierungs-Anker

Mitten im Satz hören Sie zu sprechen auf.
Sie legen Ihre Unterlagen nieder.
Sie legen die Kreide nieder.
Sie schalten den Overheadprojektor aus.

Spätestens jetzt werden die Schüler, die aufpassen, darauf kommen, dass irgendetwas im Gange ist. Sie schauen Sie vielleicht erstaunt an.

Es ist wichtig, dass Sie ALLES, was mit dem Unterricht zu tun hat, am Unterrichtsplatz lassen, damit diese Sachen nicht mit dem Disziplinierungsanker verseucht werden.

Sie drehen sich um und...

8. Sie gehen Richtung Disziplinierungsanker. Unterwegs...

9. ...überprüfen Sie, ob Sie ordentlich atmen...

10. ...und Sie vergewissern sich, dass Sie dissoziiert sind.

11. Am Anker angekommen, erstarren Sie in der folgenden Körperhaltung. Sie stehen:
    - • mit gerader Körperhaltung,
    - • das Gewicht ist auf beiden Füßen gleichmäßig verteilt,
    - • die Zehenspitzen zeigen nach vorne,
    - • das Kinn ist etwas nach unten geneigt.

12. Lassen Sie Ihre Augen durch den Raum wandern, und nehmen Sie Augenkontakt mit allen Schülern auf.

13. Nehmen Sie nun mit dem/der/den Störenden Augenkontakt auf.

14. Sagen Sie höchstens EINEN Satz.

Reden Sie nicht zu viel

Die fast hypnotische Spannung wird sonst durchbrochen. Und dann kann es passieren, dass Susi oder Magdalena Ihnen eine Antwort geben. Oder – noch schlimmer – dass andere Schüler sich einmischen. Bald redet die ganze Klasse mit!

Das Reden bringt absolut nichts.
Alle – sowohl der Schüler, der diszipliniert wird, als auch die restliche Klasse – halten mit der Atmung inne. Wenn eine Person den Atem anhält, nimmt sie verbale Anweisungen nicht wahr.

Verwandeln Sie die Disziplinierung nicht in ein beratendes Gespräch

Das beratende Gespräch kommt später. Jetzt wollen Sie nur die Störung beheben und weiter unterrichten können. Es ist der falsche Moment. Auch wenn es Ihnen gelungen ist zu dissoziieren, der Schüler ist in einem aufgeregten inneren Zustand.

Sprechen Sie keine Konsequenzen aus

Die Disziplinierung selbst ist auch, meiner Meinung nach (ich weiß, dass es gerade in diesem Punkt andere Meinungen gibt), der falsche Zeitpunkt um Konsequenzen auszusprechen. Auch wenn Ihnen das Dissoziieren gelungen ist, ist der Schüler aufgeregt. Und Konsequenzen in einem emotionalen Moment zu besprechen, kann nur zu weiteren Problemen oder zumindest zu innerlicher Rebellion seitens des Schülers führen.

Die Konsequenzen sollen einen direkten Zusammenhang zu dem Vergehen haben. Das heißt, sie sollen dazu beitragen, dass der Schüler etwas daraus lernt und den gleichen Blödsinn nicht nochmals macht. Und das geht nicht, wenn er aufgeregt ist. Auch Ihnen werden wahrscheinlich nicht so schnell konstruktive Konsequenzen einfallen.

Nach der Disziplinierung, wenn alles im Klassenzimmer wieder normal läuft und die Schüler z. B. bei einer Stillarbeit sind, würde ich persönlich zum disziplinierten Schüler hingehen und leise sagen:

> „Susi, du weißt, dass dein Verhalten nicht in Ordnung war. Und es ist dir sicherlich klar, dass Konsequenzen daraus entstehen werden. Ich möchte, dass die Konsequenzen sinnvoll sind. Und dass du aus ihnen etwas lernst. Das möchte ich mir noch überlegen, und morgen um 15 Uhr setzen wir uns zusammen, um das zu besprechen. Wenn du möchtest, kannst du dir auch Gedanken darüber und eigene Vorschläge machen."

So hat Susi Zeit, vom emotionellen Zustand in einen logischen Zustand zu wechseln.

Die allersinnloseste Strafe, die Sie geben können, ist eine, die mit Ihrem Stoff zu tun hat. Da besteht wieder Verseuchungsgefahr! Wenn ich z. B. zu Susi sage: *„Und jetzt schreibst du fünf Seiten auf Englisch!"*, sitzt Susi zu Hause, und während sie schreibt, denkt sie: *„Ich hasse Englisch! Ich hasse Englisch!"* Dann ist es kein Wunder, wenn sie in der Englischstunde nicht motiviert ist. Daher – nicht mit dem eigenen Stoff strafen! (Und auch nicht mit dem Stoff der Kollegen!)

Meine Kollegen und ich haben einen Fragebogen für solche Disziplinierungsfälle ausgearbeitet. Statt einer Strafe geben wir dem Schüler diesen Fragebogen, den er ausfüllen soll, und verwenden ihn dann als Basis des beratenden Gesprächs. Die Fragen und das beratende Gespräch werden im nächsten Kapitel behandelt.

> 15. Brechen Sie den Augenkontakt.

> 16. Lockern Sie Ihre Körperhaltung und atmen Sie durch.

Die Klasse wird mit Ihnen mitatmen - und die Gemeinschaft ist wiederhergestellt.

> 17. Verlassen Sie den Disziplinierungsanker und gehen Sie wieder Richtung Unterrichtsplatz. Atmen Sie unterwegs mindestens noch zweimal durch.

> 18. Am Unterrichtsplatz wieder angekommen, verändern Sie Ihre Körperhaltung und atmen Sie durch.

Ihre Physiologie bestimmt Ihren inneren Zustand. Das heißt, wenn Sie am Unterrichtsplatz die erstarrte Körperhaltung, die Sie am Disziplinierungsanker hatten, beibehalten, übertragen Sie diesen disziplinierenden inneren Zustand auf den Unterrichtsplatz.

Es kommt hinzu, dass die Klasse Ihre Haltung spiegelt. Wenn Sie noch erstarrt sind und den negativen Zustand vom Disziplinierungsanker ausstrahlen, werden die Schüler dies übernehmen. In diesem Zustand findet kein Lernen statt - und der Unterrichtsplatz wird verseucht.

Das Ziel jeder Disziplinierung ist:

> 19. ZIEL der Disziplinierung = Amnesie (Vergessen) und Amnestie (Frieden)

Der friedliche Zustand, der vor der Disziplinierung herrschte, soll wieder hergestellt werden. Der Unterricht geht weiter - als wäre überhaupt nichts passiert.

Daher ist es ganz, ganz wichtig, dass Sie beim weiteren Unterricht eine lockere Körperhaltung einnehmen, und dass Sie flüssig atmen.

> 20. Das nächste Mal, wenn Sie mit dem disziplinierten Schüler Augenkontakt haben lächeln Sie den disziplinierten Schüler freundlich an.

Das ist das nonverbale Signal: Du bist okay. Ich bin nicht böse auf dich persönlich, sondern dein Verhalten war nicht in Ordnung. Der Schüler wird mit Sicherheit positiv darauf reagieren. Und unter Umständen werden Sie sogar die Erleichterung in seiner nonverbalen Haltung sehen können.

Das nächste Mal

Nachdem Sie einige Male diesen Anker verwendet haben, wissen die Schüler schon, wenn Sie auf dem Weg dorthin sind, was sie zu erwarten haben. Mit jedem Mal werden Sie weniger sagen müssen. Es kann sogar passieren, dass die Schüler selbst dem störenden Schüler zuflüstern oder ihn aufmerksam machen, wohin Sie gehen. Wenn er aufhört, bevor Sie dort sind, können Sie sich eine Disziplinierung ersparen!

Einige Ideen aus der Praxis:

Wie ein Wunder
Sollte es doch einmal vorkommen, dass ich mich über etwas oder einen Schüler ärgere, so bleibe ich beim Papierkorb stehen, neben dem sich ein höheres Kasterl befindet. Ich stehe einfach hier und räuspere mich. Und wie ein Wunder wird es mucksmäuschenstill.

Auch wenn der Vorfall gleich zu Stundenbeginn sein sollte, weil ich irgendeine Hiobsbotschaft erhalten habe oder ein Vorfall in der Pause war, der für alle relevant ist (z. B. Pausenregeln am Gang missachtet), muss ich mich nur räuspern und in meiner Bewegung erstarren. Da kann ich sicher sein, dass es in kürzester Zeit still ist.

Oft äußern sich die Betroffenen bereits, ohne dass ich den Vorfall ansprechen muss. Dann suchen wir gemeinsam eine Lösung, und erst wenn das geklärt ist – wobei ich darauf achte, dass nichts zu stark dramatisiert oder aufgebauscht wird – gehe ich lächelnd wieder zu meinem Tisch, und wir machen bei unserer Arbeit weiter.
Corinna S., Berufsbildende Schule, Oberösterreich

Wow!
Heute musste ich zum ersten Mal meinen Disziplinierungsanker verwenden. Es klappte perfekt. Fast wäre ich versucht gewesen, „Wow!!" zu sagen. Die Kinder waren still und schauten mich mit großen Augen an. So etwas habe ich vorher noch nie erlebt.

Besonders nett war auch eine Aussage von einem sehr speziellen Schüler. Thomas meinte zu mir: „Sonja, heute hast du gar nicht mit uns geschimpft, und wir waren trotzdem ruhig. Bleibt das jetzt so?"

Diese Aussage hat mich besonders bestärkt, dass das der richtige Weg ist. Danke!
Sonja L., Volksschule, Wien

Frau Lehrerin, du stehst am falschen Platz!
… die Sache mit den Ankern klappt hervorragend. Der Papierkorb ist mein Schimpfplatz, und wenn ich das vergesse und an anderen Orten diszipliniere, sagen die Kinder: „Du musst zum Mistkübel gehen!"
Christine S., Volksschule, Wien

Ich wechsle einfach die Seite und schaue ernst

Wenn es eine Störung gibt, reicht es meist, wenn ich mich einfach auf den Disziplinierungsanker stelle – mein Gesicht wird ernst, und die Schüler wissen schon, was los ist. Ich muss dann kein einziges Wort verlieren.

Ganz interessant zu beobachten ist, dass wenn ich am Disziplinierungsanker stehe, sich die Gesichter der Kinder verändern. Wenn ich dann auf die andere Seite gehe, erhellen sich sofort ihre Mienen.

Lisi R., Volksschule, Wien

Ich hatte Angst mich lächerlich zu machen

Ich hatte eine siebte Klasse Realgymnasium in Mathematik. Leistungsmäßig gab es eine deutliche Kluft: etwa ein Drittel waren „echte" Realisten. Sie waren begabt, an Mathematik, Technik und Naturwissenschaft interessiert und bereit zu arbeiten. Der Mittelbau der Klasse war eher schwach vertreten, und das letzte Drittel waren Repetenten, Schulwechsler und Schüler, die schon länger den Anschluss verloren hatten. Dementsprechend undiszipliniert und unruhig war die Klasse.

Ich hatte den Disziplinierungsanker im Seminar kennengelernt, hatte aber Bedenken ihn anzuwenden, weil ich mich vor der Klasse nicht lächerlich machen wollte.

Die Situation war aber so unerfreulich, dass ich eines Abends die Schritte zuhause vor dem Spiegel übte und bei nächster Gelegenheit dann auch anwendete. Ich legte Buch, Kreide und Geodreieck langsam und dramatisch auf das Katheder, schaute mich um und machte mich langsam auf den Weg. Die Klasse war derart verblüfft, dass es funktionierte. Ich sagte mit ernster Stimme: „Es reicht!", und die Stimmung schlug um.

Ich brauchte den Anker kein zweites Mal einzusetzen. Seither lege ich einfach meine Werkzeuge ab und warte, bis es wieder ruhig ist.

Ilse S., Gymnasium, Oberösterreich

Ampelkärtchen

Es wurde die „Ampel" eingeführt.
Jedes Kind erhielt eine vollständige Ampel, d. h. eine grüne, eine gelbe und eine rote Karte.

Am Anfang des Tages lag die grüne Karte oben auf dem Stoß am Platz vor jedem Kind. Ich erklärte den Kindern, dass bei einem Klassenregelverstoß die oberste Karte nach unten wandert. Bei einem weiteren Verstoß wandert die gelbe Ampel nach unten, sodass die rote Ampel zum Vorschein kommt. Am Ende der Stunde wird gemeinsam eine Lösung überlegt. Die Kinder waren sehr begeistert von dieser Idee. Nun musste ich nicht mehr ermahnen, sondern nur noch die Farbe der Ampel ändern.

Monika S., Volksschule mit Integration, Wien

Die Bumm-Bumm-Bombe
Es gibt die BUMM-BUMM-BOMBE, eine Bombe mit langer Zündschnur. Die Zündschnur wird mit jeder Störung ein Stück kürzer, spätestens bei 3 cm verbleibender Zündschnur habe ich eine absolut ruhige Klasse (das funktioniert von den ganz Kleinen in der fünften bis zu den Großen in der zwölften Klasse). Sollte es zur Explosion der Bombe kommen, dann gilt: die gesamte Klassengemeinschaft haftet für die Störer – der letzte Störer, auch wenn er die ganze Stunde über nichts getan hat, muss in die Nacharbeit. Die Schüler fahren total darauf ab! Komme ich in meine Klassen, dann ist die Bombe mittlerweile schon an die Tafel gezeichnet, mit einer laaaaaaangen Zündschnur...

Ich habe das an einige Kollegen weitergegeben. Eine Mitreferendarin, die tatsächlich sehr mit den Schülern zu kämpfen hat und fast täglich bittere Tränen vergießt, hat die Bombe ausprobiert, und sie ist lächelnd aus der Klasse rausgekommen. Mittlerweile malen die Schüler (in diesem Fall eine siebte Klasse) auch bei dieser Kollegin die Bombe vor Stundenbeginn selbstständig an die Tafel.

Eine weitere, sehr amüsante Variante: DIE STRASSE INS NACHARBEITSLAND:
Ich bzw. die Schüler, malen eine Straße an die Tafel. Anfangspunkt ist das Klassenzimmer, Endpunkt ist die Grenze ins Nacharbeitsland. Ich habe ein kleines Auto mit Magnet versehen, und bei jeder Störung fährt das Auto ein Stück weiter. Wenn etwas sehr gut läuft, dann dreht das Auto einmal um und fährt ein Stück zurück. Tja, so ist das!

Und das allerbeste daran ist, dass ich überhaupt nicht schimpfen und reden muss! Ich stehe lächelnd an der Tafel und wische einfach nur ein Stück Kreide weg oder schiebe das Spielzeugauto herum. Die Klasse selbst übernimmt den Rest. Die Atmosphäre ist in keinster Weise angespannt.

Michaela G., Religionslehrerin – alle Schulstufen, Deutschland

23

DAS BERATUNGS-GESPRÄCH

Unterscheiden Sie zwischen einer Disziplinierung und einem beratenden Gespräch

Es ist ganz wichtig, dass die zwei Handlungen, die Disziplinierung und – falls notwendig – das später stattfindende beratende Gespräch nicht vermischt werden.

Der Zweck der Disziplinierung ist „Frieden und Vergessen".
Das heißt, wenn es während des Unterrichtes eine Störung geben sollte, ist es mein Ziel, diese Störung schnellstmöglich und ohne Aufregung zu beseitigen, damit wieder Frieden im Klassenzimmer herrscht und der Unterricht ungestört weiter laufen kann. Das soll möglichst unauffällig passieren, damit die Störung in Vergessenheit gerät.

Wenn ich disziplinere, wie es im letzten Abschnitt erklärt wurde, sollen, meiner Meinung nach, im Moment der Disziplinierung keine Konsequenzen ausgesprochen werden. Auch wenn es mir gelungen ist, dissoziiert, d. h. objektiv zu bleiben, ist der Schüler in einem aufgeregten inneren Zustand. Und wenn er aufgeregt ist, hört er kein einziges Wort, das ich ihm sage. Wozu sollte ich dann reden? Beide Parteien brauchen Zeit, um Perspektive zu bekommen, damit die Konsequenzen objektiv und im Zusammenhang mit dem Vergehen stehen.

Statt eine Strafe gleich auszusprechen oder eine Predigt zu halten, haben meine Kollegen und ich dem störenden Schüler einen Fragebogen gegeben, den er bis zum beratenden Gespräch ausfüllen sollte. Er könnte das zu Hause tun. Wir haben aber auch Tische am Gang oder in der Nähe des Lehrerzimmers aufgestellt, wo er während des Ausfüllens des Fragebogens seine Emotionen abkühlen und etwas Distanz gewinnen kann. Seine Antworten auf diese Fragen haben wir dann als Basis für das später stattfindende beratende Gespräch verwendet.

Auf dem Fragebogen stehen drei Fragen:

1. Was ist passiert?

Beim Beantworten darf der Schüler nur „Ich-Botschaften" verwenden.

Sie werden staunen über die Antworten, die Sie auf diese Frage bekommen! Wir denken, es ist den Schülern klar, was sie falsch gemacht haben. Wir haben es ihnen doch mehrfach gesagt! Aber anhand der Antworten werden Sie merken, dass sie keine Ahnung haben, was sie falsch gemacht haben. Klarerweise muss der Schüler verstehen, was falsch war, bevor er sein Verhalten verändern kann.

2. Was für eine Auswirkung hat mein Verhalten auf meine Mitschüler und die Lehrerin?

Störendes Verhalten in der Schule ist egoistisches Verhalten. Der Schüler ist in dem Moment, wo er stört, so mit sich selbst und mit dem, was ER persönlich will, beschäftigt, dass er alle Menschen rundherum und deren Bedürfnisse vergisst. Die Antwort auf diese Frage gibt ihm eine andere Perspektive und lockt ihn aus seinem egoistischen Denken heraus.

3. Wie werde ich mich in Zukunft verhalten, damit so et was nicht nochmals vorkommt?

Diese Frage ist eine sehr wichtige. Auch hier legen wir manchmal die Latte zu hoch. Wir nehmen einfach an, dass unsere Schüler wissen, wie man es richtig machen könnte. Sehr oft ist dies nicht der Fall. Er hat es nicht mit Absicht falsch gemacht – er weiß einfach nicht, wie man sonst reagieren kann. Daraus folgt: Auch wenn sie nun verstehen, was sie falsch gemacht haben, stehen ihnen oft keine alternativen Handlungsbeispiele für die Zukunft zur Verfügung.

Hier können wir beim beratenden Gespräch behilflich sein. Wir können Alternativen vorschlagen oder mit dem Schüler andere Handlungsweisen durch z. B. Brainstorming erarbeiten; wir können die Situation erneut durchspielen, oder wir können eine kurze Fantasiereise über die gleiche Situation mit einer neuen Reaktion des Schülers in der Zukunft machen.

Das beratende Gespräch bedarf wenig Zeit und bringt viele Vorteile mit sich. Obwohl es eine Art Konsequenz darstellt, verstärkt dieses Gespräch oft die Beziehung zwischen Schüler und Lehrkraft. Es kommen hier keine emotionale Vorwürfe oder Streitereien vor. Es geht darum, dass es sowohl dem Schüler als auch der Klasse in Zukunft besser geht. Der Schüler erlebt eine unterstützende Aufmerksamkeit von der Lehrkraft, und der Respekt steigert sich beiderseits. Wir holen ihn dort ab, wo er sich momentan befindet und bringen ihn dorthin, wo ein anderes Verhalten möglich ist.

Einige Ideen aus der Praxis:

Vor einiger Zeit war ich in Tirol auf einem Seminar. Es gab mehrere Kurse im Haus, und in der Pause beim Büffet habe ich eine Lehrerin, die schon vor etwa zehn Jahren bei mir im Kurs war, zufällig wieder getroffen. Sie sagte mir:

> Dein Kurs hat meinen Unterricht total verändert. Ich habe sehr viel übernommen und bin sehr glücklich damit. Aber die wichtigste Sache, die ich in deinem Seminar lernte, war die Tatsache, dass die lebhaften, kinästhetischen Schüler einfach nicht wissen, was sie falsch machen. Nun schaue ich sie mit anderen Augen an. Und gerade deswegen komme ich mit ihnen viel besser zurecht.
>
> Anna M., Gymnasium, Tirol

Fragebogen

An unserer Schule gibt es ein Strafpunktesystem, das Lehrern helfen soll, bei verschiedenen Vergehen seitens der Schüler (z. B. „zu spät kommen" = ein Strafpunkt, Widerstand gegen Anweisungen = fünf Punkte usw.) entsprechende Sanktionen zu setzen (bei 20 Punkten werden die Eltern benachrichtigt, bei 40 Punkten findet ein Lehrer-Eltern-Schüler-Direktor-Gespräch statt oder Ähnliches). Anfänglich machte ich exzessiven Gebrauch von diesem System, bis ich bemerkte, dass ich mir damit eigentlich selbst schade, da sich der Lehrer-Schüler-Konflikt so nur zuspitzt.

Die drei Fragen „Was ist passiert?", „Welche Auswirkungen hat mein Verhalten verursacht …", „Was kann ich in Zukunft anders tun…", verwende ich anstelle der Strafpunkte und mache damit viel besseren Erfahrungen. Die Schüler reagieren positiv darauf und beantworten die Fragen auch (von wenigen Ausnahmen abgesehen). Ich versuche mehr von der Macht- in die Einflussposition zu wechseln. Das hilft sehr.

Christian G., Gymnasium, Wien

Das selbstdisziplinierende Klassenzimmer

TISCHBEIN NUMMER 4:
GRENZEN SETZEN – HALT GEBEN!

Wenn ein Kind auf die Welt kommt, orientiert es sich ausschließlich nach seinen eigenen Bedürfnissen. Dadurch erlangt es Grundsicherheit und Vertrauen. Bald kommt aber der Zeitpunkt, wo das Kind lernen muss, dass es auch andere Menschen mit anderen Bedürfnissen gibt. Dazu braucht es sowohl Empathie anderen gegenüber als auch Grenzen.

Grenzen geben unseren Schülern Halt. Sie fordern das harmonische und respektvolle Zusammenleben im Klassenzimmer und eine positive Atmosphäre, in der Lernen erfolgreich stattfinden kann.

Unsere Themen in diesem Teil sind die Herstellung einer „Win-Win"-Atmosphäre im Klassenzimmer, wo Lehrer und Schüler anhand von klaren Grenzen respektvoll miteinander umgehen, die Förderung von Selbstverantwortung und Selbstdisziplin unter unseren Schülern, die Vermeidung von Machtkämpfen im Klassenzimmer, die Erstellung und Einübung von Grenzen und der Umgang mit Verhaltensauffälligkeiten hergestellt wird.

24 DIE MACHT DES EINFLUSSES: WO BEIDE GEWINNEN!

Beginnen wir wieder mit einer Geschichte:

> **Der Wind und die Sonne**
> Der Wind und die Sonne stritten sich, wer es wohl schaffen würde, den einsamen Wanderer dazu zu bringen, seinen Mantel auszuziehen. Der Wind blies und stürmte, und der arme Mann zog seinen Mantel immer fester um seinen Leib.
>
> Dann war die Sonne an der Reihe. Liebevoll sandte sie ihre Strahlen aus, und schon bald öffnete der Mann den obersten Mantelknopf, und kurze Zeit später zog er den Mantel aus.

Wir dürfen es uns aussuchen:
Wind oder Sonne? Macht oder Einfluss?

Die Sonne hat es wesentlich einfacher. Der Wanderer hat – ohne Widerstand zu leisten – gleich mitgemacht. Ihm ist es gut gegangen. Und in kürzester Zeit hat auch die Sonne ihr Ziel erreicht!

Das ist eindeutig eine „Win-Win"-Situation.

Was ist ein „Win-Win"-Klassenzimmer?

In einer „Win-Win"-Situation gibt es nur Gewinner und keine Verlierer. Beide Seiten sind stark, aber keiner überfährt den anderen. Sie stehen zueinander und nicht gegeneinander, um alle ihrer Kräfte zu einer gemeinsamen positiven Lösung zu vereinen.

In einem „Win-Win"-Klassenzimmer werden die Bedürfnisse aller Beteiligten – sowohl der Lehrer als auch der Schüler – erfüllt. Die Konkurrenz wird ausgeschaltet. Dadurch verschwinden Lernbarrieren, und die Klasse arbeitet als Team auf gemeinsame Ziele hin. Respektvolle, klare und spezifische Grenzen werden festgelegt. Innerhalb dieser Grenzen gibt es autonome Auswahlmöglichkeiten, die zum Erlernen von Selbstverantwortung der Schüler beitragen. Jeder ist einzigartig und trägt mit den eigenen Stärken zum Erfolg der Klassengemeinschaft bei, und jeder erhält auch die Möglichkeit erfolgreich zu sein. Jede einzelne Person – sowohl die Schüler als auch die Lehrkraft – trägt die Verantwortung für das eigene Verhalten und auch für das Erreichen der gemeinsam festgelegten Gruppenziele. Die Schüler sind zufrieden und die Lehrkraft auch. Alle sind Gewinner.

Handeln Sie pro-aktiv statt reaktiv!

Die Schulordnungen und Disziplinarmaßnahmen, die in fast allen Schulen herrschen, sind reaktiv. Sie bestehen aus einer Liste von nicht erwünschten und nicht erlaubten Verhaltensformen und eine dazu passende Liste von Konsequenzen, die zunehmend negativer werden, je öfter die Verhaltensregel, verletzt werden. Lehrer werden Polizisten und Schüler Kriminelle. Dieses Modell basiert auf Angst vor den negativen Konsequenzen und ist das Gegenteil von einem pro-aktiven, vorbeugenden Ansatz, der auf das selbstdisziplinierende Verhalten jedes einzelnen Schülers hinzielt.

Disziplinieren ist reaktiv

Der Schüler macht etwas Negatives, und die Lehrkraft hat keine andere Wahl als darauf zu reagieren, um die Störung zu beseitigen und den Unterrichtsverlauf wieder herzustellen. In dem Moment, wo ich als Lehrkraft disziplinieren muss und zur Macht übergehe, bin ich in der Defensive. Das kann gut gehen. Oder auch nicht. Wenn der Schüler nicht mitmacht, ergibt sich ein Machtkampf und meine Ausstrahlung der positiven natürlichen Autorität, die die Basis vom positiven Klassenzimmermanagement ist, wird abgeschwächt und gefährdet.

Selbstdisziplin ist vorbeugend und daher pro-aktiv

Der Schüler weist damit ein hohes Niveau von emotionaler Intelligenz auf. Er kann Verantwortung für sein eigenes Handeln übernehmen. Er hat seine Emotionen und Reaktionen im Griff, und er ist in der Lage, selbst Entscheidungen innerhalb der vereinbarten Grenzen zu fällen. Selbstdisziplin zu lernen, d. h. für sich selbst und die eigene Handlungen Verantwortung zu übernehmen, ist eines der wertvollsten Werkzeuge, die wir unseren Schülern schenken können.

Einfluss vs. Macht

Manchmal bleibt uns nichts anders übrig als Macht einzusetzen.
Es ist unsere Aufgabe, die Klasse effizient und zielorientiert zu führen. Wir müssen Grenzen setzen, um die Sicherheit unserer Schüler zu gewährleisten und ein positives Lernklima zu schaffen. Wenn es mit der sanften Methode des Einflusses nicht geht, bleibt uns nichts anders übrig, als die Macht zu ergreifen.

Aber für den Schüler und für uns selbst ist es ein großer Vorteil, mögliche Probleme zu erkennen, bevor sie aufkommen und sie schon vorher mit Einfluss im Keim zu ersticken. Wenn ich im Klassenzimmer Einfluss einsetze, arbeite ich pro-aktiv und habe die Klasse im Griff. Probleme werden gelöst, bevor sie entstehen. Die Schüler werden verantwortungsbewusst und autonom. Ich gewinne an positiver, natürlicher Autorität und kann einen Teil der Verantwortung den Schülern übergeben. Daher ist in jedem Bereich des Klassenzimmermanagements Einfluss der Macht vorzuziehen.

Wie geht das vor sich?

Wenn ich Macht einsetze, bestimme ich eigenmächtig, was zu tun ist. Mein Gegenüber bzw. die anderen haben hier nichts mitzureden. Es gibt nur eine Handlungsmöglichkeit, und die lege ich fest. Meine Realität ist die einzige wahre, und die anderen haben sich anzupassen.

Wenn ich Einfluss einsetze, biete ich verschiedene Auswahlmöglichkeiten. Ein gemeinsames Ziel wird mit der Klasse festgelegt. Wege werden gezeigt, aber die Auswahl des Weges, die bestimmt, wie der Schüler zum Ziel kommt, wird dem Schüler überlassen. Die Lehrkraft lenkt unauffällig im Hintergrund. Sie bietet Perspektive und akzeptable Vorschläge, während die Entscheidungsfreiheit beim Schüler bleibt.

Wenn ich meine Schüler führe und ihnen die Entscheidungen überlasse, werden sie selbstständiger und lernen Selbstdisziplin. Wenn ich ihnen eine gelenkte Entscheidungsfreiheit überlasse, vermeide ich Machtkämpfe. Schüler lieben das Gefühl autonom zu sein. Sie leisten dadurch weniger Widerstand, denn, wie wir alle im Physikunterricht lernten...

Druck erzeugt Gegendruck

Wenn ich will, dass Franzi sich im Klassenzimmer umsetzt, und sage: *„Franzi, setze dich jetzt dorthin!"* gibt es zwei Möglichkeiten, wie Franzi auf meine Aufforderung reagieren kann.

Es kann sein – nehmen wir als Erstes die positive Variante – dass Franzi sagt: *„Ja, Frau Lehrerin!"*, friedlich seine Sachen nimmt und sich umsetzt. Wenn dies geschieht, bleibe ich natürlich oberflächlich ganz ruhig. Innerlich denke ich mir aber jubelnd: *„Halleluja! Franzi hat sich freiwillig umgesetzt, und nun brauche ich nichts Weiteres hier zu tun!"*

Es kann aber ebenso passieren, dass Franzi mich anschaut und sagt – wobei es gar nicht böse gemeint sein muss: *„Nein. Das mache ich nicht!"* und sitzen bleibt. Wenn dies passiert, bleibt mir nichts anders übrig, als zu reagieren, da durch seine Verweigerung meine Ausstrahlung der positiven, natürlichen Autorität gefährdet wird. Ich stehe auf Glatteis. Irgendwie muss ich Franzi von Punkt A zu Punkt B bringen.

Die grundlegende Frage ist: *„Was habe ich selbst dazu beigetragen, dass Franzi so geantwortet hat?"*

Die Antwort: Ich habe eine Aufforderung gestellt, für die es nur zwei Antworten gibt: entweder *„Ja"* oder *„Nein"*. Wenn Franzi rebellisch ist – und gerade die Altersgruppen, mit denen wir in der Schule zu tun haben, sind oft rebellisch – wird er mit *„Nein"* antworten. Franzi fühlt sich, bewusst oder auch unbewusst, durch die Aufforderung unter Druck gesetzt. Er fasst meine Aufforderung als ein Ultimatum auf und leistet automatisch Widerstand.

Es gibt zwei Arten von Widerstand:
Wenn Franzi klar und deutlich ein *„Nein"* ausspricht, leistet er aktiven Widerstand. Mit dieser Form von Widerstand kann man relativ leicht umgehen. Ein klares *„Nein"* ist greifbar. Ich frage ihn z. B. *„Was heißt ‚Nein'?"*, und die Basis für ein beratendes Gespräch ist gelegt.

Die zweite Art ist passiver Widerstand. Wir werden täglich mit dieser Form des Widerstandes im Klassenzimmer konfrontiert: *„Ich habe nichts mit!"*, *„Ich habe die Hausübung nicht verstanden."* usw. Diese Form des Widerstandes, die vage und nicht so leicht definierbar ist, lässt sich schwieriger erkämpfen.

Und wie mache ich das nun tatsächlich?

Es gibt ja zum Glück viele Straßen, die nach Rom führen, und genau so stehen mir mehrere Möglichkeiten zur Verfügung, Franzi mit Einfluss friedlich und ohne Widerstand dorthin zu bekommen, wo ich ihn haben will! Abhängig von der jeweiligen Situation und meiner persönlichen Vorliebe kann ich zum Beispiel:

- ihn höflich darum bitten. Ein *„Bitte!"* oder ein *„Danke!"* wirken manchmal Wunder!
- Ihm erklären, warum er sich umsetzen soll,
- ihn auf die Vorteile des neuen Platzes aufmerksam machen,
- die anderen Schüler versetzen und ihn dort sitzen lassen!
- Den Schüler um ein Alternativangebot oder einen Lösungsvorschlag bitten,
- ihm einen ernsten oder erstaunten Blick zuwerfen,
- schweigend und ihn anschauend auf sein Umsetzen warten,
- mich entscheiden, ob es sich auszahlt in einen Machtkampf einzusteigen,
- den Nachbarn wegsetzen,
- Humor einsetzen,
- wortlos eine gelbe Karte hinlegen,
- ihn verbal und nonverbal auf den neuen Platz einladen,
- ihn bitten, mir bei irgendeiner Aufgabe zu helfen,
- ihn anlächeln, während ich höflich und bestimmt bitte, sich umzusetzen,
- freundlich aktive „Starthilfe" anbieten und einen Teil seiner Sachen selbst hintragen,
- ihm eine Wahlmöglichkeit geben: *„Suche dir bitte einen anderen Platz aus!"*,
- die Aufforderung zeitlich begrenzen, z. B.: *„Probieren wir es für zwei Stunden."*
- Eine kurze Sprechpause machen und freundlich die Richtung zum neuen Platz mit der Hand weisen,
- auf die Wortwahl achten: *„Du darfst dich dorthin setzen."* statt *„Du musst..."*
- einen anderen Schüler bitten, mit ihm den Platz zu tauschen,
- Augenkontakt herstellen und mit dem Kopf *„Nein"* schütteln,
- die Aktivität wechseln, um von dem Problem abzulenken,
- den Druck im Moment verringern: *„Keiner von uns hat etwas davon, wenn wir jetzt streiten. Lassen wir es im Moment. Wir können später darüber reden."*

Und so weiter und so fort. Es gibt unendlich viele Möglichkeiten. Ihrer Phantasie sind keine Grenzen gesetzt. Manche Ideen werden passen, andere nicht. Die Kunst ist es, die richtige pro-aktive Maßnahme für die jeweilige Situation und Schüler auszusuchen!

Und wenn es nicht geht...?

Ich höre Sie fragen: *„Und wenn es einmal schief geht?"* Trotz aller unserer Bemühungen wird es gelegentlich passieren, dass ich vom Einfluss- in den Machtbereich steigen muss. Dann muss ich disziplinieren.

Es gibt aber einige wichtige Richtlinien, die beachtet werden sollen, um die Schüler dazu zu bringen, das zu machen, was sie machen sollen und sich trotzdem nicht mit ihnen in einen heiklen Machtkampf zu verwickeln.

Die Macht des Einflusses: Wo beide gewinnen!

Bringen Sie den Schüler nie in Verlegenheit

Die wichtigste Regel:
Ermahnen und disziplinieren Sie einen Schüler nur unter vier Augen. Wenn Sie einen Schüler vor der Klasse disziplinieren, ist es ihm peinlich. Das erzeugt sofortigen Widerstand, da er das Gesicht vor der Klasse wahren muss. Da kann eine Kleinigkeit sehr schnell zu einem großen Problem werden.

Louanne Johnson, deren Lehrergeschichte in dem Film („Dangerous Minds/Wilde Gedanken" dargestellt wird, erzählte in einem Webinar (das ist ein Seminar im Internet) von Behaviour Needs http://www.behaviourneeds.com/ , wie sie einen störenden High School Schüler auf den Gang hinausholte:

> **Ich sagte ihm:** *„Es gibt drei Möglichkeiten: Du kannst dein Verhalten verändern und wieder ins Klassenzimmer kommen. Oder du kannst eine Weile hier stehen und das Ganze überdenken. Oder du kannst zum Direktor gehen. Diese Entscheidung ist deine Verantwortung, und ich werde sie nicht treffen. Es ist meine Aufgabe dich zu unterstützen, dass du eine erfolgreiche Person und Schüler wirst, aber du musst entscheiden, was du willst."*

> **Ich ging wieder ins Klassenzimmer hinein,** und er blieb eine Zeitlang dort stehen. Bevor er wieder ins Klassenzimmer eintrat, habe ich darauf bestanden, dass er mir die Hand und sein Ehrenwort gab, dass er meinen Unterricht nicht mehr stören würde. Ich sagte ihm dabei: *„Wenn du möchtest, kannst du hinten im Klassenzimmer sitzen, nichts tun und durchfallen. Du darfst aber auf keinen Fall andere beim Lernen bzw. mich beim Ausführen meiner Arbeit behindern."*

> **Wenn er wieder einmal störte,** würde ich an ihm vorbei gehen und leise sagen: *„Du hast mir dein Ehrenwort gegeben."* Es ist kein einziges Mal passiert, dass ein Schüler oder Schülerin diese Abmachung nicht einhielt. Aber es musste ihre eigene und nicht meine Entscheidung sein.

Notfalls setzen Sie den Disziplinierungsanker ein. Bleiben Sie ruhig, und lassen Sie sich nicht durch Fragen locken oder in ein Gespräch verwickeln. Nachdem die Störung beseitigt ist, setzen Sie mit dem Unterricht fort, als wäre gar nichts passiert. Sobald sich die Gelegenheit ergibt – z. B. wenn die Mitschüler bei der Stillarbeit beschäftigt sind – sprechen Sie ihn unter vier Augen an: *„Wir wissen beide, dass dein Verhalten jetzt nicht in Ordnung war. Das wird Konsequenzen mit sich bringen. Ich möchte mir aber Zeit lassen, bevor wir die Konsequenzen besprechen, damit sie fair und überlegt sind. Wir könnten das entweder heute nach der Schule oder morgen vor Schulbeginn besprechen. Überlege dir den Zeitpunkt, der für dich am besten ist, und sage es mir dann am Ende der Stunde."*

Bleiben Sie ruhig und neutral

Beschuldigungen, Beschimpfungen und Predigen sind immer fehl am Platz. Bei jeder Art von Konfliktsituation wirkt eine emotionale Reaktion Ihrerseits wie das Gießen von Benzin auf Feuer. Wenn wir emotionale Intelligenz seitens unserer Schüler erwarten, müssen wir natürlich auch in der Lage sein, unsere eigenen Emotionen unter Kontrolle zu halten.

Lassen Sie dem Schüler Zeit abzukühlen

Auch wenn Sie Ruhe bewahrt haben, ist in aller Wahrscheinlichkeit der Schüler in dem Moment, wo diszipliniert wird, aufgeregt. Um eine anhaltende und vor allem an das Vergehen angepasste Wirkung zu erzielen, ist es essentiell, dass die Konsequenzen bzw. das später stattfindende Beratungsgespräch, ohne Emotionen ablaufen. Daher lassen wir dem Schüler (und uns selbst) Zeit, herunter zu kommen.

Vor allem die nonverbalen Botschaften tragen zur Gesprächsatmosphäre bei. Ihre Gesten, Bewegungen, Gesichtsausdrücke und Ihre Stimme drücken Ihre Unterstützung aus und führen den Schüler aus einem emotionalen in einen logischen Zustand. Sprechen Sie leise, langsam und bestimmt. Laut Sprechen und Schimpfen vermitteln ein Gefühl von Konfrontation und untergraben Ihre Aura der positiven natürlichen Autorität. Schüler können schwer eine Lehrkraft respektieren, die vor der Klasse auf- und abhüpft wie ein kleines Rumpelstilzchen. Es kommt hinzu, dass Sie, wenn Sie aufgeregt handeln und sprechen, die Kontrolle der Situation dem Schüler übergeben. Er spiegelt uns und erwidert auch laut. Vielleicht ärgert er sich und ignoriert Sie. Oder vielleicht überlegt er sich: *„Was könnte ich noch machen, damit ich sie zur Weißglut bringe?"*, und das negative Verhalten wird dadurch verstärkt.

Ein Auszeit-Platz

Eine gute Möglichkeit zum „Abkühlen" bietet der „Auszeit-Platz". Wir kennen ihn alle: Den Schüler, der in einem Konflikt mit Ihnen oder mit Mitschülern emotional wird und total außer Kontrolle gerät. Daniel Goleman beschreibt in seinem Buch „Emotionale Intelligenz", dass die Selbstkontrolle in solchen Situationen ein wichtiges Merkmal von emotioneller Reife ist. Es ist wichtig, dass wir unseren Schülern helfen, selbst den Zeitpunkt zu erkennen, wann sie *„Stopp!"* sagen und sich zurückziehen, bis sie ihre Emotionen unter Kontrolle haben.

Wenn dies im Klassenzimmer passiert, brauchen sie einen Ort, wo sich die betreffenden Schüler – kurzfristig und ohne um Erlaubnis bitten zu müssen – zurückziehen können. Vielleicht möchten Sie etwas mit einem temperamentvollen Schüler in einem ruhigen Moment besprechen und zu einer Vereinbarung kommen.

Es genügt meist, wenn der Schüler kurz die Klasse verlassen darf und vor der Tür steht, bis er wieder zu sich kommt. Eine Kärntner Lehrerin erzählte mir, dass sie beim Ausräumen der Garage einen alten Sonnenschirm vom Müll gerettet und in die Schule gebracht hat. Dort hat sie den Schirm in der Kuschelecke ihrer Volksschulklasse aufgestellt. Immer wenn ein Schüler das Gefühl hatte, er müsste aus emotionellen Gründen kurz aussteigen, war da Platz hinter dem Schirm. Eine andere Mittelschullehrerin hat ein Himmelbettnetz gekauft und von der Decke um einen Stuhl hinten im Klassenzimmer drapiert. Nachdem sie und die Klasse über Emotionsausbrüche gesprochen haben, haben sie vereinbart, wenn jemand das Gefühl hat, er würde platzen, kann er sich auf diesen Platz setzen und bleiben, bis er wieder normal an der Stunde teilnehmen will (Die Klasse war sehr überrascht, als die erste Person, die den Sitzplatz in Anspruch genommen hatte, ihre Lehrerin war!).

Ein Ortswechsel kann Wunder wirken!
Wechseln Sie den Platz, wechseln Sie die Emotion.

Einige meiner Kollegen und ich haben uns jeweils eine kleine grüne Mappe für emotionsbeladene Situationen angelegt. Wenn ich zum Beispiel bemerkte, dass Franzi sich aufregt und die Gefahr besteht, dass er emotional außer Kontrolle gerät, habe ich ihn zu mir gerufen und ihn gebeten, meine grüne Mappe zur Frau Müller ins Zimmer 227 zu bringen. In die Mappe habe ich zum Beispiel: „*Liebe Grüße, Pearl*" geschrieben. Franzi ist dann mit der Mappe auf seinen Weg gegangen, und als meine Kollegin die grüne Mappe gesehen hatte, wusste sie, dass Franzi kurz vor dem Durchdrehen war. Sie behielt ihn eine Zeitlang bei sich und gab ihm auch irgendeine Aufgabe, die er erfüllen soll.

Dadurch erfährt er einen Ortswechsel und auch ein bisschen Zeit, seine Emotionen zu beruhigen. Wenn er dann wieder zu mir kommt, ist er wieder in einem Zustand, indem ich entweder in dem Moment oder etwas später vernünftig mit ihm reden kann.

> **Auszeit-Tisch**
> Diesen Tisch haben wir zu Beginn des Jahres am Gang eingerichtet und jeder, der möchte, darf, ohne zu fragen, zu diesem Tisch hinausgehen, wenn es ihm zu laut oder einfach zu viel wird. Nach zwei bis drei Minuten gehe ich nach draußen und frage kurz, was los ist, oder ob es jetzt besser geht.

Corina K., Volksschule, Wien

Lassen Sie dem Schüler das letzte Wort

Unsere Schüler haben sehr oft starke auditive Tendenzen. Sie reden gerne, und wenn es um eine Diskussion geht, wollen Auditive IMMER das letzte Wort haben. Wenn nun der Lehrer auch auditiv ist, kann das zu Problemen und einer Eskalation der Diskussion führen!

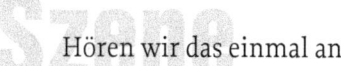

Hören wir das einmal an:

Auditive Lehrerin:	*Susi und Magdalena!* *Hört ihr bitte zu reden auf!*
Susi:	*Wir haben ja nichts gesagt!*
Auditive Lehrerin:	*Was heißt, ihr habt nichts gesagt?!* *Ich sehe und höre, dass ihr redet!*
Magdalena:	*Sie hat angefangen!*
Auditive Lehrerin:	*Magdalena, ich bin ja nicht blind!* *Und auch nicht taub!*
Franzi:	(der auf der anderen Seite des Raumes sitzt) *Ja, das stimmt, Frau Lehrerin.* *Ich hab's gesehen!* *Magdalena hat wirklich nichts gesagt.*

Und so weiter und so fort.

Auditive Schüler und auditive Lehrer. Das kann zu einer Eskalation führen. Und bald redet die ganze Klasse mit! Oder Susi und Magdalena steigern sich in die Situation und sagen etwas Freches. Dann bleibt Ihnen nichts Anderes übrig als zu disziplinieren.

Die Lösung?

> **Lassen Sie – ganz am Anfang, bevor die Situation eskaliert – dem Schüler das letzte Wort.**

Statt so eine Szene zuzulassen, ist es besser, Sie lassen ganz am Anfang der Interaktion dem auditiven Schüler das letzte Wort. Das hört sich so an:

Szene

Lehrerin: *Susi und Magdalena!*
Hört ihr bitte mit dem Reden auf!

Susi: *Wir haben ja gar nichts gesagt!*

Die Lehrerin schweigt. Sie streckt eine Hand in Richtung Magdalena und Susi und schaut gleichzeitig weg, während sie die Stunde fortsetzt.

So ist Susi zufrieden – sie hat das letzte Wort gehabt.
Und die Lehrkraft kann ungestört mit der Stunde fortsetzen.

Bieten Sie Auswahlmöglichkeiten an

Schüler lieben Auswahlmöglichkeiten – und sie sind allergisch gegen Ultimaten und Befehle. Der einzige Zeitpunkt, in dem sich ein Schüler mit Absicht schlecht benimmt, ist, wenn er in einen Machtkampf verwickelt ist. Daher sollen Aussagen wie: *„Mache es jetzt!"* oder *„Weil ich es gesagt habe!"* unbedingt vermieden werden. Suchen Sie Kompromisse, Alternativen und Wahlmöglichkeiten. Wenn Schüler selbst Entscheidungen treffen dürfen, fühlen sie sich autonom und werden dadurch auch verantwortungsbewusst.

Es gibt bei einem Machtkampf im Klassenzimmer keine Gewinner, sondern nur Verlierer. Widerstand verschwindet und Selbstverantwortung wächst, wenn wir Auswahlmöglichkeiten geben.

Einige Ideen aus der Praxis:

- Geben Sie zwei oder drei konkrete Auswahlmöglichkeiten: *„Wollen wir das heute nach der Stunde oder morgen vor der Schule besprechen? Überlege es dir, und sage mir dann, was dir lieber ist."* Wichtig ist, dass Sie mit allen Möglichkeiten, egal, welche er aussucht, zufrieden sind!
- Erzählen Sie, dass die Hausübung nicht mehr Pflicht ist. Für jede gebrachte Hausübung bekommt der Schüler einen Punkt. *„Es wird 35 Hausübungen im Semester geben. 32 bis 35 Punkte sind eine 1. 28 bis 32 Punkte sind eine 2..."*
- Lassen Sie eine Note im Semester weg. *„Es wird fünf Tests im Semester geben. Vier der fünf Noten werden zählen. Jeder Schüler darf eine Note aussuchen, die nicht zählen wird."*
- Verteilen Sie eine „Frei-Karte" pro Schüler. Sie dürfen ihre Karte im Laufe des Semesters verwenden, um eine Pflichtaufgabe (ausgenommen sind Schularbeiten und Tests) auszulassen.

Zeigen Sie Verständnis

Lassen Sie die Schüler merken, dass Sie sowohl Ihre Pflichten als auch Ihre Bedürfnisse wahrnehmen. Gehen Sie mit Ihren Schülern respektvoll und mit Rücksichtnahme um. Sprechen Sie mit ihnen, wie Sie mit anderen aus Ihrem Bekanntenkreis sprechen würden. Zeigen Sie Verständnis und Empathie: *„Ich verstehe, dass du das jetzt nicht machen möchtest. Es muss aber sein. Kann ich irgendetwas für dich tun, damit es dir leichter fällt?"*

Unterscheiden Sie IMMER zwischen Verhalten und Person

Wenn ein Schüler etwas macht, dass er nicht machen soll, ist er deshalb kein schlimmer Mensch. Er macht nur etwas Falsches zum falschen Zeitpunkt. Das wissen wir, aber manchmal verstehen das unsere Schüler nicht. Sie glauben oft, wenn wir uns ärgern oder sie zurechtweisen, dass wir sie nicht mehr mögen. Daher sollten Sie, sobald es passend ist, den Schüler anlächeln oder irgendein Zeichen geben, dass Sie ihn mögen.

Mit einem Lächeln sagen Sie: *„Nur weil ich dich mag, soll ich so ein Verhalten in meinem Klassenzimmer erlauben?"*, *„Verstehen wir uns wieder gut?"* oder *„Zum Glück haben wir das nun erledigt!"* und Sie werden den erleichterten Blick des Schüler bemerken! Zeigen Sie ihnen, dass Sie sie als MENSCH mögen und nicht nur als Schüler.

Vorbei ist vorbei!

Damals, als ich zu unterrichten begann, habe ich manchmal Schwierigkeiten gehabt, die Aufmerksamkeit der Klasse am Anfang der Stunde zu bekommen. Ich habe meinen Stundenbeginn (damals standen mir diese Techniken leider nicht zur Verfügung) auch „ritualisiert". Zuerst bin ich zur Tür hereingekommen, und dann stand ich oben am Podest, wie es damals üblich war. Kein Schüler hat mich bemerkt. Sie haben gelacht, miteinander geredet, noch die Pausenbrote gegessen und Spiele gespielt. Um ihre Aufmerksamkeit zu bekommen, habe ich das Klassenbuch laut auf den Lehrertisch geknallt. Da sind sie aus lauter Überraschung einige Zentimeter in die Luft gesprungen – und ich habe ihre Aufmerksamkeit gehabt.

Der zweite Teil meines damaligen Repertoires war, dass ich dann etwa zwei Minuten allgemein geschimpft habe. Nicht mit einer einzelnen Person, sondern allgemein mit der Klasse: *„Immer wieder... usw. usw...".*

Als ich diese Geschichte viele Jahre später in einem Seminar in Tirol erzählte, fragte mich ein Lehrer: *„Aber Pearl, warum hast du denn geschimpft? Sie waren ja schon ruhig. Da hättest du sie loben sollen!"* Und wie Recht er hatte! Seine Worte waren einer der größten Wendepunkte meiner Karriere – und sie haben mir auch viel im Privatleben geholfen!

Viele von uns haben die Tendenz, mit den Schülern oder auch mit anderen Menschen zu schimpfen, NACHDEM das Verhalten geändert wurde. Wir glauben, wir müssen einen Vortrag halten, damit das Fehlverhalten nicht mehr vorkommt. Das Problem ist, unser Gegenüber macht oft die Ohren zu. Und am nächsten Tag passiert genau das Gleiche wieder. Die Lage verschlimmert sich, da wir durch das Schimpfen das negative statt das positive Verhalten verstärken.

Was vorbei ist, ist vorbei!
Und wenn ich die Schüler für das richtige Verhalten lobe, ist die Chance viel größer, dass das positive Verhalten wieder vorkommen wird!

Dort wo die Aufmerksamkeit hingeht, davon bekommen wir immer mehr.

Ich habe diese Technik fast täglich in meiner zweiten Schuletappe in der Mittelschule erprobt. Die Resultate waren hervorragend! Berechtigtes Lob wirkt Wunder! Man sieht es an den Gesichtern und der Körperhaltung der Schüler. Sie wachsen förmlich einige Zentimeter, wenn sie gelobt werden. Und wenn geschimpft wird, machen sie, bildlich und tatsächlich, die Ohren zu!

Stellen Sie hohe Erwartungen

Als ich an der Bilingualen Mittelschule beschäftigt war, bin ich einige Jahre einmal in der Woche an eine andere Schule, ein Gymnasium, als Native Speaker „ausgeliehen" worden. Da habe ich einige Stunden in der Woche in einer reizenden, lernbegierigen Klasse unterrichtet. Jede Stunde mit diesen Kindern war für mich ein Genuss.

Am Ende des dritten Schuljahrs habe ich erfahren, dass ich im kommenden Schuljahr ausschließlich an meiner Stammschule unterrichten würde. Deswegen habe ich mich am letzten Tag von den Kindern im Gymnasium verabschiedet. Ich sagte ihnen, wie schön es für mich war in ihrer Klasse Lehrerin zu sein, und dass sie mir im kommenden Schuljahr richtig fehlen würden. Der Ausdruck auf ihren Gesichtern reichte von gänzlich überrascht bis fast schockiert. Als ich sie um eine Erklärung bat, sagten sie: *„Sie sind aber die Einzige, die so etwas sagt. Alle anderen erzählen uns nur, wie schlimm wir sind!"*

Nun war ich überrascht! Und wie ich so nachfragte, erfuhr ich, dass sie tatsächlich als „die schlimmste Klasse der Schule" bezeichnet wurden. Wieso waren sie aber bei mir brav?

Plötzlich wurde es mir klar. Wenn wir den Schülern erzählen, dass sie schlimm sind, sind sie es auch. Wenn wir ihnen zeigen, dass es uns auffällt, wenn sie brav sind, und sie dafür auch noch loben, verstärken wir dieses Verhalten, und sie sind tatsächlich brav. Unsere Einstellung macht es oft aus. Sie hat einen direkten Einfluss auf das Verhalten der Schüler und wirkt wie eine sich selbst erfüllende Prophezeiung!

Erwarten Sie positives Verhalten

Als meine eigenen Kinder Teenager waren und abends weggingen, habe ich oft gesagt: *„Du bist bis Mitternacht bitte wieder hier."* Diese Aussage finde ich in Ordnung. Was ich aber vermieden habe zu sagen, war zum Beispiel: *„Du bist bis Mitternacht bitte wieder hier. Und wenn nicht, wird (das und das und das) passieren..."* Für mich persönlich hört sich das an wie eine Herausforderung zu spät zu kommen. Dadurch drücke ich auch meine Erwartung aus, dass sie vielleicht doch zu spät kommen werden. Ich suggeriere dadurch ein negatives Verhalten.

Erwarten Sie das Positive. Drücken Sie diese Erwartungen auch den Schülern gegenüber aus. Und schauen Sie, was passiert. Wie mir einmal ein Schüler gesagt hatte: *„Machen Sie sich keine Sorgen, Frau Nitsche. Wir werden Sie nicht enttäuschen."*

Und hier noch ein **Lehrerbeitrag** von einem Wiener Mittelschullehrer, Roman, der sehr gut zu diesen Themen passt:

Die Macht des Einflusses: Wo beide gewinnen!

Ein paar Erfahrungen aus deinen Seminaren (Nonverbales Klassenzimmermanagement I und II), die ich in verschiedenen Klassen (Hauptschule, 5. bis 8. Klasse) umgesetzt habe:

- Ein Schüler, der zu ermahnen ist, wird von mir zuerst „wissend" angeschaut und dann freundlich angelächelt. Dabei stehe ich auf meinem Disziplinierungsanker. Erstaunlich – das wirkt! Der Schüler weiß schon, was er falsch gemacht hatte, und das Lächeln genügt. Er lächelt mich dann auch an – und hört mit dem unerwünschten Verhalten auf. Die Sache ist erledigt! Verbale Ermahnungen sind meist nicht mehr notwendig.

- Durch den konsequenten Einsatz des Disziplinierungsankers ist es mir gelungen, meine Unterrichtsstimme wesentlich leiser einzusetzen als früher. Schülerfeedback:

- „Herr Lehrer, Sie sind in der letzten Zeit viel ruhiger und so freundlich. Das ist angenehm."

- Auch als Lehrer nimmt man sich dadurch entspannter und positiver wahr. Wer lächelt, kann sich nicht gleichzeitig mies fühlen! Durch meinen inneren Einstellungswechsel provozierenden Schülern gegenüber – kein Schüler nervt einen Lehrer absichtlich – ist auch ein langer Schultag weniger anstrengend geworden. Wenn man sich nicht ärgert, hat man weniger Stress!

- Muss ein Schüler ermahnt werden, so gehe ich nah zu ihm hin und spreche sehr leise mit ihm. Speziell Schüler, die das Gefühl haben, sie müssen sich in der Klasse beweisen, können so ihr Gesicht wahren und reagieren prompt und ohne Widerrede auf meine Ermahnung.

- Oft biete ich Verhaltensalternativen an, z. B.: „Du kannst in der Klasse bleiben und dich verhalten, wie ich es von dir erwarte oder dich am Gang vor der Tür setzen und wiederkommen, wenn du dich beruhigt hast." Das Ergebnis: Der Schüler denkt nach. Die Logik wird eingeschaltet – statt zu überreagieren.

Nach 20 Jahren als Lehrer (Berufshalbzeit!) habe ich durch diese Techniken viel Kraft und neue Motivation für meine Unterrichtstätigkeit mitnehmen können.

Danke und liebe Grüße
Roman

25 GRENZEN SETZEN – HALT GEBEN!

Eine Klage, die ich oft höre, ist, dass Kinder häufig in die Schule kommen, ohne bisher Grenzen in der Erziehung erlebt zu haben. Eltern sind heutzutage teilweise überfordert und verunsichert. Sie empfinden eine große Hilflosigkeit, weil sie sich oft nicht trauen, Grenzen für ihre Kinder zu setzen. Wir leben in einer Konsumwelt und viele Eltern haben Angst davor, die Liebe ihrer Kinder zu verlieren, wenn sie die Wünsche ihrer Sprösslinge nicht erfüllen können. Sie befinden sich in einem Konkurrenzkampf mit anderen Eltern, die ihren Kindern mehr Taschengeld geben und Spielzeug schenken, oder sie wollen die eigenen Kindheitserlebnisse mit rigiden und nicht angemessenen Grenzen bei den eigenen Kindern nicht wiederholen. Aus Verunsicherung darüber, was richtig ist und was nicht, verlieren Eltern oft die nötige Klarheit und vermeiden es, Grenzen zu setzen, wo sie angebracht wären.

Dadurch fühlen sich nicht nur die Eltern, sondern auch die Lehrkräfte, die mit diesen Kindern nun in der Schule zurechtkommen müssen, überfordert. Beide haben eine Aufgabe: Eltern müssen lernen, ein Gespür dafür zu bekommen, was richtig ist, ihrer eigenen erzieherischen Kompetenz zu vertrauen und dann verantwortungsvoll zu handeln. Wir Lehrer sind mit der Realität konfrontiert, und es ist unsere Aufgabe, damit zurecht zu kommen. Schuldzuweisungen und Klagen über die mangelhafte Erziehung vieler unserer Schüler sind zwar teilweise gerechtfertigt. Sie bringen uns aber nicht weiter. Hier – wie bei so vielen Situationen in unserem Alltag – ist es wichtig, zuerst das Problem zu definieren und dann lösungsorientiert daran zu arbeiten.

Grenzen statt Regeln

Wir sind es gewöhnt – und das ist auch gut so – Klassenregeln am Anfang eines Schuljahres aufzustellen. In den meisten Schulen gibt es auch eine Schulordnung, und sehr oft, sei es bei den Klassenregeln oder bei der Schulordnung, werden die Konsequenzen für die Überschreitung der Regeln ganz genau angegeben. Meist ist es so: je mehr Regeln es in einer Schule gibt, desto mehr Verhaltensauffälligkeiten sind vorhanden. Wir werden zu Polizisten, und unsere Schüler werden die Bestraften.

Ich möchte hier vorschlagen, dass wir „Regeln" sehr wohl beibehalten, aber dass wir ihnen einen neuen Namen nämlich „Grenzen" geben. Nun werden Sie sich vielleicht fragen: *„Grenzen? Regeln? Ist das nicht das Gleiche?"* Und da müsste ich antworten: *„Ja, schon. Nur die Perspektive ist anders. Und sehr oft ist diese Perspektive ausschlaggebend, ob die Maßnahmen funktionieren oder nicht."*

Pro-aktive Grenzen geben eine neue Perspektive

Grenzen sind pro-aktiv, weil sie Schüler informieren, wie weit sie gehen dürfen, bis ein positiver Vorteil entzogen wird. Wie schon besprochen, sind pro-aktive Maßnahmen IMMER besser als reaktive. Um pro-aktiv zu arbeiten, müssen wir das Konzept Disziplin aus einer neuen Perspektive anschauen. Hier geht es nicht um strafende Verhaltensmaßnahmen, die den Schwerpunkt auf das, was Schüler falsch gemacht haben, legen, sondern um vorbeugende Maßnahmen, die die Vermeidung von Konflikten und Störungen als Ziel haben.

Wenn ich pro-aktiv arbeite, bringe ich meinen Schülern Selbstdisziplin bei. Eine Disziplinierung ist nur eine momentane Lösung, die zumindest eine kurzfristige Erleichterung mit sich bringt. Wenn meine Schüler Selbstdisziplin lernen, beuge ich durch diese pro-aktive Handlung zukünftigen Störungen vor, und ich bringe ihnen eine wertvolle Fertigkeit für das Leben bei. Wenn ich proaktive arbeite, ändert sich meine Rolle als Lehrerin. Ich spiele nicht die Rolle der Polizistin, sondern ich bin ein Wegweiser und zeige dem Schüler den Weg zum Erfolg.

Regeln betonen das Negative, Grenzen das Positive

Eine Regel ist ein Verbot. Wenn gegen die Regel verstoßen wird, gibt es negative Konsequenzen. Das heißt, der Schüler macht etwas, das nicht in Ordnung ist, und ich reagiere strafend darauf.

Eine Grenze ist eine pro-aktive Maßnahme. Hier liegt die Betonung auf dem Positiven, das in der Schule erlebt werden kann. „WIIFM" oder, wie schon erwähnt, *„What's in it for me?"*. Dieses Konzept ist die Grundlage für jede Motivation. Ich lege mit meinen Schülern die Vorteile fest, die im Klassenzimmer erstrebenswert sind. Was möchten sie und auch ich täglich erleben, damit unsere Klasse klasse bleibt? Die Vorteile werden festgelegt und um sie herum werden die Grenzen gezogen. Was müssen wir alle tun, damit uns die Vorteile bleiben? Genau hier wird die Grenze gezogen. Die Vorteile bleiben, solange die Grenzen beachtet werden. Wenn sie überschritten werden, ist der Vorteil sofort – kurzfristig – weg.

Die Regel betont das Negative, das mir widerfährt, wenn ich dagegen verstoße.
Die Grenze legt den Schwerpunkt auf das Positive, das ich behalten kann, wenn ich die Grenzen beachte.

Ich stelle es meinen Schülern so vor:

> *„Stellt euch vor, unser Klassenzimmer ist wie ein großes Fußballfeld. Auf diesem Feld sind die Vorteile und Privilegien, die wir täglich genießen dürfen. Wenn wir uns hier am Feld aufhalten, ist das schön für uns alle. Rund um das Feld herum sind die Grenzen. Diese Grenzen müssen wir beachten, damit wir weiterhin die positiven Aspekte genießen können. Alles, was hier auf dem Feld passiert, ist erlaubt. Wenn jemand aber die Grenze des Feldes überschreitet, werden die Vorteile sofort – zumindest kurzfristig – gestrichen."*

Ein Beispiel einer Regel wäre:

„Wenn ihr die Puzzleteile nicht ordentlich einräumt, nehme ich das Puzzle aus der Spielecke."

Ein Beispiel einer Grenze:

„Wenn ihr die Puzzleteile ordentlich einräumt, lasse ich das Puzzle in der Spielecke."

Der Unterschied ist subtil – aber mächtig!
Die Betonung wird von negativ auf positiv umgestellt. Das bewirkt eine wichtige Veränderung. Die Schüler und nicht die Lehrkraft tragen die Verantwortung. Den Schülern wird die Entscheidung überlassen. Gleichzeitig hat die Lehrkraft trotzdem alles im Griff, weil sie die Auswahlvarianten ausgesucht hat.

Ein weiteres Beispiel:

Sie wollen Ihrer Klasse eine Geschichte vorlesen, aber die Schüler sind momentan zu laut. Sagen Sie mit einer ruhigen und neutralen Stimme: *„Ich möchte euch eine spannende Geschichte vorlesen. Das geht aber nur, wenn es mucksmäuschenstill ist. Momentan ist es zu laut. Mein Angebot, euch die Geschichte vorzulesen gilt für zwanzig Sekunden."*

Schauen Sie auf die Uhr, und warten Sie ganz ruhig. Bemühen Sie sich, neutral auszuschauen, und wiederholen Sie Ihre Worte nicht.

Wenn es ruhig wird, loben Sie sie und beginnen mit dem Lesen. Das haben sie sich verdient.

Wenn es nicht ruhig wird, schließen Sie einfach wortlos das Buch und legen Sie es beiseite. Verhalten Sie sich ganz neutral. Sagen Sie nicht mehr als: *„Naja, heute hat es nicht geklappt, aber morgen wird es sicher besser sein."* Und beginnen Sie gleich mit einer anderen Aktivität.

Oder:
Sie und Ihre Kolleginnen sind auf Skikurs mit Ihren Schülern. Der Vorteil ist die Teilnahme am Skikurs. Die Grenze ist absolutes Alkoholverbot. Wenn die Grenze überschritten wird, wird die Teilnahme gestrichen.

Oder:
Die Schüler besuchen die Bibliothek. Martin entdeckt ein Abenteuerbuch und vertieft sich die ganze Stunde darin. Er will das Buch ausborgen. Der Vorteil ist: jeder Schüler darf drei Bücher ausborgen. Die Grenze ist die Anzahl 3. Martin hat noch drei andere Bibliotheksbücher bei sich zu Hause liegen. Daher muss er mindestens ein Buch zurückbringen, bevor er das ersehnte Abenteuerbuch ausborgen darf.

Oder:
Susi will bei Diskussionen immer dran kommen. Da kommen die anderen Schüler oft zu kurz. Susi bekommt bei der nächsten Diskussion fünf Zündhölzer/Münzen/Büroklammern. Für jeden Beitrag, den sie leistet, gibt sie einen Gegenstand ab. Wenn sie keine Gegenstände mehr hat, darf sie nicht mehr mitreden. Der Vorteil ist, an Diskussionen teilnehmen zu dürfen. Die Grenze stellen die fünf „Sprechgegenstände", die ihr zur Verfügung stehen, dar.

Oder:
Der Vorteil: Die Schüler dürfen sich selbst aussuchen, wo sie in der Klasse sitzen.
Die Grenze: Wenn sie den Unterricht durch Tratschen stören, werden sie von der Lehrkraft umgesetzt.

Oder:
Falls eine Hausübung nicht eingereicht wird, gibt es einen Tag Schonfrist. Bis zu diesem Zeitpunkt muss die Schülerin die Hausübung – ohne, dass sie von der Lehrerin daran erinnert wird – einreichen. Wenn diese Grenze überschritten wird, wird die Hausübung nicht bewertet.

Das Wichtigste ist, ruhig zu bleiben. Keine Vorwürfe, kein Schimpfen, keine Drohungen. Lassen Sie sich auf keine Diskussionen ein. Die Schüler haben die Entscheidung gefällt, und die Verantwortung liegt bei ihnen. Sie haben ihnen die Wahl überlassen. Die Schüler – und nicht Sie – tragen die Verantwortung dafür. Es gibt keine Aufregungen und keine Schuldgefühle.

Sehr wichtig ist auch, dass betont wird, es könnte morgen oder bald anders werden. Wenn ich einen Vorteil auf Ewigkeit streiche, nehme ich jegliche Motivation, es in Zukunft anders zu machen, weg!

Grenzen geben Sicherheit

Grenzen sind wie eine Verkehrsampel. Sie zeigen Schülern, wie weit sie gehen können, und wann sie stehen bleiben müssen. Wenn sie bei Rot nicht stehen bleiben, verlieren sie eine Zeit lang den Führschein! Wie im normalen Leben. Grenzen sind pro-aktive Strukturen, und sie wirken wie Signale oder Rituale. Sie erzeugen ein Gefühl der Sicherheit und Geborgenheit, Qualitäten, die unseren Kindern heutzutage oft fehlen. Natürlich werden Ihre Schüler die Grenzen teilweise testen – das ist ja normal. Aber sie werden die Struktur und die Möglichkeit, autonome Entscheidungen zu treffen, schätzen und daher auf lange Sicht mitmachen.

Was sind die Merkmale einer guten Grenze?

- **Eine Grenze schafft Klarheit:** Es wird deutlich mitgeteilt, was die Schüler tun sollen, und die Vorteile, die daraus resultieren, werden verdeutlicht.

- **Eine Grenze stellt eine „Win-Win"-Situation vor:** Die Einhaltung der Grenze ist zum Vorteil von allen. Wir sind alle Gewinner, und es gibt keine Verlierer.

- **Eine Grenze ist pro-aktiv:** Eine Grenze soll ein Problem – BEVOR es zu einem Problem wird – im Keim ersticken.

- **Eine Grenze wird positiv ausgedrückt:** Eine Grenze wird mit positiven Worten ausgedrückt und betont auch die Vorteile, die alle bei der Einhaltung der Grenzen genießen können.

- **Wenn eine Grenze nicht eingehalten wird, wird der Vorteil SOFORT – auf befristete Zeit – entzogen:** Nachdem eine Grenze gesetzt wird, ist es wichtig, dass sie ausnahmslos eingehalten wird. Meiden Sie Warnungen. Sie sind Zeitverschwendung. Wenn wir Warnungen aussprechen, entziehen wir der Grenze ihre Macht – wir übernehmen damit wieder die Verantwortung!

Grenzen sind respektvoll. Sie basieren auf beidseitiger Rücksichtnahme. Sie wirken nicht bedrohlich. Die emotionale Sicherheit im Klassenzimmer wird durch sie gewährleistet. Sie ermöglichen positive und negative Konsequenzen in einer friedlichen Umgebung. Schüler schätzen sie, und Lehrer schätzen sie auch.

Wie legt man Grenzen fest?

Ich habe die Schüler meist ihre eigenen Klassenregeln oder –grenzen, natürlich unter meiner Anleitung, aufstellen lassen. Das trägt sehr zu einem Autonomiegefühl bei und erfüllt ein Grundbedürfnis unserer Schüler: selbstbestimmend zu sein. Wir schreiben die Regeln dann gemeinsam auf ein Plakat und jeder unterschreibt.

Eine zweite Variante, die ich manchmal einsetze, ist, dass ich selbst die drei Grundregeln angebe:

1. Respektiere dich selbst.
2. Respektiere die anderen.
3. Respektiere die Schule und alles, was sie beinhaltet.

Da ist alles dabei, was man an Regeln bzw. Grenzen braucht.

Der wesentliche Punkt ist, dass die Schüler das Wort „Respekt" verstehen. Wie schon besprochen, kommen viele unserer Schüler aus Familien oder Umgebungen, wo ein respektvoller Umgang nicht üblich ist. Deswegen müssen wir ihnen als Erstes die Bedeutung dieses Wortes beibringen. Da können wir Techniken wie Derricks Plakat mit der Aufschrift „100 % Respekt" einsetzen; wir können ein Plakat über das Thema „Respekt im Klassenzimmer" gestalten; wir können kleine Szenen, die respektvolles Handeln im Rollenspiel darstellen; wir können Diskussionen darüber führen. Und, ganz wichtig: wir stellen alternative, respektvolle Handlungsformen fest. Statt den Schwerpunkt auf etwas, das sie nicht machen sollen, zu legen, zeigen wir ihnen, welches positives Verhalten wir von ihnen erwarten.

Morgen ist ein neuer Tag!

Das ist eine sehr wesentliche Aussage und ausschlaggebend für den Erfolg von Grenzen!
Dadurch ist ein Neubeginn immer möglich. Der Schwerpunkt bei Störungen liegt auf dem Verhalten und nicht auf der Person selbst. Und die Tür zur Verbesserung steht offen.

Grenzen sind wie die Öffnungszeiten vom Supermarkt.
Sie wollen einkaufen gehen und stehen um Punkt 6 Uhr früh vor dem Supermarkt. Aber das Geschäft hat zwischen 7 und 19 Uhr geöffnet. Während dieser Zeit können Sie einkaufen und haben alle tollen Produkte innerhalb des Geschäftes zur Auswahl. Kommen Sie früher als 7 Uhr oder später als 19 Uhr, ist das Geschäft zugesperrt. Sie bekommen nichts. Es ist so. Niemand schimpft mit Ihnen. Sie werden nicht bestraft. Das Geschäft hat einfach zu.

Und wann glauben Sie, sind Sie morgen dort?
Sicher zwischen 7 Uhr und 19 Uhr!
Gerade das ist das Schöne an Grenzen: Morgen ist ein neuer Tag!

Einige Ideen aus der Praxis:

Fußballspielen in der Klasse

In meinem ersten Jahr als Klassenvorstand einer Mittelschule-Klasse habe ich nach einer Möglichkeit gesucht den Burschen meiner Klasse, allesamt 13 Jahre alt und mitten in der Pubertät, in der Pause Bewegung zu verschaffen. In der Schule gab es zwei „große" Pausen. In einer der beiden durften die Kinder auf die Dachterrasse gehen und sich austoben. Dies war jedoch nur bei schönem Wetter möglich. In der zweiten war nichts Konkretes geplant.

Der Herbst und der Winter waren lang und nass, sodass eine Lösung dringend notwendig war. Ich machte den Schülern den Vorschlag, dass wir in der Klasse ein kleines Fußballfeld errichten. Mit einem Klebeband markierten wir die Tore und um Platz zu schaffen, mussten jedes Mal zwei Tische verschoben werden. Wie bei jedem Fußballmatch gab es natürlich Regeln. Besonders wichtig war es, dass am Ende der Pause alles schnell wieder weggeräumt werden musste. Wenn diese Grenzen nicht eingehalten wurde, gab es für eine Woche kein Fußballspiel. Die Abmachung funktionierte gut und die Kinder waren begeistert und wesentlich ausgeglichener als davor.

Sonja S., Mittelschule, Wien

Schülermitbestimmung

Manche Entscheidungen, z. B. wohin wir auf den Wandertag gehen, welche Klassenregeln ich mir wünsche, was mir für eine gute Klassengemeinschaft wichtig ist,...erfordern die Mitsprache der Schüler. Meiner Erfahrung nach hat sich am besten folgende Art der Erarbeitung bewährt, weil die Schüler sich bewegen, miteinander sprechen und bewerten können:

Jeder Schüler schreibt den Punkt auf sein Kärtchen, der ihm zu diesem Thema am wichtigsten ist. Danach bewegen sie sich mit Bleistift und Kärtchen zur Musik durch den Klassenraum. Stoppt die Musik, sucht sich jeder einen Partner und liest seinen Satz vor. Das Gegenüber bewertet mit Punkten von 1 bis 3. Die Punkte werden aufgeschrieben, Karten ausgetauscht, und es wird weitergegangen. Nach etwa fünfzehn Runden zählt jeder die Punkte auf dem Kärtchen, das gerade in seinem Besitz ist, zusammen.

Zum Schluss wird das Kärtchen mit der höchsten Punktezahl ermittelt, und die restlichen Karten nach absteigenden Punkten in der Klasse aufgelegt. So entsteht eine Wertung, die von den Schülern getroffen wurde und meistens kommentarlos akzeptiert wird.

Andrea W., Mittelschule, Tirol

Rollenspiele

Rollenspiele bieten eine sehr wirksame Art Klassengrenzen und Regeln zu spielen. Schüler sehen beim Rollenspiel eine Situation von verschiedenen Perspektiven und kommen dadurch auf Lösungen und alternative Handlungsvorgänge. Obwohl das Problem selbst nichts Neues ist, ist es ein Spiel und kann dadurch viel objektiver angeschaut werden.

Wie gehen wir mit Materialien um? Was machen wir, wenn es einen Unfall in der Pause gibt? Was sollen wir tun, wenn Mobbing in der Klasse vorkommt? Was kannst du machen, wenn du bei einem Spiel mitspielen möchtest, aber niemand hat dich dazu eingeladen?

Eine Klasse soll höchstens sechs Regeln oder Grenzen haben. Sonst werden die Grenzen unüberschaubar und verwirrend. Erwarten Sie auch nicht, dass alle Grenzen auf einmal verstanden werden. Statt alle Grenzen an einem Tag zu besprechen, von denen so gut wie nichts in den Köpfen der Kinder hängen bleibt, wählen Sie eine aus. Besprechen Sie sie, und spielen Sie diese eine Grenze genau durch. Schauen Sie sie mit den Schülern aus so vielen verschiedenen Perspektiven wie möglich an. Das sichert den Erfolg der Grenze.

Wenn Sie alle Grenzen präsentiert haben, können Sie kleine Teams bilden, die sich von dem Grenzenplakat heimlich eine Grenze aussuchen. Sie denken sich dann zwei Rollenspiele aus: eine Grenze zeigt, wie es sein soll und die andere, wie es NICHT sein soll. Die anderen müssen dann erraten, welche Grenze ausgesucht worden ist. Oder die Lehrkraft kann ein Mini-Rollenspiel dazu aufführen, wie man sich z. B. NICHT in einer Zweierreihe aufstellt. Machen Sie es ganz dramatisch und lustig. Die Schüler werden es NIE vergessen.

Oder machen Sie ein kurzes und lustiges Quiz über die Klassenregel, z. B.:

Welche Materialien sollst du täglich in die Stunde mitbringen?
- a) Eine Käsesemmel, ein Comic-Heft und ein Handy
- b) Eine Haarbürste, Lippenstift und einen Spiegel
- c) Eine Füllfeder, das Englischbuch und die Englischhefte
- d) Deinen Hamster und eine Tafel Schokolade

Lassen Sie die Schüler ein Plakat herstellen:

Designerwettbewerb Klassenregeln
Wir haben gemeinsam Klassenregeln für die Zeichenstunde aufgestellt. Die habe ich dann an die Tafel geschrieben, und die Schüler mussten sie möglichst ansprechend als Plakat gestalten. Das Thema war: „Designerwettbewerb Klassenregeln". Alle Regeln mussten darauf stehen, sie konnten sie bildlich oder mit Worten darstellen, und das Plakat sollte keine negativen Gefühle hervorrufen.

In der nächsten Stunde habe ich alle Zeichnungen so aufgehängt, dass die Namen der Schüler nicht sichtbar waren. Jede Zeichnung war nummeriert und die Schüler mussten ihren Favoriten mittels Nummer aussuchen. Die Gruppe, deren Zeichnung die meisten Stimmen bekommen hatte, war der Sieger und bekam von mir einen kleinen Preis. So haben sie sich die Regeln auf kreative Art und Weise eingeprägt.

Claudia S., Umhausen, Tirol

Und wie schaut das bei den Konsequenzen aus?

Wenn man Grenzen statt Regeln setzt, ist die Antwort auf diese Frage sehr einfach: Der Vorteil wird auf kurze Zeit entzogen. Die Konsequenzen werden konsequent (es gibt einen Grund, warum diese zwei Worte, „Konsequenz" und „konsequent" einander so ähnlich sind!) und ohne jegliche Aufregung oder Vorwarnung ausgeführt.

Ganz wichtig: Die Konsequenz wird nicht einfach aus der Luft gegriffen, sondern es gibt einen direkten Zusammenhang zwischen dem Vergehen und der Konsequenz.

- Wenn eine Schülerin ihre Buntstifte vergisst, kann sie ein Bild nicht farbig anmalen.
- Wenn ein Schüler andere stört, muss er woanders sitzen.

Die Schülerin trägt die Verantwortung für das Verhalten, das sie an den Tag legt. Sie wird für positives Verhalten mit den Vorteilen des Klassenzimmers belohnt, und wenn sie die Grenzen nicht einhält, wird sie mit dem kurzfristigen Entzug dieser Vorteile „bestraft".

Wirksame Konsequenzen

- haben einen **Sinnzusammenhang** mit dem Vergehen,
- sind für den Schüler **vorhersehbar** und **berechenbar**,
- sind **fair** und **dem Vergehen angemessen**,
- **richten sich nicht gegen das Kind, sondern gegen sein Tun**,
- kommen **nie ohne Vorwarnung** und sind **zeitlich befristet**,
- werden erst dann eingesetzt, **nachdem alle die Möglichkeit hatten sich „abzukühlen"**.

Aus einem Fehler kann man viel lernen. Dazu sind auch die Konsequenzen da. Das wirkt aber nur dann, wenn die Konsequenzen ohne Ärger und Aufregung, sondern mit Empathie geschehen. Das Verhalten war falsch am Platz, aber die Würde der Person bleibt bestehen und ist bedingungslos. Das ist hundertprozentiger Respekt.

DIE TISCHPLATTE
Das „Win-Win"-Klassenzimmer

Nun steht das Fundament: Der Teppich und vier feste Beine. Und der Moment ist gekommen, in dem wir die Tischplatte, die mit den Worten „Win-Win"-Klassenzimmer beschriftet ist, darauf setzen. Nun läuft das Klassenzimmermanagement von selbst. Disziplinierungen und Zurechtweisungen sind überflüssig. Hier ist ein Ort, wo Schüler und Lehrer in einer harmonischen und respektvollen Umgebung lernen und lehren können.

Auf den nächsten Seiten lesen Sie Berichte von Lehrkräften, denen es gelungen ist, die Tischplatte auf das stabile Gestell zu legen.

Hallo Pearl,

...mein Klassenzimmer ist ganz anders heute als vorher. Ich brauche nicht mehr disziplinieren. Es läuft alles vom selbst und ohne Aufregungen. Die Schüler sprechen sehr gut auf nonverbale Kommunikation an, und ich setze Anker erfolgreich ein. Die Schüler können sich und ihr Verhalten inzwischen selbst einschätzen. Es fällt ihnen mittlerweile auch schon auf, wenn es zu turbulent bzw. zu laut wird. Es ist nicht mehr notwendig, dass ich ermahnend eintrete. Die Schüler übernehmen die Verantwortung und regeln das selbst.

Mir hat das Dissoziieren sehr viel geholfen. Nun kann ich mich in heiklen Situationen distanzieren und somit einen klaren Überblick behalten. Früher habe ich die Dinge viel zu persönlich genommen. Heute ist das nimmer so. Ich kann jetzt objektiver handeln. Es geht dadurch sowohl mir als auch den Schülern besser.

Mein Unterricht hat sich insofern geändert, dass ich viel weniger als früher rede. Nun hören mir die Schüler besser zu. Alles ist viel klarer geworden und die Qualität meines Unterrichtes ist gestiegen.

Anita S., Hauptschule, Wien

Liebe Pearl,

...die ersten acht Jahre als Lehrerin betrachte ich rückblickend als meine pädagogische Eiszeit! Alleine im Klassenzimmer, keinerlei Wissen im Umgang mit Pubertierenden, alle Kollegen im Einzelkampf, wenig Unterrichtsbehelfe, kein Musikzimmer usw.

Ich habe Schulen gewechselt.
Und dann lernte ich dich und deine Techniken kennen.
Schon bei deinem allerersten Auftritt vor der Seminargruppe ging mir ein großes Licht auf! Ich erkannte mich sofort in deiner Spiegelung! Die Handflächen nach oben gerichtet, der Kopf leicht nach vorne geneigt und rhythmisch im Wortschwall mitschwingend! Ja, wer fühlte sich da nicht zum Mitreden aufgefordert! Ich wusste zwar einiges aus anderen Seminaren über Körpersprache, aber so elementare Dinge erkannte ich nicht! Der Unterschied z. B. zwischen einer einladenden Stimme, die zum Mitmachen und Mitsprechen auffordert und einer bestimmenden Stimme, die ideal ist, um die Aufmerksamkeit der Klasse zu gewinnen oder zu „disziplinieren", setzte ich zwar unbewusst schon jahrelang ein. Aber nun verwende ich diese wertvollen Werkzeuge bewusst.

Es begann für mich ein neues Leben. Ein glücklicheres! Deine Botschaften waren mir von nun an tägliche Begleiter: Lehrer zu sein ist eine ganz besondere Aufgabe, ich brauche immer weniger disziplinieren, und Schule macht mir und meinen Schülern Freude!

Gruppenrapport
Zum Glück unterrichte ich seit einigen Jahren „nur" Musik an meiner Schule, und zwar in allen Klassen. Da kann ich herrlich täglich meine aus den Seminaren erworbenen Fähigkeiten einsetzen, üben und festigen.

Meine musikalischen „Warm Ups" zu Beginn der Stunde schaffen einen wunderbaren Gruppenrapport! Dann erst beginnt das gemeinsame Singen und/oder Musizieren auf Instrumenten, unzählige Möglichkeiten lustbetonter Zusammenarbeit. Wie wir im Seminar besprochen haben – die Klasse wird dadurch ein Team.

Aufmerksamkeitsanker
Meistens sind die Kinder nach dem Gesang eines Liedes aufgeladen und stimmungsvoll. Da helfen dann meine Aufmerksamkeitsanker: Ein Hindeuten mit einer Hand auf das an der Wand hängende Smiley-Gesicht mit geschlossenem Mund oder einfach ein kurzes Warten in einer ganz ruhigen, aber definiert aufrechten Körperhaltung auf einem bestimmten Platzanker. Das funktioniert fast immer.

Disziplinierungsanker
Bei „Härtefällen", die zum Glück immer seltener vorkommen, setze ich den Disziplinierungsanker ein: Da lege ich alles aus der Hand, bewege mich in die Richtung des Disziplinierungsankers – alles sehr bewusst – die Handflächen nach unten gerichtet, eine erstarrte Körperhaltung, leicht geneigter Kopf, ein ernsthafter und langsam rundum schweifender Blick in die Klasse usw. bewirken absolute Ruhe! Ganz wichtig dabei ist der schauspielerische Anteil! Anfängliche Schwierigkeiten bereitete mir das Zurückgehen zum Unterrichtsplatz, um dann, als wäre nichts passiert, voll Freude weiterzumachen bzw. weiter zu singen! Es gelingt aber von Mal zu Mal besser!

Den Stoff „sauber" halten!
Seit unserer Begegnung achte ich auch sehr genau darauf, dass ich meinen Stoff und Unterricht nicht „versaue"! Kein Abschreiben mehr von Liedertexten, nie wieder! Ich habe immer deine Botschaft im Ohr: „Wenn ein Schüler einen Unterrichtsstoff abschreiben muss, ergibt das keinerlei Sinn für ihn, und er könnte sich fürchterlich ärgern und beim Schreiben schimpfen: ‚Sch... Musik' oder Ähnliches! Das wirkt nicht gerade motivierend!" Musik hat einen sehr hohen Stellenwert in meinem Leben, und diese Vorstellung erschüttert mich nahezu!!

Liebe Pearl, bitte nur weiter so! Ich kann es gar nicht in Worte fassen, wie dankbar ich für all diese Erkenntnisse und für dieses Wissen bin! Vielen herzlichen Dank.

Pia S., Musiklehrerin in einer Hauptschule, Wien

Die Tischplatte: Das Win-Win Klassenzimmer

Liebe Pearl und Derrick,

...irgendwann, vor einigen Jahren, konnte ich dich, Pearl, bei einer großen Veranstaltung zur Einführung zum „Nonverbalen Klassenzimmermanagement" kennenlernen. Mehrere einfach umsetzbare Tipps habe ich mitgeschrieben, und kurz darauf besuchte ich begeistert die ersten Seminare bei euch.

Zu diesem Zeitpunkt hatte ich gerade eine furchtbare 4. Klasse (heute weiß ich, dank euch, dass es so etwas gar nicht gibt!) übernommen und war verzweifelt. Nachdem ich eure Techniken kennenlernte, setzte ich Musik zur Beruhigung ein, arbeitete verstärkt mit Handzeichen und Ankern. Ich setzte euer „Kleines Einmaleins" ein. Eure Tipps zeigten schnell Wirkung, und meine Einstellung gegenüber den Kindern begann sich zu ändern. Zu Weihnachten war es dann soweit. Ich hatte die Klasse lieb gewonnen und sie mich auch.

Als Junglehrer den Eltern entspannt entgegen zu treten, gelang mir allerdings noch lange nicht. Im Laufe eurer Seminare verstand ich langsam, versteckte Botschaften oder Angriffe zu erkennen und nicht sofort intuitiv zu reagieren. Ich versuchte, die Eltern und ihre Sorgen zu verstehen und ihnen das auch zu zeigen.

Jetzt ist es sogar so, dass ich keine Angst mehr vor Elterngesprächen habe und sie meistens als förderlich empfinde. Was nicht heißt, dass mich alle lieben, es gibt selbstverständlich auch jetzt noch eine Mutter, mit der ich sehr schwer zurechtkomme. Aber dann stell ich mir „Die kleine Pearl", die du uns geschenkt hast, immer auf meiner linken Schulter sitzend und mir gute Tipps zuflüsternd vor und fühle mich nicht persönlich angegriffen. Erstaunlich, wie das wirkt. Sogar ein Gespräch mit der Inspektorin und besagter Mutter konnte ich mit einem Lächeln beenden.

Ein weiteres Geheimnis eurer Seminare, dass ich zu meinem Lebensmotto gemacht habe, ist das Lächeln! Es ist unglaublich, was ein einfaches Lächeln bewirken kann! Ich versuche, die Klasse immer mit einem Lächeln zu betreten und jedes Kind bei der Verabschiedung anzulächeln. Und ich hoffe, ihr könnt euch vorstellen, welch angenehme Klima wir in der Klasse haben! Ich zeige durchaus auch meinen Ärger, allerdings auch da nur kurz und wegen der Sache. Niemals bin ich auf ein Kind böse.

Nachdem ich einige Jahre als Integrationslehrerin in verschiedenen Schulen gearbeitet habe, haben meine Kollegin Sylvia und ich im letzten Schuljahr gemeinsam eine 1. Klasse mit vier Integrationskindern übernommen. Jetzt unterrichten wir so, wie ich es bei euch und anderen tollen Kolleginnen gelernt und mir gewünscht habe.

Fantasiegeschichten werden von den Kindern ebenso geliebt wie suggestopädische Einheiten, mein persönliches Steckenpferd. Im letzten Schuljahr verwendeten wir die Geschichte der deutschen Artikel, den Text zur Verkehrserziehung, Friedensreich Hundertwasser und meine eigene über den Künstler Franz Marc. (www.pearls-of-learning.com: Unterrichtsmaterialien: Suggestopädische Texte).

... aber die Hauptsache der vielen Seminare, die ich bei euch besucht habe, war eigentlich, dass sich meine ganze innerliche Einstellung ins Positive geändert hat! Ich traue mir viel mehr als vorher zu. Ja, ich traue mir jetzt sogar zu, mit „Kindern mit sozialem und emotionalem Förderbedarf" zu arbeiten (früher: hieß das „Schwersterziehbare") und mache gerade zu diesem Thema einen Hochschullehrgang.

                Verena W., Volksschule und Integrationslehrerin, Niederösterreich

DAS WICHTIGE NACHWORT

Mit einer Geschichte haben wir begonnen, und ich möchte dieses Buch auch mit einer Geschichte beenden:

Die Fliege
Ich schreibe dieses Buch in Thailand, wo ich momentan auf Schreib-Urlaub bin. Ich habe hier ein kleines Haus gemietet, und da heute ein heißer Tag ist, arbeite ich gerade im Wohnzimmer. Ich schaue hinaus auf das Meer und die Boote, die dort verankert sind. Eine friedliche Szene. Aber nur ein paar Meter von mir entfernt, höre ich das verzweifelte Geräusch eines Kampfes zwischen Leben und Tod. Eine Fliege versucht mit ihrer ganzen Kraft und Energie vergeblich durch die Glasscheibe meines Fensters zu fliegen.

Das Summen der Flügel erzählt mir die Strategie der Fliege: „Streng dich noch mehr an."

Aber es funktioniert nicht.
Die Fliege strengt sich immer mehr und mehr an, aber ihr verzweifelter Versuch bietet keine Hoffnung für das Überleben. Die Fliege hat keine Chance. Egal, wie sehr sie sich anstrengt, es wird ihr nicht gelingen durch das Glas zu brechen. Aber sie probiert immer weiter, und gibt nicht auf.

Die Fliege ist zum Scheitern verurteilt. Sie wird dort auf dem Fensterbrett sterben.

Die tragische Ironie dabei ist, dass nur einige Meter davon entfernt, die Tür offen steht. Fünf Sekunden fliegen, und die kleine Kreatur könnte die Welt da draußen, die sie so dringend sucht, erreichen. Nur ein Bruchteil der Anstrengung, die sie jetzt einsetzt, wäre notwendig, um das Problem zu lösen und die Freiheit zu erreichen.

Bei uns ist es genauso:
Die Möglichkeit frei zu werden ist da. Wir müssen sie nur wahrnehmen.

Neue Perspektiven bieten Lösungen

Warum versucht die Fliege nicht eine andere Möglichkeit? Warum versteift sie sich darauf, dass diese Idee, kombiniert mit mehr Anstrengung, die einzige Aussicht auf Erfolg bietet? Warum probiert sie nicht einmal etwas anderes?

Offensichtlich glaubt die Fliege, dass diese Lösung die einzige ist. Sie sieht nur diesen einen Weg ins Freie. Aber mehr Anstrengung oder öfters probieren wird nicht unbedingt mehr Erfolg mit sich bringen.

Es ist ganz einfach:
Wenn ich immer wieder das Gleiche tue, werde ich auch immer wieder die gleichen Ergebnisse bekommen. Damit ich etwas Neues tun kann, muss ich zuerst die Situation aus einer anderen Perspektive anschauen.

Das wichtige Nachwort

Wir müssen uns nicht so anstrengen. Wir können am Ende des Schultages mit mehr Energie nach Hause gehen, als wir in der Früh beim ersten Läuten hatten. Übernehmen wir nicht die Rolle von Polizisten, die Ordnung und Disziplin erzwingen müssen, sondern fungieren wir als Begleiter, die unseren Schülern die Werkzeuge für ein glückliches und verantwortungsvolles Leben mitgeben. Versuchen wir nicht, durch das Glas zu fliegen, sondern erfahren wir neue Perspektiven und schreiten dann mit Würde respektvoll gemeinsam mit unseren Schülern zur offenen Tür in die Welt hinaus. Eine andere Perspektive wirkt manchmal Wunder.

Wenn Sie nun die Schule, Ihre Schüler und das Unterrichten mit anderen Augen betrachten, ist dieses Buch, eines meiner Lebenswerke, gelungen.

Ich wünsche es Ihnen und ich wünsche es unseren Kindern.

KONTAKTINFORMATION

Ich hoffe, dieses Buch hat Ihnen gefallen und Ihnen einige gute Ideen für die Bereicherung Ihres Unterrichts gegeben!

Falls Sie mir Kommentare, Vorschläge, neue Ideen oder Anker schicken wollen, würde ich mich sehr über eine E-Mail freuen. Sie können unsere Bücher auch per E-Mail bestellen:

pearl.nitsche@chello.at

Falls Sie mehr Informationen bezüglich unseres Instituts und unserem **Kursangebot** haben wollen, schauen Sie auf meine Website:

www.pearls-of-learning.com

Es gibt einen **Newsletter** von uns, der vier- bis fünfmal im Jahr erscheint. Darin stehen alle Neuigkeiten, weitere Tipps von uns und auch von Lehrkräften, die in den Seminaren dabei waren. Falls Sie den Newsletter erhalten wollen, schicken Sie mir eine E-Mail.

Wir haben auch eine Fan-Seite auf **Facebook**: „pearls of learning", auf der ich jeden zweiten bis dritten Tag poste. Wenn Sie bei Facebook sind und Ihnen die Seite gefällt, würde es uns freuen, wenn Sie auf „Like" klicken. Falls Sie nicht bei Facebook sind, können Sie die Seite trotzdem unter

www.facebook.com/pearls.of.learning

anschauen.

Es sind auch einige exzellente Kurzfilme, die von Education Highway in Linz produziert wurden. über unsere Techniken auf **YouTube,** Suchkriterium: Pearl Nitsche.

Und das allerschönste wäre es natürlich, Sie persönlich im Seminar kennenzulernen (oder wiederzusehen)!

http://www.pearls-of-learning.com/joom/index.php/de/kurstermine

www.ingramcontent.com/pod-product-compliance
Lightning Source LLC
Chambersburg PA
CBHW082013220426

43670CB00015B/2620